Forschungsinstitut der Friedrich-Ebert-Stiftung
Reihe: Politik- und Gesellschaftsgeschichte, Band 28
Herausgegeben von Dieter Dowe

Patrik von zur Mühlen

Fluchtweg Spanien-Portugal

Die deutsche Emigration und der Exodus aus Europa 1933-1945

Verlag J. H. W. Dietz Nachf.

Die Deutsche Bibliothek – CIP-Einheitsaufnahme
Zur Mühlen, Patrik von:
Fluchtweg Spanien–Portugal : die deutsche Emigration und der
Exodus aus Europa 1933–1945 / Patrick von zur Mühlen.
[Forschungsinstitut der Friedrich-Ebert-Stiftung]. – Bonn :
Dietz, 1992
   (Reihe: Politik- und Gesellschaftsgeschichte ; Bd. 28)
   ISBN 3-8012-4030-4
NE: GT

Forschungsinstitut der Friedrich-Ebert-Stiftung
Godesberger Allee 149, D-5300 Bonn 2

Copyright © 1992 by Verlag J. H. W. Dietz Nachf. GmbH, Bonn
In der Raste 2, D-5300 Bonn 1
Umschlag: Manfred Waller, Reinbek
(Foto: Amandus Becker, Hamburg)
Gesamtherstellung: Kösel, Kempten
Alle Rechte vorbehalten
Printed in Germany 1992

Inhalt

Vorwort 7

Abkürzungen 9

Ausgangsland Frankreich 11

Frankreich als Exil-Land 13   Die französische Exil-Politik 1933–1940 18   Asyl im geschlagenen Frankreich 24   Fluchtwege aus Frankreich 34   Geographische und organisatorische Aspekte der Flucht 39   Technik und Praxis der Fluchthilfe 43   Das Centre Américain de Secours und die F-Route 48

Transitland Spanien 55

Spanien als Exil-Land 1933–1936 56   Spanien in der internationalen Staatenwelt 1939–1945 64   Der deutsche Einfluß in Spanien 71   Die Entführung und Verschleppung von Emigranten 76   Zusammensetzung und Umfang der Transit-Emigration 83   Die spanische Transit-Praxis und der illegale Grenzverkehr 85   Die Verhaftung und Internierung von Flüchtlingen 95   Diplomatische und karitative Hilfe für die Spanien-Flüchtlinge 105   Spanien als Exil-Land 1939–1945 110

Etappenziel Portugal 115

Entstehungsgeschichte des Salazar-Regimes 116   Portugal als Asyl-Land 1933–1939 121   Portugal im Zweiten Weltkrieg 130   Der lange Arm des Dritten Reiches 135   Zahlen und Fakten der Transit-Emigration 150   Praxis und Alltag des portugiesischen Exils 154   Exil in Portugal: eine Spurensuche 163

Fluchtwege, Fluchthelfer und Fluchtziele 173

Panorama der Hilfsorganisationen 174   Flüchtlingshilfe in Frankreich 180   Operationszentrum Lissabon 185   Flüchtlingshilfe in Spanien 192   Fluchtwege und Fluchtmittel 198   Fluchtziele in Übersee 202

Quellen und Literaturverzeichnis 209

Personenregister 217

Der Autor 223

Vorwort

Die vorliegende Studie weicht in ihrer Fragestellung von den bislang üblichen Arbeiten der Exilforschung ab. Nicht ein Land steht im Vordergrund der Fragestellungen, sondern ein Fluchtweg, der durch mehrere Länder führte. Die Arbeit wird dadurch zwar auch zu einer Länderstudie über die Staaten, durch die die Emigranten flohen. Fragen von Asyl und Exil, Lebensbedingungen und wechselseitigen Einflüssen von Flüchtlingen und ihren (vorübergehenden) Aufnahmeländern stellen sich auch unter den Bedingungen einer Fluchtbewegung. Andererseits werden alle diese Detailfragen von der Tatsache bestimmt, daß Probleme des Asyls, der Verweildauer, der Überlebenstechnik einen kurzfristigen und provisorischen Charakter trugen.

Die Studie möchte die Aufmerksamkeit auf die beiden iberischen Länder lenken, die während des Zweiten Weltkrieges den einzigen offenen Ausweg aus dem von Hitler beherrschten Europa bildeten und von einer größeren Zahl von Flüchtlingen genutzt werden konnten. Der Personenkreis, dessen Flucht im Vordergrund der Untersuchung steht, setzte sich aus sehr verschiedenartigen Gruppen zusammen: politische Hitler-Gegner, wissenschaftliche, künstlerische, kulturelle Dissidenten, jüdische Emigranten – Kategorien, die sich überschneiden und somit strikte Trennungen unmöglich machen. Ihrer Herkunft nach konzentriert sich unser Interesse auf die deutsche Emigrationsbewegung. Aber spätestens seit der Annexion Österreichs und der sudetendeutschen Gebiete der Tschechoslowakei umfaßte dieser Begriff ein breiteres Spektrum, das noch durch deutschsprachige Flüchtlinge aus Polen, Ungarn und anderen Ländern erweitert werden könnte. Eine pedantische Trennung nach Staatsbürgerschaft und Volkszugehörigkeit verbot sich jedoch, nicht zuletzt dadurch, daß diese in sich heterogenen Menschenmassen durch das Faktum der Bedrohung und Verfolgung zu einer Schicksalsgemeinschaft wurde.

Auf der Suche nach Quellen und Literatur wurde der Verfasser von den Mitarbeitern der konsultierten Archive und Bibliotheken auf vielfältige Weise unterstützt. Wertvolle Hinweise erhielt er von noch lebenden Augenzeugen und Teilnehmern der Emigration. Als unersetzlich erwies sich auch hier der Gedankenaustausch mit Fachkollegen, die sich mit thematisch verwandten Themen beschäftigen. Die Deutsche Forschungsgemeinschaft förderte das Projekt durch beträchtliche Zuschüsse zu den Sach- und Reisekosten. Schließlich wurde die Studie in die Schriftenreihe Politik- und Gesellschaftsgeschichte des Forschungsinstituts der Friedrich-Ebert-Stiftung aufgenommen, wodurch ihre Veröffentlichung möglich wurde. Der Leiter der Abteilung Sozial- und Zeitgeschichte der Friedrich-Ebert-Stiftung, Dr. Kurt Klotzbach, hat die Vorarbeiten für diese Studien mit kritischem Interesse begleitet; er hat ihre Fertigstellung leider nicht mehr erleben können. Sein Nachfolger, Dr. Dieter Dowe, hat das Manuskript durchgesehen und manche Verbesserungen angeregt. Für diese von so vielen Seiten gezeigte Hilfsbereitschaft und Unterstützung möchte ich hiermit meinen Dank aussprechen.

Bonn, im Dezember 1991　　　　　　　　　　　　　　　　　Patrik v. zur Mühlen

Abkürzungen

AA	– Auswärtiges Amt
ADAP	– Akten zur Deutschen Auswärtigen Politik
AdsD	– Archiv der sozialen Demokratie/Friedrich-Ebert-Stiftung, Bonn
AFSC	– American Friends Service Committee
BA	– Bundesarchiv Koblenz
BHE	– Biographisches Handbuch der deutschsprachigen Emigration nach 1933
CAR	– Comité National d'Aide et d'Accueil aux Réfugiés
CAS	– Centre Américain de Secours
Commassis	– Commissâo de Assistência aos Judeus Refugiados em Portugal
DAF	– Deutsche Arbeitsfront
DB	– Deutsche Bibliothek, Frankfurt am Main
Emigdirekt	– Emigrationsdirektion, Vereinigtes Komitee für die jüdische Auswanderung, Berlin
ERC	– Emergency Rescue Committee
Gestapo	– Geheime Staatspolizei
GLD	– German Labor Delegation
HIAS	– United Hebrew Sheltering Immigrants Aid Society
HICEM	– Zusammenschluß von HIAS, ICA und Emigdirekt
ICA (JCA)	– Jewish Colonization Association
IfZ	– Institut für Zeitgeschichte
JA	– Jewish Agency for Palestine
JDC	– American Jewish Joint Distribution Committee
„Joint"	– s. JDC
Komintern	– Kommunistische Internationale
KPD	– Kommunistische Partei Deutschlands
KPO	– Kommunistische Partei Deutschlands (Opposition)
KZ	– Konzentrationslager
LBI	– Leo Baeck Institute, New York
MAE	– Ministerio de Asuntos Exteriores, Madrid
MNE	– Ministério de Negócios Estrangheiros, Lisboa
NS	– Nationalsozialismus, nationalsozialistisch
OSE	– Oeuvre de Secours aux Enfants
PA AA	– Politisches Archiv des Auswärtigen Amts, Bonn
PIDE	– Policia Internacional e de Defesa do Estado (port. Geheimpolizei ab 1945)
PV	– Parteivorstand
PVDE	– Policia de Vigilancia e de Defesa do Estado (port. Geheimpolizei bis 1945)

RSHA	– Reichssicherheitshauptamt
SAP	– Sozialistische Arbeiterpartei (Deutschlands)
SIAR	– Service international d'aide aux réfugiés
SPD	– Sozialdemokratische Partei Deutschlands
SS	– Schutzstaffeln
UGIF	– Union Générale des Israélites de France
UNRRA	– United Nations Refugees Restitution Association
USC	– Unitarian Service Committee
WJC	– World Jewish Congress
WRB	– War Refugee Board
YMCA	– Young Men's Christian Association

Ausgangsland Frankreich

Wenn an den Anfang der vorliegenden Studie ein Kapitel über Frankreich gestellt wird, dann sprechen hierfür geographische und historische Gründe. Frankreich war Ausgangsland der meisten derer, die über Spanien nach Portugal und von dort weiter nach Übersee emigrierten. Die meisten von ihnen hatten sich dort seit den 1930er Jahren aufgehalten, so daß es sich zu wesentlichen Teilen um vormalige langjährige Frankreich-Emigranten handelte, die den Fluchtweg über die iberische Halbinsel wählten. Der französische Hintergrund war in vielen Flüchtlingsschicksalen prägend und bestimmend für den geographischen, zeitlichen und politischen Rahmen der Fluchtwege und Fluchtziele und für die Bedingungen, unter denen der Exodus aus Europa während der Kriegszeit durchgeführt werden konnte.

Die Exilforschung hat sich frühzeitig und intensiv des Exil-Landes Frankreich angenommen, so daß dieses Kapitel auf die Ergebnisse umfassender wissenschaftlicher Forschungen zurückgreifen kann. Es stützt sich nicht auf eigene Studien in französischen Archiven und strebt daher auch keine wie auch immer verstandene Vollständigkeit an. Insbesondere die französische Historiographie hat in den letzten anderthalb Jahrzehnten Monographien und Sammelbände zur deutschen Emigration in Frankreich vorgelegt, so daß die Themenbereiche der deutschen Publizistik, Literatur, Kunst und politischen Aktivitäten im französischen Exil sowie der Internierungen während des Krieges ein in manchen Details zwar noch ergänzungsbedürftiges, in groben Umrissen jedoch abgerundetes Bild ergeben. Wenn das vorliegende Kapitel auf die Flucht aus Frankreich ausführlicher eingeht, dann geschieht dies deswegen, weil manche Probleme des iberischen Fluchtweges nur im Zusammenhang mit dem Ausgangsland darstellbar sind und überdies nur wenige Veröffentlichungen die französischen Voraussetzungen des Exodus aus dem von Hitler beherrschten oder bedrohten Europa angemessen gewürdigt haben.[1] Die Darstellung des Ausgangslandes wird, gestützt auf einige in der deutschen Exilforschung bislang wenig beachtete französische Studien, auch auf Techniken und organisatorische Probleme der Flucht über die Pyrenäen eingehen und dabei auf die noch vorhandenen Forschungslücken hinweisen.

Bis zum Ausbruch des Zweiten Weltkrieges war Frankreich in Europa das wichtigste Aufnahmeland für deutsche Emigranten, sowohl in quantitativer Hinsicht als auch im Hinblick auf kulturelle und politische Aktivitäten. Andere Länder wie Schweden, die Sowjetunion, die Niederlande, die Tschechoslowakei oder die Schweiz standen entweder zahlenmäßig weit zurück oder verloren infolge der politischen Entwicklung ihren Charakter als sicheres Refugium. Weitere Länder wie Großbritannien gewannen erst während des

---

1 Hierzu die grundlegende Studie von Hans-Albert Walter: Deutsche Exilliteratur 1933–1950, Bd. 3: Internierung, Flucht und Lebensbedingungen im Zweiten Weltkrieg, Stuttgart: Metzler, 1988, S. 273–372.

Krieges Bedeutung als Asyl, nachdem Frankreich diese Funktion eingebüßt hatte. Für die meisten Flüchtlinge begann daher nach Kriegsbeginn, vollends aber nach Niederlage und Besetzung des Landes, ein zweiter, diesmal lebensgefährlicher Zusammenbruch ihrer bisherigen Lebensumstände.

Einige Zahlen sollen die Bedeutung des Exil- und Asyl-Landes Frankreich verdeutlichen. Die gesamte durch die nationalsozialistische Machtübernahme ausgelöste Emigration erfaßte ungefähr eine halbe Million Menschen aus Deutschland, nach den jeweiligen „Anschlüssen" und Besetzungen 1938 auch aus Österreich und der Tschechoslowakei. Zu diesen können noch etliche weitere Personengruppen hinzugerechnet werden, so beispielsweise einige Tausend meist jüdische Personen polnischer Staatsangehörigkeit, die in der Regel seit längerem in Deutschland ansässig gewesen waren und sich größtenteils dem deutschen Sprach- und Kulturkreis zugehörig fühlten. Etwa 95 % der Flüchtlinge aus dem deutschen Machtbereich waren Juden.[2] Die restlichen 5 % bezogen sich nicht, wie in manchen Veröffentlichungen der Exilforschung irrtümlich angenommen wird, auf Vertreter von Politik und Kultur, sondern auf die nicht-jüdischen Ehepartner aus sogenannten Mischehen. Dagegen bildeten die Angehörigen der im Dritten Reich verbotenen politischen Parteien und der infolge der NS-Ideologie verfemten und unterdrückten Literatur, Kunst, Wissenschaft und Publizistik nur einen kleinen, teilweise nur in dreistelligen Ziffern anzugebenden Teil der Emigration, dem allerdings wegen seiner politischen und kulturellen Elitestellung ein gesteigertes Interesse zukommt.

Zahlenangaben über Flüchtlinge, Emigranten, Asylanten und Exulanten, die aus unterschiedlichen Gründen und Anlässen Deutschland verlassen hatten und wiederum mit unterschiedlichen Erwartungen, Hoffnungen und Zielsetzungen nach Frankreich gegangen waren, bedürfen einiger präzisierender Vorbemerkungen. Es gab Personen, für die das westliche Nachbarland nur Wartesaal für eine erhoffte oder erwartete baldige Rückkehr nach Deutschland oder Österreich war. Andere hatten mit Deutschland grundsätzlich gebrochen und wollten sich im Exil-Land auf Dauer oder für immer niederlassen. Für einen weiteren Personenkreis war es nur Etappe auf einem längeren Fluchtweg in ferne, meist überseeische Zielländer. Es wird geschätzt, daß sich zwischen 1933 und 1940 mehr als 150 000 Emigranten aus dem deutschen Machtbereich für einen Zeitraum von sehr unterschiedlicher Dauer in Frankreich aufgehalten haben. Bei dieser Zahl handelt es sich freilich um eine Gesamtzahl, die nicht die Präsenz zu irgendeinem bestimmten Stichtag angibt. Diese lag erheblich darunter. Vermutlich flüchteten in den ersten Monaten der Hitler-Diktatur etwa 25 000 Personen von Deutschland westwärts über den Rhein, wobei in dieser Zahl die politischen Emigranten, dissidente Künstler, Wissenschaftler und Literaten besonders stark vertreten waren. Der Zustrom hielt an, aber zugleich auch die Abwanderung, so daß die Präsenzzahlen starken Fluktuationen unterla-

---

2 Vgl. Werner Röder: Einleitung zum Biographischen Handbuch der deutschsprachigen Emigration nach 1933, Bd. I: Politik, Wirtschaft und Öffentliches Leben, hrsg. von Werner Röder und Herbert A. Strauss, München–New York–London Paris: K.G. Saur, 1980, S. XIII ff. – Herbert A. Strauss: Jewish Emigration from Germany. Nazi Policies and Jewish Responses, Part I, in: *Leo Baeck Institute Yearbook XXV (1980)*, S. 313–359; Part II: ebd., XXVI (1981), S. 343–409.

gen. Wahrscheinlich haben sich niemals mehr als 60 000 Emigranten und Flüchtlinge aus dem deutschen Machtbereich zur gleichen Zeit in Frankreich aufgehalten. Bis 1935 sollen beispielsweise 19 000 das Land wieder verlassen haben, so daß sich bis Kriegsbeginn eine Präsenzzahl zwischen 25 000 und 35 000 Flüchtlingen eingependelt haben dürfte.[3]

Nach Kriegsbeginn setzte ein Exodus von Frankreich nach Großbritannien und in überseeische Länder ein, der nicht mehr mit der bis dahin „normalen Fluktuation" vergleichbar war. Die weitere Ausdehnung des Kriegsgebietes, die schwindenden Möglichkeiten einer Weiterreise und die internen Verhältnisse des Gastlandes während des Krieges sowohl vor als auch nach dem Waffenstillstand im Juni 1940 rückten dann den wichtigsten und zeitweilig einzigen Fluchtweg in den Vordergrund, der noch verblieben war: die iberische Fluchtroute über die Pyrenäen durch Spanien und in der Regel weiter bis Lissabon, von wo dann Überfahrten zu außereuropäischen Flucht- und Emigrationszielen möglich waren. Der chronologische Rahmen dieses Fluchtweges ist leicht anzugeben: Seine Geschichte begann mit dem Zweiten Weltkrieg im Spätsommer 1939 und endete fünf Jahre später mit der Befreiung Frankreichs im Sommer 1944. Nach diesem Zeitpunkt bestand kein dringender Anlaß mehr, Frankreich auf diesem meist beschwerlichen Wege zu verlassen. Schwieriger ist es, den Personenkreis zu bestimmen, der diese Fluchtroute zu wählen genötigt war. Schätzungen über die Zahl derer, die zwischen 1939 und Sommer 1944 über Spanien flüchteten, bewegen sich, wie zu zeigen sein wird, zwischen 80 000 und 100 000. Das Verbindende dieses Personenkreises lag neben der Schicksalsgemeinschaft des Verfolgtseins im gemeinsamen Ausgangsland. Aber darüber hinaus bestand keinerlei Homogenität. Der Exodus über die Pyrenäen setzte sich nur noch zu einem Teil aus deutschsprachigen Emigranten zusammen, vermutlich zwischen 10–20 %, und umfaßte jüdische Flüchtlinge aus fast allen europäischen Ländern, überdies nicht-jüdische Polen, Tschechen, Ungarn, Jugoslawen, Italiener, Briten und sogar französische Staatsbürger selbst. Wenngleich diese Studie primär an der deutschsprachigen Emigration interessiert ist, wird die Untersuchung nicht nach nationalen oder anderen Gesichtspunkten, die für die Geschichte eines Fluchtweges unerheblich sind, die Schicksalsgemeinschaft der Flüchtlinge willkürlich teilen.

Frankreich als Exil-Land

Frankreich wurde 1933 nicht das erste Mal Exil-Land für Deutsche, die in ihrer Heimat verfolgt wurden, so wie umgekehrt Hugenotten und später Gegner der französischen Revolution von 1789 Zuflucht in Deutschland gesucht hatten. Seit der Zeit der deutschen Jakobiner waren es im allgemeinen eher linke, revolutionäre und demokratische Kräfte, die westlich des Rheins ihre politische und nicht selten auch mentale Heimat fanden.[4] Das

---

3 Ruth Fabian/Corinna Coulmas: Die deutsche Emigration in Frankreich nach 1933, München–New York–London–Paris: K.G. Saur, 1978, S. 15f.
4 Als Übersicht vgl. Emigrés français en Allemagne – Emigrés allemands en France. Une exposition réalisée

Besondere an der Frankreich-Emigration nach 1933 war die Konzentration von politisch, literarisch, künstlerisch und publizistisch führenden Persönlichkeiten, das Ambiente von Exil-Zeitschriften, politischen Komitees und Zirkeln, kulturellen und gesellschaftlichen Einrichtungen, das es in dieser Dichte und Fruchtbarkeit in keinem anderen Asyl-Lande mehr gab. Frankreich beherbergte seit 1933 mehr als 160 deutsche Zeitungen, Zeitschriften, Blätter, Rundbriefe und andere Exil-Periodika. Repräsentanten von Literatur, Presse, Theater, Kunst und Wissenschaft ließen sich mehrheitlich – zunächst – in Frankreich nieder. Es bildeten sich im Exil Kabaretts und Bibliotheken, Galerien und Verlage, Bildungseinrichtungen und Organisationen vielfältiger Art. In den Jahren 1933–1939 bot das Land der exilierten deutschen Kultur gewissermaßen eine zweite Heimat, mit der sich allenfalls noch die Exilzentren in Nordamerika während des Krieges vergleichen lassen. Literatur, Publizistik, Kunst und andere Sektoren des Geistes- und Kulturlebens erlebten hier eine Blütezeit, die vor dem Kontrast mit den im Dritten Reich herrschenden finsteren Verhältnissen um so leuchtender wirkte und auch heute noch ihre Faszination ausübt.[5]

Der französische Zentralismus war auch bestimmend für die deutschsprachige Emigration. Paris war ihr Zentrum. Andere Orte, beispielsweise das Fischerdorf Sanary-sur-Mer an der Côte d'Azur, bildeten allenfalls Nebenzentren, in denen sich literarische Eliten vorübergehend aufhielten oder gelegentlich trafen: Lion Feuchtwanger, Franz und Alma [Mahler-] Werfel, René Schickele, Ludwig Marcuse, Klaus und Heinrich Mann. Sie bildeten jedoch einen zahlenmäßig eng begrenzten und in seiner sozialen Zusammensetzung obendrein ganz und gar nicht repräsentativen Personenkreis.[6] In Paris begegneten sich dagegen der ehemalige Redakteur aus Berlin und der arbeitslose kommunistische Arbeiter aus dem saarländischen Kohlebecken oder der jüdische Arzt aus einer beliebigen deutschen Kleinstadt. Erst während des Krieges wurde die französische Mittelmeerküste, nunmehr allerdings Marseille und alles, was westlich davon bis zur spanischen Grenze lag, neues Zentrum deutscher, österreichischer und anderer Flüchtlinge, freilich unter ganz anderen Umständen und mit stark nivellierten sozialen Hierarchien und Elitestrukturen. Privilegiert waren dann nicht mehr die prominenten Emigranten, deren Bekanntheitsgrad eher ein gefährdendes oder zumindest hinderliches Attribut sein konnte, sondern solche Personen, die über geeignete Ausreise- und Transitpapiere verfügten.

Frankreich – und hier wiederum Paris – war auch ein *politisches* Zentrum der deutschsprachigen Emigration, nicht ausschließlich zwar, da es auch andere Zentren gab, aber das einzige, in dem sich politische, publizistische und literarische Prominenz in

---

    par l'Institut Goethe et le Ministère des Relations Extérieures, Paris 1983. – Jacques Grandjonc/Michael Werner (Hg.): Exil et migrations d'allemands 1789–1945 (Cahiers d'Etudes Germaniques, 13), Aix-en-Provence 1987.

5 Hierzu als Übersicht Fabian/Coulmas, S. 50–61.

6 Vgl. hierzu den Sammelband von Jacques Grandjonc/Theresia Grundtner (eds.): Zone d'ombre. Exil et internement d'Allemands et d'Autrichiens dans le sud-est de la France, Aix-en-Provence: ALINEA, 1990; darin die Beiträge von Jeanpierre Guindon: Sanary-sur-Mer, „capitale mondiale de la littérature allemande", S. 25–67; Pierre Foucher: Chronique d'émigrés Allemands et Autrichiens à Aix-en-Provence de 1933 à 1945, S. 79–92; Petra Lingerat et Sybille Narbutt: L'Allemagne et les Allemands dans les *Cahiers du Sud* de 1933 à 1942, S. 113–164.

dieser Dichte begegneten. Gewiß, der Parteivorstand der SPD, der sich im Exil das Namenskürzel „Sopade" zugelegt hatte, residierte seit 1933 in Prag und benutzte Paris 1938/39 nur als ausgedehntere Etappe auf seinem Umzug nach London. Aber namhafte sozialdemokratische Politiker wie Rudolf Breitscheid, Rudolf Hilferding, der saarländische SPD-Vorsitzende Max Braun und andere, wirkten in Paris. Die KPD hatte – neben Prag und vor allem Moskau – gleichfalls ihr Zentrum in Paris, ebenso die kleineren linken Parteien und Splittergruppen wie die SAP, die KPO und andere. Als Persönlichkeit wie als kommunistischer Politiker muß Willy Münzenberg hervorgehoben werden, dessen agitatorische und organisatorische Aktivitäten einen Angelpunkt in der deutschsprachigen Exil-Szenerie bildeten und der bis zu seinem Bruch mit der KPD 1938 so etwas wie ein integrierendes Moment für alle linken und radikaldemokratischen Kräfte zu bilden versuchte. Die Tatsache, daß sich außer der jeweiligen Parteiprominenz von SPD, KPD, SAP, KPO und anderen auch zahlreiche einfache Mitglieder in Frankreich aufhielten – die Schätzungen bewegen sich bei 3000 Sozialdemokraten und 5500 Kommunisten –, gab dem Wirken von politischen Gruppierungen, Zeitschriften, Verlagen und anderen Institutionen im Exil so etwas wie eine reale Massenbasis.[7] Auch in politischer Hinsicht bildete Frankreich einen Glanzpunkt in der Geschichte des Exils, sofern man eine soziale und in den meisten Fällen auch seelische Notlage mit diesem Begriff beschönigen darf.

Der reale Hintergrund des Alltags in Frankreich sah freilich weniger lichtvoll aus. Gewiß, literarische Persönlichkeiten wie Heinrich Mann wurden geachtet und respektiert und erlebten in ihrer unfreiwilligen neuen Umgebung Anregungen und fruchtbare Bedingungen für ihr literarisches Spätwerk. Exil-Politiker wie Breitscheid hatten Zugang zu französischen Politikern wie Léon Blum. Die intellektuelle Öffentlichkeit des Gastlandes, soweit sie die Emigranten zur Kenntnis nahm, respektierte Literaten und Politiker als Opfer und vehemente Gegner der NS-Diktatur. Andererseits standen der Breitenwirkung von Exil-Literatur, Exil-Publizistik und Exil-Parteien nicht nur materielle Hindernisse im Wege. Die Exil-Presse ersetzte nicht das Lesepublikum in Deutschland, und die ins Reich geschmuggelte Literatur ebenso wie Flugschriften und Pamphlete erreichten ohnehin nur einen begrenzten Personenkreis. Versuche von Literaten, Publizisten, Wissenschaftlern und Künstlern, aber auch von Politikern, sich durch Übersetzungen an die Öffentlichkeit des Gastlandes zu wenden, stießen an Grenzen, die vom schwankenden Interesse der Franzosen an den Veränderungen im Nachbarland gezogen wurden. Höhepunkt und zugleich Beginn eines nachlassenden Interesses war das Jahr 1936, als der Spanische Bürgerkrieg Deutschland aus den Schlagzeilen verdrängte, andererseits aber den Emigranten die Möglichkeit gab, im Rahmen der Solidarisierungswellen für die Spanische Republik sich auch außerhalb des Kreises der eigenen Landsleute Gehör zu verschaffen.[8]

Die politischen und ökonomischen Rahmenbedingungen des französischen Exils

---

7 Zur Übersicht über den „Exil-Kosmos" s. Ursula Langkau-Alex: Volksfront für Deutschland?, Bd. 1: Vorgeschichte und Gründung des Ausschusses zur Vorbereitung einer deutschen Volksfront, 1933–1936, Frankfurt am Main: Syndikat, 1977, S. 50–78.
8 Albrecht Betz: Exil und Engagement. Deutsche Schriftsteller im Frankreich der dreißiger Jahre, München: edition text + kritik, 1986, S. 47ff., 82ff.

enthielten Lichtblicke, die das Dunkel des gesamten Hintergrundes um so stärker zum Ausdruck brachten. Frankreich litt seit Jahren an einer Krise der öffentlichen Finanzen, die wiederum mit einer Krise des parlamentarischen Systems einherging und durch die Folgen der zusammengebrochenen Weltwirtschaft zusätzlich belastet wurde. Die Deflationserscheinungen waren nur durch eine rigorose Sparpolitik einzuschränken, was wiederum Sparmaßnahmen auf Kosten des Realeinkommens breiter Volksschichten erfordert hätte. Schwache Regierungen, die von keinem breiten Konsens getragen wurden, versuchten vergeblich, den Zerfall der Staatsfinanzen unter Kontrolle zu bringen, und wurden bei oft belanglosen Anlässen gestürzt, sobald ihre Erfolglosigkeit offenbar wurde. In den drei Jahren 1933–1936 scheiterten fünf Premierminister an dieser Aufgabe. Zur gleichen Zeit regten sich rechtsradikale Organisationen und Gruppierungen – die „Action Française", die „Croix de Feu" (Feuerkreuzler), die „Ligues des Jeunesses Patriotes" und andere – und unternahmen Anfang Februar 1934 in Paris einen Putschversuch, der von der Polizei niedergeschlagen wurde. Aber die Präsenz faschistischer Kräfte im französischen öffentlichen Leben war seither unübersehbar und sollte während der Besatzungszeit von Bedeutung werden.

In den Jahren 1936–1938 regierte in Frankreich die Volksfront unter Führung des Ministerpräsidenten Léon Blum. Sie bestand aus einer Koalition von Sozialisten und Radikalsozialisten und stützte sich im Parlament auf die Stimmen der Kommunisten. Zwar griff diese Regierung wichtige Probleme der Sozialpolitik auf: Die Löhne wurden um 7 % bis 50 % erhöht, die 40-Stunden-Woche sowie bezahlter Mindesturlaub eingeführt. In den Betrieben wurden Kollektivverträge abgeschlossen und Wahlen für Betriebsobleute abgehalten. Aber wichtig waren nicht nur diese konkreten Verbesserungen der sozialen Verhältnisse, sondern auch Veränderungen der politischen Kultur. Die intellektuelle Öffentlichkeit wurde von einer breiten linken Strömung ergriffen, die vor allem dem Wachstum der Kommunistischen Partei förderlich war. Ihre Mitgliederzahl war von etwa 30 000 im Januar 1934 auf 74 000 im Januar 1936 angestiegen und verfünffachte sich beinahe auf 341 000 im Dezember 1936.[9] Es darf nicht übersehen werden, daß es daneben weiterhin auch das „andere Frankreich" gab, das der schon erwähnten faschistischen Strömungen, das der Rechtsintellektuellen, deren Angriffsziele nach wie vor die republikanischen und revolutionären Traditionen seit 1789 waren, und das der führenden Wirtschaftskreise, denen die Volksfrontpolitik zutiefst zuwider war. Aber diese Kräfte verstummten teilweise oder wurden übertönt und in den Hintergrund gedrängt durch die Massenbewegungen im Gefolge der Volksfront, die nach dem Ausbruch des Bürgerkrieges in Spanien eine zusätzliche Mobilisierung erfuhren. Diese Entwicklung lenkte zwar das Interesse der Öffentlichkeit von den spezifischen Problemen der deutschen Emigranten ab, war ihnen und ihren Anliegen jedoch eine freundlich und wohlwollend gesonnene.

Zu den bemerkenswertesten politischen Entwicklungen des deutschen Exils gehörten vor dem Hintergrund der französischen Innenpolitik die Bemühungen um die Bildung einer deutschen (Exil-) Volksfront, die alle maßgeblichen Kräfte aus Parteien und anderen

---

9 Dieter Schiller/Karlheinz Pech/Regine Hermann/Manfred Hahn: Exil in Frankreich (Kunst und Literatur im antifaschistischen Exil, Bd. 7), Leipzig: Verlag Philipp Reclam jun., 1981, S. 26f.

Gruppierungen sowie Schriftsteller, Intellektuelle und Künstler vereinigen sollte. Hervorgegangen aus Gesprächskreisen und Komitees, die sich im Jahre 1935 gebildet hatten, trafen sich erstmals im September, danach wieder im November 1935 und seitdem in unterschiedlich kurzen Abständen Vertreter von SPD, KPD, SAP und anderen politischen Gruppierungen sowie Intellektuelle im Pariser Hotel „Lutetia", woraus sich für diese Versammlungen der Name „Lutetia-Kreis" ableitete. Führende Kraft unter den Kommunisten waren Willi Münzenberg, der in Paris seine verlegerischen, publizistischen und anderen vielfältigen Aktivitäten entfaltete, sowie Franz Dahlem, Wilhelm Koenen und Philipp Daub. Für die Sozialdemokraten traten wiederholt auf: der frühere SPD-Fraktionsvorsitzende Rudolf Breitscheid, der ehemalige saarländische SPD-Vorsitzende Max Braun, überdies Emil Kirschmann, Max Brauer, Victor Schiff und andere. Die SAP wurde in der Regel durch Paul Frölich und Jacob Walcher vertreten. Wichtiges Verbindungsglied zwischen diesen politisch kontroversen Gruppierungen waren Publizisten wie Georg Bernhard, der Herausgeber des „Pariser Tageblattes", und Leopold Schwarzschild sowie Schriftsteller wie Heinrich Mann, der in den Bemühungen um die Bildung einer deutschen Volksfront eine führende organisatorische und intellektuelle Position einnahm.

Der französische Hintergrund der deutschen Volksfront-Diskussionen war nicht zu übersehen, kam doch dem „Front populaire" so etwas wie der Charakter eines Vorbildes zu.[10] Diese Volksfrontbemühungen scheiterten schließlich an zahlreichen inneren Widersprüchen und Kontroversen. Diskussionen über die Moskauer Schauprozesse und die kommunistische Verfolgung linker Dissidenten im Spanischen Bürgerkrieg gehörten ebenso zu den Ursachen wie der aus taktischen Gründen zeitweilig verdeckte, aber niemals aufgegebene kommunistische Führungsanspruch, der letztlich jede Kooperationsbasis untergrub. Als diese Aktivitäten 1939 wegen des drohenden und dann schließlich ausgebrochenen Krieges eingestellt werden mußten, zeigte sich erst durch die Auflösung der Komitees und Gesprächskreise, wie sehr Frankreich bis dahin Ersatzheimat für die politische Emigration gewesen war.

Eine ähnliche Feststellung gilt für das kulturelle Leben im französischen Exil, dessen Ende 1939 erst im Rückblick den vergangenen Glanz einer nur sechs Jahre währenden, aber reichhaltigen und vielseitigen Exil-Kultur deutlich machte. Zeitschriften und Galerien, Theater und Bibliotheken, Kabaretts und Literatencafés in Paris und Künstlerkolonien in Südfrankreich, die im Exil geschaffenen Werke deutschsprachiger Schriftsteller, wobei auch hier wiederum Heinrich Mann – vor Lion Feuchtwanger, Alfred Döblin, Klaus Mann, René Schickele und anderen besonders hervorgehoben werden muß[11] – dieser kleine kulturelle Kosmos deutscher Sprache brach zusammen oder wurde zum Schweigen gebracht, löste sich in den französischen Internierungslagern während der Flucht vor den heranrückenden deutschen Truppen auf.

---

10 Langkau-Alex 1, S. 119ff.
11 Schiller/Hermann, in: Schiller/Pech/Hermann/Hahn, S. 272–372, 464–509. – Hélène Roussel: Editeurs et publications des émigrés allemands (1933–1939), in: Gilbert Badia et al. (éds.): Les barbelés de l'exil. Etudes sur l'émigration allemande et autrichienne (1938–1940), Grenoble: Presses universitaires, 1979, S. 357–413.

Die französische Asylpolitik 1933–1940

Gewöhnlich wird das Asyl als Kontrastbegriff zum Exil verwendet. Vielfach werden damit Vorstellungen verbunden, wonach der Asylant seiner Heimat endgültig den Rücken gekehrt habe und im Asyl mehr als nur ein vorläufiges Refugium, nämlich eine neue Heimat, suche, während der Exulant seinen Aufenthalt im Ausland bewußt als Provisorium betrachte, aus dem er sobald wie möglich wieder zurückkehren wolle. Der Begriff Asyl weckt Assoziationen von Flüchtlingselend, Notunterkünften und Massenspeisung, also Bilder aus der Zuständigkeit der Sozialfürsorge, während das Exil Vorstellungen entwirft von politischen und kulturellen Foren und Tribünen, von denen aus zielklar die Tyrannei in der Heimat bekämpft werde. Die Wirklichkeit war und ist freilich vielfältiger, als es derartige begrifflichen Vereinfachungen auszudrücken vermögen. Auf die Frage, ob sie Exulanten oder Asylanten seien, ob Frankreich ihr Exil- oder Asyl-Land sei, hätten viele deutsche oder deutschsprachige Emigranten entweder keine eindeutige Antwort geben können oder aber zu verschiedenen Zeiten unterschiedliche Antworten. Exil und Asyl waren und sind keine synonymen Begriffe. Aber sie sind in der Praxis zumindest streckenweise deckungsgleich und dehnen sich nur nach unterschiedlichen Terrains hin aus. Ein Blick auf die Asylprobleme soll daher den glanzvollen Eindruck von der Vielfalt des politisch-kulturellen Exils ergänzen um die Schattenseiten, gewissermaßen um die Hinterhofaspekte eines Flüchtlingsdaseins in Frankreich.

Seit der Revolution von 1789, verstärkt noch seit der ersten Hälfte des 19. Jahrhunderts, genießt Frankreich den Ruf eines liberalen und toleranten Asyl-Landes, das den Verfolgten aus aller Welt ein sicheres Refugium bietet. Polnische Insurgenten, aufständische Ungarn und deutsche Republikaner von 1848, italienische Patrioten, russische Anarchisten und die Opfer des Bismarck'schen Sozialistengesetzes konnten sich dorthin zurückziehen. Nach dem Ersten Weltkrieg suchten in Frankreich Tausende von Armeniern aus Anatolien und politisch gefährdete Russen ihre Zuflucht, nach Mussolinis Machtergreifung auch Italiener. Im internationalen Vergleich nahm Frankreich sowohl im Hinblick auf die Quantitäten als auch auf die Freizügigkeit, die den Emigranten gewährt wurde, eine besondere Rolle ein. Dennoch darf diese Feststellung nicht die angedeuteten Schattenseiten des französischen Asyls verdecken. Die Grundlagen des Asylrechts gingen auf ein Gesetz vom 3. Dezember 1848 zurück und waren ungeachtet einer 1927 vorgenommenen Novellierung veraltet. Zudem bedurften alle Gesetze, die den Aufenthalt von Ausländern in Frankreich, die Einbürgerung und das Asylrecht betrafen, einzelner Ausführungsbestimmungen, mit denen die Regierung das Recht in ihrem Sinne interpretieren und bei Bedarf in sein Gegenteil verkehren konnte.[12]

Der ausländische Flüchtling mußte nach einer gesetzlich festgelegten Frist, die zu

---

12 Als ausführliche Übersicht über diese Problematik mit einem dokumentarischen Anhang s. Barbara Vormeier: Dokumentation zur französischen Emigrantenpolitik (1933–1944). Ein Beitrag, in: Hanna Schramm: Menschen in Gurs. Erinnerungen an ein französisches Internierungslager (1940–1941) mit einem dokumentarischen Beitrag zur französischen Emigrantenpolitik von Barbara Vormeier (Deutsches Exil 1933–45. Eine Schriftenreihe, hrsg. von Georg Heintz, Bd. 13), Worms: Heintz, 1977, S. 157–384.

verschiedenen Zeiten acht Tage oder zwei Monate seit seiner Ankunft umfassen konnte, beim Präfekten des zuständigen Departements ein für zwei Jahre ausgestelltes Ausweispapier, die „carte d'identité", beantragen. Der Präfekt konnte diesen Antrag ohne Angabe von Gründen abschlägig beantworten, die Ausstellung des Papiers oder seine Verlängerung verweigern und ein bereits bewilligtes Dokument wieder einziehen. Franzosen, die Fremde aufnahmen, waren verpflichtet, deren Anwesenheit innerhalb von vierundzwanzig Stunden der Polizei zu melden, so daß auch die Möglichkeiten eines Untertauchens begrenzt waren. Gegen die Entscheidungen des Präfekten waren keine Rechtsmittel zulässig. Wegen des starken Zustromes von Flüchtlingen aus Deutschland wurde die „carte d'identité" bereits Ende 1934 nur noch selten ausgehändigt, zumal sie an Bedingungen geknüpft war: Sie mußten nachweisen, daß sie legal eingereist waren und ihren Lebensunterhalt mit eigenen Mitteln bestreiten konnten.[13]

Da viele Emigranten Deutschland fluchtartig hatten verlassen müssen, oftmals ohne gültige Papiere und häufiger noch ohne Geld, konnten die wenigsten die gestellten Bedingungen erfüllen. Infolge der Weltwirtschaftskrise und einer auch innenpolitisch gereizten Atmosphäre, in der fremdenfeindliche und rechtsradikale Gruppen sich regten, wurden ab Ende 1934 die Asyl-Praktiken verschärft, was sich vor allem in Form von Ausweisungen von Emigranten auswirkte. Die gesetzlichen Bestimmungen sahen dabei ein abgestuftes System von Abschiebungsmöglichkeiten vor. Es gab die Aufenthaltsverweigerung („refus de séjour"), gegen die eine Einspruchsmöglichkeit beim Innenminister bestand, den Aufenthaltsentzug („refoulement") durch den zuständigen Präfekten, bei dem eine Frist gesetzt und überdies eine spätere Möglichkeit zur Rückkehr nach Frankreich nicht ausgeschlossen wurde, und als schärfste Maßnahme die Ausweisung („expulsion") durch den Innenminister, die innerhalb von vierundzwanzig Stunden vollzogen werden mußte und definitiven Charakter trug, sofern sie nicht durch den Innenminister selbst wieder aufgehoben wurde. Für das Jahr 1933 werden etwa 7400 Fälle von Ausweisung überliefert, deren Zahl sich bis zum 10. Oktober 1934 auf 13 800 erhöhte.[14] Während die beiden erstgenannten Maßnahmen den betroffenen Personen noch Möglichkeiten ließen, sich ein anderes Asyl-Land ihrer Wahl zu suchen, bedeutete die „expulsion" zumeist eine rasche Abschiebung nach Belgien oder in die Schweiz und war mit vielfältigen Härten verbunden.[15] Es versteht sich, daß viele Emigranten es daher vorzogen, illegal im Lande zu bleiben und unterzutauchen, weil sie die Voraussetzungen für einen legalen Aufenthalt nicht erfüllten oder Gründe hatten, eine amtliche Registrierung zu fürchten.

Neben der Rechtsunsicherheit war auch die soziale Lage der meisten Emigranten bedrückend. Generell bestand für Ausländer ein Arbeitsverbot, dessen Mißachtung im allgemeinen zur sofortigen Ausweisung führte. Angesichts der im Frankreich der 1930er

---

13 Fabian/Coulmas, S. 30f. – Kurt Grossmann: Emigration. Geschichte der Hitler-Flüchtlinge 1933–1945, Frankfurt am Main: EVA, 1969, S. 11–13.
14 Fabian/Coulmas, S. 32f. – Pech, in: Schiller/Pech/Hermann/ Hahn, S. 41f.
15 Hans-Albert Walter: Deutsche Exilliteratur 1933–1950, 2 Bde., hier Bd. 2: Asylpraxis und Lebensbedingungen in Europa, Darmstadt–Neuwied: Luchterhand, 1972, S. 59–78, insbes. S. 67f.

Jahre herrschenden Erwerbslosigkeit bestand auch kaum eine Aussicht, jemals eine Arbeitserlaubnis zu erhalten. Vielmehr zog oft bereits der Antrag die Ausweisung nach sich. Journalisten und Schriftsteller durften zwar in Exilzeitschriften und Exilverlagen publizieren und ihre Arbeiten auch in der französischen Presse veröffentlichen, jedoch boten die Honorare keine ausreichende Lebensgrundlage. Allenfalls in der Landwirtschaft Südfrankreichs wurden saisonweise Arbeitsmöglichkeiten als Landarbeiter oder Pächter angeboten.[16] Schwarzarbeit mit allen damit verbundenen Folgen der Erpreßbarkeit war unter den Emigranten die Regel.

Zur materiellen Notlage und zur Rechtsunsicherheit kam als erschwerendes Moment die verbreitete Voreingenommenheit der Bevölkerung gegen die Fremden hinzu. Zwar muß hier differenziert werden nach politischen Lagern, sozialen und regionalen Faktoren. Aber anders als gegenüber den russischen Emigranten in den frühen 1920er Jahren war die Grundstimmung in der Bevölkerung eher reserviert bis feindlich. Ereignisse wie der sogenannte Stavisky-Skandal und der Mord an dem als Staatsgast in Marseille weilenden König Alexander von Jugoslawien, dem auch Außenminister Jean Louis Barthou zum Opfer fiel, belasteten das Verhältnis zu den Flüchtlingen aus Deutschland. Der aus Rumänien stammende Hochstapler Alexandre Stavisky, in dessen finanzielle Machenschaften offensichtlich auch Regierungskreise verwickelt waren, war Jude, was antisemitischen und fremdenfeindlichen Ressentiments Auftrieb gab. Im Falle des Attentats wiesen Spuren auf kroatische Faschisten, die offensichtlich Unterstützung aus Deutschland erhalten hatten. Ohne hier näher zu differenzieren, wurden ausgerechnet die Flüchtlinge, also die Opfer, für die Untaten des NS-Regimes verantwortlich gemacht. Die Mehrheit der Emigranten waren Juden, so daß antideutsche und antisemitische Ressentiments in wunderlicher Mischung, als deren makabre Wortschöpfung der „judéo-boche" anzusehen ist, in der zu drei Vierteln rechts orientierten französischen Presse die Atmosphäre vergifteten.[17] Als Folge beider Vorfälle wurden drastische Maßnahmen gegen Emigranten ergriffen, Verhaftungen und Ausweisungen vorgenommen.

Eine Reihe von Erleichterungen für die Flüchtlinge brachte die etwa zwei Jahre während Periode der Volksfront-Regierung. Die Öffentlichkeit wurde für deren Notlage sensibilisiert. Am 19. September 1936 erließ die Regierung Léon Blum ein Dekret, das rückwirkend für die Zeit vom 5. Juli desselben Jahres die Aufenthaltsbestimmungen für Asylanten neu regelte. In Übereinstimmung mit einer auch von Frankreich ratifizierten Völkerbundskonvention wurde ein besonderer Interimspaß eingeführt, der alle seit dem 30. Januar 1933 nach Frankreich emigrierten Deutschen zu diesem Dokument berechtigte. Dieser „titre d'identité et de voyage pour réfugiés provenant d'Allemagne", in Kurzform meistens „titre de voyage" genannt, wurde dann während des Krieges eines der wichtigsten Papiere, das neben dem Ausreisevisum („visa de sortie") den Exodus

---

16 Hans-Walter Hermann: Beiträge zur Geschichte der saarländischen Emigration 1935–1939, *Jahrbuch für westdeutsche Landesgeschichte 4* (1978), S. 361. – Fabian/Coulmas, S. 35–38.
17 Betz, S. 51. – Walter 2: Asylpraxis, S. 62f. – Pech, in: Schiller/Pech/Hermann/Hahn, S. 42. – Fabian/Coulmas, S. 26, 31.

über die Pyrenäengrenze ermöglichen sollte. Als beratendes Organ für die Ausführung dieser neuen Bestimmungen wurde ein „Comité consultatif" geschaffen, das unter der Leitung eines Staatssekretärs vier Franzosen und vier deutsche Emigranten vereinigte, um strittige Fälle zu beraten. Das Komitee prüfte während der etwa zweijährigen Phase seines Bestehens Tausende von Fällen, allerdings mit begrenztem Erfolg: Nur 6 522 der damals etwa 30 000 deutschen und österreichischen Flüchtlinge in Frankreich erhielten den Flüchtlingsstatus zuerkannt.[18] Die vorübergehend geänderte Atmosphäre kam auch den politischen und karitativen Hilfsorganisationen zugute. Die politische Mobilisierung und Sensibilisierung der französischen Öffentlichkeit nach dem Ausbruch des Spanischen Bürgerkrieges gab wiederum den politischen Hilfskomitees öffentlichen Rückenwind. Mag die konkrete Hilfe im Einzelfall recht begrenzt geblieben sein, so war doch die Lautstärke dieser Komitees ein Indikator für das gesteigerte Interesse, das die französische Öffentlichkeit ihnen entgegenbrachte.[19]

Die einzige Emigrantengruppe, die einen gewissen Sonderstatus genoß und daher gegenüber anderen bevorzugt wurde, waren die Saarländer, die infolge der deutsch-französischen Garantiebestimmungen vom 3. Dezember 1934 innerhalb eines Jahres nach der Rückgliederung des Saargebiets abwandern wollten. Ihre Gesamtzahl ist auf etwa 8 000 Personen anzusetzen. Sie wurden größtenteils in grenznahen Notunterkünften untergebracht und später ins Innere Frankreichs umgesiedelt. Anfang 1938 wurde ihnen der Status eines „réfugié sarrois" zuerkannt, der ohne weitere Vorbedingungen mit einer provisorischen Arbeitserlaubnis verbunden war. Schon vorher hatten viele eine unbefristete Aufenthaltsgenehmigung erhalten und kommunale Sozialunterstützungen empfangen.[20] Anders als die – oft ausgebürgerten und damit staatenlos gewordenen – reichsdeutschen Emigranten verfügten sie zudem im „Office sarrois" über ein offizielles Repräsentationsorgan gegenüber der französischen Regierung, das sich in dringenden Fällen für sie einsetzen konnte.

Mit dem Regierungswechsel von Blum zu Daladier im April 1938 und dem Ende der Volksfrontregierung setzte abermals ein Umschwung in der Asylpolitik ein, der bis zum Kriegsbeginn eine kontinuierliche Verschlechterung der rechtlichen und sozialen Lage der Emigranten zur Folge hatte. Der neue Premierminister verkündete strenge Maßnahmen gegen die zahlreichen sich illegal im Lande aufhaltenden Personen. Ein Dekret vom 2. Mai drohte bei Verstößen gegen die französischen Aufenthaltsbestimmungen hohe Haft- und Geldstrafen und die anschließende Ausweisung an. Harte Strafen drohten auch französischen Bürgern, die illegalen Emigranten Unterschlupf gewährten und ihnen halfen, sich der polizeilichen Registrierung zu entziehen. Zwar blieben einige Erleichterungen aus der Zeit der Volksfrontregierung noch in Kraft: So wurde „höhere Gewalt" als Entschuldigungsgrund für die Nichtbefolgung von Ausweisungsbefehlen anerkannt. Während früher Asylanten immer wieder im Gefängnis gelandet waren, weil kein

---

18 Fabian/Coulmas, S. 34f.
19 Pech, in: Schiller/Pech/Hermann/Hahn, S. 43, 51f. – Walter 2: Asylpraxis, S. 69f.
20 Vgl. Patrik von zur Mühlen: „Schlagt Hitler an der Saar!" Abstimmungskampf, Emigration und Widerstand im Saargebiet 1933–1935, Bonn 1979, S. 246–254.

Nachbarland sie aufzunehmen bereit war, so wurden jetzt Flüchtlinge, die Frankreich aus diesem Grunde nicht verlassen konnten, nicht mehr inhaftiert, sondern aufs Land geschickt, wo sie ohne Arbeitserlaubnis und Bewegungsfreiheit unter eine Art Zwangsaufenthalt gestellt wurden. Erstmals deuteten sich Vorzeichen jenes Zustandes an, der sich dann während des Krieges in voller Härte enthüllen sollte: Frankreich war nicht nur Refugium, es entwickelte sich zusehends zum Gefängnis.[21]

Vom Zwangsaufenthalt führte ein nächster Schritt zur vorübergehenden Internierung aus bestimmten Anlässen. Als Reichsaußenminister Joachim von Ribbentrop am 6. Dezember 1938 Paris besuchte, wurden aufgrund eines vier Tage vorher verabschiedeten Gesetzes deutsche Emigranten verhaftet und für die Dauer des Staatsbesuches interniert oder ersatzweise aus Paris verbannt. Betroffen waren davon vor allem die politisch aktiven Emigranten. Die Auswahl der auf diese Weise ihrer Freiheit beraubten Personen offenbarte überdies, wie gut die französische Polizei über die Aktivitäten deutscher Exil-Vertreter informiert war.[22] Ein nächster Schritt in der eingeschlagenen Richtung war die Einrichtung von Internierungslagern für deutsche und österreichische Flüchtlinge. Den Hintergrund dieser Maßnahme bildeten Kompetenzstreitigkeiten zwischen dem Innenministerium und den Präfekten der Departements, zwischen denen die Verantwortung und damit auch die Entscheidungen über die Schicksale der Emigranten hin- und hergeschoben wurden. Als der Innenminister nach einer Rundfrage erkennen mußte, daß keiner der Präfekten bereit war, sein Departement als Aufenthaltsort für das Gros der Flüchtlinge zur Verfügung zu stellen, bestimmte er durch Rechtsverordnung vom 21. Januar 1939, daß in Rieucros im Departement Lozère ein Auffanglager für die Internierung von Emigranten eingerichtet werde.

Wenige Wochen später folgte die kollektive Internierung der über die Pyrenäen nach Frankreich zurückflutenden deutschen, österreichischen und italienischen Spanienkämpfer. Bekanntlich hatte die Spanische Republik im Herbst 1938 alle ausländischen Soldaten, die in den Internationalen Brigaden und in anderen Einheiten auf ihrer Seite gekämpft hatten, entlassen und in ihre Heimatländer zurückgeschickt. Die Soldaten aus den von der NS-Diktatur bzw. den italienischen faschistischen Regime beherrschten Ländern konnten jedoch ohne persönliches Risiko nicht zurückkehren. Daher wurden Italiener, Deutsche und Österreicher zunächst in sogenannten Demobilisierungslagern in Katalonien untergebracht und beim Vorstoß der Franco-Truppen noch einmal in einen verlustreichen Kampf geworfen. Am 9. Februar 1939 verließen dann die geschlagenen Interbrigadisten Spanien über die verschneite Pyrenäengrenze. Aber nicht in die Freiheit marschierten sie, für die sich mit ihrem Leben eingesetzt hatten, sondern in die Gefangenschaft. Mitten im Winter wurden sie unter freiem Himmel, später in notdürftigen Baracken in den Lagern Argelès-sur-Mer – direkt am Mittelmeerstrand – und St. Cyprien eingesperrt und einige Monate später in das berüchtigte Lager Gurs im Pyrenäenvorland verlegt, das man ursprünglich für die Internierung spanisch-republikanischer Flüchtlinge

---

21 Pech, in: Schiller/Pech/Hermann/Hahn, S. 44f. – Barbara Vormeier: Législation répressive et émigration (1938–1939), in: Badia et al., S. 159–168, hier S. 161.
22 Fabian/Coulmas, S. 67.

errichtet hatte. Dort blieben sie dann in Gefangenschaft und wurden während des Krieges vom Vichy-Regime größtenteils an die Gestapo ausgeliefert.[23]

Im Sommer 1939, der nun schon von der drohenden Kriegsgefahr überschattet wurde, ergriff die französische Regierung weitere juristische und administrative Maßnahmen, die das Asyl der Flüchtlinge durch Einschränkungen und Behinderungen erschwerten. So wurden die Vereinigungen von Emigranten aufgelöst. Neue Dekrete gaben den Behörden die Vollmacht, deren Mitglieder zu internieren. Die überwiegend rechtskonservative Presse tat das Ihre, die Bevölkerung aufzuhetzen, und legte ihr nahe, in jedem Flüchtling oder Touristen einen verkappten Nazi-Agenten zu wittern. Ohnehin grenzte es an Absurdität, daß ausgerechnet die Emigranten, die aus rassischen und/oder politischen Gründen oder wegen ihrer kulturellen, künstlerischen oder ideologischen Dissidenz hatten fliehen müssen, oft größerem Mißtrauen begegneten als Reichsdeutsche, zumal offizielle Persönlichkeiten des Dritten Reiches. Hier verfestigten sich jene mentalen und in ihrem Gefolge auch politisch-administrativen Strukturen, die es dann für die meisten Emigranten erforderlich machte, Frankreich während des Krieges legal oder illegal zu verlassen und als Ausgangsland für eine Fluchtbewegung über die iberische Halbinsel nach Übersee zu nutzen.

In erfreulichem Kontrast zu der durch bürokratische Verständnislosigkeit bis hin zu offener Feindschaft geprägten Asylpolitik stand die schon angesprochene, meist auf privater Basis beruhende Flüchtlingshilfe, in der die französische Öffentlichkeit unschätzbare Dienste leistete. In der Regel war sie politisch-ideologisch ausgerichtet, ging also von Parteien, Gewerkschaften und anderen Organisationen aus. Erwähnenswert sind hier der „Secours rouge", das Pendant der früheren kommunistischen „Roten Hilfe" in Deutschland, die französische Liga für Menschenrechte („Ligue des droits de l'homme") und die Hilfe der Sozialistischen Partei, die sich wiederum stark auf den von der Sozialistischen Arbeiter-Internationale und dem Internationalen Gewerkschaftsbund (IGB) getragenen internationalen „Matteotti-Fonds" stützen konnten.[24] Für das Gros der unpolitischen, überwiegend jüdischen Flüchtlinge fühlten sich andere Komitees zuständig. Unter dem Patronat des Bankiers Baron Robert de Rothschild formierte sich im April 1933 ein „Comité National d'aide et d'Accueil aux Réfugiés" (CAR), das sich in der Folgezeit zur Dachorganisation der (nicht-politischen) französischen Flüchtlingshilfe entwickelte und eine Reihe weiterer angeschlossener Komitees koordinierte und protegierte. Schließlich seien hier noch die Quäker genannt, jene protestantische Freikirche des angelsächsischen Raumes, die ihr Christentum durch konkrete Hilfe für alle Bedürftigen, ohne Ansehen der Religion, Nationalität oder politischen Überzeugung, praktiziert. Die Quäker werden uns noch an anderer Stelle begegnen – während des Krieges als eine der wichtigsten

---

23 Patrik von zur Mühlen: Spanien war ihre Hoffnung. Die deutsche Linke im Spanischen Bürgerkrieg 1936–1939, Bonn: Verlag Neue Gesellschaft, 1983; zitiert wird im folgenden die zweite Auflage Bonn: Verlag J.H.W. Dietz Nachf. GmbH, 1985, hier S. 286–289.
24 Fabian/Coulmas, S. 38–45. – Jacques Omnès: L'aide aux émigrés politiques (1933–1938). L'exemple du Secours rouge, de la Ligue des droits de l'homme et du Parti socialiste, in: Gilbert Badia et al. (éds.): Les bannis de Hitler. Accueil et lutte des exilés allemands en France 1933–1939, Paris: Etudes et Documentation Internationales/Presses universitaires de Vincennes, 1984, S. 65–101.

Organisationen, die bedrohten Personen auf ihrem Fluchtweg über Spanien und Portugal behilflich war.[25] Im wesentlichen bestand die Hilfe der genannten Organisationen in Fürsorge- und Wohltätigkeitsarbeit, die die Flüchtlinge einerseits durch Ausbildungsgänge und berufsfördernde Maßnahmen befähigen wollte, sich selbst zu ernähren, und andererseits in Form von Sachleistungen: Unterkünfte, Kleiderspenden und Notspeisungen. Dem Wirken der hier angedeuteten Flüchtlingshilfe ist es zu verdanken, daß die meistens mittellosen Emigranten die wirtschaftliche Not in Frankreich überleben konnten.

Asyl im geschlagenen Frankreich

Der Kriegsausbruch am 1. September 1939 und der Beginn der Feindseligkeiten zwischen Deutschland und Frankreich zwei Tage später setzten in der Lage der Flüchtlinge und Emigranten eine Zäsur, leiteten andererseits keine Entwicklung ein, die nicht schon in Friedenszeiten begonnen hätte. Gewissermaßen brachten die Kriegsumstände die Vollendung dessen, was sich schon längst in den vorangegangenen sechs Jahren abgezeichnet hatte.

Etliche männliche Emigranten beschlossen, von der Möglichkeit des Wehrdienstes in der fanzösischen Armee Gebrauch zu machen. Dieser war nach einem Gesetz aus dem Jahre 1928 für staatenlose Männer, die mehrere Jahre im Lande ansässig gewesen waren, möglich. 1937 hatte erstmals ein Zensus derjenigen stattgefunden, die unter dieses Gesetz fielen. Unabhängig davon bestand zusätzlich für Ausländer die Möglichkeit, sich zur Fremdenlegion zu melden. Im Frühjahr 1939 wurde diese Kann-Bestimmung in eine Muß-Bestimmung umgewandelt. Durch Dekret vom 12. April 1939 waren alle ausländischen Asylanten in Frankreich zum Wehrdienst verpflichtet; staatenlose Männer zwischen 20 und 40 Jahren wurden registriert. Die Reaktion der Emigranten auf diese Maßnahme war keineswegs negativ. Zwischen April und Kriegsbeginn im September meldeten sich Tausende in den Büros der neugegründeten Organisation „Les Amis de la République Française", um sich freiwillig für den Dienst in der französischen Armee zu melden. Die Motive mögen unterschiedlicher Natur gewesen sein, jedoch dürften zweierlei Absichten im Vordergrund gestanden haben. Zum einen bot der Dienst in der Armee die Möglichkeit, erstmals konkret und praktisch mit der Waffe gegen das Dritte Reich anzutreten, was vielen nützlicher schien als die Teilnahme an endlosen Diskussionen in Emigrantenzirkeln mit ihren hochtrabenden, aber wirkungslosen Resolutionen. Zum andern hofften viele, ihren rechtlichen und sozialen Status durch den Dienst am Gastlande verbessern zu können. Bei Kriegsausbruch meldeten sich innerhalb einer Woche 6 000 Emigranten zu den französischen Fahnen, unter ihnen auch viele Exil-Polen und Exil-Tschechoslowaken.[26]

---

25 Jean-Baptiste Joly: L'aide aux émigrés juifs: le Comité national de secours, ebd., S. 37–64, und ders.: L'assistance des quakers, ebd., S. 105–106.
26 Fabian/Coulmas, S. 66 f.

Parallel zu diesem wie auch immer motivierten Bekenntnis zu Frankreich setzte eine gegenläufige Entwicklung ein, die die asylantenfeindlichen Ansätze der Vorkriegszeit fortsetzte. Am 4. September 1939 sah man allerorten Anschläge, in denen „feindliche Ausländer" zwischen 17 und 48 Jahren aufgefordert wurden, sich mit Wolldecke, den wichtigsten persönlichen Utensilien und etwas Proviant an einer jeweils für jedes Departement angegebenen Stelle einzufinden. Kurz darauf wurde die obere Altersgrenze auf 55 Jahre heraufgesetzt. In der Regel wurden die „feindlichen Ausländer" in einer Kaserne oder einem Stadion zusammengefaßt und nach Überprüfung der Personalien in ein Internierungslager deportiert. Personen, die sich nicht meldeten oder der Registrierung zu entziehen suchten, wurden vielfach als „politisch verdächtige Individuen" bei Nacht und Nebel festgenommen, auf die nächste Polizeistelle gebracht, nicht selten für einige Tage in Gefängnisse gesperrt und anschließend gleichfalls in eines der etwa sechzig Internierungslager gebracht. Nach einer Woche befanden sich nach Angaben der französischen Regierung etwa 15 000 Ausländer in Sicherungsverwahrung. Wenige Wochen später erhöhte sich die Zahl weiterhin. Man schätzt, daß etwa 12 000–14 000 Deutsche und 5 000 Österreicher interniert wurden. Wie stark die gesamte Maßnahme antideutsch geprägt war, zeigt die unterschiedliche Behandlung der Italiener in Frankreich. Nachdem Italien am 10. Juni 1940 auf seiten Deutschlands in den Krieg gegen Frankreich eingetreten war, wurden einige wenige faschistische Aktivisten im Lande interniert, aber die millionenfache Mehrheit der italienischen Gastarbeiter und Emigranten blieb unbehelligt.[27]

Die Geschichte der Internierungslager ist von französischer Seite wiederholt untersucht und veröffentlicht worden[28], so daß die folgende Darstellung sich nur auf die wichtigsten Sachverhalte beschränkt. Bedrückend an der ganzen Internierungswelle war die unberechenbare Willkür, die wiederum einherging mit einem ausgeklügelten System von spitzfindigen Unterscheidungsmerkmalen, die selbst wiederum vielfach willkürlicher Natur waren. Sehen wir von den ersten provisorischen Internierungen in Sportstadien, Rennplätzen, Schulen und Turnhallen ab, so gab es drei Klassen von Lagern. Die sogenannten „camps repressifs" waren für „personnes indésirables" bestimmt und hatten

---

27 Vormeier, in: Schramm, S. 227. – Fabian/Coulmas, S. 68f. – Pech, in: Schiller/Pech/Hermann/Hahn, S. 59. – Vgl. Barbara Vormeier: La situation des réfugiés en provenance d'Allemagne (septembre 1939–juillet 1942), in: Grandjonc/Grundtner (eds.), S. 189–211, hier S. 192.

28 Gilbert Badia: Camps repressifs ou camps de concentration?, in: Badia et al.: Les barbelés..., S. 289–332; Françoise Joly/Jean-Baptiste Joly/Jean-Philippe Mathieu: Les camps d'internement en France de septembre 1939 á mai 1940; ebd., S. 169–220; Barbara Vormeier/Jean-Philippe Mathieu/Claude Laharie: Le camp de Gurs, ebd., S. 221–288. – Vgl. auch die Aufsätze von Barbara Vormeier: La situation des réfugiés en provenance d'Allemagne..., a.a.O.; André Fontaine: L'internement au camp des Milles et dans ses annexes (septembre 1939–mars 1943), S. 273–281; Francis Bernard/Jacques Grandjonc: Un „Ancien camp de Bohémiens": Saliers, in: Grandjonc/Grundtner (eds.), S. 291–324. – In Kürze werden hierzu erscheinen: Repères pour Mémoires. Répertoire des lieux d'internement administratif dans le sud de la France et en Afrique de Nord de 1939 à 1944. Sous la direction de Jacques Grandjonc et Theresia Grundtner, Marseilles–Aix-en-Provence 1992; – Edwin M. Landau/Samuel Schmitt (Hg.): Lager in Frankreich. Überlebende und ihre Freunde. Zeugnisse der Emigration, Internierung und Deportation, Mannheim: Verlagsbüro v. Brandt, 1991.

die härtesten Lebensbedingungen. Zu ihnen gehörten die beiden berüchtigten Lager Le Vernet (für Männer), Rieucros (für Frauen) sowie Djelfa in Algerien und Missour in Marokko. Die nächste Kategorie, die „camps sémi-repressifs", waren für „personnes à surveiller" vorgesehen, also Ausländer, die man zumindest für verdächtig hielt. Ein Beispiel hierfür lieferte Gurs im Pyrenäen-Vorland. Alle unbedenklichen Personen wurden je nach Gegebenheiten in sehr unterschiedliche Lager gesperrt – „camps" (oder auch „centres") „de rassemblement" (Sammellager), „d'hébergement" (Unterbringungslager), „d'accueil" (Aufnahmelager) oder „d'hôpital" (Pflegezentren).[29] Die Willkür bestand nun in der völlig beliebigen, von Unkenntnis oder Laune französischer Polizeibeamter abhängigen Zuteilung von Personen zu einer dieser Kategorien. De facto internierte man auch überzeugte Antifaschisten, also Flüchtlinge und Opfer der NS-Diktatur, denen auch bei sehr freizügiger Interpretation keinerlei pronazistische Sympathien nachgesagt werden konnten. Aber seit dem deutsch-sowjetischen Nichtangriffspakt (Hitler-Stalin-Pakt) galten auch Kommunisten als potentielle Mitläufer des Dritten Reiches, so daß es nicht schwer fiel, diese Definition auf alle Linken auszudehnen. Die als besonders gefährlich eingestuften Emigranten, unter ihnen beispielsweise der linke, aber *nicht mehr* kommunistische Arthur Koestler oder der österreichische Kommunist Bruno Frei sowie Personen, deren Nationalität ungeklärt war, wurden in Le Vernet eingesperrt.[30] Ein Lager, in dem ein Großteil der in Frankreich noch verbliebenen deutschsprachigen Emigration interniert wurde, war Les Milles bei Aix-en-Provence.[31]

Die Maßnahmen der französischen Regierung stießen sowohl innerhalb als auch außerhalb des Landes auf Widerspruch und Proteste. Die amerikanische Regierung übte Druck auf Paris aus. Im Parlament setzte sich vor allem die sozialistische Fraktion für die Internierten ein. Ihre Vertreter machten geltend, daß die meisten von ihnen loyale Freunde Frankreichs seien und zu Unrecht als Feinde verdächtigt würden. Die Regierung gab Fehler zu und versprach eine Überprüfung der Fälle. Tatsächlich wurde ein „comité de criblage" (Siebungskomitee) durch die Internierungslager geschickt, um vertrauenswürdige von verdächtigen Elementen zu trennen. Wer im Verdacht stand, Sympathisant Hitlers oder Stalins zu sein, wurde grundsätzlich zu den verdächtigen Personen gerechnet, d. h. daß die gesamte kommunistische Emigration, soweit ihre Parteizugehörigkeit bekannt war, unter diese Maßnahme fiel. Kriterien der Vertrauenswürdigkeit waren dagegen verwandtschaftliche Beziehungen zu Franzosen, abgeleisteter Wehrdienst in der französischen Armee, Empfehlungsschreiben bekannter Persönlichkeiten sowie der Nachweis eines festen Wohnsitzes und ausreichenden Lebensunterhaltes. Saarländer und Österreicher wurden im allgemeinen freundlicher beurteilt als Reichsdeutsche.[32] Anfang

---

29 Vormeier: La situation..., in: Grandjonc/Grundtner (eds.), S. 192.
30 Zur Memoirenliteratur über die Lager vgl. außer der Schrift von Hanna Schramm, a.a.O., auch Bruno Frei: Die Männer von Vernet. Ein Tatsachenbericht, Hildesheim: Gerstenberg, 1980.
31 Zur Memoirenliteratur über die Internierungen s. Lion Feuchtwanger: Der Teufel in Frankreich. Ein Erlebnisbericht. Mit einem Vorwort von Martha Feuchtwanger, München–Wien: Langen-Müller, o.J. – Vgl. André Fontaine: Le Camp d'étrangers Des Milles 1939–1943, préface d'Alfred Grosser, Aix-en-Provence: Edisud, 1989.
32 Fabian/Coulmas, S. 69f.

1940 wurden die als vertrauenswürdig eingestuften Personen nach und nach freigelassen. Bevorzugt wurden solche Internierten, die auf deutschen Ausbürgerungslisten standen sowie Invalide. Emigranten im Besitz des Einreisevisums eines überseeischen Landes wurden in ein Transitlager („camp d'émigration") überwiesen, wo sie auf ihre Ausreise warteten. Ein beträchtlicher Teil der Internierten blieb jedoch in den Lagern. Ihnen wurde gleichfalls der Dienst in der Fremdenlegion angeboten. Die übrigen mußten als sogenannte „Prestataires" in Arbeitseinheiten („groupements de prestataires") arbeiten, die wiederum der Militärbefehlsgewalt unterstanden. Es wird geschätzt, daß sich etwa 5000 für den Arbeitsdienst und diesmal weitere 9000 Deutsche und Österreicher für die Fremdenlegion gemeldet haben, jedoch handelt es sich bei diesen Zahlen durchweg um vage Schätzungen, die sich heute wohl kaum noch exakt eruieren lassen.[33]

Vermutlich waren die organisatorischen Vorbereitungen für die Übernahme der Internierten in den einen oder anderen Dienst noch nicht abgeschlossen, als der deutsche Vorstoß über Belgien im Mai 1940 die Situation der Emigranten in Frankreich jäh veränderte. Zu dieser Zeit setzte eine zweite Internierungswelle ein, bei der mehrere zum Teil gegenläufige Entwicklungen in Gang gesetzt wurden. Einerseits erfolgte eine erneute Einweisung von Flüchtlingen in geschlossene und bewachte Sammelstellen, andererseits wurden bereits internierte Personen durch die kriegsbedingte Schließung einiger Lager in Nordfrankreich entweder nach Süden verlegt oder aber auch in die Freiheit entlassen. Einige Emigranten fielen dabei in deutsche Hände, andere sahen nach dem Waffenstillstand keinen anderen Ausweg, als sich freiwillig in den deutschen Machtbereich zu begeben und sich in heimischen Konzentrationslagern internieren zu lassen. Im übrigen bewegte sich ein Strom von Flüchtlingen nach Süden, um nicht von der Front überrollt zu werden und um dem Zugriff der Gestapo zu entfliehen.[34] Unter dramatischen und oft recht makabren Umständen verlagerte sich das Zentrum der deutschen Emigration an das Mittelmeer. – Damals mögen wohl schon einige Flüchtlinge versucht haben, das unwirtlich gewordene Frankreich über die Pyrenäengrenze zu verlassen. Es kann nicht vielen gelungen sein. Hans-Albert Walter hat berechnet, daß es von 830 namentlich im *Biographischen Handbuch der deutschsprachigen Emigration nach 1933* Aufgeführten nur 30 gelang, im Zeitraum Mai–Juli 1940 Frankreich in Richtung Schweiz oder Spanien zu verlassen.[35] Der Kriegszustand engte die Bewegungsfreiheit gerade von Ausländern ein, was die Schwierigkeiten erhöhte, überhaupt bis zu den Pyrenäen vorzudringen. Und andererseits hatte Spanien noch Monate nach dem Ende des Bürgerkrieges die Grenze geschlossen gehalten und nur in Ausnahmefällen einem ausgesuchten Personenkreis die Durchreise gestattet.

Am Morgen des 17. Juni 1940 bat der greise französische Marschall Philippe Pétain, der auf Drängen der aufgeschreckten Öffentlichkeit einen Tag vorher eine neue Regierung gebildet hatte, Hitler um einen Waffenstillstand. Die Maginot-Linie hatte den deutschen Ansturm nicht aufhalten können. Innerhalb eines sechswöchigen Vormarsches war Paris

---

33 Pech, in: Schiller/Pech/Hermann/Hahn, S. 383–392. – Fabian/ Coulmas, S. 72.
34 Anm. 33.
35 Walter: Exilliteratur, Bd 3: Internierung, S. 273.

gefallen, die Regierung über Tours nach Bordeaux übergesiedelt. Frankreich war geschlagen. Aber der Zustand, der nun folgte, war nicht vergleichbar mit demjenigen anderer besetzter Länder – etwa Polens, der Niederlande oder Belgiens – und enthielt sowohl Elemente eines deutschen Besatzungsregimes als auch des Fortbestehens eines souveränen französischen Staates. Zunächst ist bemerkenswert, daß Hitler aus taktischen außenpolitischen Gründen nur ein Waffenstillstandsabkommen abschloß und keinen Friedensvertrag, der nach legalistischer Betrachtungsweise auch heute noch aussteht. Der Zustand Frankreichs nach dem Sommer 1940 war also ein provisorischer. Neben der stillschweigend vollzogenen, vertraglich niemals verankerten Annexion Elsaß-Lothringens wurde der größte Teil Frankreichs von deutschen Truppen besetzt und unter Militärverwaltung gestellt. Dieser Teil umfaßte den Osten, Norden und Westen des Landes unter Einschluß der Hauptstadt Paris sowie einen vergleichsweise schmalen Streifen entlang der Atlantik-Küste bis zur spanischen Grenze. Kleinere Gebietsteile im Südosten wurden von Italien besetzt, das eine Woche vor Ende der Kampfhandlungen noch in den Krieg eingetreten war. Zentral- und Südfrankreich südlich der Loire bildeten die Territorien des nun unter Pétain sich etablierenden autoritären „Etat Français", der somit auch die Kontrolle über den größten Teil der Pyrenäengrenze und der Mittelmeerküste sowie formell auch über die Überseegebiete behielt. Die Regierung dieses Staates, die sich im Badeort Vichy niederließ, wurde von der Siegermacht zwar als Verhandlungspartner respektiert und besaß weiterhin einen begrenzten politischen und sogar militärischen Handlungsspielraum, unterlag jedoch infolge des Waffenstillstandsabkommens und aufgrund der tatsächlichen Machtverhältnisse beträchtlichen Einschränkungen. Polizei und Militär sowie die gesamte Zivilverwaltung unterstanden zwar dem Vichy-Regime, das jedoch deutsche Weisungen zu erfüllen hatte. An den Demarkationslinien wurden von deutscher Seite strenge Kontrollen durchgeführt, und innerhalb des nicht besetzten Frankreich bewegten sich recht freizügig Abordnungen der Wehrmacht und der Gestapo.[36] In Städten des Südens – so in Limoges, Tarbes, Lyon, Clermont-Ferrand, Toulouse, Aix-en-Provence und Marseille – wurden deutsche Vertreter für die Repatriierung deutscher Zivilgefangener eingesetzt. Darunter verstand man alle nicht den Streitkräften angehörenden deutschen Staatsangehörigen, also auch solche, denen die deutsche Staatsbürgerschaft entzogen worden war (also vorwiegend politische Emigranten), sowie Personen, die früher einmal in Deutschland gelebt oder eine deutschstämmige Herkunft hatten.[37]

Für die Flüchtlinge, die dem Vormarsch der deutschen Truppen nicht hatten entkommen können, bedeutete dies, daß sie in der Falle saßen und wie in anderen besetzten Ländern oder in Deutschland selbst dem unmittelbaren Zugriff der Gestapo ausgesetzt waren. Sofern es ihnen nicht gelang unterzutauchen oder sich mit falschen Papieren zu tarnen, war ihr Schicksal besiegelt, ihre Verhaftung kaum mehr abzuwenden. Im nicht besetzten Teil Frankreichs sah die Situation differenzierter aus. Dort hielten sich mehrere tausend Flüchtlinge auf – teilweise noch in Internierungslagern, teilweise inzwischen auf

---

36 Vgl. Eberhard Jäckel: Frankreich in Hitlers Europa. Die deutsche Frankreichpolitik im Zweiten Weltkrieg (Quellen und Darstellungen zur Zeitgeschichte, Bd. 14), Stuttgart: DVA, 1966, S. 32–45, 59–62, 85ff.
37 Vormeier: La situation..., in: Grandjonc/Grundtner (éds.), S. 195f.

freien Fuß gesetzt, eine nicht bestimmbare Zahl im Untergrund oder in abgestuften Sphären der Halblegalität und Illegalität. Aber auch sie waren bedroht und der möglichen Verhaftung durch die französische Polizei und Auslieferung an die Deutschen ausgesetzt. In Artikel 19 des Waffenstillstandsabkommens wurde Frankreich verpflichtet, „[. . .] alle in Frankreich sowie in den französischen Besitzungen, Kolonien, Protektoraten und Mandatsgebieten befindlichen Deutschen, die von der Deutschen Reichsregierung namhaft gemacht werden, auf Verlangen auszuliefern".[38] Unklar war in der Formulierung, ob mit den „Deutschen" auch diejenigen Personen gemeint waren, die seit 1933 vom Dritten Reich ausgebürgert und somit aus der deutschen Staatsangehörigkeit entlassen worden waren. Die Praxis zeigte, daß sich die Gestapo für alle dem NS-Regime mißliebigen Personen interessierte, ob es nun Juden waren, ehemalige Spanienkämpfer oder politische Emigranten, „entartete Künstler" oder weltanschaulich Verfemte.

Bereits im Juli 1940 wurde von deutscher Seite eine Kommission unter der Leitung des Legationsrats Ernst Kundt vom Auswärtigen Amt gebildet. Ihr gehörten außer dem Leiter noch ein weiteres gutes Dutzend Personen an: Vertreter der Wehrmacht und der Abwehr, des Reichssicherheitshauptamtes, der NSDAP und des Deutschen Roten Kreuzes sowie Dolmetscher und Hilfspersonal. Die französische Begleiterdelegation bestand aus einigen Offizieren, Dolmetschern sowie Chauffeuren. Die „Kundt-Kommission" bereiste in der Zeit vom 27. Juli bis Ende August, also etwa fünf Wochen lang, Südfrankreich und inspizierte Internierungslager, Gefängnisse und Hospitäler. Insgesamt waren es über 100 Anstalten, so daß sie zur Bewältigung ihres Programms sich zeitweilig in zwei Unterkommissionen teilen mußte. Wir sind über diese Inspektionsreise durch das Tagebuch der Kommission genauestens informiert.[39] Ihre Mitarbeiter registrierten die Insassen der Lager, Gefängnisse und Lazarette und teilten sie ein in unterschiedliche Kategorien: deutsche und ausländische Staatsbürger, Juden und „Arier", wobei sie die von den Anstaltsleitungen vorgelegten Listen überprüften und teilweise nach eigenem Gutdünken korrigierten. Unter den etwa 17 000 Häftlingen wurden die Personalien von ca. 7 500 deutschen Staatsbürgern (unter Einschluß der Österreicher) festgestellt, darunter von 5 000 Juden. Anstrengungen zu ihrer Festnahme und Deportation wurden nicht unternommen. Vielmehr war es zu dieser Zeit noch so, daß beispielsweise 6 000 Juden aus Baden und der Pfalz nach Frankreich abgeschoben und in Gurs interniert wurden. Aber es wurden die fahndungstechnischen und bürokratischen Voraussetzungen für die spätere Verfolgung politischer Gegner und für die 1942 einsetzenden Deportationen von Juden in die Vernichtungslager geschaffen.[40] Ähnliche Vorbereitungen traf das Reichssicherheitshauptamt übrigens auch im besetzten Teil Frankreichs. Hier wie überall konzentrierte sich

---

38 Text des Waffenstillstandsabkommens vom 23.6.1940 in: ADAP, Serie D, Bd. IX, Dok. Nr. 523, S. 554 ff. – Jäckel, S. 43 ff.
39 Christian Eggers: Le périple de la mission Kundt. Les camps du midi de la France d'après le journal de voyage de Jubitz (juillet–août 1940), in: Grandjonc/Grundtner (éds.), S. 213–226. – Das Reisetagebuch wurde veröffentlicht von Christian Eggers: „Unter den hohen Bäumen". Jubitz' Reise durch die Internierungslager im Süden Frankreichs Juli–August 1940, *Cahiers d'Etudes germaniques* n° 17 (Aix-en-Provence 1989), S. 21–91.
40 Vormeier, in Schramm, S. 234 ff. – Eggers: Périple, in: Grandjonc/Grundtner, S. 225 f.

die Aufmerksamkeit des Dritten Reiches zunächst auf die politischen Gegner, zu denen eben auch Schriftsteller, Publizisten und Künstler gerechnet wurden, vor allem aber exilierte Politiker und Vertreter der in Deutschland verbotenen Parteien.

An dieser Stelle mag es angebracht sein, einen Rückblick zu werfen auf das Verhältnis des Dritten Reiches zur Emigration. Das Nazi-Regime hatte zu den Flüchtlingen aus Deutschland eine höchst zwiespältige Einstellung. Einerseits begrüßte es, daß potentielle Unruhestifter und Regimegegner das Land verließen, andererseits beobachtete es mit Mißtrauen, daß ein Personenkreis, den es lieber hinter Gefängnismauern oder Stacheldraht gesehen hätte, im Ausland eine mitunter wirksame Propaganda betrieb und Widerstandsaktionen vorbereitete. Bereits im Frühjahr 1933 hatte die neu gegründete Geheime Staatspolizei Namenslisten von allen flüchtigen Personen angelegt, die sie als Gefahr für den Bestand des Reiches ansah. In einem Runderlaß der Gestapo vom 4. Mai 1933 hieß es: „Um die wirksame Bekämpfung aller gegen den Bestand und die Sicherheit des Staates gerichteten Angriffe zu ermöglichen, ist eine namentliche Erfassung aller derjenigen Personen erforderlich, die seit der nationalsozialistischen Erhebung des deutschen Volkes außer Landes gegangen sind und die Vermutung rechtfertigen, daß sie im Auslande staatsfeindliche Bestrebungen verfolgen."[41]

Emigranten wurden in der Folgezeit propagandistisch diffamiert, im Ausland observiert und bespitzelt, ins Reich verschleppt und in einigen Fällen ermordet.[42] Kehrten Personen freiwillig in den deutschen Machtbereich zurück, so wurden sie bereits an der Grenze verhaftet und in sogenannte Schulungslager überstellt, wo sie politisch indoktriniert und überprüft wurden, bevor über ihre weitere Behandlung – Anklage, Einweisung in ein KZ oder aber Entlassung – entschieden wurde. Ein besonderes Instrument zur Verfolgung der Emigranten bildete die Ausbürgerung, durch die die dadurch Stigmatisierten staatenlos und somit in ihrer Bewegungsfreiheit stark eingeschränkt wurden. Die ersten Ausbürgerungen wurden im August 1933 ausgesprochen, die letzten noch im Frühjahr 1945, also kurz vor Kriegsende, und betrafen etwa 39 000 namentlich genannte Fälle. Zu diesen meist aus politischen Motiven ausgebürgerten Personen müssen noch die jüdischen Emigranten gerechnet werden, die durch die 11. Verordnung zum Reichsbürgergesetz vom 25. November 1941 kollektiv expatriiert wurden.[43]

Die „Kundt-Kommission", die im Sommer 1940 die Internierungslager, Gefängnisse und Hospitäler im unbesetzten Teil Frankreichs durchforstete, war also auf ihre Aufgabe gut vorbereitet. Anhand umfassender Fahndungslisten wußte sie sehr wohl, wen sie vordringlich suchte und wer für sie von zweitrangigem Interesse war. Einerseits war man auf deutscher Seite gegen eine Abschiebung von Zivilgefangenen durch die Vichy-Behörden in den besetzten Teil Frankreichs, weil dadurch möglicherweise politisch aktive Emigranten unkontrolliert in den deutschen Machtbereich gelangen konnten. Andererseits

---

41 Zitat nach Hans-Georg Lehmann: In Acht und Bann. Politische Emigration, NS-Ausbürgerung und Wiedergutmachung am Beispiel Willy Brandts, München: J.H.C. Beck, 1976, S. 40f.
42 Vgl. hierzu Herbert E. Tutas: Nationalsozialismus und Exil. Die Politik des Dritten Reiches gegenüber der deutschen politischen Emigration 1933–1939, München–Wien: Carl Hanser, 1975.
43 Lehmann, S. 72–76.

verlangte man von der französischen Seite, daß sie eine „planlose Entlassung" von Zivilgefangenen in der nicht besetzten Zone unterlasse. Die Behörden des Vichy-Regimes verhielten sich hier keineswegs einheitlich. Einerseits hatten sie noch vor der Machtübernahme Pétains zahlreiche internierte Ausländer, darunter eben auch deutsche Emigranten, entlassen. Andererseits gingen sie – wohl auf Initiative unterer Aufsichtsbeamter, Gefängnisdirektoren, Lagerkommandanten und Polizeioffiziere – auf die Interessen gerade der politischen Emigranten insoweit ein, als sie deren Existenz vor der Kontrollkommission verheimlichten oder sie kurzfristig in ein anderes Lager verlegen ließen. So wurde nach Angaben der Kontrollkommission der frühere preußische Finanzminister Otto Klepper für die Zeit des Kommissionsbesuchs aus der Haft „beurlaubt" und dadurch vor Verhaftung gerettet.[44]

Für die deutschen Emigranten im nicht besetzten Teil Frankreichs ergab sich nunmehr folgende Situation. Ein Teil von ihnen befand sich (noch oder wieder) in Internierungshaft in einem der zahlreichen Lager, die größtenteils in der Provence, in der Gascogne, im Pyrenäenvorland oder anderen Gegenden Südfrankreichs angelegt worden waren. Ihr Bemühen war es, die Lager möglichst rasch und ungehindert zu verlassen und nach Möglichkeit unterzutauchen oder aus Frankreich auszureisen. Andere wiederum irrten in dem vom Vichy-Regime beherrschten Landesteil umher oder sammelten sich in der wichtigsten Hafenstadt, Marseille, um auf dem Seewege oder aber über die Pyrenäenroute dem gefährlichen Pflaster zu entkommen. In Südfrankreich befanden sich die Flüchtlinge, zumindest subjektiv, in der Falle. Die Atmosphäre in der französischen Öffentlichkeit war ihnen nicht günstig. In Presseartikeln wurden sie beschuldigt, für die französische Niederlage und die deutsche Besetzung mitverantwortlich zu sein. Die französischen Behörden, insbesondere die Polizei, wurden in zunehmendem Maße von „unzuverlässigen" Personen gesäubert und durch Pétain-Anhänger ersetzt, unter ihnen einheimische Faschisten sowie Kollaborateure aus Gelegenheit oder aus Überzeugung. Die Präsenz von deutschen Militär-, Polizei- und Gestapo-Delegationen war unübersehbar und mußte zu dem Eindruck führen, daß auch Vichy-Frankreich bereits den Achsenmächten ausgeliefert war. In einigen, zahlenmäßig freilich begrenzten Fällen sollte sich dieser Eindruck auch bewahrheiten. Zwischen Februar 1941 und November 1942, also bis zur vollständigen Besetzung des Landes, lieferte die französische Polizei 21 deutsche Politiker, darunter die früheren kommunistischen Reichstagsabgeordneten Franz Dahlem, Siegfried Rädel und Heinrich Rau sowie die Sozialdemokratin Johanna Kirchner der Gestapo aus. Eine Gruppe von weiteren 36 Personen, deren Auslieferung unmittelbar bevorstand, konnte rechtzeitig entkommen.[45]

Was die meisten Flüchtlinge, die sich in den Jahren 1940–1942 in dem vom Vichy-Regime beherrschten Teil Frankreichs aufhielten, zu dieser Zeit nicht wußten, war die Tatsache, daß die Jagd auf Juden und auf einen Teil der politischen Emigranten sowohl von seiten der französischen Behörden als auch von seiten der deutschen Besatzungsmacht noch kein vordringliches Ziel war. Nur wenn Personen aus panikartigen Fehlreaktionen,

---

44 Vormeier, in: Schramm, S. 235.
45 Vormeier: La situation, in: Grandjonc/Grundtner, S. 202.

aus übertriebener Selbstsicherheit oder anderem, rational nicht erklärbarem Fehlverhalten diese Chancen nicht nutzten, konnte es zur Verhaftung und in letzter Konsequenz auch zur Auslieferung an die Gestapo führen. Dieses Schicksal traf den früheren Vorsitzenden der SPD-Reichstagsfraktion Rudolf Breitscheid und seine Frau sowie den mit beiden befreundeten früheren Reichsfinanzminister und Parteitheoretiker Rudolf Hilferding. Durch Fürsprache Léon Blums waren sie während der deutsch-französischen Kampfhandlungen nicht interniert worden, so daß sie nach der Besetzung des Landes in den Süden Frankreichs entkommen konnten. Dort ließen sie in einer eigentümlichen Mischung aus Trotz, Selbstsicherheit und Fatalismus alle Möglichkeiten zur Flucht nach Martinique und von dort weiter in die USA ungenutzt verstreichen. Schließlich wurden sie von den Vichy-Behörden zwangsweise nach Arles gebracht und im Dezember 1941 der Gestapo ausgeliefert. Hilferding und Breitscheid starben unter jeweils verschiedenen Umständen in deutscher Haft.[46]

Obwohl die Situation zunächst noch nicht so gefährlich war, befürchteten dennoch viele Angehörige der politischen, literarischen und auch der jüdischen Emigration, daß Hitler in Frankreich nur eingefallen sei, um ausgerechnet sie zu fassen. Diese von der Befindlichkeit der meisten Flüchtlinge her verständliche Panik und Massenpsychose war zu dieser Zeit nur in besonderen Fällen gerechtfertigt.[47] Für die angsterfüllte Atmosphäre unter den Emigranten war jedoch die vermutete allseitige Präsenz des NS-Regimes entscheidend, obwohl dies bis zum Sommer 1941 nur in Einzelfällen praktische Konsequenzen hatte. Wenn uniformierte Delegationen des Dritten Reiches in Ortschaften des nicht besetzten Landesteiles auftauchten, dann nicht, um Flüchtlinge zu ergreifen. Das überließen sie später größtenteils der Vichy-Polizei. In der Regel diente ihre Anwesenheit der Kontrolle von Maßnahmen, die im Rahmen des Waffenstillstandes vereinbart worden waren, und bezogen sich meistens auf rein militärische Belange.[48] Dennoch konnte niemand völlig sicher sein, ob nicht gerade er von der Gestapo gesucht werde oder ob nicht unvorhersehbare Faktoren dazu führen würden, ausgerechnet ihn festzusetzen und aus Schikane oder im Rahmen eines bürokratischen Verwaltungsaktes auszuliefern. Schließlich war auch nicht sicher, ob nicht die deutschen Truppen – wie es dann im November 1942 auch geschah – eines Tages die restlichen, noch nicht besetzten Landesteile unter ihre Kontrolle bringen würden, so daß die Falle dann endgültig zuklappen würde.

Anders als in dem vom Vichy-Regime kontrollierten Landesteil verlief die Entwicklung für die etwa 50000 Flüchtlinge, die vorübergehend Schutz im italienisch besetzten Teil Frankreichs Zuflucht gefunden hatten. Ein Teil von ihnen war infolge der verschärften italienischen Asyl-Politik nach 1938 in diesen Teil Frankreichs abgeschoben worden, fand aber nach der Besetzung dieses Landstriches durch die Italiener im Sommer 1940 ungleich günstigere Exil- und Asyl-Bedingungen vor als die meisten Emigranten in

---

46 Der Fall Breitscheid/Hilferding ist in der angegebenen Literatur wiederholt dargestellt worden; vgl. BHE I, S. 92, 295f. – Vgl. auch den Brief Breitscheids vom 3.1.1941 an Außenminister Flandin, abgedruckt in: Grandjonc/Grundtner, S. 210f. – Daniel Bénédite: La filière Marseillaise. Un chemin vers la liberté sous l'occupation, Paris: Edition Clancier Guénaud, 1984, S. 175–188. – Fabian/Coulmas, S. 86f.
47 Walter: Exilliteratur 3: Internierung, S. 279f.
48 Ebda, S. 277.

Vichy-Frankreich.[49] Als die stark faschistisch durchsetzte und antisemitisch beeinflußte französische Zivilverwaltung den meist jüdischen Flüchtlingen Schwierigkeiten bereitete und 1941/42 Vorbereitungen für eine Masseninternierung traf, griffen die italienischen Militärbehörden ein und verhinderten derartige Maßnahmen. Nach der Vollbesetzung Frankreichs durch die Deutschen im November 1942 dehnte auch Italien sein Besatzungsgebiet aus und vergrößerte damit auch die Zahl seiner Schützlinge. Als im Dezember 1942 der Präfekt des Departements Alpes-Maritimes die Ausweisung der jüdischen Flüchtlinge in die weiter nördlich gelegenen, von den Deutschen besetzten Departements anordnete, was de facto ihre Auslieferung an die Gestapo bedeutet hätte, wurde dieser Befehl auf Druck der italienischen Militärverwaltung widerrufen. Auch spätere Maßnahmen wurden verhindert oder zumindest abgeschwächt. Allerdings endete diese Phase relativer Sicherheit im Sommer 1943, als das Mussolini-Regime gestürzt wurde und die italienischen Truppen das südöstliche Frankreich verließen. Ihnen rückten deutsche Truppen nach. Das Schicksal der dort lebenden Flüchtlinge war nunmehr das gleiche wie das der im übrigen Frankreich zurückgebliebenen Emigranten.[50]

Für die im nicht besetzten Frankreich sich aufhaltenden jüdischen Flüchtlinge trat im Sommer 1942 eine neue Situation ein. Das Dritte Reich verlangte vom Vichy-Regime die Auslieferung der ausländischen Juden, um sie – wie es offiziell hieß – nach Polen in Arbeitslager zu verschleppen. Das Programm der „Endlösung" hatte auch Frankreich erreicht. Das Vichy-Regime stellte durch seine Polizei-Behörden seine Mitwirkung hieran zur Verfügung. Als eine Gruppe von 600 jüdischen Flüchtlingen mit einwandfreien Dokumenten in Richtung Portugal ausreisen wollte, wurden sie von französischen Grenzbehörden daran gehindert. Man erklärte ihre Ausreisepapiere für ungültig. Vertreter jüdischer Hilfsorganisationen sprachen bei Ministerpräsident Laval vor, jedoch sah sich dieser außerstande, den Flüchtlingen zu helfen. Mit der Mitwirkung bei den Transporten von ausländischen Juden nach Osten habe sich Frankreich die Unversehrtheit seiner eigenen jüdischen Bürger erkauft.[51] Bei Razzien verhaftete man Tausende von jüdischen Emigranten und lieferte sie aus. Die Lager wurden auf der Grundlage der von der Kundt-Kommission angelegten Voruntersuchungen erneut inspiziert, ihre jüdischen Insassen deportiert.[52] Im November 1942 ließ Hitler als Antwort auf die angelsächsische Landung in Marokko auch den südlichen, vom Vichy-Regime regierten Teil Frankreichs besetzen.[53] Bedrohte Personen, die bis dahin nicht hatten fliehen können, saßen endgültig in der Falle.

Wer der Deportation entgehen wollte und nicht emigrieren konnte oder wollte, der mußte untertauchen. Eine kleine Zahl von – meist kommunistischen – Flüchtlingen schloß

---

49 Vgl. Klaus Voigt: Zuflucht auf Widerruf. Exil in Italien 1933–1945, Bd. 1, Stuttgart: Klett-Cotta, 1989. – Vgl. auch Klaus Voigt: „Les Naufragés". L'arrivée dans les Alpes Maritimes des réfugiés allemands et autrichiens d'Italie (septembre 1938–mai 1940), in: Grandjonc/Grundtner, S. 163–180. – Jean-Louis Panicacci: La colonie allemande dans les Alpes-Maritimes de 1933 à 1945, ebd. S. 181–190.
50 Fabian/Coulmas, S. 115–117.
51 Wischnitzer: Visas, S. 178f.
52 Hans Fraenkel: Les déportations juifs en zone non occupée, in: Grandjonc/Grundtner, S. 377–391.
53 Vgl. Jäckel, S. 249ff.

sich der Résistance an und ging in den bewaffneten Untergrund. Zwar hatten sich französische Widerstandsgruppen bereits im Sommer 1940 organisiert, waren jedoch schwach geblieben, da die Kommunisten sich bis zu Hitlers Überfall auf die Sowjetunion nicht daran beteiligten. Erst mit diesem Datum, dem 22. Juni 1941, nahm die Résistance umfassenden Charakter an. Stärkeren Zulauf erhielt sie nach der zwischen dem Deutschen Reich und dem Vichy-Regime am 3. September 1942 vereinbarten Zwangsrekrutierung von Franzosen für den Arbeitsdienst in Deutschland, dem sich viele durch Flucht in den Maquis – und damit meistens zur Résistance – entzogen. Dieser schlossen sich auch deutsche und andere Emigranten an und arbeiteten vor allem in der von der KP geführten Nachrichten- und Sabotageorganisation „Travail Anti-Allemand" mit – als Dolmetscher, Nachrichtenspezialisten, Kuriere, in selteneren Fällen auch innerhalb der bewaffneten Kräfte des französischen Widerstandes. Die Gesamtzahl der Deutschen in der Résistance wird mit etwa 1 000 angegeben, wobei die tatsächliche Zahl vermutlich darunter lag. In Anlehnung an das Nationalkomitee „Freies Deutschland" in Moskau konstituierte sich im Oktober 1943 in Frankreich unter kommunistischer Führung ein gleichnamiges Komitee, das 1944 den Namen „Comité Allemagne Libre pour l'Ouest" annahm.[54] Aber in ihm war nur noch ein kleiner Teil der Emigranten vertreten, die Frankreich nicht mehr hatten verlassen können oder wollen.

Fluchtwege aus Frankreich

Vor dem Zweiten Weltkrieg stellte sich die Frage nach der Ausreise aus Frankreich als politisches Problem nicht. Jeder Hafen, der über die entsprechenden Schiffsverbindungen verfügte, kam als Ausreisehafen nach Großbritannien oder nach Übersee in Frage. Auch die Route über Spanien oder Portugal wurde, nachdem Franco nach seinem Sieg über die Republik im Frühjahr 1939 die Grenzen wieder geöffnet hatte, einige, wenngleich wenige Male genutzt. Dieser Weg war auch während des französischen Zusammenbruchs offen, und einige namhafte Emigranten wählten diese Route während der Monate Mai und Juni 1940: so Otto von Habsburg, so der österreichische legitimistische Politiker Hans Rott, der Schriftsteller Friedrich Torberg sowie der Führer der „Schwarzen Front", Otto Strasser. Torberg überschritt die Grenze ganz im Westen zwischen Hendaye und Irún und dürfte wohl zu den letzten gehört haben, die diesen Übergang passieren konnten. Einen Tag später besetzten deutsche Truppen die gesamte französische Atlantik-Küste bis zur spanischen Grenze und blockierten damit diese wichtige Passage über die Pyrenäen.[55]

Wenn wir den schwierigen Weg in die hermetisch abgeriegelte Schweiz und die aus

---

54 Pech, in: Schiller/Pech/Hermann/Hahn, S. 373–414. – Karlheinz Pech: An der Seite der Résistance. Zum Kampf der Bewegung „Freies Deutschland" für den Westen (1943–1945), Frankfurt am Main: Röderberg, 1974. – Florimond Bontë: Les antifascistes allemands dans la résistance française, Paris: Editions sociales, 1969.

55 Vgl. Friedrich Torberg: Eine tolle, tolle Zeit. Briefe und Dokumente aus den Jahren der Flucht 1938–1941, hrsg. von Daniel Axmann und Marietta Torberg, München: Langen Müller, 1989, S. 112.

vielen Gründen problematische Flucht in den italienisch besetzten Teil Frankreichs außer acht lassen, dann blieben nach der französischen Niederlage nur noch zwei Fluchtrouten übrig. Die eine bestand nur für eine kurze Zeit: Sobald der Schiffsverkehr in eingeschränktem Maße im Mittelmeer wieder möglich wurde, konnte man von Frankreich nach Nordafrika fahren, von wo wiederum Verbindungen nach Martinique in der Karibik bestanden. Da diese Route ausschließlich durch französisch kontrolliertes Gebiet führte, entfielen die sonst erforderlichen Transit- und End-Visa; sie unterlag aber strengen Bestimmungen. Dort, wo dieser Weg beschritten wurde, führte er meistens von Marseille nach Algier oder Oran, anschließend in zweitägiger Bahnfahrt nach Casablanca und von dort nach Übersee. Als Spanien im Sommer 1941 vorübergehend keine Transitvisa ausstellte, erreichten jüdische Hilfsorganisationen bei der französischen Regierung die Umleitung eines Transportes über Casablanca. Infolge der Blockade durch die britische Marine konnte dieser Transport jedoch nicht nach Martinique weiterreisen und wurde in Casablanca interniert, nach Interventionen der Hilfsorganisationen jedoch bald wieder in Freiheit gesetzt.[56] Casablanca blieb auch unfreiwilliges Etappenziel einiger Emigranten, die von Spanien oder Portugal aus nach Übersee hatten weiterwandern wollen, jedoch durch unvorhergesehene Umstände daran gehindert worden waren.

Der wichtigste und zeitweilig einzige Ausweg aus Frankreich führte indessen über die Pyrenäen, wobei wir deren westlichsten Teil nach der Besetzung der Atlantik-Küste durch deutsche Truppen weitgehend außer acht lassen können. Soweit bekannt, gab es nach dem Juni 1940 über Hendaye-Irún keinen legalen Exodus aus Frankreich mehr und in der gesamten baskischen Region wohl nur sehr wenige illegale Fluchtversuche. In dem vom Vichy-Regime kontrollierten Gebiet gab es nur wenige Grenzübergänge, über die man mit echten oder gefälschten Papieren regulär nach Spanien einreisen konnte. Neben diesen offiziellen Übergängen, bei denen von französischer und spanischer Seite die Reisedokumente überprüft und abgestempelt wurden, gab es eine Fülle von heimlichen Trampelpfaden, über die man von kundigen Bergführern auf die spanische Seite geleitet werden konnte. Diesen Weg dürfte, wie noch zu zeigen sein wird, die große Mehrheit aller Flüchtlinge in Richtung Spanien gegangen sein.

Unmittelbar nach der Niederlage Frankreichs erteilte die Regierung grundsätzlich keine Ausreisegenehmigung. Diese bürokratische Behinderung der legalen Ausreise- und Emigrationsversuche hatte zur Folge, daß die Fluchtbewegung in die Illegalität abgedrängt wurde. Aber auch in den zu dieser Zeit relativ seltenen Fällen, in denen gültige (wenngleich vielleicht gefälschte) Papiere vorlagen, war das Mißtrauen gegenüber den französischen Behörden so groß, daß manche Emigranten es vorzogen, die offiziellen Grenzübergänge zu umgehen und illegal nach Spanien einzureisen. So hatten die Revolutionärin Ruth Fischer, in den Jahren 1924–1926 die führende Kraft der KPD, und ihr deutsch-russischer Lebensgefährte Arkadij Maslow sich dänische Papiere ausstellen lassen. Aber da sie trotz dieser politisch unproblematischen Dokumente den französischen Behörden mißtrauten, verzichteten sie auf ein offizielles Ausreisevisum (visa de sortie)

---

[56] Mark Wischnitzer: Visas to Freedom. The History of HIAS, Cleveland–New York: The World Publishing Company, 1956, S. 169.

und überschritten am 2. Oktober 1940 illegal die Pyrenäengrenze bei Cerbère-Port Bou. Da ihre spanischen und portugiesischen Stempel in Ordnung waren, gelangten sie ohne Schwierigkeiten bis nach Lissabon.[57]

Ende November 1940 setzte dann ein unerwarteter Umschwung in der Asylpolitik ein. Der Innenminister erklärte sich bereit, eine „émigration massive" von „unerwünschten Ausländern" zuzulassen. Jüdische Hilfsorganisationen wurden sogar ermutigt, in Lagern – bekannt ist dies aus Les Milles – Emigrationsbüros zu eröffnen. Internierte Familien wurden in sogenannte Transit-Lager überstellt, von denen aus sie sich leichter um ihre Ausreise kümmern konnten. Nur die auf einer nicht näher bestimmten „schwarzen Liste" erfaßten Ausländer waren von dieser Freizügigkeit ausgenommen. Dennoch stellte es einen Hindernislauf dar, wenn man Europa legal verlassen wollte, bei dem vier oder fünf bürokratische Hürden zu überwinden waren. Entschied eine einzige Instanz negativ, war der ganze Anlauf vergeblich gewesen. Als erstes benötigte man das Einreisevisum eines – in der Regel überseeischen – Ziellandes. Danach konnte man ein portugiesisches Transitvisum beantragen, wobei die Regierung in Lissabon mitunter auch die Vorlage einer bezahlten Schiffspassage verlangte. Hatte der Emigrant diese Hürden genommen, mußte er das spanische Transitvisum erwerben und als letztes das französische „visa de sortie". War inzwischen eines der zuerst erworbenen Dokumente abgelaufen oder tauchten unerwartete Schwierigkeiten auf, begann die Prozedur von neuem.[58] In Memoiren, Erlebnisberichten und Romanen, die die Flucht zum Inhalt haben, besonders aber in Anna Seghers' „Transit", wird diese verzweifelte und oft vergebliche Sisyphus-Arbeit der Emigrationsversuche literarisch verarbeitet.

Trotz der Phase relativer Freizügigkeit blieb die Zahl derer, die aus Vichy-Frankreich auf legalem Wege verließen, recht gering: Zwischen dem Waffenstillstand im Juni 1940 und der vollständigen Besetzung Frankreichs im November 1942 sollen nur etwa 6500 Personen legal aus Frankreich ausgereist sein, woraus zu schließen ist, daß die überwältigende Mehrheit der Spanien- und Portugal-Transitäre illegal in die iberische Halbinsel eingereist ist.[59] Im Laufe des Jahres 1941 verschärfte sich die Situation für die politischen Emigranten. Während politisch unverdächtige jüdische Flüchtlinge vorläufig noch nicht weiter behelligt wurden, kam es bereits zu ersten französischen Auslieferungen solcher Personen, deren das Dritte Reich habhaft werden wollte. Aber noch hatte das System Lücken und Schlupflöcher. Aufgrund von wohl irrigen, aber aus damaliger Zeit verständlichen Gerüchten glaubten viele Emigranten, daß die französischen Behörden die Ausreisegenehmigungen erst nach Konsultation der deutsch-französischen Waffenstillstandskommission in Wiesbaden oder gar der Gestapo ausstellten. Diese Gerüchte waren, worauf Hans-Albert Walter zu Recht hinweist, unbegründet. Wie er am Beispiel von 210 Vertretern der politischen und kulturellen Emigration in Frankreich nachweist, konnten

---

57 Ruth Fischer/Arkadij Maslow: Abtrünnig wider Willen. Aus Briefen und Manuskripten des Exils, hrsg. von Peter Lübbe, mit einem Nachwort von Hermann Weber, München: Oldenbourg, 1990, S. 16, 92.
58 Walter: Exilliteratur 3: Internierung, S. 305.
59 Walter: Exilliteratur Bd. 3: Internierung, S. 285, 288–291. – Vgl. Karine Labernède: De la défaite au réseau „André". Lutte et filières juives à Marseille (1940–1944), in: Grandjonc/Grundtner, S. 401–419.

170 entkommen und wurden nur fünfzehn gefaßt und ausgeliefert.[60] Oft ließen die französischen Behörden politisch gefährdete Personen entfliehen und deuteten sogar Wege und Möglichkeiten zur Flucht an. Manche Beamte ignorierten augenzwinkernd die amtlichen Vorschriften. Der Trotzkist Karl Retzlaw erlebte wie so viele andere, daß Beamte über ein ganzes Spektrum von Verhaltensweisen – von der beabsichtigten Nachlässigkeit in der Bewachung der Grenze bis zum angedeuteten Hinweis auf die günstigste Fluchtroute – verfügten, mit denen sie Flüchtlinge passieren ließen oder in ihren Verstekken nicht behelligten. Es bestand keine absolute Sicherheit, aber die erfolgreiche Flucht blieb vorerst die Regel.[61]

Die Verschärfung der Situation in Frankreich im Frühjahr/Sommer 1941 mag einerseits auf einen zunehmenden deutschen Druck zurückzuführen sein, andererseits auf eine ebenfalls zunehmende Selbstgleichschaltung des Vichy-Regimes in Anlehnung an das Dritte Reich. Aber im Hintergrund wirkte sich offensichtlich auch die nachlassende Protektion durch die amerikanische Präsidentengattin Eleanor Roosevelt aus. Als die amerikanischen Einwanderungsstellen die Erteilung von Einreisevisa immer restriktiver handhabten und infolgedessen auch Spanien und Portugal ihre Transitpraxis verschärften, ließ Frankreich die in der von Vichy aus kontrollierten Zone verbliebenen Flüchtlinge und Emigranten aus Deutschland, Österreich und anderen Ländern verfolgen.[62]

In der zweiten Jahreshälfte 1941 verschlechterte sich auch die Lage eines Personenkreises, den die Untersuchung bisher nicht berücksichtigt hat. Bekanntlich gab es bis zum Oktober 1941 eine legale, sogar staatlich geförderte Auswanderung von Juden aus Deutschland. Mit Hilfe der noch geduldeten Dienststellen der „Reichsvertretung der Juden in Deutschland" und der vom Reichssicherheitshauptamt eingerichteten „Reichsstelle für die jüdische Auswanderung" durften deutsche und österreichische Juden nach Übersee emigrieren. 1940 waren es etwa 15 000, 1941 noch ungefähr 8 000. Nur ein Teil von ihnen fuhr mit der Eisenbahn durch das besetzte Frankreich. Einige emigrierten auf dem Schienenwege durch die Sowjetunion nach Ostasien (Shanghai). Aber nach Beginn des „Ostfeldzuges" im Juni 1941 und mit der Ausweitung des Kriegsgebietes blieb schließlich kein anderer Fluchtweg übrig als die iberische Route. Noch im Januar 1941 schätzte Breckinridge Long, – jener hohe Beamte im amerikanischen State Department, der für Einwanderungsfragen zuständig war, – daß wöchentlich zwei Eisenbahnzüge mit je 500 Flüchtlingen von Deutschland im Transit durch Frankreich nach Spanien und in der Regel weiter nach Portugal fuhren, um sich in den Häfen der iberischen Halbinsel nach Übersee einzuschiffen.[63] Diese Zahl war zumindest für diesen Zeitpunkt sicher erheblich zu hoch gegriffen, deutet aber richtig das Faktum dieser legalen Transit-Emigration über Frankreich, Spanien und Portugal an.

---

60 Walter: Exilliteratur 3: Internierung, S. 279f., 281f. – Vgl. Varian Fry: Auslieferung auf Verlangen. Die Rettung deutscher Emigranten in Marseille 1940/41, München–Wien: Carl Hanser Verlag, 1986, S. 68.
61 Walter: Exilliteratur 3: Internierung, S. 335, 340f. – Vgl. Karl Retzlaw (=Karl Gröhl): Spartakus. Aufstieg und Niedergang. Erinnerungen eines Parteiarbeiters, Frankfurt am Main: Neue Kritik, 1971, S. 444.
62 Walter: Exilliteratur 3: Internierung, S. 358–372, hier S. 366.
63 The War Diary of Breckinridge Long. Selections from the Years 1939–1944, Selected and Edited by Fred L. Israel, Lincoln: University of Nebraska Press, 1966: Eintragung vom 28.1.1941, S. 174.

Erst im Herbst 1941 warf die im deutschen Machtbereich unmittelbar bevorstehende „Endlösung der Judenfrage" ihre Schatten auch auf den Transit durch Frankreich. Mit Verordnung vom 24. Oktober 1941 wurde Juden die Ausreise aus Deutschland und dem deutschen Machtbereich untersagt. Diese neuartige Situation soll durch einen konkreten Einzelfall illustriert werden. Anfang Oktober 1941 wandte sich der Rechtsanwalt eines noch minderjährigen Juden an das Auswärtige Amt mit der dringenden Bitte, seinem Mandanten die Durchreiseerlaubnis durch das besetzte Frankreich zu erteilen. Sein Schiff gehe am 18. Oktober 1941 von Cádiz ab, und sein Visum für Haiti werde am 29. Oktober ablaufen. Da Juden die Benutzung von Flugzeugen nicht gestattet war, befinde sich sein Mandant in großer zeitlicher Bedrängnis. Von der „Reichsvereinigung der Juden in Deutschland" war schon vorher mitgeteilt worden, daß zwar am 8. Oktober ein – vermutlich letzter – Eisenbahn-Transport von Juden über Frankreich und Spanien nach Portugal und von dort nach Übersee abgehen werde, bei dem jedoch alle Plätze schon belegt seien. Auf weitere Bemühungen teilte schließlich kein geringerer als Adolf Eichmann dem Auswärtigen Amt mit, „[...] daß im Hinblick auf die kommende Endlösung der europäischen Judenfrage die Auswanderung von Juden aus den von uns besetzten Gebieten zu unterbinden ist". Diese Regelung galt auch für Deutschland selbst.[64] Wir dürfen daher annehmen, daß der auswanderungswillige junge Mann Opfer der nationalsozialistischen Massenvernichtung geworden ist.

Bevor sich die Untersuchung den geographischen, soziologischen, organisatorischen und technischen Fragen der Flucht zuwendet, sollte hier der Begriff der Illegalität und der Scheinlegalität erläutert werden, da er im Zusammenhang mit unerlaubten Grenzübertritten wiederholt verwendet wurde und auch weiterhin wird gebraucht werden müssen. Illegal war die heimliche Ausreise aus Frankreich und Einreise nach Spanien, bei der die amtlichen französischen und/oder spanischen Grenzposten umgangen wurden. Illegal waren jedoch auch die scheinlegalen Grenzübertritte, die zwar über die offiziellen Grenzübergänge erfolgten, jedoch durch Vorlage gefälschter Papiere erschlichen wurde. Da diese für viele eine wichtige, mitunter lebensrettende Bedeutung hatten, sei in diesem Zusammenhang ein abschließender Exkurs zum Problem der Dokumentenfälschung angefügt. Bekanntlich gehört es zur Aufgabe des Mediävisten, die Echtheit und Glaubwürdigkeit von Urkunden auf eine Reihe von möglichen Fälschungsgraden und -typen hin zu überprüfen. Es gibt Urkunden, deren Pergament, Text, Unterschrift und Siegel zwar echt, jedoch durch nachträgliche Radierungen „aufgebessert" worden sind; dagegen wurden andere Schriftstücke durch echt wirkende Äußerlichkeiten refabriziert, wobei der Text erfunden sein, aber ebenso auch ein früheres Original ganz oder in Teilen wortgetreu wiedergeben mag. Ähnlich verhielt es sich mit den Reisedokumenten, mit denen Emigranten zu fliehen versuchten. Es gab Dokumente (Pässe, Ausweise, amtliche Bescheini-

---

64 Schreiben des Rechtsanwalts Erich Eule vom 4.10.1941 an das AA, der „Reichsvereinigung" vom 4.10.1941 an den Rechtsanwalt und des Reichssicherheitshauptamts vom 19.11.1941 an das AA; PA AA: Inland II A/B: Auswanderung über Sibirien, Bd. 7. – Vgl. Patrik von zur Mühlen: Fluchtziel Lateinamerika. Die deutsche Emigration 1933–1945: politische Aktivitäten und soziokulturelle Integration, Bonn: Neue Gesellschaft, 1988, S. 22f.

gungen etc.), in denen alles echt war, jedoch der Inhaber nicht, indem er – allenfalls mit Hilfe eines neuen Paßbildes – in die amtliche Identität eines anderen geschlüpft war. So gelangten der deutsche Anarchist Hanns-Erich Kaminski und seine Lebensgefährtin Anita Karfunkel mit Ausweispapieren über Spanien und Portugal nach Argentinien, die ihnen ein kommunistischer französischer Bürgermeister auf den Namen eines gefallenen französischen Soldaten ausgestellt hatte.[65] Der Wechsel in eine andere Identität, vergleichbar der Verkleidung, taucht in der literarischen Verarbeitung der Fluchterfahrungen wiederholt auf, so in Anna Seghers „Transit" oder in Remarques „Die Nacht von Lissabon". In Marseille betätigten sich – kommerzielle ebenso wie politisch motivierte – Fälscher mit der Herstellung von Pässen, Stempeln, Paßbildern und Unterschriften, wobei jede Variation und Kombination von Fälschung möglich war. Ehemalige Konsulate von Ländern, die vom Dritten Reich oder von der Sowjetunion besetzt worden waren und somit de facto als Staaten nicht mehr existierten (so die Tschechoslowakei und Litauen), stellten Reisedokumente aus, die zwar echt waren, aber für die Transitländer keine völkerrechtliche Gültigkeit mehr besaßen. So reiste die sogenannte „Görgen-Gruppe", etwa 45 katholische und jüdische Flüchtlinge unter Leitung des Hermann Matthias Görgen, mit tschechoslowakischen Gefälligkeitspässen nach Spanien, wobei ihnen die Fahrt in Spanien selbst dadurch erleichtert wurde, daß die zuständigen Beamten die Tschechoslowakei mit Jugoslawien verwechselten.[66] Hans Habe emigrierte als angeblicher Bolivianer, der Publizist Berthold Jacob als Peruaner, ohne daß die gefälschte Identität beider aufgefallen wäre. Die frühere KPD-Vorsitzende Ruth Fischer und ihr Lebensgefährte Arkadij Maslow entkamen, wie schon angedeutet wurde, mit dänischen Papieren.

Geographische und organisatorische Aspekte der Flucht

Fluchtwege haben ihre eigene Geographie, die mit Verkehrsverbindungen, aber auch mit politischen, sozialen und anderen Fragen zusammenhängt. Wenn wir uns zunächst auf die reguläre Ausreise aus Frankreich mit echten oder gefälschten Dokumenten konzentrieren, so fällt der breite Flüchtlingsstrom parallel zur Mittelmeerküste auf. Das Gros reiste über Perpignan nach Cerbère und überquerte dort mit der Eisenbahn die Tunnelgrenze zum katalanischen Hafenstädtchen Port Bou, von wo dann die Wege gewöhnlich weiter nach Barcelona führten. Es liegen nur fragmentarische Hinweise auf Fluchtversuche zu Schiff vor. Sie scheinen nur selten erfolgreich gewesen zu sein. Bereits zur Zeit der Kontrolle Südfrankreichs durch das Vichy-Regime wurden die Häfen streng bewacht. Zur Zeit der deutschen Besatzung wurden zwar einige Versuche unternommen, mit Fischerbooten von

---

65 Wolfgang Haug: Eine neue Identität. Der weitere Lebensweg von Hanns-Erich Kaminski und Anita Karfunkel, *Tranvía* Nr. 15 (Dezember 1989), S. 2, 72–74.
66 Hermann M. Görgen: „Wie uns der Vatikan rettete. Flucht durch Europa und über den Atlantik", *Katholische Nachrichtenagentur* Nr. 1, 4. Jan. 1979.

Port Vendre aus die spanische Küste zu erreichen, jedoch infolge der strengen Überwachung der Küste unterbunden.[67] In der Regel stand also nur der Landweg zur Verfügung. In seltenen Fällen benutzten Flüchtlinge auch die Autostraße über die Pyrenäenausläufer an der Küste nach Port Bou, um dann von dort die annähernd gleiche Route nach Süden einzuschlagen. Daneben gab es im Landesinneren noch einige wenige Übergangsstellen nach Spanien, die in geringerem Maße genutzt wurden, so bei Le Perthus, Canfranc, Bourg-Madame, Palau de Cerdagne, La Vignole sowie Latour de Carol, dazu den Grenzübergang nach Andorra. Gewöhnlich führten diese Routen von Toulouse über Andorra oder über Le Perthus nach Katalonien und in den meisten Fällen gleichfalls weiter nach Barcelona. Entsprechend der Geographie der Verkehrsverbindungen verminderte sich die Zahl derer, die regulär aus Frankreich ausreisten, je weiter westlich der Grenzübergang lag.[68] Mit nur geringen Einschränkungen gilt diese Feststellung auch für die heimlichen, illegalen Grenzübertritte in der Wildnis der Bergwälder und verschneiten Pässe. Selbst im westlichsten der vom Vichy-Regime kontrollierten Pyrenäen-Departements – Hautes-Pyrénées – läßt sich für die gesamte Kriegszeit ein lebhafter Grenzverkehr nachweisen, der jedoch zahlenmäßig hinter den übrigen Regionen zurückblieb und sich auch personell anders zusammensetzte als die Fluchtbewegung in Küstennähe.

Diese letzte Feststellung leitet über zu einem weiteren Aspekt: Fluchtwege haben ihre eigene Soziologie. Bestimmte Personengruppen bevorzugten aus erklärlichen Gründen die jeweils geeignetsten und ungefährlichsten, mitunter auch die bequemsten Verbindungswege. So kann man deutlich beobachten, daß der Anteil der ausländischen Flüchtlinge gegenüber Franzosen abnahm, je weiter westlich der legale oder illegale Grenzübertritt erfolgte. Das Spektrum der Flüchtlinge, die Frankreich über die iberische Route verlassen wollten, umfaßte politische Emigranten aus dem Dritten Reich, also aus Deutschland und Österreich, sowie aus den besetzten Gebieten, vor allem aus Polen und der Tschechoslowakei, sodann Regimegegner aus faschistisch oder rechtsautoritär regierten Staaten, also Italiener, Ungarn, Rumänen, Bulgaren, Jugoslawen und Griechen. Die jüdischen Emigranten aus Deutschland und den vom Dritten Reich besetzten Ländern stellten die zahlenmäßig größte Gruppe. Einen Sonderfall bildeten abgeschossene oder abgesprungene britische oder kanadische Kampfflieger, die sich im französischen Maquis hatten verstecken können und nun über Spanien und Gibraltar nach Großbritannien zurückkehren wollten. Als weitere Gruppe seien Franzosen genannt, die sich in französische Überseegebiete durchschlagen wollten, weil sie aus vielfältigen möglichen Motiven den deutschen Machtbereich verlassen wollten oder mußten und sich teilweise den „Forces Françaises Libres" anschließen wollten.

Der Grad der Gefährdung für alle diese Personengruppen war unterschiedlich und wechselte zudem mit den politischen Konstellationen. Auch die Gefährdung selbst nahm unterschiedliche Formen an. Ein britischer Soldat hatte im Falle seiner Festnahme in

---

67 Hector Ramonatxo: Ils ont franchi les Pyrénées, Paris: La plume d'or, o.J. (1954), S. 79.
68 Emilienne Eychenne: Montagnes de la peur et de l'espérance. Le franchissement de la frontière espagnole pendant la seconde guerre mondiale dans le département des Hautes-Pyrénées, Toulouse: Edouard Privat, 1980, S. 14.

Frankreich mit der Auslieferung an die Deutschen und seiner Internierung in einem Kriegsgefangenenlager zu rechnen. Politische Emigranten mußten mit ihrer Festnahme und Deportation in ein deutsches Gefängnis oder Konzentrationslager rechnen, Juden ab Sommer 1942 in eines der Vernichtungslager im Osten, Antifaschisten aus sonstigen Ländern mit ihrer Überstellung an die Behörden ihrer Heimatländer. Der Weg, den die gefährdeten Personen am zweckmäßigsten einschlugen, war abhängig davon, wie und zu welchem Zeitpunkt sich Deutschland, Vichy-Frankreich und Spanien, im weiteren Verlauf auch Portugal, zu ihnen verhielten.

Fluchtwege haben auch ihre Chronologie: Zeiten, in denen sie mehr oder weniger genutzt werden (können). Wenn wir von den jahreszeitlich bedingten Schwankungen, die in der Bergwelt besonders ins Gewicht fallen, absehen, dann waren hierfür zahlreiche politische Faktoren maßgebend. Für den Zeitraum 1940/41 können wir eine nahezu vollständige Flucht der intellektuellen und politischen Elite innerhalb der deutschsprachigen Emigration beobachten. Wer etwa bis zum Sommer 1941 Frankreich nicht verlassen hatte, mußte entweder durch Untertauchen versuchen zu überleben oder lief Gefahr, gefaßt und ausgeliefert zu werden. Kontinuierlich war und blieb die jüdische Emigration, jedoch lassen sich durchaus einzelne „Fluchtwellen" beobachten. Einer überstürzten Fluchtbewegung im Juni und Spätherbst 1940 beispielsweise folgte eine „Ebbe", die dann wieder durch eine ansteigende „Flut" abgelöst wurde. Sie erlebte nach Beginn der Judendeportation im Sommer 1942 einen neuen Höhepunkt. Seit Anfang 1941 setzte die Fluchtbewegung abgeschossener Flieger der Royal Air Force sowie entlaufener britischer Kriegsgefangener ein. Eine breite Fluchtbewegung vieler Gruppen wurde nach der Besetzung Südfrankreichs durch die Deutschen im November 1942 ausgelöst. Nach Einführung des Gesetzes über die Zwangsrekrutierung von männlichen Franzosen für den Arbeitsdienst in Deutschland im Februar 1943 setzte die schon erwähnte Fluchtbewegung vorwiegend jüngerer Franzosen ein, die sich ihm entziehen wollten.[69] Gegen Kriegsende stieß zu allen diesen Personengruppen noch eine weitere, allerdings nicht sehr zahlreiche Gruppe: Deserteure der deutschen Wehrmacht.

Als letztes haben Fluchtwege ihre eigene Technik, – und dies ist von zwei Seiten zu sehen. Die eine bezieht sich auf die Mittel, mit denen eine Fluchtbewegung verhindert werden soll, die andere auf die Mittel, mit denen diese Hindernisse umgangen werden können. Im Hinblick auf die Pyrenäengrenze bezieht sich dieses Kriterium auf die Geschichte der Überwachung und der Kontrollen und ihren Einfluß auf Zunahme oder Rückgang des Flüchtlingsstromes. In der Zeit des Vichy-Regimes kontrollierte die französische Gendarmerie die Grenzregion zu Spanien. Der anfangs ungehinderte Aufenthalt von Fremden wie auch von Franzosen sowie ihre Bewegungsfreiheit wurden im März 1941 eingeschränkt und mit besonderen Auflagen verbunden. Für die nun immer häufigeren Kontrollen durch Polizei und Zoll mußten Einheimische wie Fremde sich durch entsprechende Papiere wie „sauf-conduits" ausweisen können.

Die Situation veränderte sich nach der vollständigen Besetzung Frankreichs durch

---

69 Yehuda Bauer: American Jewry and the Holocaust. The American Jewish Joint Distribution Committee, 1939–1945, Detroit: Wayne State University Press, 1981, S. 208, 255.

deutsche Truppen. Neben französischer Gendarmerie, auf deren Mitarbeit die deutsche Seite stets größten Wert legte, obwohl sie immer als unzuverlässig galt, übernahmen deutsche Gebirgsjäger – im Volksmund irrtümlich „douaniers" genannt – die Überwachung der Grenze zu Spanien. Die geltenden französischen Aufenthaltsbestimmungen in der Grenzregion wurden zunächst belassen, aber verschärft angewendet. Jede Person, die sich innerhalb einer 30 km breiten Grenzzone nicht als ortsansässig ausweisen konnte, wurde grundsätzlich zur näheren Überprüfung festgenommen. Am 18. Februar 1943 gab es dann neue Bestimmungen, die sämtliche grenznahen Orte zur Sperrzone erklärten und auch Ortsansässige in ihrer Bewegungsfreiheit einschränkten. An jeder Ortsausfahrt gab es Kontrollposten. Sowohl deutsche Militärdienststellen als auch die französische Gendarmerie standen in enger Verbindung mit der Gestapo, die in Toulouse und Perpignan ihre Zentralen für Südfrankreich und in kleineren Orten Ableger für das lokale Umfeld eingerichtet hatte.[70]

Die Kontrollen konnten gleichwohl umgangen werden und den Flüchtlingsstrom nach Spanien allenfalls behindern, nicht verhindern. Der Hohe Kommissar des Völkerbundes für das Flüchtlingswesen schätzte, daß allein im November 1942 nach der deutschen Kontrolle über die Pyrenäengrenze täglich etwa 100 Personen diese in Richtung Spanien überquerten. Im vorgerückten Winter ging diese Zahl dann auf 30–40 zurück, um dann mit der wärmeren Jahreszeit wieder anzusteigen. Die Zahl der Franzosen, die sich dem deutschen Arbeitsdienst durch Flucht entziehen und/oder den „Forces Françaises Libres" anschließen wollten, wird für das Jahr 1943 auf 16 000 geschätzt. Allein zwischen Januar und August 1944, also bis zur Befreiung Frankreichs, sollen 1 500 jüdische Flüchtlinge unterschiedlicher Herkunft nach Spanien entkommen sein; im Zeitraum seit November 1942 insgesamt sogar 12 000.[71] Von spanischer Seite liegen, wie noch zu zeigen sein wird, höhere Schätzungen vor. Mit anderen Worten: Die in der Luftlinie etwa 400 km lange, in Wirklichkeit wohl die doppelte Länge umfassende französisch-spanische Grenze war weder durch das Vichy-Regime noch durch die deutschen Besatzungstruppen vollständig abgeriegelt worden. Die iberische Fluchtroute über die Pyrenäen blieb während der ganzen Kriegszeit bis August 1944 bestehen.

Bevor die Untersuchung sich der Fluchthilfe zuwendet, durch die erst der Exodus aus Frankreich technisch und organisatorisch möglich wurde, sollen hier einige Schwierigkeiten genannt werden, die eine Quantifizierung der gesamten Fluchtbewegung erschweren. Nach einer vagen Schätzung, die die Berechnungen der beiden nachfolgenden Kapitel zu Spanien und Portugal vorwegnimmt, überquerten während des Zweiten Weltkrieges weit über 50 000 Personen in Flucht- und/oder Emigrationsabsicht die Pyrenäengrenze. Diese Zahlen enthalten jüdische ebenso wie nicht-jüdische Flüchtlinge verschiedener Nationalität, darunter wiederum einen beträchtlichen Anteil deutschsprachiger Emigranten, aber auch Franzosen, alliierte Soldaten und deutsche Deserteure. Gemeinhin sollte man

---

70 Eychenne, S. 108f., 113, 115f., 119. – Ramonatxo, S. 26.
71 Société des Nations, N° officiel C.19.M.19.1943.XII, August 1943. – Arieh Tartakower & Kurt Grossmann: The Jewish Refugee, New York: Institute of Jewish Affairs, 1944, S. 313. – Bauer: Jewry, S. 254f.

annehmen, daß die Frankreich verlassenden Flüchtlinge nach Abzug einer bedeutungslosen Zahl Verunglückter oder Verschollener annähernd den Ankömmlingen in Spanien entsprochen habe und deren Zahl nach Abzug solcher Personen, die von dort direkt anderswohin weiterwanderten oder vorübergehend blieben, etwa den Umfang derer erreichten, die in Portugal anlangten, so daß das für alle drei Länder vorliegende Zahlenmaterial einander ergänzen und bestätigen müßte. Dies ist mitnichten der Fall. Unvollständiges Quellenmaterial, Dunkelziffern und versehentliche Doppelzählungen, ungenaue oder sich überschneidende Kategorien wie z.B. „jüdische Flüchtlinge" und „deutsche Emigranten" machen jeden Anspruch auf Genauigkeit hinfällig. Präzise Zahlenangaben sind nur punktuell möglich – bezogen auf Zeit, Ort, Personengruppen oder Situationen. Wenn an dieser Stelle auf die geschätzten Grenzüberquerungen im Spanien-Kapitel verwiesen wird[72], so geschieht dies mit dem Vorbehalt, daß in den Gesamtschätzungen dort keine genaueren Gesamtangaben möglich sind als die, die hier angedeutet wurden.

Technik und Praxis der Fluchthilfe

Fluchthilfe bedeutet etwas anderes als Flüchtlingshilfe. Diese versucht, die materiellen Folgen von Exil und Asyl aufzufangen und auszugleichen und sich für die Rechte eines bedrohten und verfolgten Personenkreises einzusetzen. Jene bemüht sich um die materiellen, rechtlichen und politischen Folgen einer Fluchtbewegung, wobei manche Aktivitäten einander ähnlich sein können. Die Fluchthilfe mag sich auf die finanziellen Aspekte konzentrieren, auf die Besorgung von Schiffspassagen und echten oder gefälschten Dokumenten, auch auf Sachspenden und Dienstleistungen wie vorübergehende Unterkünfte bis hin zur Vorbereitung und Durchführung von illegalen Transporten über geschlossene Grenzen. Die politischen Veränderungen mögen in einigen Fällen dazu geführt haben, daß Organisationen, die vor dem Kriege Flüchtlingshilfe betrieben, nach 1939 zu Fluchthelfern wurden. Einige der früher aktiven Komitees, vor allem die rein französischen, mußten unter dem Zwang der Verhältnisse, aus Mangel an Mitteln oder infolge administrativer Eingriffe ihre Aktivitäten einstellen und sich teilweise auflösen. Mit amerikanischer Rückendeckung konnten dagegen andere Organisationen von Portugal und Spanien aus weiterwirken und sich um die Rettung von Flüchtlingen aus Frankreich kümmern: durch politische Interventionen bei Regierungen zur Erlangung von Ausreise-, Transit- und Einreisevisa, durch gecharterten Schiffsraum und durch Geld- und Sachmittel. Die Darstellung dieser Aktivitäten politischen, technischen, finanziellen, organisatorischen und karitativen Charakters bleibt dem letzten Kapitel dieser Studie vorbehalten.[73]

Von ganz anderer Art war die Arbeit meist kleiner Fluchthelferorganisationen, die auf

---

72 Vgl. S. 84.
73 Vgl. S. 173 ff.

„unterer" Ebene vor Ort bedrohte Menschen über die Grenze schmuggelten. Ihre Aufmerksamkeit galt der Erkundung und Erschließung unbeobachteter Wege über die Grenze, der Beobachtung von Polizei, Zoll- und Grenzbehörden und den Mitteln, um die Behörden der von diesen Aktivitäten betroffenen Länder zu täuschen. Bewegte sich die Tätigkeit der erstgenannten Hilfsorganisationen zum größten Teil auf einer legalen Ebene, die sich nur am Rande gelegentlicher illegaler Arbeitsmethoden bediente, so arbeiteten die Fluchthelfer vor Ort fast durchweg außerhalb der Legalität und befanden sich dabei manchmal in nicht allzu ferner Nachbarschaft zur Unterwelt. Eine Übersicht über diese Fluchthelfer gibt es nicht. Die Exilforschung hat sich ihrer noch nicht angenommen, obgleich sie beim Exodus aus Frankreich eine herausragende Rolle spielten. Auch für die französische Geschichtsforschung bildet dieses Thema, soweit erkennbar, ein Desiderat, um so mehr, als diese Thematik ja auch die Geschichte der Résistance berührt. Allenfalls einzelne Organisationen, einzelne Aktionen, Regional- und Lokalstudien sowie Memoiren sind bislang hierzu veröffentlicht worden. Dabei könnte eine solche Übersicht, wollte man Vollständigkeit anstreben, wohl allenfalls fragmentarischen Charakter erlangen und würde vor allem durch Quellenprobleme erschwert werden. Was sich auf illegaler Ebene abspielte, fand selten Niederschlag in schriftlichen Aufzeichnungen, und diese wiederum wurden in der Regel nicht für die Nachwelt archiviert. Mit Ausnahme einer einzigen Organisation sind wir daher auf Memoiren und mündliche Überlieferungen von Augenzeugen angewiesen, die selbst wiederum lückenhaft sind. Da die Fluchtbewegung von 1939 bis 1944, also rund fünf Jahre lang, anhielt und sich über die gesamte französisch-spanische Grenze erstreckte, können wir nur versuchen, die hierin verwickelten Organisationen zu typologisieren, um uns auf das eine quellenmäßig erschließbare Beispiel zu beschränken.

Unter Berücksichtigung der fließenden Grenzen kann man politische, humanitäre und kommerzielle Organisationen unterscheiden. Zu den ersten gehörten sämtliche Gruppierungen der französischen Résistance und des spanischen antifranquistischen Widerstandes, Dependencen des britischen Geheimdienstes, Untergrundgruppen aus den besetzten Ländern (Niederlande, Belgien, Luxemburg, Polen usw.) und jüdische Widerstandsgruppen. Die humanitären Organisationen bemühten sich um die Rettung bedrohter Personen unabhängig von ihrer politischen/religiösen Überzeugung oder Nationalität. Das „Centre Américain de Secours", auf das noch näher einzugehen sein wird, bildete ein Beispiel hierfür. Hierzu gehörten auch einige kirchliche und christliche Gruppen, über die sehr wenig bekannt ist. Man weiß, daß sowohl Résistancegruppen der politischen Parteien als auch des jüdischen Widerstandes in enger Verbindung mit dem Klerus der Gallikanischen Kirche standen, unter denen die Erzbischöfe von Lyon und Toulouse als erste genannt seien. Die von ihnen protegierte Organisation „Amitiés chrétiennes" arbeitete eng mit dem jüdischen Kinderhilfswerk OSE („Oeuvre de Secours aux Enfants") bei Rettungsaktionen zusammen, insbesondere beim Transport jüdischer Kinder nach Spanien.[74] Auch protestantische Gemeinden, insbesondere solche in den Cevennen, unterhielten Kontakte zur Résistance und betrachteten es als ihre Aufgabe, Juden und andere gefährdete Personen zu verstecken oder in Sicherheit zu bringen.

---

74 Traversay, in: Grandjonc/Grundtner, S. 421–432.

Ein breites Spektrum von Vereinigungen, deren Aufgaben sich von karitativen und humanitären über religiöse bis hin zu politischen und nationalen Zielsetzungen erstreckten, bildeten die jüdischen Organisationen. Das genannte Kinderhilfswerk OSE war nur eine dieser Art. Erwähnenswert sind in diesem Zusammenhang zwei weitere, die wiederum Teil der französischen Résistance waren: die „Armée Juive" und die „Eclaireurs Israélites de France", die zunächst eigenständig, im Zeitraum 1943/44 aber gemeinsam Flucht- und Rettungsaktionen nach Spanien durchführten.[75] Und schließlich gab es kommerzielle Fluchthelfer, die sich ihren Einsatz bezahlen ließen.

Für die Durchführung solcher Aktionen waren Geflechte von Anlaufstellen in ganz Frankreich erforderlich, bei denen die Flüchtlinge Hilfe erhielten, untergebracht, verpflegt und weitertransportiert, mit Geld, Papieren und Informationen ausgestattet wurden. Der Fachausdruck für ein derartiges organisatorisches Geflecht war „réseau" (Netz). Es gab zahlreiche „réseaux" der französischen Résistance, deren wichtigste Funktion darin bestand, junge Männer aus dem Lande zu schleusen, um sie dem Zugriff des deutschen Arbeitsdienstes zu entziehen und/oder ihnen die Möglichkeit zu geben, sich den „Forces Françaises Libres" im Ausland anzuschließen: die „réseaux d'évasion de l'armée secrète". Sie konnten in Umfang und Größe recht unterschiedlich sein. Es gab solche, deren Verbindungslinien („filières") vom besetzten Paris über Stützpunkte in ganz Frankreich und über Spanien bis nach Nordafrika reichten, während der Wirkungsbereich anderer Netze nur ein begrenztes regionales oder lokales Umfeld abdeckte.[76] Auch die Résistance-Gruppen anderer Länder unterhielten in Frankreich ihre „réseaux" mit Verbindungen über die Pyrenäen. So gab es beispielsweise ein belgisches „réseau", das von Lüttich, Brüssel, Antwerpen über Nancy und Belfort bis ins Pyrenäenvorland reichte. Ein vom britischen Geheimdienst unterhaltenes Netz war darauf spezialisiert, alliierte Soldaten aus Frankreich nach Spanien zu schmuggeln. Einzelne politische Parteien und Gruppen unterhielten „réseaux" zur Rettung ihrer Anhänger.

Die jüdischen Organisationen unterhielten mehrere, vielfach unabhängig voneinander operierende „réseaux", die wiederum mit anderen Gruppen und Vereinigungen zusammenarbeiteten. Das Kinderhilfswerk OSE kooperierte in Marseille mit den amerikanischen Unitariern, im Languedoc mit dem Erzbischof von Toulouse, Mgr. Salièges, der den Schutz der Rettungsaktionen für jüdische Kinder übernahm. Eine wichtige Rolle bei der Vorbereitung der Kindertransporte nach Spanien spielte dabei der Kapuzinerpater Pierre-Marie Benoît. Den ersten umfassenden Transport von Flüchtlingen nach Spanien plante die „Armée Juive" mit einem „réseau" von Widerstandskreisen innerhalb der französischen Armee. Im übrigen waren je nach Typus der Organisationen nahezu alle Berufsgruppen und Bevölkerungsschichten in den „réseaux" vertreten.[77] Die großen jüdischen Hilfsorganisationen HICEM und JDC, auf deren Rolle im letzten Kapitel

---

75 Bauer: Jewry, S. 255. – Zur Übersicht über die jüdischen Résistance- und Untergrundgruppen in Frankreich s. Anny Latour: La Résistance juive en France (1940–1944), Paris: Stock, 1970.
76 Ramonatxo, S. 83, 67.
77 Eychenne, S. 84–88. – Labernède, in: Grandjonc/Grundtner, S. 412–415. – Bauer: Jewry, S. 254. – Latour, S. 159.

einzugehen sein wird, beteiligten sich zwar nicht unmittelbar an den „réseaux", unterstützten aber solche und leisteten, wo es erforderlich war, finanzielle Hilfe. Am wenigsten ist über die kommerziellen Fluchthelfer bekannt. Sie leisteten ihre Arbeit aus finanziellen Motiven und waren nicht auf ihren Nachruhm bedacht. Da sich ihre Aktivitäten teilweise im Unterweltmilieu bewegten, hatten sie besonderen Anlaß, ihre Spuren zu verwischen.

Das letzte Glied in der Kette der „réseaux" bildeten die „passeurs", die Grenzführer, die die Flüchtlinge durch Bergwälder und über Hochgebirge nach Spanien leiteten. In der Regel handelte es sich um ortsansässige Franzosen, teilweise auch um (Exil-) Spanier. Wir finden aber auch – zumal an der östlichen Pyrenäengrenze – Ausländer, die sich ortskundig gemacht hatten. Die Gruppe F um Lisa und Johannes Fittko ist hier als Beispiel zu nennen. Wer diese Bergführer waren, ist nur für das Departement Hautes-Pyrénées untersucht worden. Etwa 25 % waren Hoteliers, Gastwirte, Kantineninhaber, Kellner und andere Vertreter des gastronomischen Gewerbes, 16 % Bauern und Hirten und 8 % Geistliche, Mönche und Nonnen. Auch für das Departement Pyrénées-Orientales, das weitgehend mit dem Roussillon-Gebiet identisch ist, sind Dorfpfarrer sowie Zöllner als „passeurs" oder sonstige Mitwirkende von „évasions" belegt. Die Angehörigen beider Berufsgruppen kannten sich in ihrer Umgebung aufgrund ihrer Ortskenntnisse aus und konnten das lokale Umfeld gut beobachten. Die Tatsache, daß man im Roussillon ebenso katalanisch spricht wie südlich der Pyrenäen, dürfte die Zusammenarbeit mit Grenzgängern aus Spanien zusätzlich erleichtert haben. Sofern die „passeurs" für eine Organisation arbeiteten, leisteten sie ihre Arbeit unentgeltlich oder erhielten allenfalls eine geringe Entschädigung, von den Flüchtlingen gelegentlich ein Trinkgeld oder die restlichen, nun nicht mehr benötigten französischen Lebensmittelkarten. Die professionellen und kommerziellen Grenzführer dagegen verlangten Honorare, die sich nach der Länge und Gefährlichkeit der Route und der Zahlungsfähigkeit und Bereitschaft der Flüchtlinge richteten. Oft begannen sie mit Forderungen über 5000 F, gingen aber auf 1000 F pro Person herunter. Für die Führung einer Gruppe bis zur spanischen Grenze sind sogar 30000 F als Preis überliefert, für die Begleitung bis Barcelona sogar Erfolgshonorare in Höhe von 35000 F. Im übrigen schwankten die Preise je nach Jahreszeit und Tagesnachrichten für die annähernd gleiche Tour zwischen 4000 und 10000.[78]

Bei den kommerziellen „passeurs" handelte es sich teilweise auch um Schmuggler, die aus gegebenem Anlaß vom Warentransport zum Menschentransport übergegangen waren. Da die Zuverlässigkeit dieser Grenzführer für das Gelingen der Flucht von Bedeutung und wegen der gefährlichen Situation sogar überlebenswichtig war, hielt sich beispielsweise die „Armée Juive" bald ihre eigenen „passeurs", die sich in der Grenzregion auskannten.[79] Vermutlich galt dies mehr oder minder für alle organisierten Gruppen, und nur Notlagen führten dazu, daß man auf kommerzielle Führer zurückgriff. In der Regel mußten die Flüchtlinge den Preis vor Antritt ihrer Wanderung entrichten und wurden dann in längeren Fußmärschen über die Berge geführt und dort ihrem weiteren Schicksal überlassen. Soweit erkennbar, gab es nach dem Grenzübertritt nur in Ausnahmefällen eine Anschluß-

---

78 Eychenne, S. 51f., 65. – Latour, S. 159. – Ramonatxo, S. 70–74.
79 Latour, S. 107.

betreuung. Einige „passeurs" waren nun eindeutig einem kriminellen Milieu zuzurechnen. Es kam vor, daß die Grenzführer sich nach Auszahlung des Lohnes heimlich aus dem Staube machten und die Flüchtlinge allein zurückließen. Gelegentlich wurden Flüchtlinge von ihren „passeurs" ausgeraubt und ausgeplündert. Aus dem Departement Hautes-Pyrénées, das wegen seiner Unwegsamkeit nur wenig frequentiert wurde, wurden mindestens vier, unter Hinzuzählung nicht ganz geklärter Fälle möglicherweise sogar sieben Raubmorde an Flüchtlingen verübt. Jedoch sollten derartige Vorfälle hinsichtlich ihrer Häufigkeit nicht überbewertet werden.[80]

Organisierte Führungen über die Pyrenäengrenze gab es im gesamten Zeitraum 1940–1944. Dagegen scheinen die jüdischen Organisationen erst Ende 1942 derartige Aktionen durchgeführt zu haben, was im Zusammenhang mit den im Sommer dieses Jahres begonnenen Deportationen und vor allem mit der vollständigen deutschen Besetzung Frankreichs in Verbindung zu bringen ist. Der erste Transport ging am 17. Dezember 1942 von Oloron-Ste. Marie ab. In der Regel begann er mit einem langen Fußmarsch von mehr als 24 Stunden, wobei die Wegstrecke wegen der deutschen Luftaufklärung und zur besseren Tarnung vor allem in der Dunkelheit zurückgelegt wurde. Die Flüchtlinge mußten zunächst die französische Gendarmerie mit Hundestreifen und danach die deutschen Militärpatrouillen umgehen.[81] Nicht bekannt ist die Zahl solcher Fluchtversuche, für deren Scheitern Wetterstürze, Lawinen, Fälle von Erfrierung und Erschöpfung der Flüchtlinge, mangelnde Hilfsbereitschaft der Grenzführer und schließlich Eingriffe deutscher und französischer Grenzwachen die wichtigsten Ursachen waren. Die für das Departement Hautes-Pyrénées überlieferte Quote der gescheiterten Fluchtversuche von 18 % kann wegen der geographischen Besonderheiten dieser Region wahrscheinlich nicht für den gesamten spanisch-französischen Grenzverlauf verallgemeinert werden. Wegen der immer schärferen Verfolgung der Grenzführer gegen Ende der deutschen Besatzungszeit ließ auch die Bereitschaft nach, Fremde nach Spanien zu führen, was zur Folge hatte, daß die Preise in die Höhe schnellten.[82]

Die häufigsten Gründe für das Scheitern einer Grenzüberschreitung lagen in der Entdeckung und Verhaftung der Flüchtlinge durch französische und später deutsche Grenzwachen. Das weitere Schicksal der Verhafteten variierte je nach Zeitpunkt, örtlichen Gegebenheiten und Identität der Wachen. Solange die französische Gendarmerie die Pyrenäen kontrollierte, wurden die festgenommenen Flüchtlinge in eines der südfranzösischen Lager gebracht. Ob es einheitliche Bestimmungen über ihre weitere Behandlung gab, kann aufgrund dieses noch nicht erforschten Themenkomplexes noch nicht abschließend beurteilt werden. Bekannt ist allenfalls die Existenz eines wohl kleineren Lagers in Puy l'Evêque (Lot), in dem Personen interniert wurden, die die Grenze nach Spanien zu überschreiten versucht hatten. Im Juli 1943 sollen sich etwa fünfzig ausländische Gefangene, darunter zwanzig Juden, darin aufgehalten haben. Nähere Informationen über

---

80 Mitteilung von Rudolph Bachner vom 12.12.89 an den Verfasser. – Eychenne, S. 75f., 100ff.
81 Latour, S. 159–161.
82 Eychenne, S. 100ff., 153. – Bauer: Jewry, S. 254.

dieses Lager liegen nicht vor.[83] Für die Jahre 1943/44 darf angenommen werden, daß verhaftete Flüchtlinge ohne französisches Zwischenstadium ins Räderwerk des deutschen Lagersystems gerieten. Mit Härte ging die Besatzungsmacht gegen „passeurs" vor, deren sie habhaft wurde. Aus dem Departement Pyrénées-Orientales sind mehrere Fälle von Erschießung von Grenzführern bekannt. Andere kamen in deutschen Konzentrationslagern um,[84] wobei aber wohl eher die nachgewiesene Zugehörigkeit zur Résistance als die bloße Grenzführertätigkeit den Ausschlag bei der Behandlung gegeben haben dürfte.

In deutscher Sprache gibt es ein literarisches Zeugnis für eine derartige Flucht. In seinem autobiographischen Roman „Flucht ohne Ziel" schildert der aus Hamburg stammende Rudolph Bachner die illegale Emigration nach Spanien. Zur Gruppe französischer Résistance-Kämpfer hatte das Ehepaar Bachner schon einige Zeit vorher Kontakte unterhalten. Ein Geistlicher, Monseigneur de Solage, hatte ihnen die gefälschten Papiere besorgt, mit denen sie Personalkontrollen in französischen Zügen und Bahnhöfen gut überstanden. Sie gelangten in ein kleines Dorf am Fuße der Pyrenäen, wo ihnen mitgeteilt wurde, wann sie zusammen mit anderen Flüchtlingen an einer bestimmten Stelle am Rande des Ortes abgeholt würden. Am Abend erschien dann ein Spanier und führte die kleine Gruppe zu einer Hütte in den Bergen, wo er sie für 24 Stunden zurückließ. Am nächsten Abend kehrte er wieder zurück und führte sie in einem Nachtmarsch zu einer weiteren Berghütte, die aber noch auf französischem Territorium lag, um die Flüchtlinge dort ein weiteres Mal für mehr als einen Tag zurückzulassen. Am folgenden Abend gegen 22 Uhr erschien dann eine junge Spanierin mit Verpflegung und führte die Gruppe zu einer verfallenen Kate auf spanischem Territorium, in der ein altes Schmugglerehepaar hauste. Dort rasteten sie, nahmen Nahrung zu sich und übernachteten. Am nächsten Morgen führte die junge Frau die Flüchtlinge in einen kleinen spanischen Ort, von dessen Bahnhof aus Züge nach Barcelona verkehrten. Die Spanierin begleitete ihre Schützlinge und nahm dabei die wichtige Funktion wahr, die Bahnpolizei während der Fahrt so geschickt abzulenken, daß die Flüchtlinge ohne weitere Kontrolle an ihr Ziel gelangten.[85]

Das Centre Américain de Secours und die F-Route

Soweit erkennbar, liegen nur über eine Fluchthelferorganisation und ihre Aktivitäten ausreichende Informationen vor – über das „Emergency Rescue Committee" (ERC) und das von seinem Beauftragten Varian Fry in Marseille geleitete „Centre Américain de Secours" (CAS). Die Hintergründe des ERC werden uns im Zusammenhang mit anderen Hilfsorganisationen interessieren.[86] Hier beschränkt sich unsere Aufmerksamkeit zu-

---

83 Hierfür hat mir dankenswerterweise Christian Eggers/Paris sein bislang unveröffentlichtes Mskr. „Lieux d'internement – Evolution d'un système concentrationnaire" zur Verfügung gestellt.
84 Ramonatxo, S. 32f., 49.
85 Rudolph Bachner: Flucht ohne Ziel. Ein Leben in der Emigration, Hamburg: Christians, 1985, S. 158–168.
86 Vgl. S. 179ff.

nächst auf die Aktivitäten des CAS als reiner Fluchthelferorganisation. Das im Juni 1940 in New York gegründete ERC entsandte im August den amerikanischen Journalisten Varian Fry nach Marseille. Seine einzige Ausstattung bestand aus beträchtlichen Geldmitteln und guten Verbindungen zu seiner Zentrale in New York. Alles übrige mußte er durch Improvisation und Geschick gewissermaßen aus dem Nichts erschaffen. Ihm kam als glücklicher Zufall zugute, daß er am zweiten Tage seines Aufenthaltes in Marseille in seinem Hotel seinen Landsmann Frank Bohn traf, der im Auftrage des amerikanischen Gewerkschaftsverbandes darum bemüht war, politisch gefährdete Persönlichkeiten aus Frankreich zu holen. Fry konnte sich also einer bereits bestehenden organisatorischen Infrastruktur anschließen und diese Verbindungen für sich nutzbar machen. Bohn und Fry vereinbarten eine Arbeitsteilung, indem sich dieser ausschließlich für gefährdete Personen aus dem kulturellen Bereich einsetzte; jedoch nahm diese Abgrenzung bald einen mehr theoretischen Charakter an. Als Bohn vorzeitig in die USA zurückkehrte, übernahm Fry einen Teil von dessen Klientel sowie seines Stabes, darunter das Vorstandsmitglied der Exil-SPD (Sopade), Fritz Heine.[87]

Zur Tarnung, aber auch zur legalen Absicherung seiner Aktivitäten, etablierte Fry in seiner Hotelsuite, später in angemieteten Räumen, das „Centre Américain de Secours", dessen offizielle Aufgabe in der sozialen Betreuung von Flüchtlingen bestand. Diese Etikettierung war insofern keine Camouflage, als das CAS sich tatsächlich in erster Linie der materiellen Unterstützung von Emigranten widmete, während die im halblegalen oder illegalen Bereich angesiedelte Fluchthilfe nur einen kleineren Teil der Aktivitäten ausmachte. Für seine Arbeit stellte Fry rasch einen international zusammengewürfelten Stab zusammen, auf den er sich verlassen konnte. Unzuverlässigkeiten und Enttäuschungen gab es allenfalls bei Kontakten mit anderen Organisationen und fremden Persönlichkeiten, mit denen er wegen der Vorbereitung von Fluchtaktionen in Verbindung getreten war. Fry beschäftigte Büropersonal, Bearbeiter von Visaanträgen und Gesuchen und technisches und operatives Personal, das die Durchführung von Fluchtaktionen zu betreuen hatte. Wie Varian Fry, der Französisch und Deutsch verstand, waren auch die anderen Mitarbeiter polyglott: Französisch, Englisch und Deutsch, in der Regel weitere Sprachen, gehörten zur Grundausstattung, die jeder Mitarbeiter neben seiner aufrichtigen und uneigennützigen Einstellung mitzubringen hatte. Zwei der ersten Mitarbeiter – Jean Gemähling und Daniel Bénédite – waren Elsässer, Albert O. Hirschmann und Heinz Ernst Oppenheimer Deutsche mit mehrjähriger Frankreich-Erfahrung, der junge rumänische Arzt Marcel Verzeanu war in vielen Sprachen zuhause.[88]

Das Gros der Arbeit des CAS bewegte sich, wie schon erwähnt, im legalen Bereich: finanzielle Unterstützung, Beratung, Hilfe bei Visa-Anträgen. In dem hier behandelten Zusammenhang ist für uns jedoch die illegale Fluchthilfe von Interesse. Für sie waren die

---

[87] Fry, S. 18ff. – Bénédite, S. 62ff. – Walter: Exilliteratur 3: Internierung, S. 318–342. – Vgl. auch die als Erlebnisbericht verfaßten Erinnerungen von Frys amerikanischer Mitarbeiterin Mary Jane Gold: Crossroads Marseilles 1940, Garden City, N.Y.: Doubleday & Company Inc., 1980.
[88] Bénédite, S. 50f. – Hertha Pauli: Der Riß der Zeit geht durch mein Herz, Wien–Hamburg: Zsolnay, S. 62ff.

schon erwähnten Mitarbeiter Bénédite, Gemähling und Hirschmann, später Verzeanu zuständig. Bénédite betreute finanzielle Transaktionen und besorgte Verstecke in Marseille und anderswo, was angesichts der restriktiveren Praktiken der französischen Polizei und der gelegentlichen Razzien auf Emigranten eine zunehmende Bedeutung gewann. Jean Gemähling unterhielt Kontakte zum britischen Geheimdienst, was wegen der Fluchthilfe für abgestürzte Flieger der Royal Air Force wichtig war. Albert Hirschmann – nach eigenen gefälschten Papieren als „Albert Hermant" ausgewiesen, im CAS-Jargon „Beamish" genannt – wurde Spezialist für illegale Fluchtaktionen über die Pyrenäen. Im September 1940 hatte er einige erfolgreiche Aktionen durchgeführt, emigrierte dann aber im Oktober selbst. Seine Funktion übernahm Marcel Verzeanu (im CAS-Jargon „Maurice"), der auch schon vorher mit Fluchthelferorganisationen zusammengearbeitet hatte und über konspirative Erfahrungen verfügte.[89]

Verzeanu unterhielt Verbindungen mit verschiedenen Organisationen, mit deren Unterstützung er ein Netz von Fluchtwegen aufbaute. Mit Hilfe des im Untergrund arbeitenden italienischen Antifaschisten Emilio Lussu organisierte er eine Route von Toulouse über Andorra nach Spanien bis nach Lissabon. Gleichzeitig knüpfte er Kontakte nach Lyon zu Abbé Glasberg, dem Sekretär des Erzbischofs von Lyon, Kardinal Gerlier.[90] Für die hier behandelte Thematik war jedoch am wichtigsten die von Hirschmann hergestellte und von ihm fortgesetzte Verbindung zwischen Varian Fry und dem Ehepaar Johannes und Lisa Fittko. Die beiden hatten – damals noch nicht verheiratet – Deutschland 1933 aus politischen Gründen verlassen müssen und waren dann über Holland nach Frankreich gegangen, wo sie 1940 vom Durchbruch der deutschen Truppen überrascht wurden. Nach abenteuerlicher Flucht konnte das Ehepaar sich schließlich in die nicht besetzte Zone Frankreichs retten und nach Banyuls zurückziehen, der letzten Ortschaft vor dem französisch-spanischen Grenzübergang Cerbère/Port Bou. Ursprünglich zur Rettung gefährdeter Freunde angetreten, wuchsen die Fittkos bald in die Rolle von Fluchthelfern und Grenzgängern hinein und bildeten so eine unentbehrliche organisatorische Ergänzung zum CAS in Marseille. Mit Hilfe des sozialistischen Bürgermeisters des Ortes und bei stillschweigender Duldung durch Polizei- und Grenzbehörden bauten sie ein weit verzweigtes Verbindungsnetz aus. Sie führten sich als Elsässer auf und gaben sich mit ihren teilweise echten oder echt wirkenden Papieren den Anschein, als wären sie „en règle".[91]

Ein Flüchtling, den Lisa Fittko in einer Kletter- und Wanderpartie mit ihrem ersten Menschentransport über die Grenze schleppte, war der gesundheitlich angeschlagene Walter Benjamin. Wegen seines schwachen Herzens ging er schon am Vorabend der Grenzüberschreitung einen Teil des Weges voran und übernachtete auf halber Höhe im Freien. Am nächsten Morgen holte Lisa Fittko Benjamin ab und führte ihn in fast zehnstündigem Marsch, bei dem er mit Rücksicht auf sein Herz immer wieder Pausen einlegen mußte, bis zur Grenzmarkierung, von wo er dann ohne Führung hinunter nach

---

89 Bénédite, S. 39, 181.
90 Ebd., S. 274. – Mitteilung von Dr. Marcel Verzeanu vom 6. 1. 90 an den Verfasser.
91 Lisa Fittko: Mein Weg über die Pyrenäen. Erinnerungen 1940/41, München–Wien: Carl Hanser, 1985, S. 125 ff. –

Port Bou abstieg und sich bei den spanischen Wachen meldete. Wenige Tage später erfuhr dann Lisa Fittko vom Freitod Benjamins – er hatte eine Vorladung der spanischen Polizei zur Überprüfung der Papiere als drohende Verhaftung und Auslieferung an die Deutschen mißverstanden und sich dieser vermeintlichen Gefahr durch eine Überdosis Opium entzogen.[92]

Der Schleichweg über die Ausläufer der Pyrenäen begann am Rande des Ortes, führte über Weinberge, Weiden und Ödland hinauf in die Höhenzüge. Dabei lief der Pfad streckenweise in nächster Nähe zur bewachten Landstraße nach Port Bou, wurde jedoch durch einen Felsüberhang so abgedeckt, daß er von oben durch die Grenzstreifen nicht eingesehen werden konnte. Vorher hatte der Weg vorwiegend Schmugglern gedient, während des Bürgerkrieges auch der geheimen Verbindung zwischen Frankreich und Spanien und daher den informellen Namen „Route Lister" (nach dem spanischen General Enrique Lister) erhalten. Anfang Oktober 1940 nahm Varian Fry, der durch Hirschmann auf die Fittkos aufmerksam gemacht worden war und diese zunächst irrtümlich für kommerzielle Menschenschmuggler gehalten hatte, Kontakt mit dem Ehepaar auf. Am 17. Oktober 1940 tauchte dann Verzeanu auf, um die Einzelheiten für den ersten gemeinsam beschlossenen Transport zu besprechen.[93] Es folgten weitere Aktionen, und bis März 1941 brachten die Fittkos fast einhundert Personen nach Spanien. Vorübergehend bestand auch die Möglichkeit, größere Gepäckmengen, die man nicht über die Berge schleppen konnte, durch ein Speditionsunternehmen in Cerbère mit der Eisenbahn nach Port Bou transportieren zu lassen. Zuletzt führten die Fittkos mehrere britische Soldaten nach Spanien, die sich von dort quer durch das Land nach Gibraltar schlagen wollten.

Hier ist die von Hans-Albert Walter unterstrichene Tatsache hervorzuheben, daß die Tätigkeit der Fluchthelfer nicht nur aufgrund ihrer konspirativen Raffinesse möglich war, sondern auch wegen der anfangs großzügigen Haltung der französischen Polizei. Die Fittkos konnten länger als ein halbes Jahr ungehindert von Banyuls aus ihre Flüchtlingskarawanen über die Grenze führen, weil der sozialistische Bürgermeister sie unterstützte und die Zolldienststelle, in deren Haus sie wohnten, wahrscheinlich geflissentlich wegsah. Als der Ortsvorsteher Ende November 1940 in aller Stille von der Regierung abgesetzt und durch einen vom Vichy-Regime ernannten ortsfremden Mann abgelöst wurde, gestaltete sich die Arbeit schon schwieriger, wurde aber vorerst noch nicht ernsthaft behindert.[94] Und obwohl die über Verzeanu laufenden Verbindungen der Fittkos zum CAS in Marseille der Vichy-Polizei wahrscheinlich nicht gänzlich entgangen sein dürften, gingen noch einige von den Fluchthelfern gut genutzte Monate ins Land, bevor Varian Fry im Spätsommer 1941 aus Frankreich hinausgegrault wurde. Entscheidend für die Haltung des Vichy-Regimes waren bis dahin weniger humanitäre,

---

92 Fittko, S. 129–144. – Zur Flucht Walter Benjamins und zur Gefahr seiner Auslieferung durch die Spanier vgl. S. 93.
93 Über die Entstehung der Verbindungen zwischen dem CAS und dem Ehepaar Fittko liegen unterschiedliche Versionen vor von Bénédite, S. 181, Fittko, S. 145–149, und Gold, S. 256f.
94 Fittko, S. 167ff.

als vielmehr sicherheitspolitische Motive gewesen, deretwegen es den Exodus einer politisch teilweise unkalkulierbaren, jedenfalls unerwünschten Bevölkerungsgruppe mit Wohlwollen zur Kenntnis nahm.

Neben der nach den Fittkos in F-Route umbenannten „Route Lister" verfügte das CAS noch über weitere Verbindungswege durch Spanien bis Portugal. So knüpfte Verzeanu in Toulouse Verbindungen mit exilspanischen Anarchisten, die wiederum in Kontakt mit ihren Gesinnungsfreunden südlich der Pyrenäengrenze standen. Jedoch erwies sich der spanische Kontaktmann „Carlos" als unzuverlässig, so daß Varian Fry neue Untergrundrouten testen ließ. Der Italiener Emilio Lussu erkundete einen neuen Weg durch Spanien, nach ihm ein österreichischer Emigrant, so daß sich dieser Weg als gangbar erwies. Aber auch hier ergaben sich mitunter Schwierigkeiten, so daß Verzeanu schließlich einem Ehepaar gefälschte dänische Papiere kaufen und ein kubanisches Einreisevisum besorgen mußte, damit es endlich Frankreich verlassen konnte.[95]

Naturgemäß blieben die unterschiedlichen Routen auch den Behörden des Nazi-Regimes nicht verborgen, aber wahrscheinlich nicht über französische Gehemdienstkanäle oder gar eingeschleuste Agenten, sondern – ungleich einfacher – über die amerikanische Presse. Diese hatte ausführlich über die Ankunft von fünfzehn prominenten Emigranten, unter ihnen Franz Werfel, Heinrich Mann mit Ehefrau und Neffen Golo, Hermann Budzislawski und Friedrich Stampfer berichtet und dabei auch die „unterirdische Verbindung über die Pyrenäen" durch Agenten des „Emergency Rescue Committee" erwähnt. Die Emigranten, so funkte die deutsche Botschaft in Washington nach Berlin, überschritten teilweise mit falschen Papieren die spanische Grenze und führen dann im Auto nach Barcelona, wo sie dann meistens ein Flugzeug nach Lissabon nähmen.[96] Darauf wandte sich das Auswärtige Amt über die deutsch-französische Waffenstillstandskommission in Wiesbaden an das französische Außenministerium. Dessen Vertreter sagte zu, seiner Regierung den Sachverhalt vorzutragen, fügte aber hinzu, daß ein illegaler Grenzverkehr wegen der Unübersichtlichkeit der Pyrenäengrenze kaum ganz werde verhindert werden können.[97] Bemerkenswert an diesem Vorgang waren zweierlei: die langsame, etwa vierwöchige Reaktionszeit des Auswärtigen Amts auf die ersten Meldungen von der geheimen Fluchtroute, zweitens die fehlende Beteiligung oder Mitwirkung des Reichssicherheitshauptamtes an der Intervention und drittens die eher routinemäßige, dilatorische Reaktion des angesprochenen französischen Vertreters. Alles deutet darauf hin, daß dem Fluchtweg über die Pyrenäen von deutscher wie von französischer Seite noch keine allzu große Aufmerksamkeit geschenkt wurde.

Die Wende setzte im Frühjahr 1941 ein. Im März verbot die Regierung den Emigranten den Aufenthalt im Grenzgebiet, was der entscheidende Grund dafür war, daß die Fittkos ihre Tätigkeit einstellen mußten. Im Herbst 1941 verließen sie selbst Frankreich und emigrierten über Spanien und Portugal nach Kuba, von dort später in die USA. Die

---

95 Fry, S. 240f., 274.
96 Bericht der Botschaft Washington vom 17. 10. 1940 an das AA; PA AA: Inland IIg: (83–75) Emigranten, Bd. 27.
97 Bericht der Waffenstillstandskommission vom 18. 10. 40 an das AA; ebd.

Razzien gegen Fremde häuften sich, Flüchtlinge wurden immer öfter verhaftet und Beschränkungen und Schikanen unterworfen. Es gab zwar nach wie vor legale Ausreisen aus Frankreich und weiterhin auch illegale Grenzübertritte. Nachdem Varian Fry Ende September 1941 Frankreich hatte verlassen müssen, hielt er sich noch einige Wochen in Lissabon auf, um den Kontakt zu seinem in Marseille weiterarbeitenden Stab aufrechtzuerhalten. Durch Verzeanu wurde die Fluchtroute von Toulouse aus noch weiter für Flüchtlingstransporte genutzt, bis auch er und die anderen Mitarbeiter des CAS emigrieren oder in Frankreich untertauchen mußten.[98] Die F-Route von Banyuls über die Pyrenäenausläufer nach Port Bou behielt ihre Bedeutung, auch nachdem die Fittkos und ihr Mitarbeiterkreis hatten verschwinden müssen. Ein undatierter, vermutlich aus dem Jahre 1942 stammender Vermerk jüdischer Hilfsorganisationen konstatierte: „The only places where the border can be crossed easily are Banyuls and Irún [sic!]". Die französischen Grenzbeamten sollen es vielen Flüchtlingen ermöglicht haben, mit Hilfe von Grenzführern nach Spanien zu gelangen. Mit der deutschen Besetzung der gesamten Pyrenäengrenze scheint dagegen dieser Grenzabschnitt besonders scharf bewacht worden zu sein – gerade weil er vorher so intensiv als Fluchtweg nach Süden genutzt worden war.[99]

---

98 Fittko, S. 201 f., 263 f. – Fry, S. 273 f.
99 „The Crossing of the Border" (undatierter Vermerk); YIVO: 245.4, Series XII: Spain 3. – Vgl. Ramonatxo, S. 84.

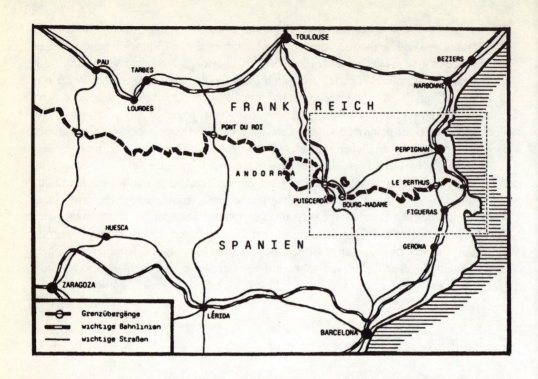

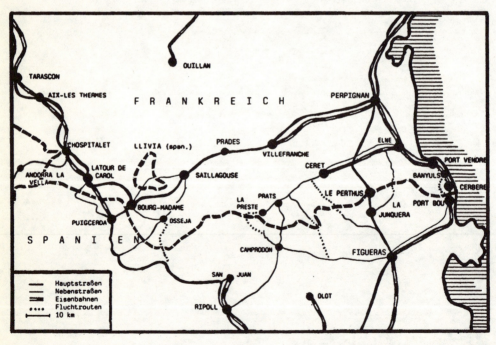

Transitland Spanien

Spaniens Rolle als Exil- und Asyl-Land einerseits und als Transit-Land andererseits wurde durch einen Zeitraum von fast drei Jahren unterbrochen. Vom Sommer 1936 bis zum Frühjahr 1939 tobte der Bürgerkrieg, der wahrscheinlich die tiefste Zäsur in der neueren spanischen Geschichte markierte. In diesen Jahren verlief die Frontlinie, ständig zugunsten der Aufständischen sich verschiebend, quer durch das Land, so daß Spanien als potentielles Transit-Land für die Emigration über Portugal ausfiel. In gewisser Weise kann man Spanien in diesem Zeitraum insofern auch als eine Art von Asyl-Land betrachten, als zahlreiche Emigranten aus Deutschland, Österreich, Italien, Polen und anderen diktatorisch regierten Staaten, aber auch Antifaschisten aus demokratischen Ländern, als Freiwillige in den Internationalen Brigaden und in anderen Einheiten kämpften. Aber in diesem Falle stand als Motiv die solidarische Teilnahme am Kampfe im Vordergrunde, wogegen die Rolle Spaniens als Refugium, für diesen Zeitraum zumindest, stark zurücktrat.

Immerhin 40000–50000 Ausländer insgesamt, unter ihnen etwa 5000 Deutsche, ebenso viele Polen und Italiener und etwa 3000 Österreicher, kämpften in republikanischen Einheiten gegen Franco, den viele Zeitgenossen als Stellvertreter Hitlers oder Mussolinis und somit auch als eigenen Feind betrachteten.[1] Stellten die Kommunisten die große Mehrheit der Freiwilligen, so gab es doch auch beträchtliche Kontingente von Sozialdemokraten, Anarchosyndikalisten, Angehörigen anderer linker Gruppierungen sowie parteilosen Antifaschisten. Ein bemerkenswertes Phänomen war die Präsenz einer besonders hohen Anzahl von Schriftstellern und Intellektuellen in Spanien und ihre Teilnahme als Kombattanten, Kommissaren oder aber als engagierten Beobachtern: George Orwell, Ernest Hemingway, André Malraux aus dem angelsächsischen Raum und Frankreich und eine große Zahl aus dem deutschen Sprachgebiet: Ludwig Renn, Erich Arendt, Bodo Uhse, Egon Erwin Kisch, Gustav Regler, Klaus und Erika Mann und viele andere. Diese Präsenz von Ausländern war und ist nur in eingeschränktem Maße mit der Exil- und Asyl-Situation in anderen Ländern vergleichbar. Sie bildete, zumindest für die Geschichte der deutschsprachigen Emigration, ein Kapitel sui generis, das in einer umfangreichen Literatur dargestellt und abgehandelt worden ist und daher in der vorliegenden Studie ausgeklammert werden soll.

Spanien wird uns in dem hier untersuchten Themenbereich in zweierlei Gestalt interessieren. Zum einen als Exil- und Asyl-Land für deutsche Emigranten vor dem Bürgerkriege, also in der relativ kurzen Zeitspanne von 1933 bis 1936, zum anderen als wichtiges Transit-Land zwischen 1939 und 1944. Diese beiden Zeiträume hatten, wenn wir von den geographischen Rahmenbedingungen einerseits und dem Hintergrund der

---

1 Mühlen: Spanien, S. 205–238.

deutschen Emigrationsproblematik andererseits absehen, wenig gemeinsam. Wir finden keine kontinuierlichen Exil-Strukturen: Vereinigungen, Zeitschriften, Emigrantenzirkel, Komitees. Es lassen sich auch kaum personelle Kontinuitäten feststellen: Diejenigen, die Spanien nach 1939 als Transit-Reisende durchquerten, waren mit wahrscheinlich nur wenigen Ausnahmen nicht dieselben, die sich schon vor 1936 dort aufgehalten hatten. Der Ausbruch, der Verlauf und das Ende des Bürgerkrieges bildeten Zäsuren, die jeweils völlig verschiedene politische Landschaften hinterließen und die vorangehenden Verhältnisse beseitigten. Die Brüche und Diskontinuitäten, die sich in der nachfolgenden Darstellung finden werden, entsprechen den Realitäten der spanischen Geschichte und ihren meist blutigen Katastrophen jener Zeit.

Spanien als Exil-Land 1933–1936

Unter den europäischen Exil-Ländern, in denen deutsche Flüchtlinge vorübergehend Zuflucht fanden, wird Spanien meistens übersehen. Dies hängt teilweise damit zusammen, daß die Bürgerkriegszeit so sehr das historische Interesse beansprucht, daß die davorliegende spanische Geschichte, zumindest aus der Sicht der Exilforschung, allzusehr auf die Schattenseite geraten ist. Und dies, obwohl eine zwar nicht zahlreiche, aber auch nicht völlig unbedeutende Anzahl von Deutschen dort zeitweilig ihre Zuflucht vor der NS-Verfolgung fand. Wenn im vorliegenden Abschnitt Spanien als Exil-Land skizziert wird,[2] dann können wir sowohl geographische als auch soziale Differenzierungen vornehmen. Geographische Zentren der deutschen Emigration nach 1933 waren in Spanien zum einen die Balearen und hier wiederum Mallorca, zum andern die Stadt Barcelona. Kleinere Gruppen ließen sich auch in anderen Städten und Regionen nieder. Hier ist vor allem Madrid zu nennen, das als Großstadt gleichfalls Möglichkeiten zum Überleben und wohl auch zum Untertauchen bot. Aber selbst in abgelegenen Gegenden wie auf den Kanarischen Inseln suchten politische Gegner des NS-Regimes Zuflucht und bildeten kleinere Kolonien. Dennoch erlangten diese Zentren weder von der Zahl noch von der Bedeutung der Emigranten her eine ähnliche Stellung wie Barcelona. Die Rolle der katalanischen Hauptstadt ist relativ leicht erklärt. Die geographische Nähe zu Frankreich, die vergleichsweise günstigen Arbeits- und Lebensverhältnisse in Katalonien, die Verkehrsverbindungen zum übrigen mediterranen Raum und die Weltläufigkeit und Aufgeschlossenheit ihrer Bewohner boten ungleich bessere Lebensbedingungen als das übrige Spanien, das wegen seiner Armut, Rückständigkeit und wegen seiner konfliktreichen innenpolitischen Verhältnisse sonst kaum ein verlockendes Refugium für deutsche Flüchtlinge darstellte.

Das zweite Zentrum, die Balearen, war aus anderen Motiven interessant. Dort etablierte sich vor dem Hintergrunde der Verfolgungen des Dritten Reiches etwas, was

---

2 Die Darstellung stützt sich weitgehend auf das in dem hier angegebenen Buche, S. 39–44, enthaltene Unterkapitel „Spanien als Emigrationsland", wurde jedoch durch neuere Forschungsergebnisse ergänzt.

man heute eine „alternative Szene" nennen könnte. Schriftsteller, Publizisten, Journalisten und Künstler, deren Arbeiten und Werke in Deutschland unterdrückt wurden und die aufgrund ihrer linken Orientierung und/oder jüdischen Abstammung in der Heimat unerwünscht waren, zogen sich vor allem auf Mallorca und Ibiza in malerische, klimatisch angenehme Orte zurück, in denen sie vergleichsweise billig leben und ungestört arbeiten konnten. So lebte Walter Benjamin 1933 etwa ein halbes Jahr auf Ibiza, ebenso der Maler „Wols" (Alfred Otto Wolfgang Schulze), der sich 1933 und nochmals 1934/35 in Spanien aufhielt und dabei zwischen der Balearen-Insel und Barcelona hin- und herpendelte. Der Publizist und Verleger Harry Graf Kessler lebte von November 1933 bis Juni 1935 in Palma de Mallorca. Der damals noch unbekannte Lyriker Erich Arendt arbeitete als Lehrer, Hausknecht und Faktotum in einer wohlhabenden Familie in der Ortschaft Pollensa im Norden Mallorcas, während seine Frau als Köchin den Haushalt führte. In dem nahe gelegenen Flecken Cala Ratjada bildete sich eine kleine Künstlerkolonie, zu der der Maler Arthur Segal, die Schriftsteller Franz Blei und Karl Otten und der pazifistische Journalist Heinz Kraschutzki gehörten. Der Schriftsteller Albert Vigoleis Thelen, der zeitweilig als Sekretär und Hausfaktotum bei Harry Graf Kessler arbeitete, gehörte ebenso zur kleinen mallorquinischen Emigrantenkolonie wie der sozialdemokratische Journalist Franz von Puttkamer.[3] „Gelegenheitsexil" war Mallorca für die beiden Photographen Hans Namuth und Georg Reisner. Während der Touristensaison verlegten sie ihren Wohnsitz vom französischen Exil auf die Balearen, wo sie sich in Badeorten und an Stränden Verdienstmöglichkeiten erschlossen. Im Juli 1936 wurden sie durch den Ausbruch des Bürgerkrieges überrascht. Sie stellten sich sofort der Republik als Photographen zur Verfügung und hinterließen so der Nachwelt wichtige Bilddokumente über das nachfolgende Kriegsgeschehen in Spanien.[4] Der Aufenthalt aller dieser Persönlichkeiten bestimmte sich nach den jeweiligen Vermögensverhältnissen. Während Harry Graf Kessler von seinen ins Ausland geretteten Ressourcen lebte, mußten andere – so die Ehepaare Arendt und Thelen – unter teilweise recht dürftigen Verhältnissen sich über Wasser halten. Mit dem Ausbruch des Bürgerkrieges im Juli 1936 brachen die Lebensmöglichkeiten auf den Balearen jäh ab. Diejenigen, die ihn dort erlebten, wurden unfreiwillig in den Strudel der Ereignisse hineingerissen. Einige konnten sich rechtzeitig nach Frankreich oder aufs spanische Festland flüchten. Andere wie Heinz Kraschutzki wurden von Franco-Anhängern festgenommen und für viele Jahre eingesperrt.[5]

Ähnlich erging es dem Photographen Walter Reuter, ehemals Bildreporter der *Arbeiter-Illustrierten Zeitung* (AIZ) in Berlin, der sich mit seiner Freundin und späteren Frau im März 1933 nach Spanien durchschlug. Dort ließen sich beide in südspanischen Städten als Straßenmusikanten nieder. In Murcia begegneten sie dem Journalisten Alexander Einbin-

---

3 Mühlen: Spanien, S. 39. – Vgl. Klaus Hermsdorf/Hugo Fettig/Silvia Schlenstedt: Exil in den Niederlanden und in Spanien (Kunst und Literatur im antifaschistischen Exil 1933–1945, Bd. 6), Frankfurt am Main: Röderberg-Verlag, 1981, S. 191 ff. – Im folgenden wird der Band nach der Verfasserin des Spanien-Beitrages zitiert als Schlenstedt. – Werner Fuld: Walter Benjamin. Zwischen den Stühlen. Eine Biographie, Frankfurt am Main: Fischer Taschenbuch, 1981, S. 249, 252 f.
4 Diethard Kerbs: Spanisches Tagebuch. Hans Namuth – Georg Reisner, Berlin: Verlag Nishen, 1986.
5 Mühlen: Spanien, S. 303.

der, früher Mitarbeiter der Zeitschrift *Das Tagebuch*, der sich mit Zeichnungen über Wasser hielt, die er an Touristen verkaufte. 1934 ließ sich Reuter in Torremolinos nieder und verdiente sein Geld als Strandphotograph für Touristen. Kurz vor Ausbruch des Bürgerkrieges lernte Reuter in Granada Federico García Lorca kennen. Die beiden planten eine Photo-Dokumentation über das von diesem gerade fertiggestellte Stück „La casa de la Bernarda Alba". Der Ausbruch des Bürgerkrieges und die Ermordung des Dichters durch die Falange am Stadtrand von Granada machten diese Pläne zunichte. Reuter kämpfte zunächst in den spontan zusammengestellten antifaschistischen Milizen und wurde später im Rang eines Politischen Kommissars offizieller Photoreporter der republikanischen Regierung.[6]

Das innerspanische Kriegsgeschehen unterbrach abrupt die eher verborgene Existenz auch noch anderer Emigrantenkolonien und „alternativer Szenen". So übermittelte das portugiesische Konsulat in Santa Cruz de Tenerife dem Außenministerium in Lissabon eine Liste von Emigranten, die von Kräften der putschenden Franco-Truppen verhaftet worden waren. Es handelte sich um Deutsche und Österreicher sowie estnische und polnische Staatsbürger, aus deren deutschen oder deutsch-jüdischen Familiennamen man schließen kann, daß sie deutschsprachig waren und sehr wahrscheinlich ein relativ homogenes Milieu bildeten. Bis auf drei, die als „indeseables" (unerwünschte, vermutlich unpolitische Ausländer) bezeichnet wurden, betrachteten die Spanier alle als „Kommunisten". Nun weiß man, daß in rechten, zumal rechtsradikalen Kreisen dieses Etikett recht undifferenziert allen linken Gruppierungen angeheftet wurde, so daß man diese Charakterisierung mit Vorsicht anzunehmen hat. Im Gepäck des einen Verhafteten, des ehemals österreichischen und nunmehr deutschen Staatsbürgers Emmerich Maier, fand man ein Adressbüchlein, in dem auch Name und Anschrift des deutschen Anarchisten Augustin Souchy eingetragen waren. Wahrscheinlich handelte es sich hier um eine Gruppe von Anarchosyndikalisten oder zumindest um Personen, die dieser Bewegung nahestanden. Die sechs polnischen Staatsbürger wurden nach Casablanca, die zwei estnischen nach London ausgewiesen, die Deutschen und Österreicher nach Deutschland abgeschoben.[7] Anders geartet war die Emigration, die sich schwerpunktmäßig in Barcelona niedergelassen hatte. Zwar hielten sich auch dort Künstler und Intellektuelle auf – so etwa der Schriftsteller Frank Arnau, der dort die spanische Übersetzung und Herausgabe dreier seiner Bücher betreute, oder der bereits genannte Maler „Wols", der sich als Photograph sowie mit der berufsfremden Tätigkeit als Chauffeur seinen Lebensunterhalt verdiente.[8] Aber das Emigrantenmilieu der katalanischen Hauptstadt wurde durch andere Personenkreise geprägt.

Auch ein Bevölkerungselement, das in anderen Exil- und Asyl-Ländern mehr als 90 %

---

6 Vgl. Walter Reuter: Berlin–Madrid–Mexiko. 60 Jahre Fotografie und Film 1930–1990, hrsg. von der Neuen Gesellschaft für Bildende Kunst e.V., Berlin: Argon, 1990; darin Dorothea Cremer: Walter Reuter. Odyssee eines Lebens, S. 22–46, hier S. 28 ff.

7 Schreiben des portugiesischen Konsulats vom 29. 1. 1937 an das Außenminsiterium sowie „Relaçâo de estrangeiros expulsos desta Ilha, desde 18 de Julho de 1936 até o dia de hoje"; MNE: Indesejáveis (3° – 1 – M 666).

8 Schlenstedt, S. 196. – Werner Haftmann: Verfemte Kunst. Bildende Künstler der inneren und äußeren Emigration in der Zeit des Nationalsozialismus. Mit einem Beitrag von Leopold Reidemeister. Geleitwort von Helmut Kohl. Hrsg. Berthold Roland, Köln: DuMont, 1986, S. 410.

der Emigranten ausmachte, war im Asyl-Land Spanien vertreten: die sogenannte jüdische Massenemigration.[9] Ihre Anfänge lagen weit vor 1933 und reichen in die Zeit vor dem Ersten Weltkrieg zurück, als der spanische Senator Angel Pulido auf einer Donau-Fahrt durch die Balkan-Länder erstmals von der Existenz spanisch-sephardischer Gemeinden erfuhr. Bei diesen als „Spaniolen" bezeichneten Juden handelte es sich um die Nachfahren der im 15. und 16. Jahrhundert aus Spanien vertriebenen Juden, die sich im damaligen Osmanischen Reich niedergelassen hatten und in den Balkan-Ländern ihre eigene Kultur unter Einschluß ihrer altertümlichen spanischen Sprache konservierten. Angel Pulido setzte sich für die Wiederbelebung des jüdischen Lebens in Spanien ein. Auf Initiative des Bankiers Ignacio Bauer wurde 1917 nach rund vierhundertjähriger Unterdrückung in Madrid in der Calle del Príncipe wieder eine jüdische Betstube eröffnet. Ein königliches Dekret vom 20. Dezember 1924 ebnete den Spaniolen auch den Weg zur Wiedererlangung der spanischen Staatsbürgerschaft.[10] Die Rückbesinnung der spanischen Politik auf die jüdische Vergangenheit des Landes erfuhr weitere Impulse nach dem Sturz der Monarchie 1931. Die neue republikanische Regierung distanzierte sich ausdrücklich von der Judenvertreibung von 1492 und zeigte sich dem Gedanken einer jüdischen Einwanderung aufgeschlossen. Aufgrund dieser veränderten Lage wanderten daher schon vor 1933 kleinere jüdische Gruppen aus verschiedenen europäischen Ländern nach Spanien ab. Die jüdische Hilfsorganisation HIAS/HICEM, die uns während der Kriegszeit als wichtige Fluchthelferin begegnen wird, ließ 1932 und nochmals 1934 die Möglichkeiten einer Ansiedlung von Flüchtlingen in Spanien prüfen und nahm Kontakte zu Behörden auf, um bürokratische Hindernisse aus dem Wege zu räumen. In der Regel handelte es sich bei den Einwanderern um Juden aus Rußland, Polen und einigen Balkan-Ländern, also keineswegs nur um Spaniolen, jedoch erhielten sie nach der nationalsozialistischen Machtergreifung 1933 einigen Zulauf aus Deutschland. Die Zahlenangaben für Barcelona schwanken zwischen 2000 und 3000 und belaufen sich für ganz Spanien auf etwa 4000 Personen.[11]

Zahlenmäßig blieb die Einwanderung nach Spanien weit hinter der Emigration in andere Asyl- und Exil-Länder wie Frankreich, die Niederlande oder die Tschechoslowakei zurück. Die Absetzbewegungen der linken Parteien einerseits und die Emigrationsströme des stark akademisch oder mittelständisch geprägten, überwiegend unpolitischen jüdischen Bürgertums andererseits zogen gewöhnlich an Spanien vorbei. Die Gründe lagen teilweise in der instabilen innenpolitischen Lage des Landes, das mit dem Aufstand der Anarchisten in Aragon im Dezember 1933, einem landesweiten Bauernstreik im Juni 1934, der Rebellion Kataloniens im Oktober 1934 und der blutigen Bergarbeiterrevolte in Asturien im selben Monat von bürgerkriegsähnlichen Unruhen geschüttelt und durch repressive Maßnahmen einer rechtskonservativen Regierung 1934/35 unterdrückt

---

9 Arno Lustiger: Schalom Libertad! Juden im spanischen Bürgerkrieg, Frankfurt am Main: Athenäum, 1989, S 49
10 Federico Ysart: España y los judíos en la segunda guerra mundial, Barcelona: DOPESA, 1973, S. 28f. – Interview Roberto Kahn.
11 Tartakower/Grossmann, S. 313.

wurde. Hinzu kam, daß die wirtschaftliche Lage, die Armut und Rückständigkeit des Landes deutschen Emigranten keine Anreize für eine Niederlassung boten.[12]

Gerade die politischen Verhältnisse in Spanien hatten aber auch Vorteile für Angehörige linker Parteien und Organisationen ebenso wie für die jüdische Emigration aus Deutschland. Zunächst benötigte man dort keine Arbeitserlaubnis, so daß die in anderen Asyl-Ländern so zermürbenden Behördengänge mit ihren bürokratischen Schikanen weitgehend entfielen. Selbst die Einreise stieß in den meisten Fällen auf keine Schwierigkeiten, und wer politisch organisiert war und über die notwendigen Kontakte verfügte, wurde von den entsprechenden spanischen Parteien, Vereinigungen und Gewerkschaften unterstützt. Bereits im Sommer 1933 scheint es zumindest in Barcelona einen kleinen linken Mikrokosmos gegeben zu haben. Mit Datum vom 1. Juni 1933 erschien erstmals das vier Seiten umfassende Blatt *Der Antifaschist*. Es brachte zweimal monatlich in spanischer und deutscher Sprache Artikel über das Dritte Reich und über nationalsozialistische Aktivitäten im Ausland, namentlich in der auslandsdeutschen Kolonie in Spanien. Herausgeber war Ludwig Stautz, der sich schon seit 1930 in Barcelona aufgehalten hatte. Vorher hatte er in Mailand gelebt, war aber wegen „kommunistischer Umtriebe" abgeschoben worden. Diese politische Etikettierung läßt sich anhand seiner vierseitigen Postille nicht verifizieren. Sie war offensichtlich parteipolitisch nicht festgelegt und ließ Stimmen aus dem gesamten linken Spektrum zu Wort kommen, jedoch war eine Nähe zu kommunistischen und linkssozialistischen Positionen unverkennbar. Gemeinsam mit einem Spanier leitete Stautz auch ein „Deutsches Antifaschistisches Komitee", das einer nicht näher vorgestellten „Unión Socialista" nahestand. Im August 1933 deutete die Zeitschrift Pläne zur Bildung einer deutschen antifaschistischen Konzentrationsbewegung in Barcelona an, jedoch ist die Berichterstattung dieses reinen Agitationsblattes zu unergiebig, um Einzelheiten über Organisatorisches, über Personen und Ereignisse zu erkennen. In Nr. 5 behauptete die Redaktion, in einer Auflage von 2000 Exemplaren gedruckt zu werden, von der mindestens 1700 innerhalb Spaniens verkauft würden.[13] Da Exemplare des Blattes nur bis Nr. 10 vom 1. November 1933 ermittelt werden konnten, ist nicht bekannt, wie lange es erschien, welches politische Spektrum sich um es scharte und unter welchen Bedingungen es sein Erscheinen einstellen mußte.

Vor Ausbruch des Bürgerkrieges hielt sich eine kleine Schar deutscher Anarchosyndikalisten in Barcelona auf. Ihre Zahl ist exakt nicht anzugeben, jedoch dürften ein bis zwei Dutzend eine realistische Größenordnung markieren, wobei noch ein Umfeld von Ehepartnern und Lebensgefährten, Sympathisanten und Freunden hinzuzurechnen wäre. Einige fanden Arbeit beim anarchistischen Gewerkschaftsverband CNT, andere hielten sich mit irgendwelchen Hilfsarbeiten über Wasser. Zu den erstgenannten gehörte Helmut Rüdiger, einer der wichtigen Theoretiker des deutschen Anarchosyndikalismus, der gemeinsam mit dem aus Leipzig stammenden Arthur Lewin eine internationale Informationsstelle der CNT betrieb. Ihr Gesinnungsgenosse Rudolf Michaelis hatte eine Stelle in

---

12 Lustiger, S. 21.
13 BHE I, S. 723. – „Es regt sich auch hier", in: Der Antifaschist Nr. 6 vom 16.7. (sic!) 1933. – „Für den Antifaschist", in: Der Antifaschist Nr. 5 vom 31. 7. 1933.

einem Museum von Barcelona gefunden. Für kurze Zeit hielt sich in Spanien auch Max Nettlau, der „Herodot der anarchistischen Geschichtsschreibung", auf. Andere Vertreter des Anarchosyndikalismus traten erst nach Ausbruch des Bürgerkrieges in Erscheinung, in dem sie sich als Kämpfer und Agitatoren an den revolutionären Aktivitäten beteiligten. Willy Winkelmann aus Duisburg-Hamborn und sein Gesinnungsfreund Ferdinand (Nante) Götze aus Berlin stürmten mit anderen das deutsche Generalkonsulat und stellten sich den revolutionären Kräften bei der Verfolgung wirklicher oder vermeintlicher Nazis unter den übrigen Auslandsdeutschen zur Verfügung. Wieder andere anarchistische Emigranten gerieten mit der spanischen Polizei in Konflikt. So wurden die Anarchosyndikalisten Egon Ihlfeld und Emil Hessenthaler und der Trotzkist Isaak Aufhäuser als „gubernativos" (Staatsgefangene) festgehalten, im Falle des letztgenannten unter dem Vorwande der Landstreicherei, in Wirklichkeit wohl, weil man ihrer politischen Betätigung mißtraute. Hilfsorganisationen linker Parteien und Organisationen bemühten sich um ihre Freilassung, die jedoch erst durch den Ausbruch des Bürgerkrieges erfolgte.[14]

Bei den Kommunisten handelte es sich um ein eher unauffälliges Emigrantenmilieu. Das hing teilweise damit zusammen, daß ihre Partnerpartei, die spanische KP (PCE) bis zum Bürgerkrieg völlig unbedeutend war und die katalanische Schwesterpartei erst zu Beginn desselben gegründet wurde. Zum andern dürften sie sich, bis auf Einzelpersönlichkeiten, auch recht unauffällig verhalten haben. Bereits 1931 berichtete die deutsche Botschaft nach Berlin, daß sich in Spanien etwa 100 KPD-Mitglieder aufhielten. Eine schwer überprüfbare Zahl, um so mehr als der Begriff „Kommunist" in damaligen diplomatischen Berichten recht undifferenziert für viele linke, marxistische und revolutionäre Gruppierungen verwendet wurde. 1934 wurden mehrere deutsche Kommunisten verhaftet, die – freilich nicht in Barcelona, sondern in Aranjuez bei Madrid – durch unerwünschte Aktivitäten aufgefallen waren.[15] In der katalanischen Hauptstadt soll die Zahl deutscher Kommunisten zwischen 40 und 60 Personen gelegen haben. Kleinere Ableger dieser KPD-Kolonie, im Rahmen der spanischen Schwesterpartei in Zellen organisiert, gab es auch in Madrid und vermutlich auch in einigen anderen größeren Städten Spaniens. Ein von ihnen 1935 gegründetes „Thälmann-Befreiungskomitee" veranstaltete Demonstrationen vor der deutschen Botschaft in Madrid und vor dem Generalkonsulat in Barcelona.

Ähnlich wie die Anarchosyndikalisten bildeten auch die deutschen Kommunisten in Barcelona ein geschlossenes Milieu mit eigenen Beziehungsstrukturen und einer ebenso charakteristischen Subkultur. Aber dieses Milieu, zu dem man noch kommunistische Emigranten aus Österreich und anderen mitteleuropäischen Ländern hinzurechnen muß, war recht heterogen. Es setzte sich einerseits aus „offenen Kommunisten" zusammen, also Personen, deren Parteizugehörigkeit zumindest im engeren Freundeskreis bekannt war und durch Mitgliedschaft in Zellen und anderweitige Aktivitäten auch mehr oder minder offen zur Schau getragen wurde. Daneben gab es, von diesem Milieu separiert und wohl

---

14 Mühlen: Spanien, S. 89, 96f., 42. – Daselbst weitere Quellenangaben.
15 Meldungen der deutschen Botschaft/Madrid vom 12. 9. 1931 und 9. 11. 1934 an das AA; PA AA: Pol. Abt. Ia, Po. 19: Akten betr. Bolschewismus und Kommunismus in Spanien.

nur durch wenige Berührungspunkte mit ihm verbunden, die „stillen Kommunisten", Personen also, die ihre Parteizugehörigkeit verbargen und hinter irgendeiner Fassade konspirative Aufträge erfüllten: als Kundschafter für die Komintern oder für kommunistische Stellen oder als Spitzel, die bestimmte Personenkreise, darunter das Emigrantenmilieu selbst, beobachten sollten.

Diese zahlenmäßig wohl unbedeutenden Agenten spielten gleichwohl eine wichtige Rolle, nachdem der Bürgerkrieg ausgebrochen war. Durch zufällige Ereignisse, an deren Zustandekommen sie keinen Anteil gehabt hatten, gelangten sie aufgrund ihrer Sprach- und Landeskenntnisse innerhalb des Emigrantenmilieus in die Position von Funktionseliten, die sie dann in ihrem Sinne ausnutzen konnten. Diese Feststellung wird hier vor allem mit Blick auf eine Persönlichkeit getroffen, die während des Bürgerkrieges zeitweilig die Funktionen eines Polizeichefs, Vernehmungs- und Folterspezialisten ausübte und Schicksal für viele andere Emigranten spielte: Alfred Herz siedelte 1934 von seinem Amsterdamer Exil nach Barcelona über und begründete dort sehr wahrscheinlich eine Buchhandlung für deutsche und andere ausländische Literatur. Diese Tätigkeit gab ihm, wie man nach Kenntnis seiner späteren geheimpolizeilichen Tätigkeit vermuten darf, die Möglichkeit, über seinen Kundenstamm das deutsche und mitteleuropäische Emigrantenmilieu zu observieren. Aufgrund dieses seines Wissens avancierte er, gemeinsam mit einigen anderen Spanien-Emigranten, nach Ausbruch des Bürgerkrieges rasch zum mittelhohen NKWD-Agenten, dem vom Herbst 1936 bis zum Sommer 1937 die Verfolgung und Ausschaltung von Trotzkisten, Anarchisten, Sozialdemokraten und dissidenten Kommunisten oblag.[16]

Schließlich streunten durch Spanien noch etliche Emigranten, die durch die Machtergreifung Hitlers entwurzelt worden waren. Wir finden unter ihren Namen Sozialdemokraten, so den aus Hessen stammenden Philipp Brandt, den Stuttgarter Carl Oster oder den Saarländer Josef Hahn. Das Geschwisterpaar Arthur und Hilda Adler war bereits 1933 nach Spanien emigriert und von dort weiter nach Lissabon gezogen, aber bereits im Dezember dieses Jahres wegen Verbreitung des „Braunbuches" über den Reichstagsbrand und anderer politischer Schriften nach Spanien ausgewiesen worden. In Madrid versuchten die Adlers, sich durch den Vertrieb antifachistischer Literatur vor und in deutschen Restaurants, Clubs und Buchhandlungen über Wasser zu halten, erhielten jedoch auf Intervention der deutschen Botschaft Verkaufs- und Hausverbot in den jeweiligen Etablissements.[17]

Es gibt Beispiele dafür, daß linke Hilfsorganisationen – anarchistische, sozialistische und kommunistische – sich um verhaftete Emigranten kümmerten und ihnen durch Nahrungsmittel oder Sachspenden über ihre größten Nöte hinweghalfen. Viele besaßen keine gültigen Papiere mehr und hatten Schwierigkeiten, sich zu legitimieren. Es gibt Hinweise darauf, daß sich die genannten Hilfsorsorganisationen an Partnerorgansationen in anderen Ländern wandten, um Informationen über einzelne Emigranten einzuholen und

---

16 Zur Rolle von Alfred Herz vgl. Mühlen: Spanien, S. 168–177.
17 Ebd., S. 42 f. – Mitteilung der Gesandtschaft Lissabon vom 12. 1. 1936 an das AA; PA AA: Missionsakten Lissabon, DV Bd. 1: Juden, Emigranten, Ausbürgerungen.

echte Flüchtlinge von Landstreichern unterscheiden zu können. Manche gerieten zu Unrecht in Verdacht, und in einigen Fällen war erst das Exil die Ursache für eine Asozialisierung und gesellschaftliche Marginalisierung, in deren Folge kleinere Diebstähle und Betrügereien die eigene Not vermindern sollten. Spanien unterschied sich mit Blick auf das Elend des Exils nicht von anderen Ländern.[18]

Der Ausbruch des Bürgerkrieges im Juli 1936 riß die gesamte deutsche Emigration in den Strudel der Ereignisse. Einige Emigranten flüchteten in Nachbarländer. Eine beträchtliche Zahl der politischen Emigranten aber schloß sich den spontan gebildeten antifaschistischen Milizen an, die den ersten Ansturm der aufständischen Militärs zurückschlugen, und später den regulären Internationalen Brigaden. Ihr Schicksal war nicht mehr das des Asyls, sondern des bewaffneten Kampfes, den die republikanische Seite nach fast dreijährigem erbitterten Widerstand verlor. Die Katastrophe Spaniens besiegelte auch die persönliche Katastrophe der ausländischen Freiwilligen. Sie mußten nach Frankreich fliehen und wurden dort größtenteils interniert und später dem Dritten Reich ausgeliefert, sofern sie sich nicht verbergen oder über andere Länder ihren Fluchtweg in Richtung Übersee fortsetzen konnten.

Bislang ist weitgehend die Tatsache ignoriert worden, daß es auch eine zahlenmäßig begrenzte Gruppe deutscher Emigranten gab, die unter der Franco-Herrschaft in Spanien blieb – sowohl während des Bürgerkrieges als auch nach 1939. Hier handelte es sich naturgemäß nicht um politische Flüchtlinge, sondern fast durchweg um jüdische Emigranten, die sich schon vor Ausbruch des Bürgerkrieges in Spanien niedergelassen hatten. Ihre Situation in Franco-Spanien verschlechterte sich erheblich, nachdem das aufständische Regime vom Deutschen Reich im November 1936 anerkannt worden war. Sie galten den Behörden grundsätzlich als verdächtige Personen. Eine amtliche Verlautbarung bestimmte, daß sie als (potentielle) Kommunisten betrachtet werden sollten. Einige versuchten den Schwierigkeiten dadurch zu entgehen, daß sie die spanische Staatsbürgerschaft beantragten und in eine der Franco unterstützenden politischen Organisationen eintraten, was aber die unangenehme Folge hatte, daß sie eingezogen und an die Front geschickt werden konnten. In der HICEM vertrat man daher den Standpunkt, daß die jüdischen Flüchtlinge am besten weiterwandern sollten.[19]

In dem von Franco beherrschten Teil Spaniens während des Bürgerkrieges und nach seinem 1939 errungenen Sieg in ganz Spanien mußten im Zuge der Reklerikalisierung des Landes alle Bewohner ihre Religion angeben, was die Juden in der Öffentlichkeit stigmatisierte, da die katholische Kirche zur einzigen zugelassenen Religionsgemeinschaft bestimmt worden war. Die Folgen sind im einzelnen nicht exakt zu überschauen, da manches Gerücht später korrigiert werden mußte. So war die Nachricht, wonach alle Synagogengemeinden geschlossen werden mußten, offensichtlich falsch und bezog sich wohl nur auf die von Barcelona. Aber es gab zahlreiche Schikanen, über deren antijüdischen Charakter keinerlei Zweifel bestehen. In Spanisch-Marokko veranstalteten Ange-

---

18 Mühlen: Spanien, S. 43.
19 „Extracts of Letters Concerning the Situation of Refugees from Germany in Spain"; YIVO: 245.5, Series XII: Spain 1.

hörige der Falange Verfolgungen und Einschüchterungskampagnen gegen Juden.[20] In Presse und Rundfunk häufte sich antijüdische Propaganda. Jüdischen Kindern wurde die Aufnahme in öffentliche Schulen verwehrt. Der aus Hamburg stammende Roberto Kahn, der bereits im Jahre 1932 mit seinen Eltern nach Spanien ausgewandert war, wurde daraufhin auf den spanischen Zweig des Lycée français geschickt, von wo man ihn jedoch wieder abmeldete, nachdem sich antisemitisch motivierte Schikanen unter Lehrern und Schülern gehäuft hatten; er besuchte daraufhin eine Academia, also eine private Bildungsanstalt.

Insgesamt war die Zahl der noch aus der Vor-Bürgerkriegszeit stammenden jüdischen Familien stark geschrumpft. In Madrid dürften es wohl kaum zehn gewesen sein. Allerdings respektierten die Franco-Behörden die spanische Staatsbürgerschaft solcher Emigranten, die vor Ausbruch des Bürgerkrieges eingebürgert worden waren. Fälle von Expatriierung sind nicht bekannt.[21] Die meisten deutsch-jüdischen Emigrantenfamilien – etwa 20 an der Zahl – waren unter Druck zum Christentum konvertiert. Vermutlich war ihre Bindung zur jüdischen Religion ohnehin keine sehr enge gewesen. Nur fünf oder sechs Familien bekannten sich weiterhin zum mosaischen Glauben. Sie wurden von der Polizei sorgfältig beobachtet. Wer früher Linker oder gar Freimaurer gewesen war, wurde festgenommen und gewöhnlich ausgewiesen. Einige landeten in Internierungslagern. Andererseits bereitete die Polizei auch solchen Personen Schwierigkeiten, die Spanien verlassen wollten, und verweigerte ihnen die Ausreiseerlaubnis.[22] Dennoch gab es auch einige wenige Fälle anderer Art, also jüdische Emigranten, die aufgrund ihrer zahlreichen Verbindungen auch in Francos Spanien eine geachtete und einflußreiche Stellung einnahmen und, wie wir später am Beispiel des in Barcelona ansässigen Rechtsanwaltes und Kaufmannes Leo Stern sehen werden, dadurch zahlreichen Flüchtlingen behilflich sein konnten.

Spanien in der internationalen Staatenwelt 1939–1945

Das Militär, das 1936 im Bündnis mit der Falange, mit den carlistischen Milizen und anderen rechtskonservativen und profaschistischen Kräften gegen die legale Republik putschte, wurde recht bald nach der Erhebung von außen unterstützt. Wenngleich die damals auf republikanischer Seite und in der europäischen Linken allgemein verbreitete Ansicht, wonach Hitler und Mussolini die eigentlichen Anstifter und Drahtzieher der Erhebung gewesen seien, heute in dieser vereinfachten Form nicht mehr aufrechterhalten werden kann, so erhielten die Aufständischen wenige Tage nach der Erhebung massive

---

20 Vgl. Bernard Wasserstein: Britain and the Jews of Europe, 1939–1945, London: Institute of Jewish Affairs, Oxford: Clarendon Press, 1979, S. 236.
21 Interview Roberto Kahn. – Ysart, S. 47.
22 „The Situation of the Jews under the Franco Regime" (Oktober 1939); YIVO: 245.4, Series XII: Spain 2. – Vgl. Nehemiah Robinson: Spain of Franco and Its Policies Towards the Jews, New York: Institute of Jewish Affairs, 1953, S. 9.

deutsche und italienische Waffenhilfe. Rüstungsgüter aller Art, italienische Kriegsschiffe und deutsche Flugzeuge bildeten eine der materiellen Voraussetzungen für Francos Sieg über die Republik. Zunächst getarnt, später offen, kämpften etwa 67000 italienische „Freiwillige", 20000 Portugiesen und 16000 Deutsche auf seiten der Rebellen. Dabei handelte es sich nicht um gleichzeitig eingesetzte Truppenteile, sondern um Gesamtzahlen. Aber die Ist-Stärke war zumindest im Falle der deutschen Legion „Condor" von zweitrangiger Bedeutung gegenüber der waffentechnischen Qualität der Rüstungsgüter, die den Franco-Truppen bald die Luftüberlegenheit sicherten.[23]

Im Oktober 1936 ließ sich General Francisco Franco y Bahamonde zum Generalissimus und damit zum Oberbefehlshaber und Chef der Staatsregierung ausrufen, die sich in Burgos und Salamanca etablierte. Mit Rücksicht auf die europäische politische Großwetterlage, bei der sich Großbritannien und Frankreich um eine Begrenzung des Konfliktes bemühten, zögerten Deutschland, Italien und Portugal bis Dezember 1936 mit der Anerkennung des neuen Regimes, brachen dann aber die diplomatischen Beziehungen zur Republik ab und entsandten Botschafter nach Burgos/Salamanca. Formell beteiligten sich die beiden Achsenmächte an einem im April 1937 eingesetzten Nichteinmischungsausschuß, der die Internationalisierung des Bürgerkrieges durch Seekontrollen gegen Waffenlieferungen verhindern sollte, zogen sich jedoch im Mai wieder aus dem Gremium zurück und unterstützten von nun an offen das Franco-Regime.[24] Der Staat, der im Gegensatz zum republikanischen „Rotspanien" in der Terminologie des NS-Regimes „Nationalspanien" genannt wurde, war zum außenpolitischen Kalkül der deutschen Politik und Teil der europäischen Staatenwelt geworden. Der Sieg Francos im Frühjahr 1939 hatte auch die rasche Anerkennung durch die übrigen Staaten zur Folge, wogegen allein die Sowjetunion und Mexiko mit der republikanischen Exilregierung Beziehungen unterhielten.

Man hat die spanische Außenpolitik während der Kriegs- und unmittelbaren Nachkriegszeit in vier bzw. fünf unterschiedliche Phasen eingeteilt, die regierungsintern auch stets mit personellen Verschiebungen insbesondere an der Spitze des Außenministeriums verbunden waren. Die erste Phase unter dem Außenminister Juan Beigbeder dauerte vom August 1939 bis Oktober 1940; sie stand im Zeichen eines wachsenden deutschen Einflusses auf die spanische Außenpolitik. Die zweite Phase unter Francos Schwager Ramón Serrano Suñer dauerte bis September 1942 und war gekennzeichnet durch eine gewisse Schaukelpolitik, die zwar deutschen Bündniswünschen entgegenkam, aber eine allzu enge Verwicklung in deutsche Kriegspläne zurückwies: von der Entsendung der „Blauen Division" an die Ostfront einerseits und der Absage an einen spanischen Angriff auf das britische Gibraltar andererseits. Im September 1942, etwa zwei Monate vor der alliierten Landung in Nordafrika (und der deutschen Besetzung Vichy-Frankreichs)

---

23 Manfred Merkes: Die deutsche Politik im spanischen Bürgerkrieg 1936–1939, (Bonner historische Forschungen, Bd. 18) 2. Aufl. Bonn: Röhrscheid 1969, S. 377ff., 396. – Hugh Thomas: Der spanische Bürgerkrieg, Berlin–Frankfurt am Main: Ullstein, 1962, S. 516ff.
24 Hans-Henning Abendroth: Hitler in der spanischen Arena. Die deutsch-spanischen Beziehungen im Spannungsfeld der europäischen Interessenpolitik vom Ausbruch des Bürgerkrieges bis zum Ausbruch des Zweiten Weltkrieges 1936–1939, Paderborn: Schöningh, 1973, S. 95ff., 283.

vollzog Spanien unter dem anglophilen Außenminister Jordana eine neue Kehrtwende, in deren Folge es sich enger an den Nachbarn Portugal anlehnte und sich vorsichtig den Westalliierten näherte, ohne die Beziehungen zu Deutschland allzu deutlich zu reduzieren. Die vierte Phase unter der Verantwortung des Außenministers José de Lequerica setzte ein mit dem Rückzug der deutschen Truppen von der Pyrenäengrenze im August 1944, durch die der deutsche Druck auf das Land nachließ, und gipfelte im Bruch Spaniens mit dem Achsenpartner Japan. Als fünfte und letzte Phase, deren Beginn im Juli 1945 nun schon in die europäische Nachkriegszeit fiel, wird gewöhnlich durch die Ächtung Spaniens in der Weltöffentlichkeit definiert und durch seine Bemühungen, sich zumindest in der katholischen Welt aus dieser Isolierung zu befreien.[25] Alle diese Phasen unterschieden sich voneinander durch einen graduell stärkeren oder schwächeren Einfluß Deutschlands auf Spaniens Außenpolitik, der sich sowohl auf das innenpolitische Szenario als auch auf die Lage der Transit-Emigration auf der iberischen Halbinsel auswirkte. Im folgenden sollen daher ihre wichtigsten Merkmale herausgearbeitet werden.

Außenpolitisch manifestierte Franco-Spanien in der ersten Phase zunächst seine Nähe zu den Achsenmächten durch den Beitritt zum Antikominternpakt im März und seinen Austritt aus dem Völkerbund im Mai 1939 und unterstrich diese Haltung durch die Besetzung der internationalen Tanger-Zone nach Beginn des Zweiten Weltkrieges. Um seine Stellung im Kriegsgeschehen zu unterstreichen, ersetzte es den für seine Politik zunächst gewählten Begriff „neutral" durch „nicht-kriegführend". Dennoch wehrte sich das Regime erfolgreich gegen eine Vereinnahmung seiner außenpolitischen Souveränität durch Deutschland und Italien. Zwar bestand eine beträchtliche Abhängigkeit im Bereich der Wirtschaft, da Spanien seine Schulden für die deutsche und italienische Waffenhilfe durch Rohstofflieferungen abzugelten hatte, jedoch erneuerte Franco die Handelsbeziehungen mit Großbritannien und den USA und akzeptierte sogar einen amerikanischen Kredit für den Ankauf von Baumwolle.[26] Dagegen achtete Spanien peinlich genau darauf, sich nicht durch seine Blockpartner in kriegerische Verwicklungen verstricken zu lassen. Erfolgreich wehrte es das Ansinnen ab, auf deutscher Seite – etwa durch einen Überfall auf Gibraltar – in den Zweiten Weltkrieg einzutreten. Zwei Besprechungen des Außenministers Ramón Serrano Suñers mit Hitler am 17. und 25. September 1940, die Begegnung zwischen Hitler und Franco im französischen Grenzort Hendaye am 23. Oktober 1940 und ein weiterer Besuch Serranos auf dem Obersalzberg am 18. November 1940 verliefen in dieser Hinsicht vorerst ergebnislos. Die spanische Regierung stellte an die Achsenmächte so hohe Geld- und Materialforderungen, daß die Verhandlungen daran scheiterten. Mit dieser Haltung manifestierte Franco seinen Willen zur Unabhängigkeit und widerlegte damit die in der linken Weltöffentlichkeit verbreitete Annahme einer Marionettenrolle von Hitlers und Mussolinis Gnaden.[27]

---

25 Jacques de Gaule: España y la Segunda Guerra Mundial. El cerco político-diplomático, Madrid: Círculo de los Amigos de la Historia, 1973, S. 13f., 17.
26 Walther L. Bernecker: Spaniens Geschichte seit dem Bürgerkrieg, München: C.H. Beck, 1983, S. 80f.
27 Vgl. Donald Detwiler: Hitler, Franco und Gibraltar. Die Frage des spanischen Eintritts in den zweiten Weltkrieg, Wiesbaden: Steiner, 1962. – Andreas Hillgruber: Hitlers Strategie. Politik und Kriegführung 1940–1941, Frankfurt am Main: Bernhard & Graefe, 1965.

Im Jahre 1947 veröffentlichte Außenminister Ramón Serrano Suñer die spanische Originalfassung seiner Erinnerungen an seine Ministerzeit, in denen er mit deutlichem Blick auf die nach 1945 kühle Distanz der Westmächte zu Spanien als ehemaligem Verbündeten Hitlers seine Version des Krieges wiedergab. Darin wiederholte er eindringlich immer wieder die Behauptung, daß Spanien zu keiner Zeit daran gedacht habe, auf seiten der Achse in die Kampfhandlungen einzugreifen.[28] Richtig ist daran zweifellos, daß Franco als entscheidende Kraft Spanien aus dem Kriege heraushalten wollte, was ihm dann auch mit einem manchmal unübersichtlichen und schwankenden Kurs gelingen sollte. Etwas zweifelhafter war dabei die Rolle Serranos selbst. Es muß freilich der Spekulation überlassen bleiben, ob das im Bürgerkrieg ausgeblutete Spanien auch nur einen lokal begrenzten militärischen Konflikt ohne schwerwiegende Folgen hätte überstehen können. Die Wirtschaft lag darnieder, es herrschte Hunger im Lande, und in abgelegenen Gebieten Andalusiens und Asturiens kämpften weiterhin kleinere Guerrilla-Einheiten gegen das Regime, die die Niederlage der Republik nicht hatten hinnehmen wollen. Ein großer Teil der Bevölkerung stand dem Regime feindlich gegenüber, und selbst die Machteliten, auf die Franco sich stützte, bildeten keinen homogenen Block. Die ultrakonservativen monarchistischen Carlisten und die antimonarchistische, antiklerikale, pseudorevolutionäre und faschistische Falange waren nur unter Druck von oben zu einer organisatorischen Einheit zusammengeschlossen worden, ohne daß die vorhandenen Gegensätze ideologischer und programmatischer Natur hätten überbrückt werden können.

An diesen innenpolitischen Rissen setzte die deutsche Spanien-Politik an, um den außenpolitischen Kurs Madrids in seinem Sinne zu beeinflussen.[29] Das Gegengewicht zur personell aufgeblähten deutschen Botschaft bildete wiederum die britische Botschaft, deren Missionschef, Botschafter Sir Samuel Hoare, in zäher und langfristig auch erfolgreicher Kleinarbeit die Distanz Spaniens zum Dritten Reich zu vergrößern trachtete.[30] Nachdem Ende 1940/Anfang 1941 endgültig klar geworden war, daß Spanien das britische Gibraltar nicht angreifen werde, ergriffen deutsche Dienststellen wenig koordinierte, vielfach sich gegenseitig blockierende Maßnahmen, um das Regime durch äußeren und inneren Druck doch noch zum Kriegseintritt zu bewegen. Das Auswärtige Amt und sein Botschafter in Madrid, Eberhard von Stohrer, verfolgten das Ziel, Spanien durch Rüstungsgüter (U-Boote) und Rohstoffe für einen militärischen Konflikt zu befähigen und damit seine Kriegsbereitschaft zu erhöhen. Die SS und die Auslandsorganisation der NSDAP verfolgten ihre eigene Außenpolitik, indem sie solche innerspanischen Kräfte zu stärken suchten, die aus engerer ideologischer Nachbarschaft zum Nationalsozialismus oder aus anderen Motiven an einem spanischen Kriegseintritt inter-

---

28 Ramón Serrano Suñer: Zwischen Hendaye und Gibraltar. Feststellungen und Betrachtungen angesichts einer Legende über unsere Politik während zweier Kriege, Zürich: Thomas-Verlag, 1948, passim, insbes. S. 195f.
29 Klaus-Jörg Ruhl: Spanien im Zweiten Weltkrieg. Franco, die Falange und das Dritte Reich, Hamburg: Hoffmann & Campe, 1975.
30 Vgl. hierzu die Memoiren des Botschafters – Sir Samuel Hoare (Viscount Templewood): Ambassador On Special Mission, London: Collins, 1946.

essiert waren. Umgekehrt setzten die Briten dort an, wo sie auf anglophile oder neutralistische Sympathien stießen. Hierzu gehörten die Anhänger des 1931 abgesetzten Königshauses Bourbon-Parma, dessen Chef sich vom portugiesischen Exil aus für eine Annäherung an Großbritannien aussprach, sowie Wirtschfatskreise, aber auch der spanische Botschafter in London, der Herzog von Alba, der durch seine schottische Abstammung über enge Beziehungen zu seinem Gastlande verfügte.[31]

Hitlers Forderung nach einem gemeinsamen deutsch-spanischen Angriff auf Gibraltar für den Januar 1941 war an Francos Neutralitätskurs gescheitert, was vorübergehend eine merkliche Abkühlung zwischen Madrid und Berlin zur Folge hatte. Die Atmosphäre besserte sich, als Spanien nach Hitlers Überfall auf die Sowjetunion sich bereit erklärte, als Dank für die im Bürgerkrieg geleistete Waffenhilfe Freiwilligen-Formationen an die Ostfront zu entsenden. Dabei legte Außenminister Ramón Serrano Suñer Wert auf die Feststellung, daß diese Geste vollkommen unabhängig sei vom vollständigen Kriegseintritt Spaniens an der Seite der Achsenmächte. Nach einer intensiven Werbekampagne, die auf lebhafte Resonanz in der spanischen Öffentlichkeit stieß, wurden bereits im Juli 1941 etwa 19 000 Soldaten rekrutiert und von Irún nach Grafenwöhr bei Nürnberg geschafft, wo sie mit den deutschen Waffen vertraut gemacht wurden. Bis Herbst 1943 erhöhte sich die Gesamtstärke dieser Einheit auf 47 000 Mann. Die Freiwilligen setzten sich zu 70 % aus militärischen Einheiten und zu 30 % aus Milizen der Falange zusammen, nach deren blauen Uniformhemden das gesamte Truppenkontingent den Namen „Blaue Division" erhielt. Im Oktober 1941 ging diese Einheit an der Ostfront in der Nähe von Nowgorod in Stellung.[32]

Die Stellung Spaniens zur Achse blieb jedoch nach wie vor ambivalent. In einer Ansprache zum fünften Jahrestag seiner Erhebung, am 17. Juli 1941, hielt Franco eine Ansprache, die mit ihren massiven Angriffen auf Demokratie und Kommunismus und der Beschwörung des Endsieges der faschistischen Staaten ein klares Bekenntnis zu den Achsenmächten bedeutete. In diesem Sinne wurde die Rede auch in London und Washington interpretiert. Aber andererseits achtete Madrid darauf, sich nicht in ein deutsches Schlepptau nehmen zu lassen. Gegen den Vorschlag des deutschen Botschafters lehnte Serrano Suñer eine formelle Kriegserklärung an die Sowjetunion (mit der Spanien ohnehin keine Beziehungen unterhielt) ab. Und die Franco-Rede blieb eine verbalradikale Konzession an Berlin, der keine konkreten Schritte folgten. Der britisch-spanische Handel wurde fortgesetzt, amerikanische Sanktionen traten nicht in Kraft. Allerdings drohte Präsident Roosevelt, daß die USA bei einer Gefährdung der – zu Portugal gehörigen – Inselgruppen der Kapverden und Azoren ihre Sicherheitsinteressen gefährdet sähen. Die spanischen Kanaren wurden hierbei zwar nicht erwähnt, aber in Madrid wurde die Ansprache des amerikanischen Präsidenten als Warnung vor einem spanischen Kriegseintritt auf deutscher Seite verstanden. Tatsächlich hatten in der ersten Jahreshälfte 1941

---

31 Zur politischen Aktivität Sir Samuel Hoares im Jahre 1940 vgl. Michael Alpert: Las relaciones anglo-hispanas en el primer semestre de la „Guerra caliente". La misión de sir Samuel Hoare, in: Revista de Política Internacional nº 160 (noviembre–diciembre 1978), S. 7–31, hier S. 18 ff.
32 Ruhl, S. 27–30. – Bernecker, S. 80 f.

britisch-amerikanische Stellen Vorkehrungen getroffen, im Falle eines Verlustes von Gibraltar die spanisch-portugiesischen Inseln zu besetzen.[33]

Die folgende Phase der spanischen Außen- und Innenpolitik war durch eine charakteristische Unübersichtlichkeit gezeichnet. Zwar führte der Eintritt der Vereinigten Staaten in den Zweiten Weltkrieg eher zu einer Klärung der internationalen Frontbildung, was für Spanien Anlaß zur Vorsicht hätte sein müssen. Aber gerade die spanische Außenpolitik wurde von starken Fraktionskämpfen innerhalb des Franco-Staates bestimmt, die ein stark irrationales, unkalkulierbares Element in den Kurs des ganzen Staates trugen. Eine Konfliktlinie verlief zwischen Militär und Falange, wobei im Offizierskorps die Anhänger der 1931 abgetretenen juanistischen Linie der Dynastie Bourbon-Parma eine starke Stellung einnahmen. Innerhalb der Falange standen die radikalen „camisas viejas" mit ihren profaschistischen pseudorevolutionären Zielen dem gemäßigten Flügel gegenüber, wogegen die ultrakonservativen Traditionalisten der im 19. Jahrhundert verdrängten carlistischen Linie des Königshauses anhingen. Einflußreiche monarchistische Kreise um den Thronprätendenten Don Juan ebenso wie ein Teil der Großindustrie tendierten nach Großbritannien, weite Teile der Falange nach Deutschland, die anderen verbanden ihre außenpolitischen Ziele mit wechselnden Kalkülen. Im Juli 1942 erwog Hitler, den Kommandeur der „Blauen Division", Agustín Muñoz Grandes, für einen Putsch gegen Franco zu gewinnen, um dadurch den spanischen Kriegseintritt auf deutscher Seite herbeizuführen, gab diesen Plan jedoch wieder auf. Der Caudillo begegnete diesem Wirrwarr durch ein Ausbalancieren der widersprüchlichen Ziele, der einzelnen Kräfte und ihrer Vertreter. Fraktions- und Richtungskämpfe, die zugleich die Kompetenz für die Außenpolitik einerseits und die Zuständigkeit der Presse andererseits berührten, boten denn auch dem Caudillo den Anlaß, seinen Schwager, Außenminister Serrano Suñer, in Ungnade fallen zu lassen, so daß dieser ganz von der politischen Bühne verschwand.[34]

Francos außenpolitischer Kurs glich einer Fahrt durch Klippen und Untiefen, die teilweise von den Achsenmächten bzw. den atlantischen Kriegsteilnehmern gebildet wurden, teilweise aber auch von den divergierenden Stützen seines eigenen Regimes. Aus richtiger Einschätzung der erschöpften spanischen Kräfte, aber wohl auch aus innerer Manövrierunfähigkeit hielt er am Neutralitätskurs fest. Er setzte die Wirtschaftsbeziehungen zu den Westmächten fort und konzedierte den Achsenmächten rhetorische Freundlichkeiten und Sympathieerklärungen. Durch verstärkte Beziehungen zu Vichy-Frankreich und zu Portugal sowie zu einigen neutral gebliebenen lateinamerikanischen Staaten (Argentinien, Chile) suchte er sich in dieser ambivalenten Zwischenform von Neutralität und äußerer Isolierung abzusichern. Die angelsächsische Diplomatie war auch geschickt genug, im eigenen Interesse diesem Kurs Francos entgegenzukommen. Ähnlich wie sein britischer Amtskollege Sir Samuel Hoare erhielt der im März 1942 nach Madrid entsandte neue amerikanische Botschafter, der Geschichtsprofessor Carlton J. H. Hayes, den ausdrücklichen Auftrag, dreierlei Ziele zu verfolgen: 1. Spanien von einem Beitritt zur Achse abzuhalten, 2. jeden denkbaren spanischen Widerstand gegen eine für möglich

---

33 Ruhl, S. 32–34.
34 Ebd., S. 95–122.

gehaltene deutsche Invasion zu stützen und 3. von Spanien jede denkbare materielle Hilfe (in Form von Rohstoffen) für die Kriegführung zu erhalten.[35] Diese Politik zahlte sich für beide Seiten aus. Als am 8. November 1942 britische und amerikanische Streitkräfte in Nordafrika an Land gingen, signalisierte Washington in freundlichem Tone an Madrid, daß die Landung nicht gegen Spanien und seine Besitzungen gerichtet sei.[36]

Während die falangistischen Minister den sofortigen Kriegseintritt auf seiten der Achse forderten, verzögerte Franco diese Entscheidung durch die für ihn charakteristische abwartende Haltung. Ein spanischer Kriegseintritt hätte die westalliierten Truppen in Nordafrika sicherlich stark behindern können. Die Entsendung deutscher Truppen zur Unterstützung hätte andererseits Abhängigkeiten von Deutschland geschaffen, die Spanien gerade vermeiden wollte und die sicher im Gegenzug den Verlust der Kanaren und vielleicht auch Spanisch-Marokkos zur Folge gehabt hätte. Spanien blieb neutral. Blitzartig nahm die Politik eine Wendung an. Zehn Tage nach der alliierten Landung ordnete Franco die Teilmobilmachung an – weniger um einer Landung der Briten und Amerikaner auf der iberischen Halbinsel vorzubeugen als vielmehr die Deutschen vor einer präventiven Besetzung Spaniens zu warnen.[37] Die Diplomatie des Auswärtigen Amts, die Spanien durch ein weitreichendes Entgegenkommen in die Achse hatte einbinden wollen, war gescheitert. Botschafter von Stohrer wurde abberufen.

Die Haltung Spaniens ist für den restlichen Zeitraum des Krieges leicht zu skizzieren. Im Winter 1942/43 zeichnete sich mit Stalingrad die deutsche Niederlage im Osten ab. Die Landung der Alliierten auf Sizilien (Juli/August 1943), die Absetzung Mussolinis und die Kapitulation des Badoglio-Regimes im Sommer desselben Jahres kündeten den Zusammenbruch der Achse an. Franco verließ wieder den Kurs der „Nicht-Kriegführung" (non-beligerancia) und propagierte im Oktober 1943 als künftige Außenpolitik die „wachsame Neutralität" (neutralidad vigilante). Die „Blaue Division" wurde von der Front zurückgezogen. Als symbolischer Beitrag kämpfte ein kleines Kontingent von 1500 Mann als „Spanische Legion" weiter, bis auch sie im Frühjahr 1944 aufgelöst wurde. Franco steuerte nun bis Kriegsende eine Politik, die dem alliierten Druck durch eine ähnliche Verzögerungstaktik auszuweichen trachtete wie vorher dem deutschen Druck. Die Wirtschaftsbeziehungen mit Deutschland wurden aufrechterhalten, solange noch ein Handel möglich war, Spanien stellte aber dann die für die Rüstungsindustrie wichtigen Wolframlieferungen an Deutschland ein. Mit dem Vormarsch der Alliierten in Frankreich und Italien wurden die direkten Verbindungswege ohnehin unterbrochen. Zu dieser Zeit war Spanien für Hitler als Schachfigur auf dem europäischen Spielbrett längst ausgefallen.

---

35 Carlton J. H. Hayes: Wartime Mission in Spain, 1942–1945, New York: The Macmillan Company, 1948, S. 16f.
36 Katherine Duff: Spain between Allies and Axis, in: Arnold & Veronica Toynbee (eds.): The War and the Neutrals, London–New York: The Macmillan Company, 1956, S. 256–315, hier S. 293f. – Hayes, S. 90f.
37 Ruhl, S. 155f.

Der deutsche Einfluß in Spanien

Für die hier behandelte Fragestellung ist es von Interesse, in welchem Abhängigkeitsverhältnis Spanien vom Deutschen Reich einerseits und von den Westalliierten andererseits stand und welche Einflüsse der einen oder anderen Seite den Transit der Emigranten durch das Land behinderten oder förderten. Bekanntlich beschränkte sich die deutsche Unterstützung für die Aufständischen während des Bürgerkrieges nicht nur auf den militärischen Bereich. Die deutsche Wirtschaft war an Rohstofflieferungen aus den nordspanischen Bergbaugebieten interessiert. Die Reichsregierung wollte sich die Waffenhilfe in Form von Materiallieferungen auf Heller und Pfennig zurückzahlen lassen. Überall in Spanien ließen sich deutsche Firmen nieder, deren Mitarbeiter durch ihr Fachwissen für die einheimische Wirtschaft unentbehrlich wurden. Ingenieure und Techniker waren in der Industrie tätig; die Lufthansa versorgte die wichtigsten Luftverkehrsrouten von Stuttgart über Barcelona und Madrid bis Lissabon. Im Dezember 1939 schätzten britische Stellen die Zahl der in Spanien tätigen Deutschen auf etwa 80 000 und vermuteten sogar noch ein Anwachsen dieser Zahl in den Kriegsjahren.[38] Es mag sein, daß hier kriegsbedingte Befürchtungen bei den Alliierten die Zahlen etwas übertrieben haben, jedoch war für die meisten Spanien-Reisenden während des Krieges die deutsche Präsenz nicht zu übersehen.

Man wird wohl nicht fehlgehen in der Annahme, daß diese starke Stellung den Arbeitsbereich der Geheimdienste nicht aussparte. Noch während des Bürgerkrieges hatte Franco neben der militärischen und wirtschaftlichen Zusammenarbeit auch einen engen Kontakt auf geheimpolizeilichem Gebiet mit Deutschland unterhalten. Für die Gestapo war es von Interesse zu wissen, welche deutschen Staatsbürger auf seiten der Republik kämpften. Da es sich in der Regel um Kommunisten, Anarchosyndikalisten, Sozialdemokraten oder Vertreter anderer linker Gruppierungen handelte, verfolgten beide Seiten parallele Ziele. In der Regel wurden deutsche Spanienkämpfer, die in die Hände der Franco-Truppen gefallen waren, durch Vermittlung des Roten Kreuzes gegen franquistische Gefangene in republikanischen Haftlagern ausgetauscht. Verurteilungen und vollstreckte Todesurteile waren die Ausnahme. In seltenen Fällen – soweit erkennbar, nur in einem einzigen nachweisbaren Fall – wurden vor Ende des Bürgerkrieges deutsche Spanienkämpfer nach Deutschland abgeschoben. Nach Ende des Bürgerkrieges wurden die inhaftierten deutschen Spanienkämpfer in dem Gefangenenlager von San Pedro de Cardeña, einem ehemaligen Klostergelände bei Burgos, eingesperrt und später zu Zwangsarbeiten an andere Orte verschleppt. Im Oktober 1941 erschien eine Abordnung der Gestapo, um die Häftlinge zu vernehmen und sie teilweise über Irún nach Deutschland zu deportieren. In welchem Ausmaß dies gegen den Willen der Gefangenen geschah, ist aufgrund der Quellenlage noch nicht abschließend zu beurteilen. Die spanischen Stellen forderten sie immer wieder zur „freiwilligen" Rückkehr

---

38 Vgl. hierzu die faktenreiche zeitgenössische Darstellung des ehemaligen Spanien-Korrespondenten der *New York Times* Thomas J. Hamilton: Appeasement's Child. The Franco Regime in Spain, London: Victor Gollancz Ltd., 1943, S. 179.

nach Deutschland auf, was die Vermutung gestattet, daß sie von spanischer Seite als Kriegsgefangene nach der Haager Kriegsordnung anerkannt wurden. Dennoch sind auch hier vereinzelte Auslieferungen nachweisbar und wohl in begrenztem Maße praktiziert worden.[39]

Die Zusammenarbeit des NS-Regimes mit dem Franco-Regime auf geheimpolizeilicher Ebene beruhte auf einem Abkommen, das am 31. Juli 1938 zwischen dem spanischen Minister für öffentliche Ordnung und dem Reichsführer SS geschlossen worden war. Gegenstand der Vereinbarung war die vereinfachte gegenseitige Auslieferung „politischer Verbrecher". Dieses Abkommen war zwar von Minister Severiano Martínez Anido und Heinrich Himmler unterzeichnet, jedoch niemals ratifiziert worden, so daß aus dem Vertragstext zwar Absichtserklärungen, aber keine bindenden Verpflichtungen hervorgingen. Soweit erkennbar, hielten sich beide Seiten pragmatisch an das Abkommen, indem sie es erfüllten oder „ignorierten", wie es ihnen gerade paßte. Von deutscher Seite war man daran interessiert, Informationen über deutsche Kämpfer auf seiten der Republik zu erhalten bzw. deren habhaft zu werden, wogegen die Spanier Auskünfte über die Arbeit der spanisch-republikanischen Gesandtschaft in Prag wünschten sowie über die Aktivitäten von dissidenten Falangisten, die sich in Deutschland niedergelassen hatten. Die Deutschen richteten eine geheimpolizeiliche Stelle in der Legion Condor ein, die Spanier eine solche in ihrer Botschaft im Berliner Tiergartenviertel.[40]

Im Jahre 1939 wurden erstmals in der deutschen Botschaft in Madrid sogenannte Polizeiattachés eingesetzt, wodurch sich diese Mission personell weiter auf etwa 150–200 Mitarbeiter aufblähte. In Madrid war sie während der Kriegszeit die größte auswärtige Vertretung. Die Arbeit der Polizeiattachés beruhte auf einer zwischen dem Reichssicherheitshauptamt (RSHA) und dem Auswärtigen Amt getroffenen Übereinkunft, nach der Agenten des RSHA unter dem Schutz diplomatischer Immunität ihrem schnüfflerischen Gewerbe nachgehen konnten. Diese Regelung verursachte indessen zahlreiche Reibereien zwischen beiden Dienststellen. Mit den wachsenden außenpolitischen Ambitionen der SS mußten zwangsläufig Kompetenzstreitigkeiten entstehen, beispielsweise darüber, ob die Berichte der Polizeiattachés direkt an das RSHA geleitet werden sollten oder über den Botschafter, als Missionschef ihr formeller Vorgesetzter, und über das Auswärtige Amt. Nachdem sich längere Verhandlungen zwischen Vertretern beider Stellen ergebnislos hingezogen hatten, vereinbarten Himmler und Ribbentrop am 8. August 1941 eine Regelung, die vordergründig als Sieg des Auswärtigen Amts ausgelegt werden konnte. Die Polizeiattachés hatten sich jeder außenpolitischen Aktivität im Gastlande zu enthalten und ihre Berichte über ihren Missionschef auf dem Amtswege nach Berlin zu leiten. Dem RSHA wurde konzediert, daß es die „Federführung" der in einer eigens dafür geschaffenen Attaché-Gruppe behielt und somit für die personellen Fragen und für die inhaltlichen Aufträge zuständig war. Tatsächlich stellte diese Regelung jedoch mehr einen Schritt dar, der dem Auswärtigen Amt einen Ge-

---

39 Mühlen: Spanien, S. 302f.
40 Ruhl, S. 58.

sichtsverlust ersparen sollte. Das RSHA hatte genügend Agenten in Firmen und anderen Stellen eingebaut, über die es Aufträge und Berichte leiten und somit den diplomatischen Amtsweg umgehen konnte.[41]

Die Polizeiattachés wurden in deutschen Missionen in Europa eingesetzt, um sicherheitsrelevante Informationen nach Berlin zu leiten. Spanien nahm unter den neutralen Staaten – Portugal, die Schweiz, Schweden und Irland – eine besondere Stellung ein, die einmal auf seiner Größe beruhte und zum andern auf der Tatsache, daß das Dritte Reich es wegen seiner geostrategischen Lage und ideologischen Verwandtschaft gern als Bündnispartner in den Krieg einführen wollte. Wie gezeigt wurde, gab es innerhalb des Franco-Regimes durchaus einflußreiche Kräfte, die ähnliche Ziele verfolgten. Um sie zu stärken, waren weitere deutsche Dienststellen tätig, so etwa die Auslandsorganisation der NSDAP (AO) und andere. Ihre Rolle können wir an dieser Stelle übergehen, da sie für den Transit von Flüchtlingen durch Spanien ohne Bedeutung war. Wichtig für die Flüchtlinge der deutschen Emigration waren die Agenten des RSHA, vor allem die Polizeiattachés, die an erster Stelle ihre potentiellen Gegner und Verfolger waren.

Seit März 1939, also seit den letzten Bürgerkriegswochen, residierte in Spanien Kriminalrat und SS-Sturmbannführer Paul Winzer und amtierte dort bis zum Ende des Zweiten Weltkrieges. Als Polizeiattaché formell dem Botschafter unterstellt, war sein Vorgesetzter im Reichssicherheitshauptamt der Hauptbevollmächtigte für Spanien SS-Hauptsturmführer Julius Plath. Winzer baute rasch ein Netz von SD-Agenten auf, die teilweise als „Polizeiverbindungsführer" in der Botschaft und in den Konsulaten eingesetzt wurden, teilweise aber auch in Firmenvertretungen, Presseagenturen und anderen Stellen getarnt arbeiteten. Winzer verfügte über eigene geheime Sender, mit denen er direkt und ohne Einschaltung der Botschaft Nachrichten nach Berlin drahten konnte. Neben ihm residierte als „Sonderbeauftragter für Lateinamerika" SS-Untersturmführer Karl Arnold in Madrid, der über ein Netz von Kurieren nach Südamerika verfügte. Als Winzer nach alliierten Demarchen im Jahre 1944 seine Funkdienste stark reduzieren mußte, übernahm Arnold teilweise diese Aufgaben. Überdies unterhielt das RSHA ein weiteres Netz von Agenten, die – soweit sie nicht zu den Dienststellen Winzers und Arnolds gehörten – dem Leiter des RSHA-Auslandsnachrichtendienstes, SS-Gruppenführer Walter Schellenberg, unterstellt waren.[42]

Im Oktober 1940 stattete Heinrich Himmler Madrid einen Besuch ab. Über den Inhalt und die Ergebnisse seiner Gespräche können wir infolge lückenhafter Quellen nur Mutmaßungen anstellen. Mit großer Wahrscheinlichkeit hatten sie eine engere Zusammenarbeit zwischen dem Reichssicherheitshauptamt und der spanischen Geheimpolizei zum Gegenstand. Es fiel Beobachtern auf, daß nach dem Himmler-Besuch die spanischen

---

41 Schreiben Himmlers vom 23. 5. 1942 an das RSHA; BA: R 58/243. – Vortragsnotiz vom 2. 11. 1944; PA AA: Inland II A/B (83–60 E SdH I), Akten betr. Polizeiattachés und SD-Leute bei einzelnen Missionen. – Ruhl, S. 57f., Hamilton, S. 178f.

42 Schreiben des Chefs der Sicherheitspolizei vom 19. 12. 1939 an das AA; PA AA: Inland IIg (83–60), Polizei-Abkommen mit Spanien, Entsendung von Polizeifachleuten nach Spanien, Bd. 68. – Ruhl, S. 58f. – Heinz Höhne: Der Orden unter dem Totenkopf. Die Geschichte der SS, München: Bertelsmann, 1984. – Walter Schellenberg: Memoiren, Köln: Verlag für Politik und Wirtschaft, 1959, S. 263–271.

Grenzkontrollen für einige Wochen 1940 – etwa bis Anfang November – schärfer durchgeführt wurden. Allerdings muß Varian Frys Annahme, wonach seitdem alle Visa-Anträge für den Spanien-Transit vorher der Gestapo zur Genehmigung vorgelegt wurden, als Spekulation betrachtet werden.[43] Nachweisbar ist allerdings, daß der Umfang des SD-Apparates in Spanien wohl als Ergebnis dieser Verhandlungen erweitert wurde. Über die genaue Zahl der Mitarbeiter des RSHA in Spanien kann nur spekuliert werden, da die getarnt arbeitenden Agenten sowie die mutmaßlich mitwirkenden spanischen V-Männer nicht registriert wurden. Im Dezember 1940 wurden auf der Grundlage einer Vereinbarung zwischen Himmler und der spanischen Polizei sieben Beamte der Sicherheitspolizei nach Spanien abgeordnet, zwei Wochen später noch einmal weitere acht. An ihren Amtsbezeichnungen – Kriminalrat, Kriminalkommissar, Kriminalassessor usw. – ist erkennbar, daß sie durchweg Karrierebeamte der Sicherheitspolizei waren und nicht aus der SS stammten. Wieviele Beamte zu dieser Zeit bereits in Spanien tätig waren, ist nicht bekannt. Im Januar 1941 sollen es 19 registrierte gewesen sein, was aber zweifelhaft sein dürfte, da es bedeuten würde, daß Winzer bis zur Versetzung der genannten sieben bzw. acht, zusammen also fünfzehn Mitarbeiter, seine aus der Sicht des NS-Regimes so wichtige Arbeit mit nur drei weiteren Mitarbeitern geleistet hätte.[44]

Etwa ein Jahr später regte die deutsche Botschaft bei Serrano Suñer die Akkreditierung eines weiteren Polizeiattachés an, stieß damit aber auf Reserve. Der Außenminister erklärte, eine Zusammenarbeit zwischen spanischer und deutscher Polizei sei zwar erwünscht, aber die Anwesenheit Winzers sei vollkommen ausreichend. Würde Spanien eine solche Akkreditierung gewähren, dann würden Briten und Amerikaner ähnliche Forderungen stellen. Erst auf erneutes Drängen erklärte sich Spanien bereit, der Botschaft weitere Polizeiattachés zuzugestehen. Sie sollten jedoch keinen offiziellen Diplomatenstatus erhalten und nur de facto als den Diplomaten gleichgestellt behandelt werden. Zwei Wochen darauf wurde Kriminalkommissar Ernst Hammes nach Madrid abgeordnet.[45]

Aber die zögerliche Haltung Serrano Suñers und der Hinweis auf gleichberechtigte britisch-amerikanische Forderungen deuteten bereits eine spanische Vorsicht an und einen zaghaften Ansatz zur Äquidistanz zu beiden Kriegsblöcken. Diese Entwicklung wurde deutlich, als Ende 1942 von deutscher Seite eine Belebung des Polizeiabkommens vom Juli 1938 vorgeschlagen wurde. Der Unterstaatssekretär im Außenministerium, Juan Luis Pan de Soraluce y Olmos, lehnte dieses Ansinnen ab. Spanien müsse wieder zu internationalen Gepflogenheiten zurückkehren, zumal einige – nicht näher aufgeführte – Fälle in der Vergangenheit das spanische Ansehen in Lateinamerika schwer geschädigt hätten. Jenes Polizeiabkommen sei unter den Bedingungen des Bürgerkrieges geschlossen, aber inzwischen fraglich geworden, zumal beide Seiten es nicht ratifiziert hätten. Den Hinweis, daß die deutsche Polizei das Abkommen als (noch) in Kraft befindlich wähne,

---

43 Bénédite, S. 75. – Fry, S. 116–118.
44 Schreiben des Chefs der SiPol und des SD vom 9. und 23. 12. 1940 an das AA; PA AA: Inland IIg (83–60 E), Spanien: Tätigkeit des SD, der Abwehr, der Agenten und Polizeiattachés. – Ruhl, S. 58.
45 Schreiben der Botschaft/Madrid vom 25. 11. 1941 und Telegramm vom 14. 1. 1942 an das AA; Schreiben des Chefs der SiPol und des SD vom 26. 1. 1942 an das AA; ebd.

ließ er nicht gelten. Die Botschaft gab daher nach Berlin den Rat, auf die Spanier Druck auszuüben und spanische Regime-Gegner im deutschen Machtbereich nur noch in besonderen Fällen und in Übereinstimmung mit der Botschaft auszuliefern.[46] Die Zahl der Polizeiattachés nahm gegen Kriegsende ab – vermutlich auf spanisches Drängen. Im Juni 1944 waren in Spanien neben 46 Militärattachés und 17 Vertretern des Wetterdienstes, die vermutlich Militärspionage betrieben bzw. kriegswichtige meteorologische Informationen nach Deutschland leiteten, nur noch dreizehn Polizeiattachés tätig.[47]

Kann man hier – aus der Sicht der Flüchtlinge – von einem langen Arm der Gestapo sprechen? Die Antwort muß doppeldeutig ausfallen. Einige der Polizeiattachés und Polizeiverbindungsführer wurden, wie aus dem amtlichen Schriftverkehr hervorgeht, an spanische Grenzdienststellen versetzt, wo sie dann in spanischen Uniformen die Ein- und Ausreise von Emigranten beobachteten. In einigen Memoiren finden sich Hinweise darauf, daß manche Uniformierte durch ihr für Spanier untypisches Aussehen oder durch ihren deutschen Akzent auffielen. Der Lissaboner Vertreter der jüdischen Organisation JDC berichtete seiner vorgesetzten Stelle in New York, daß ein hoher Gestapo-Offizier namens Emil Nohring, begleitet von jeweils zwei deutschen Technikern, französischen und spanischen Mitarbeitern, die Eisenbahnzüge an der spanisch-französischen Grenze betrete und die Emigranten bis zur portugiesischen Grenze begleite. Angeblich befanden sich auch unter den Emigranten selbst getarnte Spitzel und Agenten. Schließlich sei bekannt, daß in wichtigen Grenzorten, so zum Beispiel in Port Bou, etliche Einheimische im Solde der Gestapo als Zuträger, Informanten und Hilfsagenten standen.[48] Es trifft auch zu, daß die deutsche Botschaft im Juni 1942 – vergeblich übrigens – dagegen protestierte, daß die Spanier 300 wehrfähige Feindbürger – also Briten, Polen, Belgier, Kanadier oder gaullistische Franzosen – durch ihr Land in Richtung Großbritannien oder Nordamerika passieren ließen[49] – eine Zahl, die ja vermutlich von den deutschen Agenten oder spanischen V-Männern stammte.

Auch in den Madrider Zentralen von Polizeibehörden und Geheimdiensten waren deutsche Verbindungsmänner untergebracht.[50] Man wird auch annehmen dürfen, daß der hier skizzierte Repressionsapparat des Dritten Reiches noch ein ganzes Netz von spanischen V-Männern im Hintergrunde hatte, die aus politischer Sympathie für den Nationalsozialismus oder gegen Bezahlung den deutschen Stellen zuarbeiteten. Wir dürfen solche Agenten vor allem in Falange-Kreisen, in der Polizeiführung, im Offizierskorps und in der hohen Ministerialbürokratie vermuten. Ihre im Detail kaum belegbare Existenz läßt sich

---

46 Vermerk des RSHA vom 7. 12. 1942; PA AA: Inland IIg (83–60): Abkommen mit Spanien, Entsendung von Polizeifachleuten nach Spanien, Bd. 68.
47 Meldung der Botschaft Madrid vom 27. 6. 1944 an das AA; PA AA: Inland IIg (83–60 E) Spanien, Tätigkeit des SD, der Abwehr, der Agenten und Polizeiattachés.
48 Anm. 41. – Schreiben Joseph Schwartz' vom 27. 11. 1940 an die JDC-Zentrale in New York; JDC: Spain 914. – Vgl. Lion Feuchtwanger: Der Teufel in Frankreich. Ein Erlebnisbericht. Mit einem Vorwort von Marta Feuchtwanger, München–Wien: Langen-Müller, o. J., S. 264 f. – Mitteilung von Frau Lisa Fittko vom 16. 9. 1989.
49 Ruhl, S. 138.
50 Hamilton, S. 180.

nur indirekt nachweisen bei Aktionen deutscher Geheimdienststellen, die ohne spanische Mitwisserschaft, Duldung oder gar Mitwirkung nicht hätten durchgeführt werden können. Wir werden weiter unten auf einige solcher Fälle eingehen. Mit einiger Übertreibung witterte der britische Botschafter Sir Samuel Hoare allerorts deutsche Agenten oder ausländische Spione in deutschem Solde: überall in Staat, Wirtschaft und Gesellschaft, unter den Emigranten, die das Land durchquerten, sogar in den Internierungslagern, in die die Spanier bzw. die Franzosen in Nordafrika einige von ihnen sperrten.[51]

Derartige unter dem Eindruck des Krieges entworfene Feindbilder dürfen indessen nicht dazu führen, den „langen Arm" der Gestapo zu überzeichnen. Von den vielleicht zwei Dutzend hauptamtlichen SD-Agenten in Spanien und ihrer als Dunkelziffer unbekannten Zahl spanischer Helfershelfer war nur ein Teil mit den Emigrationsbewegungen deutscher Flüchtlinge befaßt. Das Spektrum ihrer übrigen Aktivitäten umfaßte die Beobachtung politischer Entwicklungen im Gastlande selbst, Militär- und Wirtschaftsspionage und – in Konkurrenz zur Abwehr – die Bekämpfung feindlicher Spionage. Wie stark diese Aufgaben im einzelnen auf die Mitarbeiter und ihr Arbeitspensum verteilt waren, ist nicht erkennbar. Aber wenn wir das Beispiel Portugals nehmen, für das hierfür Material vorliegt, dann dürfte auch in Spanien die Verfolgung, von der nur ein Teil der Emigranten betroffen war, vielleicht ein Drittel der finanziellen und arbeitstechnischen Kapazitäten des SD in Anspruch genommen haben. Schließlich stießen seine Aktivitäten auch auf Grenzen, die von spanischer Seite gezogen und vom NS-Regime aus Opportunitätsgründen teilweise respektiert wurden. Die Reichweite der deutschen Geheimdienste läßt sich aber weniger durch abstrakte Umschreibungen bestimmen als durch beispielhafte Einzelfälle behinderter oder verhinderter Transitreisen durch Spanien.

Die Entführung und Verschleppung von Emigranten

Die Politik der spanischen Behörden gegenüber den verhafteten und internierten Emigranten und Flüchtlingen war uneinheitlich und unübersichtlich. Es soll hier versucht werden, an Hand einiger belegbarer Beispiele Leitlinien, soweit sie erkennbar sind, herauszuarbeiten. Dabei ist nicht auszuschließen, daß es solche nicht gab und daß es sich bei den konkreten Fällen durchweg um Sonderfälle handelte, die sich auf keine gemeinsamen Kategorien zurückführen lassen. Es wurde schon erwähnt, daß das Franco-Regime während und nach Ende des Bürgerkrieges ausländische Interbrigadisten an die mit ihm befreundeten Heimatregierungen auslieferte. Dies geschah mit Deutschen und Österreichern, aber auch mit Italienern und Portugiesen. So wurden im Dezember 1939 an der gemeinsamen Grenze zunächst 75 gefangene portugiesische Spanienkämpfer ihren Polizeibehörden ausgeliefert und im Fort Caxias interniert; weitere 200 warteten nach

---

51 Hoare, S. 233, 236, 268.

Auskunft der deutschen Gesandtschaft auf ein ähnliches Schicksal.[52] Aber bei diesen Portugiesen sowie bei den Deutschen und Österreichern handelte es sich um Kriegsgefangene, nicht um Zivilisten oder Transit-Reisende, wenngleich das Attribut des Emigranten auf beide Personengruppen zutreffen mochte. Aber die Franco-Polizei verhaftete und internierte auch Personen, bei denen Motive einer politischen Gegnerschaft oder einer Verfolgung nicht erkennbar waren. Wie im einzelnen zu zeigen sein wird, bildeten die illegale Einreise und der illegale Besitz fremder Devisen die häufigsten Anlässe für Verhaftungen. Dagegen konnten etliche politische und zudem politisch aktive Emigranten ungehindert durch Spanien nach Portugal reisen, obwohl – wie im Falle Erich Ollenhauers, der als Sekretär der Sozialistischen Jugendinternationale 1937 die Spanische Republik besucht hatte – anzunehmen ist, daß die spanische Staatssicherheit sehr wohl um Identität und Bedeutung der Transitäre wußte.

In einem Falle verhafteten die Spanier einen politischen Hitler-Gegner, jedoch nicht aus politischen Motiven. Der ursprünglich aus Sachsen stammende österreichische Journalist und Politiker Klaus Dohrn, der konservativen und monarchistischen Kreisen nahestand, war 1938 von Österreich nach Frankreich emigriert und hatte dort in Exil- und Widerstandskreisen mitgearbeitet. Nach der Besetzung Frankreichs floh er in den Süden und überschritt 1941 mit Hilfe einer Schmugglerbande die Pyrenäengrenze. Er besaß zwar ein amerikanisches Einreise-, aber kein spanisches Transit-Visum. In der nächsten spanischen Ortschaft bat er den Ortsgeistlichen um Hilfe. Dieser empfahl ihm, sich freiwillig bei der Polizei in Figueras zu melden, um sich legalisieren zu lassen. Aber statt gültiger Papiere erhielt er einen Haftbefehl und wurde zunächst in Figueras in ein Lager gesperrt. Nach Gefängnisaufenthalten in Cervera und Zaragoza, wo die Haftbedingungen am unerträglichsten waren, wurde er schließlich in Miranda interniert. Dort erlebte er den Besuch einer deutschen Kommission, die die Auslieferung von Gefangenen verlangte. Als die Angehörigen dieser Kommission eine Schlechterbehandlung der jüdischen Häftlinge anregten, wurde dies von den spanischen Offizieren entrüstet zurückgewiesen. Auf der Auslieferungsliste stand auch der Name Dohrns. Um diesem Schicksal zu entgehen, schluckte er Benzin und Zigaretten und führte unter Anleitung des Lagerarztes ein künstliches Fieber herbei, so daß er in ein Hospital eingeliefert werden mußte. Dort nahm er über den Anstaltsgeistlichen Kontakt zur Apostolischen Nuntiatur in Madrid auf, durch deren Hilfe er letztlich seine Freiheit erhielt. Entscheidend in seinem Falle war neben der Hilfe des Nuntius Msgr. Gaetano Cicognani, der sich auch in anderen Fällen für Flüchtlinge bei spanischen Behörden verwendete, der rechtzeitige Kontakt zu Hilfsorganisationen im Ausland.[53] Das Büro des „Unitarian Service Committee" beauftragte einen portugiesischen Anwalt mit der Vertretung gegenüber den spanischen Behörden. Das erste Resultat bestand darin, daß Dohrn nicht ausgeliefert wurde, obwohl er – nach

---

52 Schreiben der Gesandtschaft Lissabon vom 27. 12. 1939 an das AA; PA AA: Abt. Pol. II: Politische Beziehungen zwischen Portugal und Spanien.

53 Robert Rhatz/JDC: Interview mit Klaus Dohrn, 29. 12. 1942; JDC: Spain 914. – „Excerpt from Letter written by Max Diamant to Mr. Varian Fry, Nov. 11th, 1941"; DB: Emergency Rescue Committee / Klaus Dohrn. – Vgl. Hayes, S. 38.

eigenem Bekunden – auf einer entsprechenden, von den Deutschen vorgelegten Liste stand. Zunächst dachten die Behörden daran, ihn wieder ins nicht besetzte Frankreich und damit in die Gewalt des Vichy-Regimes zu entlassen, so daß die Unitarier schon präventive Kontakte zum Erzbischof von Marseille knüpften. Dann stimmte der spanischen Innenminister aber seiner Ausreise nach Portugal zu, wozu kurz darauf auch der Außenminister sein Einverständnis gab. Ende November oder Anfang Dezember 1941 durfte Dohrn nach Lissabon ausreisen und kurz darauf weiter in die USA.[54]

Unter den deutschen und österreichischen Emigranten, die Spanien passierten, sind einige Verhaftungsfälle bekannt, bei denen die Hintergründe unklar sind, offensichtlich aber keinen politischen Charakter haben. Einer dieser Fälle war der des sozialdemokratischen Gewerkschaftsfunktionärs Walter Benninghaus. Ab 1933 hatte er im niederländischen und belgischen Exil gelebt und mit der Internationalen Transportarbeitergewerkschaft (ITF) Propaganda unter deutschen Seeleuten getrieben. Außerdem hatte er als Journalist an den *Deutschland-Berichten* der Sopade mitgearbeitet. Sofern seine Aktivitäten der Gestapo bekannt gewesen sein dürften – und davon ist auszugehen, – war er in höchstem Maße gefährdet. Im Mai 1941 wandte sich Erich Ollenhauer an den Gewerkschaftsführer Hans Jahn, der seinerseits über Spanien und Portugal nach England emigriert war, mit der dringenden Nachricht, daß Benninghaus bei der Durchreise vermutlich in der Nähe von Madrid verhaftet und interniert worden sei. Wegen des deutsch-spanischen Polizei-Abkommens drohe ihm die Auslieferung, und man müsse sofort britische Stellen zur Intervention in Spanien veranlassen. Wie im Falle Dohrns schalteten sich die Hilfsorganisationen von Lissabon aus ein, ohne jedoch den gleichen Erfolg zu erlangen. Vermutlich wäre in seinem Falle die Apostolische Nuntiatur kaum ein angemessener Fürsprecher gewesen und Benninghaus' politische Freunde in England dürften für spanische Stellen wohl auch nicht die geeigneten Verhandlungspartner gewesen sein. Schließlich legte das Spanische Rote Kreuz ein Wort für ihn ein und beantragte erstmals im Februar 1944 seine Freilassung und Ausreise nach Großbritannien. Es mußte dieses Gesuch im März, April und September 1944 wiederholen, bis Benninghaus dann im Herbst 1944 nach Portugal und von dort im Flugzeug nach England ausreisen durfte. Dort widerfuhr ihm das Mißgeschick, daß eine demokratische Regierung ihn als verdächtigen Ausländer erneut der Freiheit beraubte und für die restliche Kriegszeit in ein Internierungslager sperrte.[55]

Einen weiteren Fall bildete der Publizist Berthold Jacob, SAP-Mitglied und Mitarbeiter linker Zeitschriften, der aus Furcht vor rechtsradikalen Gewalttaten bereits 1932 nach Straßburg emigriert war. Als namhafter Publizist und Verfasser scharfer regimekritischer Artikel in der Exilpresse (*Die neue Weltbühne, Pariser Tageszeitung*), später als Mitglied

---

54 Schreiben Varian Frys vom 22. 10. und 8. 12. 1941 an Lotte Loeb/New York und Schreiben Charles R. Joys vom 3. 12. 1941 an Varian Fry; DB: Emergency Rescue Committee / Klaus Dohrn. – Daselbst weitere Materialien zum Fall.

55 Schreiben Erich Ollenhauers vom 27. 5. 1941 an Hans Jahn; AdsD: Emigration – Sopade, Mappe 80. – Schreiben Charles Joys vom 3. 12. 41 an Varian Fry; DB: Emergency Rescue Committee / Klaus Dohrn. – BHE I, S. 52. – Fry, S. 139. – Schreiben des Spanischen Roten Kreuzes vom 7.2., 9.3., 4.4. und 15. 9. 1944.; MAE: Leg. R 2.179: Refugiados apátridas, Exp. 43.

des „Auschusses zur Vorbereitung einer deutschen Volksfront" dem NS-Regime aufs höchste verhaßt, wurde Jacob bereits am 9. März 1935 Opfer einer Entführung. Gestapo-Agenten verschleppten ihn von Basel über die Grenze. In Berlin wurde er unter anderem von Heydrich persönlich vernommen, wobei das Interesse auf seinen Informationsquellen lag, aus denen er seine Enthüllungen militärischer Geheimnisse abgeleitet hatte. Jacob konnte nachweisen, daß er hierfür ausschließlich deutsche Pressepublikationen gründlich ausgewertet habe. Infolge lautstarker Kampagnen im Ausland und eines energischen Protestes der Eidgenössischen Regierung wurde Jacob ein halbes Jahr später wieder in die Schweiz entlassen. Nach Kriegsausbruch zeitweilig in Südfrankreich interniert, gelang dem Ehepaar Jacob im April 1941 mit Hilfe der Fittkos die Flucht über die Pyrenäen. Noch in Frankreich hatte sich Jacob mit gefälschten Papieren die Identität eines peruanischen Staatsbürgers namens Marcel Rollin zugelegt. An der portugiesischen Grenze fiel den spanischen Grenzbeamten die Fälschung auf, so daß sie ihn festnahmen und in einem Madrider Gefängnis (Cárcel Modelo) einsperrten. Infolge massiver Intervention des Unitarier-Büros in Lissabon und der Vorsprache Varian Frys bei den spanischen Behörden wurde er unter Auflagen freigelassen und in einem Madrider Hotel einquartiert.[56]

In Madrid scheint ihm die Gefährlichkeit seiner Situation bewußt geworden zu sein. Die Verhaftung war sicher durch die Überprüfung der gefälschten Papiere ausgelöst worden. Aber der Zwangsaufenthalt in Madrid mußte ihm wie ein Präsentierteller für den Zugriff der Gestapo erschienen sein. Man darf wohl vermuten, daß im Hintergrunde Verhandlungen zwischen deutschen und spanischen Stellen über die Person Jacobs geführt wurden. Im Mai 1941 wandte sich Jacob daher mit einem dringenden Hilferuf an den Prinzen Löwenstein, um aus dem „Pulverfaß Madrid" herauszukommen. Die Fälschung mit den peruanischen Papieren, schrieb er, sei erforderlich gewesen, da er ohne sie wohl kaum Frankreich hätte verlassen können. Schließlich gelang es den Unitariern, Jacob sicher nach Portugal zu schleusen: Ein reicher Geschäftsmann brachte ihn in seinem Wagen sicher über die Grenze nach Lissabon. Das Fehlen eines gültigen portugiesischen Einreisevisums dürfte wahrscheinlich mit Hilfe von kräftigen Trinkgeldern kompensiert worden sein.[57]

Im August 1941 wandte sich Jacob erneut an den Prinzen, nunmehr aus Lissabon, und bat um Hilfe bei der Einreise in die USA. Es war vermutlich sein letztes persönliches Lebenszeichen. Wie im Portugal-Kapitel darzustellen sein wird, wurde er im Herbst 1941 in Lissabon auf der Straße verhaftet und darauf entführt. Der Ablauf dieses Vorfalles gehört also nicht in dieses Spanien-Kapitel, jedoch führt uns der weitere Verlauf wieder nach Spanien zurück. Wie die alarmierten Hilfsorganisationen sofort vermuteten, muß Jacob von Portugal nach Spanien verschleppt worden sein, von wo eine Entführung nach Deutschland leichter war als von Portugal aus. Die Hilfsorganisationen, die Jacob bisher unterstützt hatten, schlugen auch jetzt Alarm. Daß die Spuren nach Spanien führten, stand

---

[56] Schreiben des Prinzen Hubertus zu Löwenstein vom 17. 6. 1941 an George Warren/President's Advisory Committee; DB: American Guild/Berthold Jacob. – Fry, S. 233, 235f., 238. – BHE I, S. 322f.
[57] Schreiben Berthold Jacobs vom 27. 8. 1941 an den Prinzen Löwenstein; DB: American Guild / Berthold Jacob. – Fry, S. 274f.

für alle Seiten fest, wie dies ein Mitarbeiter der Unitarier auch formulierte: „So far as we can make out, he has last been traced to Spain." Man schaltete den britischen Botschafter in Madrid, Sir Samuel Hoare, ein, der seine Mitarbeit jedoch zunächst mit dem Hinweis ablehnte, daß Jacob als deutscher Staatsbürger nicht in seine Zuständigkeit falle. Erst der Hinweis, daß Jacob infolge seiner Ausbürgerung kein deutscher Staatsbürger sei, bewegte den Diplomaten, seine Beziehungen zu spanischen Stellen einzusetzen. Alle diese Bemühungen waren jedoch vergeblich. Als sie eingeleitet wurden, befand sich Jacob längst in dem berüchtigten Gestapo-Gefängnis in der Prinz-Albrecht-Straße zu Berlin. Vermutlich wollte das NS-Regime ihn für einen großen Schauprozeß aufbewahren. Wegen einer Erkrankung wurde er in ein Krankenhaus verlegt, wo er am 26. Februar 1944 verstarb.[58]

Daher handelte auch Otto John, der nach dem Kriege Präsident des Bundesamtes für Verfassungsschutz wurde und durch seine wirkliche oder vorgetäuschte Verschleppung in die DDR in die Schlagzeilen geriet, durchaus angemessen, als er sich 1944 über Spanien und Portugal nach England absetzte. Als Mitverschwörer der innerdeutschen Opposition hatte er Kontakte zum britischen und amerikanischen Geheimdienst unterhalten. Nach dem Scheitern des Attentats vom 20. Juli 1944 war er aufs höchste gefährdet, konnte aber vor Entdeckung seiner Mitwisserschaft dienstlich nach Madrid fliegen, was ihm als Syndikus der Deutschen Lufthansa nicht schwer fiel. Aber der Aufenthalt in Spanien, in Madrid zumal, war zu gefährlich. Durch spanische Freunde ließ er sich nach Asturien bringen und überquerte dort illegal den Grenzfluß Minho in Richtung Portugal.[59]

Daß das Dritte Reich in besonderen Fällen ohne Rücksicht auf diplomatische Verwicklungen zugriff und für seine Aktionen auch spanische Mitwisser und Mitarbeiter fand, zeigte die Entführung des Gesandten Heberlein im Sommer 1944. Er war kein Emigrant, was man von John bei großzügiger Auslegung dieses Begriffs noch sagen könnte, aber seine Verschleppung zeigte, zu welchen Aktionen das NS-Regime fähig und bereit war. Erich Heberlein hatte 1937–1942 an der deutschen Botschaft in Spanien gewirkt und war dann als Leiter des Länderreferats Spanien ins Auswärtige Amt zurückberufen worden. Vorgeblich zur „Abwicklung von Privatsachen", tatsächlich aber, um sich aus dem sinkenden Schiff Deutschland zu retten, beantragte und erhielt Heberlein 1943 eine vierzehntägige Urlaubsreise nach Spanien genehmigt. Eine „plötzliche Krankheit" hinderte ihn und seine spanische Ehefrau jedoch an der Rückkehr. Da derartige Fälle inzwischen häufiger aufgetreten waren, hatte das Auswärtige Amt die Reise nur ungern bewilligt. Wiederholt wurden Vertreter des Ministeriums zu Heberlein geschickt, um ihn zur Rückkehr zu bewegen, wurden aber stets zurückgewiesen. Schließlich tauchte am 17. Juni 1944 ein Spanier in Polizeiuniform an der Tür seines Hauses in Toledo auf und forderte ihn auf, mit seiner Frau sofort vor dem Zivilgouverneur von Toledo zu erschei-

---

58 Schreiben Berthold Jacobs vom 27.8.1941 an den Prinzen Löwenstein; Schreiben Lotte Loebs vom 7.11.1941 und M. Hofmanns vom 7.5.1942 an die American Guild; Korrespondenz zwischen Volkmar Zühlsdorff/AmGuild und Eva Lewinsky vom 7. und 9.6.1942; DB: Emergency Rescue Committee/ Berthold Jacob. – „Excerpt from Letter..."; vgl. Anm. 53. – Schreiben Charles R. Joy's vom 3.12.1941 an Varian Fry; DB: Emergency Rescue Committee / Klaus Dohrn. – Fry, S. 275. – BHE I, S. 323.
59 Otto John: Zweimal kam ich heim. Vom Verschwörer zum Schützer der Verfassung, Düsseldorf–Wien: Econ, 1969, S. 168 ff.

nen, da dort eine Nachricht über ihren an der Ostfront eingesetzten Sohn für ihn vorläge. Als die Heberleins das Haus verließen, wurden sie von Beamten des deutschen Polizeiattachés in Empfang genommen, in einem bereitstehenden Wagen nach Madrid gefahren und in der Konsularabteilung der Botschaft eingesperrt und verhört. Am nächsten Tag brachte man ihn im Wagen nach Alcalá de Henares, von wo er im Dienstflugzeug des Luftwaffenattachés nach Biarritz gebracht und von der Gestapo verhaftet wurde. Seine Frau wurde im Wagen über die französische Grenze geschleppt. Beide wurden zunächst ins KZ Sachsenhausen eingeliefert, später nach Buchenwald, Dachau und Niederneudorf (Südtirol) verlegt, wo sie von amerikanischen Truppen befreit wurden. Die US-Botschaft protestierte kurz nach der Entführung vergeblich im spanischen Außenministerium und bezichtigte die Spanier der Beihilfe an der Entführungsaktion.[60]

Unklar ist die Frage, ob die spanischen Behörden illegale Flüchtlinge, die an der Grenze verhaftet worden waren, der Vichy-Polizei oder später der Gestapo auslieferten. Derartige Behauptungen tauchen gelegentlich in der Literatur auf, ohne durch konkrete Einzelfälle belegt zu werden. Wer ohne gültige Einreisepapiere ertappt wurde, so hieß es, wurde verhaftet und seinen Verfolgern überantwortet. Im Sommer 1942 seien sogar 500 jüdische Flüchtlinge vor einer Auslieferung an die Deutschen nur durch die Intervention der amerikanischen Botschaft bewahrt worden. Auch der britische Botschafter Hoare überliefert derartige Vorgänge und nennt für den Sommer 1940 als potentielle Opfer einer solchen Behandlung generell alle Gefangenen, für das Frühjahr 1943 einige in Spanien internierte Tschechen sowie generell die aus deutscher Kriegsgefangenschaft entlaufenen britischen Soldaten.[61] Hiergegen stehen entgegengesetzte Aussagen, wonach die Spanier niemanden den Deutschen ausgehändigt hätten, wobei sich deren Auslieferungsbegehren ausschließlich auf wehrfähige Flüchtlinge, entflohene alliierte Soldaten vor allem, beschränkt und nicht auf jüdische Flüchtlinge erstreckt hätten. Bis zum Sommer 1942 soll es allenfalls Fälle gegeben haben, in denen illegale Personen an der Grenze zurückgewiesen oder zunächst verhaftet und dann abgeschoben wurden.[62] Vermutlich lösen sich die Widersprüche auf, wenn hier zwischen Abschiebung und Auslieferung unterschieden wird. In der Praxis mögen die Folgen einer Abschiebung denen einer Auslieferung sehr ähnlich sein. Von der Intention einer solchen Handlung sowie aus juristischer und moralischer Sicht bestehen zweifellos Unterschiede, die in der Literatur offensichtlich zu wenig berücksichtigt worden sind.

Wenn wir die Fälle aneinanderreihen, in denen das Franco-Regime die von deutscher Seite versuchten oder durchgeführten Festnahmen und Entführungen durch Mitwisserschaft bzw. Mittäterschaft duldete oder unterstützte, dann erkennen wir ausschließlich Personen, die in hochbrisante politische Probleme verwickelt waren: Gegner des NS-Regimes, Abtrünnige, Mitwisser und Akteure des Widerstandes. Aber hier handelte es sich um gewaltsame Entführungen, nicht um Auslieferungen. Für das Opfer einer solchen Aktion mag der Unterschied letzten Endes unerheblich gewesen sein, für den politischen,

---

60 Ruhl, S. 316f. – Hoare, S. 269. – Vgl. Anm. 25.
61 Bauer: Jewry, S. 48, 208. – Hoare, S. 78, 233f.
62 Ysart, S. 49. – Robinson, S. 10.

diplomatischen und justiziellen Bereich ist hier jedoch sehr wohl zu differenzieren. Es liegen keine überprüfbaren Kenntnisse über die Auslieferung von Flüchtlingen vor, sofern wir die ehemaligen Spanienkämpfer, die nicht unter die Kategorie der Transit-Emigranten fielen, hier ausklammern. Es gibt nur die Behauptung von Alexander Abusch, demzufolge im Jahre 1940 Personen an die Gestapo ausgeliefert worden seien. Es gibt den Brief des damaligen Figueras-Häftlings Gustav Silbermann, dem gesagt wurde, daß man ihn dem deutschen Konsulat in Gerona überantworten werde, und seine Behauptung, daß seine Mithäftlinge schon Formulare für das Konsulat ausfüllen mußten. Und es gibt die Behauptung Klaus Dohrns, derzufolge er auf der Liste einer Auslieferungskommission in Miranda gestanden habe.[63]

Aber in allen diesen Beispielen werden keine konkreten Informationen vermittelt. Abusch und Silbermann gaben Gerüchte weiter. Ob Silbermann das Ausfüllen der angeblichen Formulare selber hatte beobachten können, ist aus seinem Schreiben nicht ersichtlich. Und Dohrn scheint die Liste mit den Auslieferungswünschen, auf der sein Name stand, persönlich auch nicht gesehen zu haben. Diesen Gerüchten muß dagegen die Erfahrung Rudolph Bachners entgegengehalten werden. Wegen illegaler Einreise nach Spanien in Madrid verhaftet, wurde er zunächst in das Polizeigefängnis an der Puerta del Sol gebracht, wo ihn ein Vertreter des deutschen Konsulats aufsuchte und zur freiwilligen Rückkehr nach Deutschland aufforderte. Bachner wies dieses Ansinnen zurück und wurde den deutschen Stellen nicht übergeben. Zwar verlegte man ihn in das Gefängnis von Torrijos und internierte ihn anschließend im Konzentrationslager von Miranda de Ebro. Aber er wurde nicht gegen seinen Willen ausgeliefert[64]. Aufgrund der lückenhaften Quellen kann natürlich nicht ausgeschlossen werden, daß es Fälle von Auslieferung gegeben habe, die bloß in archivierten Quellen oder in Memoiren keinen Niederschlag gefungen haben. Aber es muß nochmals betont werden: Es gibt keine klaren Beweise und auch keine überzeugenden Indizien dafür, daß das Franco-Regime außer den ehemaligen Spanienkämpfern Flüchtlinge den deutschen Stellen offiziell ausgeliefert habe. Diese Feststellung bezieht sich auf die politischen Hitler-Gegner. Für die vielen unpolitischen, wegen ihrer jüdischen Herkunft Verfolgten darf eine solche Möglichkeit sogar mit allergrößter Wahrscheinlichkeit ausgeschlossen werden. Es gibt nicht die geringsten Hinweise dafür, daß Spanien sich indirekt am Holocaust beteiligt hätte, indem es Flüchtlinge ihrer Abstammung wegen ihren Henkern überantwortete.

---

63 Alexander Abusch: Der Deckname. Memoiren, Berlin [DDR]: Dietz Verlag, 1981, S. 581. – Schreiben Gustav Silbermanns vom 9. 12. 1940 an Leo Stern; LBI: Collection Leo Stern (B 32/4). – Vgl. Lois Jessup: „Memorandum on Relief Work in Spain" (ca. Januar 1943); LBI: Collection Konzentrationslager Frankreich (B 24/8).
64 Bachner, S. 185–194.

Zusammensetzung und Umfang der Transit-Emigration

Die hier aufgeführten Beispiele deutscher geheimdienstlicher Aktivitäten in Spanien können erst dann richtig eingeschätzt werden, wenn der Umfang der gesamten Transit-Emigration in groben Umrissen erkennbar ist. Ein halbes Dutzend Entführungsfälle stellen unter einigen Zehntausenden von Emigranten nur eine geringe Größe dar, wenngleich diese Feststellung die bitteren Schicksale derer, die davon betroffen waren, nicht verharmlosen soll. Hier stellt sich also die Frage: Wieviele Flüchtlinge überquerten – legal oder illegal, offen oder heimlich – die Pyrenäengrenze, und aus welchen Personen setzte sich diese Emigrationsbewegung zusammen? Die quantitative Berechnung der Transit-Emigration von Frankreich durch die iberische Halbinsel stellt sich für jedes der hier untersuchten Länder anders dar, obwohl es sich im wesentlichen um eine einzige, einheitliche und zusammenhängende Bewegung handelte. Damit stellen sich aber auch jeweils andere Schwierigkeiten, da unterschiedliche Zählweisen, verschiedene Quellen und andere Schätzungen vorliegen. Es darf daher nicht überraschen, daß dabei mitunter Ergebnisse herauskommen, die sich widersprechen oder wenigstens nicht vereinbaren lassen. Der zahlenmäßig größte Schub setzte – darin besteht weitgehende Einigkeit – nach der französischen Niederlage im Jahre 1940 ein. Für den Zeitraum 1939–1941 mit dem Schwerpunkt im Jahre 1940 werden etwa 30 000 jüdische Transit-Emigranten geschätzt[65], zu denen wir eine unbekannte, aber wesentlich geringere Anzahl nicht-jüdischer Flüchtlinge hinzuzählen müssen. Für den restlichen Zeitraum des Krieges liegen Berechnungen auf unterschiedlicher Grundlage vor, sowohl im Hinblick auf den Personenkreis als auch auf den dabei berücksichtigten Zeitabschnitt. Nach der Besetzung Vichy-Frankreichs durch deutsche Truppen setzte eine neue Fluchtbewegung ein. Nach sehr vagen Gerüchten sollen im Winter 1942/43 etwa 5 000 jüdische Flüchtlinge die Pyrenäen überquert haben. Eine andere Schätzung geht von einer mehr als doppelt so großen Zahl (12 000) aus.[66] Nach anderer Quelle sollen zwischen August 1942 und August 1944, also in zwei Jahren, nur etwa 7 500 die Grenze überquert haben[67] – eine Schätzung, die als Gesamtzahl erheblich zu niedrig gegriffen scheint und selbst dann wenig Wahrscheinlichkeit für sich beanspruchen kann, wenn sie sich ausschließlich auf den jüdischen Anteil an der gesamten Fluchtbewegung bezieht.

Wenn wir zeitgenössische Quellen konsultieren, ergeben sich durchweg höhere Zahlen. Im Juni 1943 schätzte die amerikanisch-jüdische Hilfsorganisation JDC, daß täglich 25–50 Personen legal oder illegal die Grenze nach Spanien überschritten, wobei zu diesem Zeitpunkt bereits Franzosen die Mehrheit, jüdische Flüchtlinge allenfalls zwei oder drei unter ihnen, also 4–6 % stellten.[68] Auf ein ganzes Jahr hochgerechnet ergäbe dies eine Quote von 9 000–18 000 Emigranten, wobei hierbei zu berücksichtigen ist, daß die Fluchtbewegung im Winter stark zurückging. Von spanischer Seite wurden Schätzun-

---

65 Vgl. Martin Gilbert: Jewish History Atlas, London: Weidenfeld & Nicolson, 1969, S. 87. – Ysart, S. 43.
66 Wischnitzer: Visas, S. 181f. – Tartakower/Grossmann, S. 313f.
67 Bauer: Jewry, S. 209.
68 Schreiben Herbert Katzkis vom 28. 6. 1943 an Sir Herbert Emerson; JDC: Spain 915.

gen nicht veröffentlicht. Das Thema wurde allenfalls inoffiziell im diplomatischen Verkehr oder behördenintern angesprochen. Als die SS-Zeitschrift *Das Reich* Spanien wegen der laschen Überwachung seiner Grenzen kritisierte und die Behauptung aufstellte, daß allein in einem Jahre 40 000 Flüchtlinge ungehindert ins Land kämen, wandte sich das Außenministerium an den Presseattaché der deutschen Botschaft und entgegnete in einem privat gehaltenen Schreiben, daß die Zahl viel zu hoch gegriffen sei und sich allenfalls bei 18 000 bewege. Im übrigen sei es doch eine Angelegenheit der Deutschen, die Grenzen ihres Machtbereiches zu überwachen, wenn sie Personen an der Ausreise hindern wollten. Das Schreiben bat darum, den verantwortlichen Korrespondenten zur Rede zu stellen und ihm die schwierige Lage Spaniens zwischen den Blöcken zu erläutern.[69] Die Gesamtzahl der Flüchtlinge aller Kategorien, die in Kriegsjahren, also von der zweiten Jahreshälfte 1939 bis etwa August 1944, von Frankreich nach Spanien flohen und von dort größtenteils nach Portugal weiterzogen, bewegen sich in den meisten Darstellungen bei etwa 50 000.[70] Wir dürfen diese Summe als Mindestzahl ansehen. Allein die als relativ sicher geltende Schätzung über 30 000 Transitäre im Zeitraum 1939–1941 und über annähernd 18 000 im Zeitraum 1942/43 erreichen beinahe diese Zahl, so daß eine Gesamtzahl über den vollen Zeitraum 1939–1944 um eine im einzelnen nicht überschaubare Ziffer darüber liegen muß. Für diese Annahme sprechen auch die entsprechenden Kalkulationen über den Umfang der Portugal-Emigration, die personell mit den Spanien-Transitären zu weiten Teilen identisch war. Hier nähern sich, wie wir sehen werden, manche Berechnungen der 100 000-Grenze. Man wird also die angenommenen 50 000 Spanien-Transitäre um eine beträchtliche, von den spanischen Behörden und anderen Stellen nicht registrierte Dunkelziffer aufrunden müssen.

Von diesen Angaben zu unterscheiden ist die Präsenzstärke der Emigranten in Spanien. Grundsätzlich fühlte sich das Land nicht als Asyl-Land und sah sich auch materiell und organisatorisch außerstande, ein größeres Flüchtlingskontingent aufzunehmen. Einreisen durften bekanntlich nur solche Personen, die über ein Visum für Portugal verfügten und somit das Land auch wieder verlassen konnten. Wenn wir von den Verhafteten und dadurch für einige Zeit im Lande festgehaltenen Personen absehen, herrschte also eine rege Fluktuation bei relativ kurzer, im allgemeinen nur zwei oder drei Tage umfassender Verweildauer. Der starke Andrang nach der Besetzung Süd-Frankreichs durch die Deutschen im November 1942 führte jedoch zu einem „Stau", der infolge fehlender Aufnahmebereitschaft Portugals nicht „abfließen" konnte. Die Präsenzzahlen schnellten nach oben. Allerdings teilte die deutsche Botschaft im Februar 1943 auf Anfrage dem Auswärtigen Amt mit, daß eine Gesamtzahl von 20 000 in Spanien sich aufhaltenden Emigranten viel zu hoch angesetzt sei; diese Ziffer könne allenfalls alle Flüchtlinge umfassen, die seit Eröffnung der iberischen Fluchtroute nach bzw. über Spanien gekommen seien.[71]

---

69 Schreiben des Außenministeriums vom 30. 6. 1943 an den Presseattaché; MAE: Leg. R 1.373: Refugiados extranjeros en España, Exp. 13.
70 Ysart, S. 43. – Bernecker, S. 82.
71 Mitteilung der Botschaft Madrid vom 6. 2. 1943 an das AA; PA AA: Inland II A/B (83–26 Spanien), Juden in Spanien, Bd. 1.

Indirekte Rückschlüsse auf die Präsenzzahl von Flüchtlingen über die Zahl der in Spanien verhafteten Transit-Emigranten lassen sich mit Sicherheit nicht ziehen. Dabei sind folgende Schwierigkeiten zu vergegenwärtigen. Es ist aufgrund der lückenhaften Quellen nicht bekannt, wie lange die Verweildauer der verhafteten Flüchtlinge in den Gefängnissen und Lagern war, wie stark demnach die Fluktuation und infolgedessen die Gesamtzahl von (vorübergehend) gefangenen Ausländern war. Im Bericht einer amerikanischen Ärztedelegation über eine Reise durch spanische Haftanstalten werden 10000–17000 Flüchtlinge in Spanien angegeben, wobei unklar ist, ob es sich hierbei nur um die inhaftierten handelte oder auch um jene, die sich auf freiem Fuß befanden, jedoch wegen irgendwelcher Visa-Schwierigkeiten das Land nicht verlassen konnten.[72] Die Zahlenangaben für 1943 liegen fast durchweg höher. Auf der britisch-amerikanischen Bermuda-Konferenz im Frühjahr 1943 nannte die britische Delegation eine Präsenzzahl von 21000 Flüchtlingen. In einer im Mai 1943 angefertigten Übersicht über die in Spanien festgehaltenen Ausländer werden sogar 25.600 angegeben, von denen etwa 3400 staatenlose Bürger – also überwiegend Deutsche, Österreicher, Tschechoslowaken und Polen – gewesen sein sollen.[73] In einem im Januar 1944 verfaßten Bericht, der den Sachstand vom Dezember 1943 zusammenfaßte, wurden 15000–16000 Franzosen geschätzt und weniger als 5000 Juden unterschiedlicher Herkunft und Nationalität, was etwa 20000 oder wenig mehr ergäbe[74], also eine Gesamtzahl von vergleichbarer Größenordnung.

Die spanische Transit-Praxis und der illegale Grenzverkehr

Unter Emigranten bestanden vielfach große Ängste vor dem Transit durch Spanien. Man wußte von der ideologischen Nähe des Franco-Regimes zum Dritten Reich. Man hatte gerüchteweise von der Präsenz deutscher Geheimdienste in Spanien gehört. Es war bekannt, daß Reisende unterwegs verhaftet worden und auf lange Zeit hinter Gefängnismauern oder Stacheldrähten verschwunden waren. Phantasien und Schreckbilder malten diese Ängste weiter aus: „Unter den verängstigten Emigranten war das Gerücht verbreitet, daß ihnen in Spanien die Festnahme und Auslieferung drohte", faßte Friedrich Stampfer seine Eindrücke zusammen. Ähnlich urteilten andere zeitgenössische Beobachter. Man fühle sich irgendwie in Feindesland, schrieb Maximilian Scheer, zumal die Policía Internacional in enger Verbindung mit der Gestapo stehe.[75] Auch waren die Armut und die

---

72 Jessup: „Memorandum..."; vgl. Anm. 63.
73 Ysart, S. 50. – „Nombre approximatif de Refugiés se trouvant en Espagne" (Liste vom 28.5.1943); YIVO: 245.6, Series XII: Lisbon 159.
74 „Rapport de M. Spanien sur la situation des Refugiés à fin décembre 1943" vom 12.1.1944; YIVO: 245.4, Series XII: Spain 9.
75 Stampfer: Erfahrungen, S. 279. – Jessup: „Memorandum..."; Anm. 63. – Scheer, S. 125.

Verwüstungen aus der Bürgerkriegszeit ebenso bedrückend wie die Anzeichen des omnipotenten Polizeistaates. „Ich hatte nicht den Eindruck, aus einem kriegführenden in ein neutrales Land gekommen zu sein, sondern eher umgekehrt", beschrieb Torberg seinen Grenzübertritt von Frankreich nach Spanien. „[...] Dieses Land ist eine einzige Anomalie, mit viel Hunger, keiner Ordnung (auch nicht im faschistischen Sinn) und auch keiner Perspektive", kommentierte Arkadij Maslow seine Eindrücke.[76] Zu diesen Eindrücken gesellten sich noch die Schikanen der Grenzbehörden, die bürokratischen und technischen Schwierigkeiten bei der Einreise und Durchreise.

Aus dieser Panikstimmung heraus wurde auch jeder außenpolitische Schritt Madrids als Schachzug des Dritten Reiches interpretiert: „Hitler hat Franco an der spanischen Grenze getroffen!", schrieb der Schriftsteller Hans Natonek an seinen Kollegen Hermann Kesten: „Das sagt alles!" Dabei war das Ergebnis von Hendaye doch gerade so geartet, daß es für die Alliierten und auch für die Verfolgten bei voller Kenntnis der Sachlage eher Anlaß zur Beruhigung hätte geben können.[77] Aber das schlechte Ansehen Spaniens infolge seiner begrenzten Komplicenschaft mit dem NS-Regime und dem faschistischen Italien wirkte in der unmittelbaren Nachkriegszeit weiter und färbte in der historischen Literatur auch auf seine Einschätzung als Transitland ab. So verstieg sich Wischnitzer zu der Behauptung, im Gegensatz zur generösen Schweiz (sic!) habe Spanien den Emigranten und Flüchtlingen nur Schwierigkeiten und Schikanen bereitet, und auch Robinsons Spanien-Bild ist in düsteren Farben gehalten.[78]

Nach Ausbruch des Zweiten Weltkrieges stellte Spanien allen, die in Frankreich entsprechende Anträge gestellt hatten, Transit-Visa aus, die zum Betreten des Landes und zur Weiterreise nach Übersee oder nach Portugal berechtigten. Ausgeschlossen waren davon Personen, die während des Bürgerkrieges in den Internationalen Brigaden gekämpft oder sonstwie in den Diensten der Republik gestanden hatten. Aufenthaltsgenehmigungen wurden, soweit bekannt, nicht gewährt. Offensichtlich scheint es vorgekommen zu sein, daß einzelne Grenzübergänge oder Grenzabschnitte für kürzere Zeiträume geschlossen wurden, ohne daß konkrete Motive hierfür erkennbar würden. Aber derartige Maßnahmen dürften die Fluchtbewegung insgesamt nur unwesentlich behindert haben. Mitunter bereiteten die Spanier den staatenlosen Flüchtlingen Schwierigkeiten, indem sie das von französischen Behörden ausgestellte Identitätsdokument „titre de voyage" nicht anerkannten. Die Schwierigkeiten bei der Ausreise gingen vielfach mehr von der französischen Seite aus, die zeitweilig keine „visas de sortie" ausstellte. Die spanischen Behörden versteckten sich dann gewissermaßen hinter den französischen, indem sie den Franzosen die Verantwortung für ein verweigertes Transit-Visum oder eine verhinderte Einreise zuschoben. Im September 1940 versuchte die Regierung, den wachsenden Flüchtlingsstrom dadurch unter Kontrolle zu bekommen und zugleich einzudämmen, daß sie die Einreise über den wichtigsten Grenzübergang Cerbère/Port Bou an der Mittelmeer-

---

76 Torberg: Tolle Zeit, S. 113. – Fischer/Maslow, S. 92.
77 Schreiben Hans Natoneks vom 24. 10. 1940 an Hermann Kesten; DB: Emergency Rescue Committee / Hans Natonek.
78 Wischnitzer: Visa, S. 181. – Robinson, S. 9f.

küste durch absichtlich langsame Abfertigung der Einreisenden behinderte. Angeblich sollen dort zeitweilig nicht mehr als 25 Personen täglich eingereist sein. Wie weit dies für die weniger frequentierten Grenzübergänge im Landesinneren wie Le Perthus, Canfranc und Latour-de-Carol gilt, ist nicht bekannt. Eine weitere Einschränkung wurde im November 1940 eingeführt, als der spanische Konsul in Marseille die Anweisung erhielt, nur noch solche Visa-Anträge zu bearbeiten, die vorher einzeln von Madrid geprüft und genehmigt worden waren[79]. Aber gerade diese Restriktionen führten zu einem Anschwellen der illegalen Grenzüberschreitungen, die sich der Übersicht durch die spanischen Behörden vollends entzogen. Sie bildeten dann den Hintergrund für die späteren Festnahmen, Abschiebungen und Internierungen, die uns weiter unten beschäftigen werden.

Generell kann gesagt werden, daß die meisten Transitäre ohne Schwierigkeiten nach Spanien gelangten, durch das Land fuhren und wieder ausreisten. Die genannte Zahl von 50 000 Transit-Emigranten, die ja in Portugal auch wieder auftauchten, spricht für sich. Diese Feststellung gilt auch für einige Varianten von Illegalität oder Halblegalität, für die es, wie das Frankreich-Kapitel gezeigt hat, eine ganze Skala von Abstufungen gab. Die Möglichkeiten einer nicht ganz legalen Einreise wurden naturgemäß verringert, sobald ein Emigrant über entsprechende Beziehungen oder über Geldmittel verfügte und sie auch einzusetzen verstand. Keine Schwierigkeiten hatten die Schriftsteller, Publizisten und Literaten, die mit echten oder gefälschten Papieren, mit oder ohne gültiges Transitvisum, nach legaler oder illegaler Einreise Spanien durchquerten. Heinrich Mann, der zusammen mit seiner Frau Nelly, seinem Neffen Golo und dem Ehepaar Franz Werfel und Alma Mahler-Werfel mit Hilfe des Ehepaares Fittko über die Pyrenäen marschiert war, hatte ebensowenig Schwierigkeiten wie Hans Habe, der mit den gefälschten Papieren der Republik Bolivien einreiste, oder Lion Feuchtwanger, der gleichfalls die berühmte F-Route über die Berge bei Port Bou benutzt hatte. Und auch die strenge Kontrolle mit Leibesvisitation und Verhör, die Alfred Döblin über sich ergehen lassen mußte, hatte offensichtlich keinen politischen Hintergrund, sondern diente der etwas schikanös gehandhabten Überwachung von Devisenbestimmungen.[80] So wußte auch Varian Fry zu berichten, daß die spanischen Beamten sich am meisten für die mitgebrachten Devisen interessierten, sodann für das spanische Transitvisum und erst als letztes für andere Dokumente. Überhaupt scheinen die in einigen Fällen langwierigen Grenzkontrollen einerseits dem Devisenschmuggel gegolten zu haben, andererseits wohl auch der persönlichen Bereicherung der Grenzpolizisten. Übereinstimmend berichten manche Memoiren vom Verlauf solcher Kontrollen, aber auch von der Tatsache, daß sich die Beamten mit Hilfe der begehrten französischen Zigaretten bestechen ließen.[81]

---

[79] Wischnitzer: Safety, S. 227. – Bauer: Jewry, S. 45, 48. – Eychenne, S. 14.

[80] Alfred Döblin: Schicksalsjahre. Bericht und Bekenntnis, Frankfurt am Main: Verlag Josef Knecht, 1949, S. 297f. – Mann, S. 445. – Alma Mahler-Werfel: Mein Leben, Frankfurt am Main: Fischer-Taschenbuch, o.J., S. 267.

[81] Ernst Josef Aufricht: Erzähle, damit du dein Recht erweist, Berlin: Propyläen Verlag, o.J., S. 228f. – Döblin, S. 297. – Jacob, S. 232. – Otto Zoff: Tagebücher aus der Emigration (1939–1944). Mit einem Nachwort von Hermann Kesten, Heidelberg: Lambert & Schneider, 1968, S. 113. – Vgl. auch Fry, S. 26.

Es muß hier nochmals unterstrichen werden: Die spanischen Grenzbehörden nahmen niemanden fest, der einwandfreie Papiere vorweisen konnte – korrekte Identitätsdokumente, französische Ausreisepapiere, spanische und portugiesische Transitvisa und Einreisegenehmigungen überseeischer Zielländer, gegebenenfalls Passagetickets und Devisenerklärungen. Das Problem war jedoch, daß nur eine begrenzte Zahl von Emigranten diesem Geflecht bürokratischer Vorschriften Genüge leisten konnte. Die meisten waren daher auf irgendein gefälschtes Dokument, auf eine illegale Ein- oder Ausreise angewiesen. Es gab also eine komplizierte Stufenleiter beim Status der Illegalität, je nachdem, was und wieviel als echt vorgetäuscht wurde. Soweit man beobachten kann, versuchten die meisten Emigranten, wenigstens „halblegal" Spanien zu durchqueren, d. h. mit wenigstens teilweise echten Dokumenten, die allenfalls durch einen nachgemachten Stempel oder ein einzelnes spezielles Papier ergänzt oder „aufgebessert" worden waren. Bei einem halblegalen Transit konnte man mit geringeren Risiken die regulären Verkehrsmittel benutzen, die ein schnelleres Durchqueren des Landes ermöglichten als ein Fluchtweg, der unter völliger Geheimhaltung beschritten werden mußte.

Hilfreich waren bei legaler wie illegaler Durchreise Empfehlungsschreiben oder andere Papiere gewichtiger Persönlichkeiten. Der Pazifist Friedrich Wilhelm Foerster wies sich mit einem persönlichen Einladungsbrief des portugiesischen Ministerpräsidenten Salazar aus, der ihm auch in Spanien alle Türen öffnete. Dagegen zeigten die „Reiseführer" auf der von Emilio Lussu hergestellten Untergrundroute bei Kontrollen eine Visitenkarte des Außenministers Ramón Serrano Suñer vor, auf der für den Besitzer der Karte um jede erdenkliche Hilfe gebeten wurde: Sie verfehlte ihre Zauberwirkung nicht. In manchen Fällen mußten Verhaftungen durch Schmiergelder verhindert werden, in anderen erleichterten die schon legendären Zigaretten Einreise- und Kontrollformalitäten.[82] Innerhalb des Landes waren Versuche, sich durch Schmiergelder, durch Protektion oder Fürsprache von seiten hochgestellter Persönlichkeiten legalisieren zu lassen, selten erfolgreich. Dem Ehepaar Bachner nutzte, wie wir sehen werden, das Empfehlungsschreiben des Erzbischofs von Zaragoza ebensowenig wie Klaus Dohrn die Selbstanzeige bei der Polizei.[83]

Die meisten Memoiren von Emigranten berichten jedoch von relativ ungestörten Grenzübergängen und Transitfahrten durch Spanien. Erwähnt wurden bereits Friedrich Wilhelm Foerster, unter den Schriftstellern und Intellektuellen Heinrich Mann mit seiner Ehefrau Nelly, seinem Neffen Golo und dem Ehepaar Franz Werfel und Alma Mahler-Werfel. Den gleichen Weg beschritt Lion Feuchtwanger.[84] Der Publizist und Schriftsteller Iwan Heilbut berichtete von seinem Spanien-Transit nichts wichtigeres als einen Prado-Besuch in Madrid, was kaum auf ernste Gefahrenmomente hinweist[85]. Auch die strenge

---

82 Friedrich Wilhelm Foerster: Erlebte Weltgeschichte 1869–1953. Memoiren, Zürich: Christiana Verlag, 1953, S. 546. – Fry, S. 26.
83 Bachner, S. 178–193. – Siehe S. 48.
84 Mann, S. 445. – Mahler-Werfel, S. 267.
85 Schreiben Iwan Heilbuts vom 26. 9. 1940 an Varian Fry; DB: Emergency Rescue Committee / Iwan Heilbut.

Kontrolle mit Leibesvisitation und Verhör, die Alfred Döblin über sich ergehen lassen mußte, hatte – wie schon erwähnt – offensichtlich keine anderen als bürokratische Hintergründe infolge einer etwas schikanös gehandhabten Devisenkontrolle.[86]

Auch politische Emigranten, sogar solche, die sich während des Bürgerkrieges in Spanien für die Republik engagiert hatten, gelangten ohne Schwierigkeiten durch das Land. Konnten sie als solche identifiziert werden, erhielten sie erst gar kein spanisches Transitvisum. Aber dank der Schlampigkeit, möglicherweise auch infolge der Gleichgültigkeit höherer Stellen, passierten manche Personen das Land, die zumindest gefährdet waren. Der KPD-Funktionär Alexander Abusch, der den sonst wenig frequentierten Grenzübergang südlich von Pau benutzte, durchquerte trotz mehrfacher Kontrollen unentdeckt und unbelästigt das Land. Ruth Fischer und Arkadij Maslow, in linken Gruppierungen ganz Europas bekannt und möglicherweise auch der spanischen Polizei ein Begriff, gelangten ohne weitere Schwierigkeiten nach dreitägiger Reise bis Lissabon. Das Vorstandsmitglied der SPD Friedrich Stampfer reiste ungehindert durch Spanien. Erich Ollenhauer fuhr, wie wir gesehen haben, ungehindert bis Portugal. Auch Fritz Heine, Sekretär des Sozialdemokratischen Parteivorstandes und zeitweiliger Mitarbeiter des „Centre Américain de Secour", bekannte nachträglich, daß seine Fahrt durch Spanien vollkommen problemlos gewesen sei.[87] Aufschlußreich ist die Beobachtung Maximilian Scheers, wonach die Grenzbeamten untereinander nicht einig waren. Während ein offensichtlich höherer Polizeioffizier die Papiere des Ehepaares Scheer prüfte, beharrte ein jüngerer Falange-Funktionär vergeblich auf ihrer Verhaftung. Obwohl der Grenzbeamte um den illegalen Grenzübertritt wußte, ließ er gegen die Proteste des Falangisten die Scheers weiterreisen. Vollkommen unbehelligt dagegen durchquerte der Paneuropa-Politiker Richard Graf Coudenhove-Kalergi den Franco-Staat.[88] Hans-Albert Walter hat eine Liste von über 100 Persönlichkeiten aus Politik, Presse, Wissenschaft, Literatur und Kunst zusammengestellt, die aus ihrem französischen Exil ungehindert durch Spanien nach Portugal und von dort weiter nach Großbritannien oder nach Übersee fuhren. In einigen Fällen muß, solange keine gegenteiligen Informationen vorliegen, ein ungehinderter Transit durch Spanien angenommen werden.[89]

Schließlich muß man auch die große Zahl der unpolitischen und nicht prominenten Emigranten in Rechnung stellen, die ohne nennenswerte Hindernisse die iberische Halbinsel durchquerte. Hier ist vor allem an die jüdische Massenemigration zu denken. Die dennoch relativ große Zahl von Verhaftungen und Internierungen von Transit-Emigranten bedürften daher einer besonderen Prüfung hinsichtlich ihres Umfanges und

---

[86] Alfred Döblin: Schicksalsjahre. Bericht und Bekenntnisse, Frankfurt am Main: Verlag Josef Knecht, 1949, S. 297f. –

[87] Abusch, S. 579f. – Friedrich Stampfer: Erfahrungen und Erkenntnisse. Aufzeichnungen aus meinem Leben, Köln: Verlag für Politik und Wirtschaft, 1957, S. 279f. – Schreiben Fritz Heines vom 18.3.1941 an Friedrich Stampfer; AdsD: Nachlaß Friedrich Stampfer II 38. – Fischer/Maslow, S. 93.

[88] Maximilian Scheer: Begegnungen in Europa und Amerika, Berlin: Alfred Kantorowicz Verlag, 1949, S. 122f. – Richard Coudenhove-Kalergi: Ein Leben für Europa. Meine Lebenserinnerungen, Köln–Wien: Kiepenheuer & Witsch, o.J., S. 246.

[89] Walter: Exilliteratur, Bd.3: Internierung, S. 338f.

der Gründe ihrer Behandlung. Die düsteren Darstellungen Spaniens der Kriegs- und unmittelbaren Nachkriegszeit waren aber zweifellos zu dunkel gehalten. Spätere Darstellungen nuancieren hier stärker, ohne dabei ihre kritische Distanz zur Franco-Diktatur zu verbergen. Im Vergleich mit anderen Exil- und Transitländern, zu denen eben auch die Schweiz gehörte, schnitt Spanien kaum schlechter ab als die meisten anderen Staaten.

Die größten Schwierigkeiten begegneten dem Transitreisenden bereits an der Grenze. Die Regelungen bei der Einreise unterlagen starken Wechseln und mitunter auch willkürlichen Entscheidungen. Zeitweilig waren die Übergänge nur stundenweise geöffnet oder ganz gesperrt – so im September 1940. Nach dem Himmler-Besuch in Madrid wurden, wie bereits erwähnt wurde, die Kontrollen verschärft, um kurz darauf im November wieder gelockert zu werden. Vielfach achteten die Grenzbeamten mehr auf die Echtheit der französischen oder deutschen Papiere als auf die spanischen Einreisedokumente.[90] Manchmal wurde die Einreise erst nach Stunden oder gar Tagen und nach äußerst lästigen Paß- und Gepäckkontrollen gestattet. In einem Falle drohten die willkürlichen Einreisepraktiken der Grenzbeamten eine ganze Familie auseinanderzureißen. Der Ehemann, ein Rechtsanwalt aus Norddeutschland, sollte verabredungsgemäß mit einer Gruppe anderer Flüchtlinge die Grenze zu Fuß überqueren, während die Frau mit dem neugeborenen Kinde später mit der Bahn folgen sollte. Auf der spanischen Seite ließen die Grenzbeamten die gesamte Gruppe passieren, schickten jedoch den Rechtsanwalt zurück. Darauf unternahm das Paar einen weiteren Versuch mit einer Sechsergruppe, die zu Fuß die Pyrenäen überquerte, wobei der Ehemann das Baby trug. Bei dessen Anblick ließen die Spanier die Familie und die gesamte Gruppe anstandslos einreisen. Der Fall dieses auf der Flucht geborenen Babys sprach sich herum und wurde auch von der amerikanischen Presse aufgegriffen. Möglicherweise löste dies auch die spontane Hilfsbereitschaft aus, durch die dem Ehepaar von unbekannter Seite die Überfahrt von Lissabon nach New York bezahlt wurde. Es konnte niemals ermittelt werden, wer der großzügige Spender war.[91]

Die schwierigsten Hindernisse beim Transit durch Spanien bestanden, wie schon angedeutet wurde, in den strengen Devisenkontrollen. Man rechnete damals, daß die ungehinderte Durchreise durch Spanien etwa 60–80 US $ an Kosten für Fahrgelder, Übernachtungen und Nahrung erfordere.[92] Wer diese Summe nicht vorweisen konnte, lief Gefahr, wegen Landstreicherei aufgegriffen zu werden. Oft führten jedoch Emigranten in der Kleidung und im Gepäck versteckt mehr Geld bei sich, als sie bei der Einreise angegeben hatten. Während die Spanier die illegale Einreise manchmal recht großzügig legalisierten oder aber einfach ignorierten, bildete das Devisenvergehen einen der häufigsten Gründe (oder auch Vorwände), um Flüchtlinge zu verhaften und teilweise für Jahre zu internieren[93]. Es muß allerdings hinzugefügt werden, daß die Korruptheit und

---

90 Fry, S. 25, 105f., 116f., 148f. – Robinson, S. 10.
91 Vgl. William Neilson: We Escaped. Twelve Personal Narratives of the Flight to America, New York: The Macmillan Company, 1941, S. 74f., 127–131. – Mitteilung Konrad Reisners vom 17.4.1991 an den Verfasser.
92 Neilson, S. 127.
93 Schreiben Gustav Silbermanns vom 9.12.1940 an Leo Stern; LBI: Collection Leo Stern (B 32/4). – Vgl. S. 108ff.

Schlampigkeit von Zoll, Polizei und Geheimdiensten, die sich vielfach zu Lasten der Flüchtlinge auswirkten, gelegentlich sich auch zu ihren Gunsten ausnutzen ließen. Wohlhabende Emigranten fanden allemal Mittel und Wege, das Land ungehindert zu durchqueren[94]. Waren die Schwierigkeiten einmal aus dem Wege geräumt, dann stand es den Transit-Emigranten frei, auf welchem Wege sie Spanien durchquerten. Soweit erkennbar, stellten die Spanier in der Regel zeitlich eng befristete Transit-Visa aus, was dann die Risiken einer umständehalber erzwungenen Überschreitung mit allen Folgen mit sich brachte. Aber sie machten offensichtlich keine Auflagen hinsichtlich der Fahrtroute. Daher war es auch möglich, abgelegene Verkehrsverbindungen oder private Verkehrsmittel zu benutzen, was den Vorteil hatte, daß beide weniger im Blickfeld deutscher Agenten standen.

Mit nur sehr wenigen Ausnahmen reisten die Flüchtlinge, sofern sie über richtige oder zumindest anerkannte Papiere verfügten, über Cerbère/Port Bou nach Spanien. Illegale Grenzübertritte ereigneten sich auch weiter westlich im Landesinnern und sind sogar über Andorra bekannt.[95] Dagegen war die Flucht mit Fischerbooten aus Frankreich, wie wir gesehen haben, an die katalanische Küste wegen der strengen Überwachung in beiden Ländern kaum möglich; jedenfalls konnten keine derartigen Fälle nachgewiesen werden. Für das Gros der Flüchtlinge galt die annähernd gleiche Geographie der Fluchtwege, die fast immer über Barcelona führten. Dort boten sich folgende Möglichkeiten. Man konnte per Flugzeug oder Bahn nach Sevilla oder Cádiz reisen und sich dort mit einem schon vorher gebuchten Passageticket nach Übersee einschiffen. Oder man bestieg ein Flugzeug, das von Barcelona mit Zwischenlandung in Madrid nach Lissabon flog. Diesen Weg wählten beispielsweise Annette Kolb sowie Heinrich Mann und seine Begleiter.[96] Da diese Route von der Deutschen Lufthansa beflogen wurde, bestanden gegen ihre Benutzung nicht nur finanziell motivierte Vorbehalte, um so mehr, als Flug- und Bodenpersonal in dem wohl nicht ganz unbegründeten Ruf standen, im Solde deutscher geheimdienstlicher Stellen zu stehen. Otto Strasser und vier Jahre nach ihm Otto John benutzten zur Tarnung andere Routen. Strasser durchquerte Spanien über Salamanca – Villar Formoso in Richtung Porto, John überschritt von Galicien aus die portugiesische Grenze. Vergleichsweise unproblematisch waren die seltenen Fälle, in denen Flüchtlinge Spanien im Auto bereisten. Dies taten unabhängig voneinander Hans Habe und Balder Olden auf unterschiedlichen Routen. Beide gelangten ohne lästige Kontrollen bis Portugal. Auch der auf autobiographischen Berichten beruhende Roman „Die Nacht von Lissabon" von Erich Maria Remarque erwähnt die problemlose Fahrt eines fliehenden Paares im Auto durch Spanien nach Portugal.[97]

---

94 Hamilton, S. 161.
95 Ysart, S. 53f.
96 Annette Kolb: Memento, Frankfurt am Main: S. Fischer Verlag, 1960, S. 44–53. – Heinrich Mann: Ein Zeitalter wird besichtigt, Berlin: Claassen, 1973, S. 444–446.
97 Otto Strasser: Exil, München: Selbstverlag, 1958, S. 133ff. – Hans Habe: Ich stelle mich. Meine Lebensgeschichte, Wien–München–Basel: Verlag Kurt Desch, 1954, S. 374f. – Balder Olden: Paradiese des Teufels. Biographisches und Autobiographisches. Schriften und Briefe aus dem Exil, Berlin: Rütten & Löning, 1977, S. 67f. – Vgl. auch Erich Maria Remarque: Die Nacht von Lissabon. Roman, Köln–Berlin: Kiepenheuer & Witsch, 1962.

Auch illegale Transitäre schlugen in der Regel die Route Port Bou–Barcelona–Madrid–Lissabon ein, da sie zugleich mit den günstigsten Verkehrsverbindungen zu befahren waren. Selten waren dagegen „unterirdische" Routen unter Umgehung der großen Städte. Da jeder Reisende, auch jeder Spanier, bei Überlandfahrten ein „salvo conducto" vorzeigen mußte, gab es überall im Lande, auch in kleinen Dörfern, Straßenkontrollen, bei denen Ortsfremde und besonders Ausländer sofort auffielen. Risiken lagen auch bei Grenzführern und Schleppern, die ihre Schützlinge gegen Geld über die Pyrenäen brachten, aber irgendwo im Landesinnern im Stich ließen, anstatt sie bis zur portugiesischen Grenze zu führen. Sogar die von Varian Frys Mitarbeiter Emilio Lussu im Herbst 1941 hergestellte „unterirdische" Fluchtroute durch Spanien wies Schwachstellen auf. Nach Überquerung der Pyrenäen wurden Flüchtlinge auf Nebenlinien der Eisenbahn bis zur portugiesischen Grenze geführt, wo aber dann die portugiesischen Führer ausblieben. Im August 1941 verbrachte Fry sechs Wochen in Lissabon, um diese Fluchtroute zu organisieren, bis sie dann auch halbwegs funktionierte. Gleichwohl war diese Form des Transits nach Einschätzung von Mitgliedern amerikanischer Hilfsorganisationen selten. Auch die von Leo Lania geschilderte dramatische Flucht durch Spanien – ohne Papiere, ohne Geld, in ständiger Furcht vor Verhaftung – war eher die Ausnahme. Dort wo sie gelang, hatte sie nur Erfolg wegen der spontanen und uneigennützigen Hilfsbereitschaft der einheimischen Bevölkerung, die mehrfach belegt ist.[98]

Es war der schlechte Ruf Spaniens, der manche Emigranten zu unbedachten oder übereilten Fehlentscheidungen verleitete. Manche verzichteten nach einem ersten gescheiterten Einreiseversuch auf einen Transit und wurden dafür später in Frankreich aufgegriffen. Andere ließen vor Angst alle Vorsichtsmaßnahmen außer acht und wurden gerade deswegen von den Spaniern verhaftet. Wieder andere unterstellten dem Franco-Regime eine stärkere Abhängigkeit vom Dritten Reich, als tatsächlich vorlag. Das bekannteste Beispiel hierfür lieferte Walter Benjamin, der – wie wir im Frankreich-Kapitel gesehen haben – von den Fittkos über die F-Route über die Pyrenäen nach Spanien geführt wurde. Als die Gruppe der Flüchtlinge nach mühseliger Umgehung der französischen Grenzwachen spanischen Boden betreten hatte, war die Zollstation geschlossen, so daß die Einreiseformalitäten nicht abgewickelt werden konnten. Durch die Literatur geistert seitdem das Gerücht, die spanische Polizei habe den Flüchtlingen noch eine Nacht als Ruhepause gegönnt, um sie am nächsten Morgen unter Polizeiaufsicht an der Grenze den Deutschen auszuliefern oder jedenfalls nach Frankreich zurückzuschicken, was angeblich einer Auslieferung gleichgekommen wäre. – Aber gerade hier lagen und liegen die Mißverständnisse, denen auch Benjamin erlegen war. Nach Auskunft Lisa Fittkos wollten die Spanier die Papiere der illegal Eingereisten überprüfen; vielleicht hätten sie sie im ungünstigsten Falle auch nach Frankreich zurückgeschickt. Aber zu jener Zeit standen an dieser Stelle der französischen Grenze noch keine deutschen Truppen. Daß Benjamin

---

98 Wischnitzer: Visas, S. 181 f. – Fry, S. 26, 240 f., 272 f. – Lois Jessup: „Memorandum..."; Anm. 63. – Vgl. Leo Lania: Welt im Umbruch. Biographie einer Generation, Frankfurt am Main–Wien: Forum Verlag, o.J. (1954), S. 327. – Nicht beschafft werden konnte aufgrund ungenauer Datumsangabe der bei Ysart, S. 52, zitierte Artikel von Tad Schulz: „Portrait of Spain", in: New York Times (Tag/Monat?) 1973.

daraufhin in der Nacht sich mit einer Überdosis von Morphiumtabletten das Leben nahm, war daher eine reine Panikreaktion, die auf einer Fehlinterpretation seiner Lage beruhte.[99] Auch die Abschiebung nach Frankreich hätte übrigens keineswegs eine Auslieferung an die Gestapo bedeuten müssen. Es ist natürlich nicht auszuschließen, daß die Spanier Benjamin und seine Begleiter wegen illegalen Betretens Spaniens oder aus anderen Gründen hätten verhaften und in Miranda internieren können, was der herzkranke Benjamin wohl kaum überlebt hätte. Aber über diese Hypothese hinaus ist festzuhalten, daß in seinem Falle eine Gefahr vermutet wurde, die in dieser Form mit Sicherheit nicht vorlag. Generell unterlag das Verhalten der spanischen Stellen zahlreichen Mißverständnissen von seiten der verängstigten Flüchtlinge. Manche Festnahme wurde von ihnen als eine speziell gegen sie gerichtete Verfolgungsmaßnahme angesehen, obwohl sie bloße Folge der in Diktaturen zum Prinzip erhobenen Willkür borniert Staatsorgane war.[100]

Im Laufe des Kriegsgeschehens übten die Westalliierten wegen der Durchlässigkeit der Pyrenäengrenze immer stärkeren Druck auf Spanien aus. Ramón Serrano Suñer erwähnte in seinen Memoiren die Flüchtlingsfrage nur beiläufig in einer Fußnote[101], obwohl sie immer häufiger Anlaß zu diplomatischen Demarchen bildete. Den Hintergrund bildete in erster Linie die schon angedeutete Flucht britischer Soldaten, die entweder über Frankreich abgeschossen worden oder aus deutscher Kriegsgefangenschaft entflohen waren und sich nun über Spanien nach Gibraltar durchschlagen wollten. Die deutsche Seite verlangte von den Spaniern die Auslieferung oder zumindest Internierung dieser Soldaten, damit sie nicht wieder als Soldaten die feindlichen Reihen auffüllten, und forderte zugleich auch eine stärkere Überwachung der Pyrenäengrenze, um überhaupt erst eine solche Flucht zu verhindern. Da die Probleme der alliierten Soldaten mit denjenigen der jüdischen und politischen Flüchtlinge weitgehend deckungsgleich waren, gelangten auch sie ins Blickfeld der diplomatischen Verhandlungen.

Spanien hatte bislang nur illegale Einwanderer oder solche, die sich eines Devisenvergehens schuldig gemacht hatten, verhaftet und teilweise interniert, in einigen Fällen wohl auch nach Frankreich abgeschoben. Die große Mehrheit jedoch hatte das Land ungehindert in Richtung Portugal passieren dürfen. Nach der Besetzung Vichy-Frankreichs durch die Deutschen im November 1942 gab es aber kaum noch legale Transit-Passagen, obwohl die Zahl der Flüchtlinge zunahm. Dadurch aber stieg auch die Zahl der Verhaftungen sprunghaft an. Die spanische Seite erwog daraufhin die vollständige Schließung der Pyrenäengrenze und die generelle Verhaftung und Abschiebung aller Flüchtlinge nach Frankreich, was zu dieser Zeit größtenteils einer Auslieferung an die Gestapo gleichgekommen wäre. Gegen diese Maßnahme protestierten aus Sorge um die britischen Soldaten die beiden angelsächsischen Botschaften, und sogar der Vertreter der Vichy-Regierung in Madrid intervenierte zugunsten der Flüchtlinge, woraufhin die Regierung von dieser Maßnahme Abstand nahm.[102]

---

99 Vgl. S. 51. – Fuld, S. 309. – Fittko, S. 142ff.
100 Vgl. Hamilton, S. 161.
101 Serrano Suñer, S. 279, Fn. 27.
102 Bauer: Jewry, S. 209.

Dennoch blieb das Problem bestehen. Der Flüchtlingsstrom dauerte an und umfaßte ab Februar 1943 in immer stärkerem Maße junge Franzosen, die sich dem deutschen Arbeitsdienst entziehen und in der Regel den gaullistischen Streitkräften in Nordafrika anschließen wollten. Damit wuchs aber auch der deutsche Druck auf Spanien, um einen solchen Zulauf zu den feindlichen Reihen zu unterbinden. Madrid reagierte im März 1943 auf dieses Dilemma mit der Ankündigung, daß es nun doch noch die Grenze hermetisch abschließen und alle Flüchtlinge ins besetzte Frankreich zurückschicken werde. Aber darauf regte sich ein Proteststurm. Chruchill selbst stellte den spanischen Botschafter in London, den Herzog von Alba, zur Rede und machte ihm klar, daß das Vereinigte Königreich diesen Schritt als unfreundlichen Akt betrachten würde. In ähnlichem Sinne protestierte die amerikanische Botschaft in Madrid. Auch Portugal inteveniente in gleichem Sinne, und auf Bitten der Amerikaner taten dies auch der argentinische Botschafter und der Apostolische Nuntius. Argentinien erklärte sich bereit, alle verhafteten und aus der Internierung entlassenen wehrfähigen Männer aufzunehmen und zur Beruhigung der Deutschen die Garantie dafür abzugeben, daß sie vor Kriegsende das Land nicht verlassen dürften, um sich den alliierten Truppen anzuschließen.[103]

Madrid lenkte ein. Es widerrief die angekündigte Abschiebung, blieb aber bei der generellen Schließung der Grenze und der Verhaftung und Internierung der illegalen Grenzgänger. Diese Maßnahme ist unterschiedlich interpretiert worden. Es gab nach wie vor einen gewissen, kaum kontrollierbaren Zustrom von Flüchtlingen, die sich gegen beträchtliche Summen von Grenzgängern über die Pyrenäen führen ließen. Diese anhaltende Fluchtbewegung hat gelegentlich zur irreführenden Annahme geführt, daß die spanische Grenze offen gewesen sei. Tatsächlich war und blieb sie geschlossen, nur war die Kontrolle über die unwegsame Berglandschaft lückenhaft.[104] Auch wurde die Praxis der Verhaftung und Internierung, wie zu zeigen sein wird, bald darauf lockerer gehandhabt.

Als die Deutschen im August 1944 von der Pyrenäengrenze abzogen, befürchtete Spanien eine weitere, vor allem aus Franzosen bestehende Flüchtlingswelle. Die Regierung ließ daraufhin Möglichkeiten einer schärferen Überwachung prüfen, die auch den Grenzabschnitt zu Andorra einschloß. Bekanntlich hat die Republik Andorra seit dem Mittelalter zwei Staatsoberhäupter, von denen eines der König von Frankreich (und in seiner Rechtsnachfolge der französische Staatspräsident) und der andere der Bischof der benachbarten katalanischen Stadt Urgel ist. Die spanische Regierung ließ nun Ende Juli 1944 streng vertraulich beim Bischof von Urgel anfragen, ob nicht die nach Spanien hin offenen, dicht bewaldeten Bergtäler von Andorra durch Guardia Civil besetzt werden könnten, um die Flüchtlingsströme aufzuhalten.[105] Die Kalkulation der Madrider Regierung war falsch. Mit dem Abzug der Deutschen aus Südfrankreich entfiel ein wesentliches Fluchtmotiv, so daß der bisherige Flüchtlingsstrom von selbst abbrach.

---

103 Undatierter Vermerk des MAE/Sección Europa: „Extranjeros internados en el Depósito de Concentración de Miranda de Ebro"; MAE: Leg. R 2.282: Extranjeros en el Campo de Nanclares de la Oca, Exp. 6. – Bauer: Jewry, S. 209. – Wasserstein, S. 205f.
104 Wasserstein, S. 211f. – Ysart, S. 49.
105 Schreiben an Ramón Iglesias, Obispo de la Seo de Urgell, vom 27.7.1944; MAE: Leg. R 1.373: Refugiados extranjeros en España, Exp. 13.

Die Verhaftung und Internierung von Flüchtlingen

Die Frage, ob es politisch motivierte Verhaftungen durch spanische Behörden gegeben habe, war, sofern man die Festnahme von alliierten Soldaten unter diese Fälle rechnen will, mit Vorbehalt hinsichtlich der Quellenlage negativ beantwortet worden. Nach spanischem Verständnis wurden ausschließlich Personen verhaftet, die die geltenden Gesetze und Bestimmungen des Landes gebrochen hatten. Entweder waren sie illegal und unter Umgehung der offiziellen Grenzübergänge heimlich eingereist (die Behördensprache bezeichnete sie dann als „clandestinos" – *Heimliche*) oder sie trugen gefälschte Papiere bei sich oder sie hatten die für die Durchreise gesetzte Frist überschritten oder schließlich gegen Devisenbestimmungen verstoßen. Unser Interesse richtet sich also auf diese zivilen Fälle von Festnahmen und Internierungen.

Gewöhnlich wurden Verhaftungen von Transitären an der Grenze oder in ihrer Nähe vorgenommen, in der Regel wegen Devisenvergehens. Nach den Erfahrungen vom Grenzabschnitt zum Departement Hautes-Pyrénées, das aber wegen seiner unwegsamen Geographie in manchem von der Praxis anderer Grenzregionen abwich, wurde niemand unmittelbar an der Grenze abgewiesen, sondern erst im Landesinnern verhaftet.[106] In der Regel erfolgten die Festnahmen in kleineren Ortschaften, auf Bahnstationen oder in den Zügen selbst. In einem Vermerk der Hilfsorganisationen wurde Emigranten empfohlen, auf der Fahrt über Gerona kurz vorher in einer kleinen Ortschaft auszusteigen, sodann zu Fuß unter Umgehung Geronas bis Villa Maya zu wandern und dort wieder einzusteigen. In Barcelona sollte man sich sofort an Hilfsorganisationen mit der Bitte um Papiere wenden, sich aber bis zu deren Aushändigung möglichst verborgen halten. Auf der Bahnfahrt von Barcelona nach Madrid sollte man am besten erst 50 km südlich von Barcelona einsteigen, da die meisten Zugkontrollen in diesem Abschnitt durchgeführt würden.[107] Gewöhnlich wurden Verhaftete in ein nahe gelegenes Gefängnis gebracht, von denen in den Berichten immer wieder die von Lérida, Figueras, Pamplona, Madrid und mehrere Haftanstalten in Barcelona, Cervera und Zaragoza genannt werden. Daneben tauchen in den Quellen Cuenca, Huesca, Tarragona, Lérida und Pamplona auf, aber auch kleinere nordspanische Orte wie Cestona, Solar de Cabra, Uberagua de Ubilla, Alhama de Aragón, Molina de Lanzarón oder Molinar de Carranza.[108] In der Regel wurden die Häftlinge drei Wochen lang eingesperrt, danach desinfiziert und in andere Zellen, gelegentlich auch in andere Gefängnisse verlegt. Von nun an durften sie auch zwei kurze Spaziergänge täglich machen. Dennoch waren die Haftbedingungen im Hinblick auf die Behandlung, auf Essen und Hygiene unerträglich. Vom „Mustergefängnis" Cárcel Modelo in Barcelona sind Details über die Ernährung der Gefangenen bekannt. Morgens gab es einen größeren Becher mit einer gelblich-schwarzen Flüssigkeit, bei der nicht erkennbar war, ob es sich um Tee oder Kaffee handeln sollte, sowie 150 g Brot. Mittags wurde ein knapper halber Liter Suppe serviert, in der Süßkartoffeln und Kohlblätter, gelegentlich auch einige

---

106 Eychenne, S. 199.
107 „The Crossing of the Border" (undatierter Vermerk); YIVO: 245.5, Series XII: Spain 3.
108 Eychenne, S. 201.

Reiskörner schwammen. Abends gab es das gleiche Gericht in etwas geringerer Menge noch einmal. Gefangene, die über eigene Mittel verfügten, konnten sich von ihren Wärtern aus der Kantine für 6,5 pts. zusätzlich 150 g Brot besorgen lassen, gelegentlich auch gegen erhöhtes Trinkgeld einige bessere Nahrungsmittel auf dem Schwarzen Markt.[109]

Nach einer Haftdauer von drei bis neun Wochen wurden die Gefangenen dann in großen Konvoys von 40–120 Personen in ein Konzentrationslager von Miranda de Ebro gebracht.[110] Bei inhaftierten Franzosen dauerte der Gefängnisaufenthalt durchschnittlich einen Monat. Rechnet man den anschließenden Lageraufenthalt hinzu, konnte daraus schon eine Haftzeit von insgesamt dreizehn Monaten werden, jedoch lag sie in der Regel bei fünf oder sechs Monaten.[111] Bei anderen Ausländern, insbesondere staatenlosen Flüchtlingen, lassen sich längere Haftaufenthalte bis zu zwei oder zweieinhalb Jahren nachweisen.

Es ist gelegentlich die Vermutung geäußert worden, daß den Verhaftungen außer den genannten zumindest juristisch nicht anfechtbaren Haftgründen auch antisemitische Motive zugrunde gelegen hätten. Bekanntlich war das Franco-Regime nicht gerade judenfreundlich. Die offizielle katholische Staatsreligion duldete keinen anderen Kultus in der Öffentlichkeit, wobei die Beschränkungen für die winzigen Protestantengemeinden wesentlich strenger waren als für Juden. Es gab amtliche Schikanen, in Spanisch-Marokko und in Tanger schärfer noch als im Mutterland. Auch war die Reaktion der Presse auf den überwiegend jüdischen Flüchtlingsstrom nicht ohne Häme, und vor allem von seiten der Falange gab es Anzeichen einer antisemitisch motivierten Feindseligkeit. Aber diese Haltung von Teilen des Franco-Regimes bestimmte nicht den Kurs des gesamten Staates. Einen Rassenwahn, wie ihn das Dritte Reich hegte, gab es nicht. Dies bestätigte auch die deutsche Botschaft in Madrid. Nicht nur gebe es in Spanien keinen Antisemitismus, vielmehr bestünden sogar deutliche Vorbehalte gegenüber der deutschen Rassenpolitik.[112]

Das Ausmaß der Verhaftungen von Transit-Emigranten und Flüchtlingen läßt sich im Verhältnis zur Gesamtzahl der in Spanien sich vorübergehend aufhaltenden Personen ermessen. Nach dem Bericht einer amerikanischen Ärztedelegation von Anfang 1943 hielten sich in Spanien zwischen 10 000 und 17 000 Flüchtlinge auf, wobei die darin enthaltene Zahl von inhaftierten eingeschlossen, aber nicht näher angegeben ist. Für die nachfolgende Zeit werden noch höhere Ziffern angegeben. Nach einer im Mai 1943 angefertigten Übersicht hielten sich 25 600 Ausländer in Spanien auf, von denen 3 400 staatenlose Flüchtlinge – in der Regel ein Synonym für deutsche und österreichische Juden – gewesen sein sollen.[113] Nach einem späteren, um die Jahreswende 1943/44 verfaßten Bericht vermutete man unter den Ausländern 15 000–16 000 Franzosen und etwas

---

109 Fry, S. 93 f. – Pauli, S. 254 f.
110 Der Name des Lagers wird unterschiedlich mit Miranda *del* Ebro, häufiger jedoch mit *de* Ebro angegeben.
111 Eychenne, S. 203 f.
112 Bericht vom 28. 5. 1943; PA AA: Inland II A/B (83–26 Spanien), Juden in Spanien, Bd. 1. – Vgl. Hamilton, S. 161. – Wasserstein, S. 236. – Bernecker, S. 82.
113 Jessup: „Memorandum...“; Anm. 63. – „Nombre approximatif...“; Anm. 73.

weniger als 5 000 Juden unterschiedlicher Herkunft. Bei den Franzosen handelte es auch um solche Personen, die bereits nach Nordafrika ausgereist waren, bei den 5 000 Juden vermutlich um eine Obergrenze der sich zur gleichen Zeit in Spanien aufhaltenden jüdischen Flüchtlinge.

Beschränken wir unsere Berechnung auf die in ganz Spanien inhaftierten und/oder internierten Personen, von denen die alliierten Soldaten schon abgezogen waren, so ging eine von der Hilfsorganisation JDC vorgelegte Untersuchung Anfang Dezember 1943 von 2 000–2 200 staatenlosen und 7 000–8 000 französischen Flüchtlingen in spanischer Haft aus, was in der Summe um fast die Hälfte unter der letztgenannten Schätzung gelegen hätte.[114] Nach dem Kriege wurden diese Zahlen noch geringer angesetzt. Etwa 5 000 überwiegend nicht-jüdische Personen seien für längere Zeit, davon 1 500 bis zu zwei Jahren interniert worden, dazu 3 000–4 000 jüdische Flüchtlinge, die illegal das Land betreten hatten. Wir werden uns also mit diesen recht vagen Größenordnungen zufrieden geben müssen. Die einzige Übereinstimmung bestand in den hohen geschätzten Zahlen für Franzosen. Unter ihnen befanden sich wiederum nur wenige Juden, wogegen 70–75 % der jüdischen Flüchtlinge polnischer, russischer und rumänischer Herkunft gewesen sein sollen.[115]

Die verhafteten Flüchtlinge wurden nach mehrwöchigem, in manchen Fällen auch mehrmonatigem Gefängnisaufenthalt in meist grenznahen Orten in ein Lager deportiert. Es gab in Spanien einige solcher Lager, die den unmißverständlichen Namen „campo de concentración" (gelegentlich auch „depósito de concentración") führten, von denen Miranda de Ebro in Nordspanien das bekannteste war. Ein anderes war das unweit davon gelegene Nanclares de la Oca in der Provinz Alavá; es faßte eine kleinere Zahl von Häftlingen und hatte die ungleich härteren Lebensbedingungen. Ein drittes Lager, in dem vor allem verhaftete Franzosen interniert wurden, war Uberagua de Ubilla im Baskenland.[116] Es konnte nicht ermittelt werden, seit wann die beiden Lager existierten, jedoch ist zu vermuten, daß sie noch aus der Bürgerkriegszeit bestanden und ursprünglich dazu gedient hatten, politische Gegner einzusperren. Die frühesten Einweisungen in diese beiden Lager lassen sich für den Winter 1940/41 nachweisen. Die Bezeichnung Konzentrationslager darf indessen nicht zu falschen Vergleichen mit deutschen Haftlagern oder gar Vernichtungslagern verleiten. Es gab keinen Stacheldraht, keine elektrischen Zäune, Wachtürme und Minenfelder, sondern nur eine Steinmauer, die relativ leicht überwunden werden konnte. Am Eingang lungerten zwei oder drei Wachsoldaten herum. Dennoch gab es den Quellen zufolge nur wenige Fluchtversuche. Die Verhältnisse in Miranda waren gleichwohl recht bedrückend. Die Gefangenen lebten in Baracken, von denen in jeder 70–80 Personen einquartiert waren. Die Heizung war schlecht; es existierte keine ausreichende Beleuchtung der Räume. Für zeitweilig 4 000 Insassen gab es nur einen Wasserhahn mit Trinkwasser, achtzehn Duschen und 36 Toiletten. Die Ernährung war unzureichend (allerdings nicht schlechter als die der Wachmannschaften), und wären

---

114 „Conference at JDC Office in New York ref. ‚Unitarian Representation in Spain'" (7. 12. 43); LBI: Konzentrationslager Frankreich (B 23/8).
115 „The Crossing of the Border"; Anm. 107.
116 Schreiben Herbert Katzkis vom 4. 8. 1943 an das JDC/New York; JDC: Spain 916. – Eychenne, S. 201.

nicht Hilfsorganisationen mit Lebensmitteln, Medikamenten und warmer Kleidung für den Winter eingesprungen, dann hätte wahrscheinlich mancher Gefangene die Haftbedingungen nicht überlebt. Die Krankenstation verfügte nur über 30 Betten.[117] Dennoch sind Berichte über eine hohe Sterblichkeit im Lager falsch. So ereigneten sich im Winter 1940/41 nur zwei Todesfälle, – infolge einer Lungenentzündung bzw. eines entzündeten Blinddarms, und ein spanischer Vermerk von 1946 konstatierte, daß es in der Geschichte des Lagers insgesamt nur fünf Todesfälle gegeben habe.[118] Unterschiedlich war in allen spanischen Haftanstalten die Behandlung durch das Wachpersonal. Aufschlußreich ist die Beobachtung des österreichischen Journalisten Klaus Dohrn, der 1942 nach einer Odyssee durch spanische Gefängnisse schließlich in Miranda landete. Dort waren die Zustände und vor allem die Behandlung durch das Wachpersonal dann erträglicher, wenn Angehörige der carlistischen Milizen Dienst taten, wogegen die Falange sich ungleich brutaler verhielt. Im Unterschied zu deutschen Konzentrationslagern gab es jedoch keine Versuche, die Gefangenen zu demütigen. Sowohl die Internierten als auch die Wachmannschaften bewegten sich recht leger.[119]

Bedrückend an Miranda de Ebro war vor allem die zeitweilige Überbelegung des Lagers, wobei hier allerdings auch nicht immer zuverlässige Zahlenangaben durch die Literatur geistern. Die Behauptung, wonach sich vorübergehend 7000 Gefangene in einem für 1500 eingerichteten Lager befunden hätten,[120] ist doch recht überzogen. In spanischen Akten wird behauptet, daß das Lager ursprünglich 1500 oder gar 2000 Gefangene habe aufnehmen können, wogegen Sir Samuel Hoare diese Zahl auf 700 ansetzte. Im Jahre 1941 soll die Belegung bei 2000, nach anderen Angaben bei 3000 gelegen haben, um dann in der ersten Jahreshälfte 1942 auf 1500 zurückzugehen. Der Botschafter Vichy-Frankreichs in Madrid, François Piétri, schätzte nach einem Besuch seiner Mitarbeiter in Miranda im Januar und im März 1943 die Zahl der Häftlinge auf 4200, unter ihnen 1500 Franzosen. Amerikanische Hilfsorganisationen gingen für 1943 von einem Anstieg auf vorübergehend 4000–5000 Insassen aus,[121] wogegen spanische Stellen maximal 4000 Gefangene erwähnen und in einem Abschlußvermerk vom Anfang 1946 feststellen, das Lager habe zu keiner Zeit mehr als 3700 Insassen gehabt.[122]

Innerhalb dieser Zahlenangaben sind die Flüchtlinge aus Deutschland und Österreich nur schwer auszumachen. Gewöhnlich waren sie in der Kategorie der „Staatenlosen" enthalten, was aber – aus der Sicht der spanischen Dienststellen – ebenfalls für Juden aus

---

117 Undatierter Vermerk (ca. Jahreswende 1942/43) über das Lager; MAE: Leg. R 2.182: Extranjeros en el Campo de Nanclares de la Oca, Exp. 6. – Vgl. Bachner, S. 204f.
118 Bauer: Jewry, S. 48. – Hamilton, S. 162f. – „Apunte sobre el Campo de Concentración de Miranda de Ebro"; MAE: Leg. R 2.182: Extranjeros en el Campo de Nanclares de la Oca, Exp. 8.
119 Robert Rhatz: Interview mit Klaus Dohrn, 29.12.1942; JDC: Spain 914. – Hamilton, S. 163.
120 Ysart, S. 52.
121 Undatierter Vermerk (vgl. Anm. 117). – Bericht des Generaldirektors Alfonso García Conde vom 27.11.1943 an Außenminister Jordana; MAE: Leg. R 2.182: Extranjeros en el Campo de Nanclares de la Oca, Exp. 7. – „The Refugee Problem in Spain" (Bericht vom 21.4.1942); JDC: Spain 914. – Wischnitzer: Visas, S. 181f. – Hoare, S. 232f. – François Piétri: Mes années d'Espagne 1940–1948, Paris: Plon, 1953, S. 197.
122 „Apunte sobre el Campo de Concentración..."; Anm. 118.

Polen, der Tschechoslowakei, den baltischen Ländern und Jugoslawien galt. In einigen Fällen legten Mitglieder amerikanischer Hilfsorganisationen Listen von Häftlingen an und registrierten, soweit dies ermittelt werden konnte, auch die Nationalität. Auf einer undatierten, nicht näher spezifizierten Liste von Miranda-Häftlingen sind unter 136 Namen 24 Deutsche und 16 Österreicher namentlich aufgeführt, von denen der älteste über 70, der jüngste um 20 Jahre alt war.[123] In einem anderen Bericht wurden für die erste Jahreshälfte 1943 1 200 Kanadier (vermutlich entkommene Soldaten), 1 000 Franzosen, 800 Polen, 300 Belgier, 100 Holländer und 400 staatenlose Flüchtlinge meist deutscher und österreichischer Herkunft angegeben.[124] Diese internationale Zusammensetzung der Häftlinge stellte eine zusätzliche Belastung der Lagerverhältnisse dar. Wie man aus der Geschichte der deutschen Konzentrationslager weiß, bildeten die Insassen keine vom gemeinsamen Peiniger zu solidarischer Einheit geschweißte Gemeinschaft, sondern eine höchst ungleich behandelte, auch untereinander hierarchisch abgestufte Masse von privilegierten und unterprivilegierten Gruppen. In Miranda sonderten sich die internierten Polen von anderen Nationalitäten ab und versuchten sogar, antisemitisch motivierte Gewaltakte gegen jüdische Insassen zu inszenieren. Vollkommen isoliert standen deutsche Deserteure, die von allen übrigen Gruppen als potentielle Feinde betrachtet wurden.[125]

Zum Unterschied zu deutschen Konzentrationslagern galt die Internierung in Miranda als Verbesserung gegenüber einem Gefängnisaufenthalt. Dennoch waren die Zustände in Miranda, wenngleich sie nicht mit denen in nationalsozialistischen Lagern gleichzusetzen waren, recht bedrückend. Postverkehr und Besuche von Verwandten und Freunden waren nur eingeschränkt möglich. Die deutsche Ehefrau eines in Miranda internierten polnischen Juden durfte ihren Mann nach langer Anreise von Madrid nur für zwei Stunden täglich unter Bewachung sprechen. Sie selbst saß gewissermaßen zwischen allen Stühlen. Ihr Mann wurde vom Polnischen Roten Kreuz unterstützt. Da sie selbst aber staatenlos und zudem keine Jüdin war und beider Zivilehe von den spanischen Behörden nicht anerkannt wurde, erhielt sie von keiner Seite Unterstützung und wurde zeitweilig selbst von der Dirección General de Seguridad in Madrid festgehalten. Es dauerte fast zwei Jahre, bis der Ehemann durch Fürsprache von Hilfsorganisationen entlassen wurde und nach England weiterreisen durfte.[126] Wie unerträglich die Verhältnisse waren, zeigen erhalten gebliebene Briefe von Miranda-Häftlingen an Personen oder Institutionen, von denen sie Hilfe erhalten hatten. Hunger, Kälte, Krankheit waren in der Regel die vordergründigen Anlässe für derartige Hilferufe, dahinter aber stand vielfach die Verzweiflung über die lange, sinnlose Wartezeit und die Ungewißheit, der die Betroffenen ohne eigene Aktionsmöglichkeiten ausgesetzt waren.[127] Eine besondere Belastung stellte die völlige Ungewiß-

---

123 „Liste des émigrants dans le camps de Miranda del Ebro" (undatiert); YIVO: 245.4: Series XII Spain 4.
124 Henry P. Theodore: „Report on Miranda and the Condition of Refugees in Spain", 27. 7. 1943; LBI: Konzentrationslager Frankreich (B 24/8).
125 Bachner, S. 210–212.
126 Briefe der Elisabeth Rubin vom 7. 11. 1941 und 7. 2. 1943 und des Elias Rubin vom 10. 2. 1941 an Leo Stern; LBI: Leo Stern Collection (B 32/4).
127 Vgl. hierzu die Briefsammlung an Leo Stern im LBI: Collection Leo Stern (B 32/4). – Vgl. auch S. 104, Anm. 146.

heit über die Länge der Haft dar, die in den meisten bekannten Fällen ein oder zwei Jahre dauerte. Die Behauptung, wonach Häftlinge mit einer Mindestzeit von fünf Monaten zu rechnen hatten, ist nicht überprüfbar. Der einzige mit fünf Haftmonaten relativ kurze Lageraufenthalt war der von Rudolph Bachner.[128] Sämtliche anderen Häftlinge verbrachten eine längere Zeit im Lager.

Durch entlassene Häftlinge und durch Briefe erfuhr man auch außerhalb Spaniens von den Zuständen in Miranda. Der britische Botschafter Sir Samuel Hoare behauptete, daß das Lager für Vertreter der Alliierten nicht zugänglich gewesen sei, so daß er nicht habe intervenieren können. Andererseits hatte es aber gerade der Botschafter durchgesetzt, daß britische Offiziere aus spanischer Haft in Pensionen einquartiert wurden und Soldaten von Gefängnissen nach Miranda verlegt wurden. Spätestens seit diesem Zeitpunkt habe die Botschaft sich um Miranda gekümmert.[129] Die Initiative zur Hilfe für die Internierten scheint aber wohl zunächst von jüdischen Hilfsorganisationen ausgegangen zu sein. Ende 1942 durfte ein Vertreter des Jüdischen Hilfsvereins in Lissabon, der zugleich das Portugiesische Rote Kreuz vertrat, das Lager aufsuchen. Alarmiert durch die dadurch bekannt gewordenen Zustände wandten sich Anfang Januar 1943 die beiden angelsächsischen Botschafter an den spanischen Außenminister mit der Bitte um eine Änderung der Zustände in Miranda. Der Amerikaner bemängelte im einzelnen, daß man nur schwer mit den Häftlingen im Lager sowie in Gefängnissen in Kontakt treten könne. Überdies bat er darum, die Gefangenen in Hotels und Pensionen unterzubringen. Der Brite verwies auf die dringend erforderliche medizinische Hilfe. Darauf entsandte das spanische Außenministerium den Generaldirektor der Europa-Abteilung, Alfonso García Conde, zur Inspektion nach Miranda. Die Regierung entließ kurz darauf zahlreiche Lagerhäftlinge, wodurch die Verhältnisse sich spürbar entspannten. Den Entlassenen wurde stattdessen eine „residencia forzada" zugewiesen, der Zwangsaufenthalt in einem Ort also, den sie nicht ohne Genehmigung verlassen durften. Allerdings scheint die Kontrolle mit der Zeit immer großzügiger gehandhabt worden zu sein. Gegen Ende 1943 mußte sich ein Emigrant, dem eine „residencia forzada" zugewiesen worden war, alle acht Tage bei der Polizei melden.[130] Mit der Einrichtung der „residencia forzada" hatte man schon vorher Frauen und Kinder untergebracht und ihnen dadurch einen Lageraufenthalt erspart. Die Flüchtlinge lebten dort in Hotels, Pensionen und Gasthöfen, wobei Hilfsorganisationen, die beiden Botschaften sowie spanische Stellen gemeinsam die Kosten für Unterkunft und Verpflegung trugen.[131] Einige Aufenthaltsorte hatten aufgrund ihrer geographischen Isolierung fast den Charakter eines Verbannungsortes, – so das Dörfchen Leiza in Navarra. Andere wurden wiederum als besonderer Glücksfall betrachtet, weil sie entwe-

---

128 Robinson, S. 10. – Bachner, S. 204f.
129 Hoare, S. 231–233.
130 „Rapport de M. Spanien..."; Anm. 74.
131 Schreiben Carlton J.H.Hayes' vom 2. 1. 1943 und Sir Samuel Hoares vom 8. 1. 1943 an den Außenminister Jordana; MAE: Leg. R 2.182: Extranjeros en el Campo de Nanclares de la Oca, Exp. 7. – Wischnitzer: Visas, S. 181f. – Bauer: Jewry, S. 210. – Piétri, S. 196f. – Irrig ist die Behauptung Robinsons, S. 10, wonach das Lager im Mai 1943 aufgelöst wurde.

der klimatische und andere Annehmlichkeiten boten oder günstige Voraussetzungen für eine Fortsetzung des Fluchtweges. Hierzu gehörten naturgemäß Madrid und Barcelona, wo die auswärtigen diplomatischen bzw. konsularischen Missionen sowie die Hilfsorganisationen ihren Sitz hatten. Gleichwohl war auch die „residencia forzada" in den beiden Metropolen ein Zwangsaufenthalt.[132]

Im Laufe der Zeit wurden immer mehr Internierte in „residencia forzada" entlassen, so daß das Lager sich allmählich entvölkerte. Die Zustände in Miranda scheinen sich dadurch bis etwa Mitte 1943 spürbar gebessert zu haben. Nach dem Urteil des Lissaboner Quäker-Büros war zwar die Ernährung nach wie vor unzureichend, aber nicht schlechter als sonst im damaligen Spanien. Der Kommandant des Lagers sei human und sympathisch.[133] Die Besserung der Lagerverhältnisse hing auch mit einem recht verwunderlichen Vorfall zusammen. Ein Lagerhäftling namens Elias Rubin verfaßte nach seiner Freilassung in England in der katholischen Zeitschrift *The Tablet* einen Artikel, in dem er die Zustände des Lagers über alle Maßen lobte. Gefangene und Wachpersonal hätten gleiches Essen erhalten und es habe keine diskriminierende Behandlung jüdischer Gefangener gegeben.[134] Dieser Artikel, der an Ehre und Nationalstolz der Spanier appellierte, wurde prompt im Falange-Blatt *Arriba* (und danach in anderen Gazetten) mit dem euphemistischen Untertitel nachgedruckt, wonach Miranda als tröstliches Versprechen für eine bessere, schönere und edlere Welt gewertet werden müsse. Daß es sich hier um einen psychologischen Trick handelte, begriffen auch die deutschen Diplomaten in Madrid, die diesen Fall sofort nach Berlin meldeten. Aber wenn der Artikel seine Wirkung auf die Behörden nicht verfehlt und eine tatsächliche Besserung der Lagerverhältnisse zur Folge gehabt haben sollte, dann hatte er sein Ziel erreicht.[135]

Trotz einiger Verbesserungen wiederholte sich die Kritik an den Zuständen im Lager – von seiten der auswärtigen Missionen, des Internationalen Roten Kreuzes und der ausländischen Hilfsorganisationen. Aus diesem Grunde fuhr im November 1943 eine Delegation aus Vertretern der genannten Stellen sowie spanischer Militär- und Zivilbehörden unter Leitung von Alfonso García Conde nach Miranda. In seinem Bericht an den Außenminister stellte García Conde fest, daß sich nach seiner Überzeugung seit seinem ersten Besuch im Lager keine grundsätzlichen Neuigkeiten ergeben hätten, wobei er die Kritik im wesentlichen für ungerechtfertigt hielt, sofern man einige Dinge verbesserte: Man sollte durch weitere zügige Entlassungen in den Baracken mehr Platz schaffen, neue Wasserleitungen legen und die Beleuchtung erneuern.[136]

---

132 „Trip to North of Spain taken by Janine Blickenstaff, David Blickenstaff and Lawrence B. Parrish, August 18 to August 23, 1944"; YIVO: 245.4, Series XII: Spain 15.
133 Philipp A. Conard: „Notes on a visit to Spain, June 3rd – 22nd, 1942"; LBI: Konzentrationslager Frankreich (B 23/8).
134 Eli Rubin: „Twenty-six months in Miranda de Ebro", in: The Tablet 8. 5. 1943.
135 „Miranda de Ebro debe ser recordada como una consoladora promesa de un mundo mejor, más hermoso y más noble", in: Arriba 30. 5. 1943. – Vgl. Bericht der Botschaft Madrid vom 28. 5. 1943 an das AA; PA AA: Inland II A/B (83–26): Judenfrage in Spanien, Bd. 1.
136 Schreiben Alfonso García Condes vom 27. 11. 1943 an den Außenminister; MAE: Leg. R 2.182: Extranjeros en el Campo de Nanclares de la Oca, Exp. 7.

Durch Entlassungen einerseits und Neuzugänge andererseits änderte sich rasch die Zusammensetzung der Häftlinge in Miranda, was wiederum auch Folgen für die allgemeinen Lagerzustände hatte. Für die zweite Augusthälfte 1944 registrierten Vertreter amerikanischer Hilfsorganisationen nur noch 180 reguläre Internierte, unter ihnen 36 Juden (vermutlich überwiegend mitteleuropäischer Herkunft). Als gesonderten Personenkreis betrachtete man die bis dahin etwa 40 Deserteure der deutschen Wehrmacht, für die nach Ansicht der Spanier weder die deutsche Botschaft noch die Hilfsorganisationen noch die alliierten Missionen zuständig waren. Wegen dieser Deserteure gab es aber beträchtliche Probleme in Miranda. Angeblich versuchten sie des öfteren, aus dem Lager auszubrechen, und zettelten Unruhen an. Mit anderen Häftlingen trügen sie häufig Streitereien aus. Angeblich sollen sie – so ein amerikanischer Bericht – ihre Nazi-Mentalität auch im Lager nicht abgelegt haben – eine Aussage, gegen deren stereotypen Inhalt doch einige kritische Vorbehalte angebracht sind. Wer desertierte, identifizierte sich in der Regel nicht mit dem Dritten Reich, sofern er nicht ohnehin aus politischer Gegnerschaft zu ihm Fahnenflucht beging. Dennoch soll nicht bestritten werden, daß diese Personengruppe die übrigen Häftlinge beunruhigte und somit auch disziplinarische Probleme verursachte. Auf Bitten der Hilfsorganisationen sagten die spanischen Behörden Maßnahmen zur Hebung der Lagerdisziplin zu und verlegten schließlich die jüdischen Häftlinge, als 400 weitere deutsche Deserteure eingeliefert werden sollten.[137]

In seinem Abschlußbericht vom Januar 1946 hielt García Conde vermutlich im Hinblick auf die bevorstehende Auflösung des Lagers nochmals dessen Vorzüge fest. Es seien in Miranda niemals schwere Strafen verhängt worden, schon gar nicht habe es Erschießungen gegeben. Die Gefangenen hätten keine Zwangsarbeit verrichten müssen, dafür aber lesen und Sport treiben dürfen. Trotz der nicht weiter verbesserbaren hygienischen Verhältnisse habe es insgesamt nur fünf Todesfälle gegeben. Und zur Illustration legte er Dankesschreiben der auswärtigen Militärattachés und Hilfsorganisationen bei.[138] Es muß daher nochmals unterstrichen werden, daß dieses Lager nicht mit entsprechenden Einrichtungen des Dritten Reiches, die einen Vergleich nahelegen, auf eine Stufe gestellt werden darf. Zweifellos litten die Insassen unter schlechter Ernährung, Kälte, Hoffnungslosigkeit und mitunter auch unter unfreundlicher Behandlung. Aber Miranda war weder ein Instrument der Verfolgung noch gar der Vernichtung von Menschen, die dem Regime mißliebig gewesen wären.

Auch das andere Lager – Nanclares de la Oca – war mit ähnlichen Einrichtungen des Dritten Reiches nicht vergleichbar, obgleich die Lebensbedingungen dort härter gewesen sein müssen. Zunächst war das Lager wesentlich kleiner. Wenngleich keine exakten Zahlen vorliegen, deuten Indizien darauf hin, daß die Zahl der Insassen wohl unter 100 gelegen haben muß. Eine undatierte Liste, die vermutlich aus der unmittelbaren Nachkriegszeit stammt, führt die Namen von achtzehn deutschen, zwei österreichischen und 32

---

137 Schreiben David Blickenstaffs vom 23. 8. 1944 an das Außenministerium; MAE: Leg. R 2.179: Refugiados apátridas, Exp. 43. – „Trip to North...“; Anm. 132.
138 „Apunte sobre el Campo de Concentración...“; Anm. 118.

staatenlosen oder sonstigen Gefangenen auf.[139] Über die härteren Lebensbedingungen lassen die Quellen keinerlei Zweifel übrig. An einer Stelle heißt es, daß Nanclares für Kriminelle bestimmt war, an anderer Stelle für Ausreißer, für politisch verdächtige Personen oder solche, die einen spanischen Ausweisungsbefehl nicht befolgt hätten. Schließlich hatte auch die deutsche Botschaft um die Verlegung bestimmter Häftlinge von Miranda nach Nanclares gebeten. Der nachstehende Fall eines damals achtzehnjährigen Deutschen soll die Verhältnisse in Nanclares illustrieren.

Mit siebzehn Jahren war der aus Bochum stammende Walter Schellenberg, dessen zufällige Namensgleichheit mit dem Chef der SD-Auslandsarbeit uns hier nicht weiter interessieren muß, im Jahre 1942 von Frankreich nach Spanien geflohen. Über die Motive liegen keine Anhaltspunkte vor. Jedoch können wir aufgrund seines Alters ausschließen, daß er als Wehrmachtsangehöriger desertiert war, und eher auf politische und/oder persönliche Beweggründe schließen. In Spanien wurde Schellenberg verhaftet und zunächst nach Miranda gebracht. Ein Vertreter des Deutschen Roten Kreuzes versuchte vergeblich, ihn zur Rückkehr in seine Heimat zu überreden, worauf er von deutscher Seite ausgebürgert wurde. Nach kürzerer Haftzeit durfte er das Lager verlassen und sich unter der Obhut und Fürsorge der Quäker in Madrid niederlassen. Am 10. April 1943 wurde er erneut verhaftet und – wohl auf Drängen der deutschen Botschaft – nach Nanclares de la Oca gebracht, wo er bis Kriegsende bleiben sollte, um seinen Eintritt in die feindlichen Truppen zu verhindern. Im November 1943 wandte sich das Spanische Rote Kreuz an das Außenministerium mit der Bitte, Schellenberg wegen seines jugendlichen Alters in das weniger harte Lager Miranda zu verlegen.[140] Dorthin wurde er aber nicht wieder gebracht, vielmehr finden wir später seinen Namen auf einer undatierten, offensichtlich aus der Nachkriegszeit stammenden Liste, auf der ein Gefängnis in Córdoba als sein Aufenthaltsort angegeben wird.[141] Sein weiteres Schicksal geht aus den Unterlagen nicht hervor.

Beschwerden von Häftlingen über die schlechte Behandlung und mangelhafte Ernährung in Nanclares de la Oca wiederholten sich ziemlich regelmäßig. Im November 1944 protestierte der italienische Botschafter beim spanischen Außenministerium gegen die Mißhandlung italienischer Häftlinge. Die Ernährung sei unzureichend, der deutsche Lagerarzt behandele die Kranken nicht und der Lagerkommandant prügele sie ohne jeden Anlaß. Im Mai und Juni 1945 berichteten auch die spanischen Botschafter in Washington und London über kritische Stimmen in der angelsächsischen Presse über das Lager.[142] Mit

---

139 Undatierte Liste; MAE: Leg. 2.182: Extranjeros en el Campo de Nanclares de la Oca, Exp. 5.
140 Schreiben des Spanischen Roten Kreuzes vom 1.6. und 30.11.1943 sowie der Dirección General de Seguridad vom 19.6.1943 an das Außenministerium; MAE: Leg. R 2.179: Refugiados apátridas, exp. 42.
141 „Relación de los extranjeros que actualmente se encuentran internados en el campo de concentración de Nanclares de la Oca, y de los que procedentes de aquello están en distintas cárceles, con epresión de nombres, apellidos, nacionalidad y motivos de su internamiento" (undatiert); MAE: Leg. R 2.182: Extranjeros en el campo de Nanclares de la Oca, exp. 5.
142 Schreiben der italienischen Botschaft vom 4.11.1944 sowie der beiden Botschaften vom 25.5. und 13.6.1945 an das Außenministerium; MAE: Leg. R 2.182: Extranjeros en el Campo de Nanclares de la Oca, exp. 5.

dem Ende des Zweiten Weltkrieges in Europa wuchs auch die Unruhe im Lager, da die meisten Häftlinge mit einer baldigen Entlassung rechneten. Im Juni 1945 drohten 35 Gefangene einen Hungerstreik an, wenn sie nicht bis zum 24. Juni entlassen würden. Das Außenministerium schlug der Dirección General de Seguridad vor, einige Ausländer – zwei Schweizer und je einen Griechen, Tschechen und Italiener – freizulassen, um den Konflikt zu entschärfen.[143] Sobald Ruhe eingetreten war, wurden die Gefangenen teilweise nach Miranda gebracht, zum größeren Teil aber auf Gefängnisse im ganzen Lande verteilt. Eine undatierte Namensliste führt 70 Namen auf, unter denen sich 23 Deutsche, drei Österreicher, ein Tschechoslowake und zwei staatenlose Personen (alle mit jeweils deutschen Namen) befanden. Hierbei handelte es sich jedoch nicht mehr um internierte Flüchtlinge und Transit-Emigranten, wie sie uns vorher in Miranda begegnet waren. Von diesen gab es, einem Schreiben Blickenstaffs zufolge, im Januar 1945 nur noch zwanzig.[144] Wir können davon ausgehen, daß sie dort das Kriegsende nicht mehr abwarten mußten. Bei den Insassen von Nanclares de la Oca finden sich nicht, wie in den Gefangenenlisten von Miranda, die charakteristischen jüdischen oder deutsch-jüdischen Familiennamen. Auch die spanischen Vermerke deuten auf einen anderen Personenkreis. Die Häftlinge werden als Deserteure ausgewiesen, acht zudem als Kommunisten, „Spanienfeinde", „Rote", die meisten als „clandestinos", einige als Schieber und die meisten als unerwünschte Ausländer, die einen Ausweisungsbefehl nicht befolgt hätten. Nur einer wird als ehemaliger Hauptmann der Internationalen Brigaden bezeichnet. Es drängt sich der Eindruck auf, daß es sich fast durchweg um Fahnenflüchtige der deutschen Wehrmacht oder um politische Gegner des Dritten Reiches gehandelt habe, die sich irgendwie nach Spanien durchgeschlagen hatten, wo sie dann verhaftet und interniert worden waren. Die Haftorte befanden sich in allen Gegenden Spaniens, so daß die Häftlinge nicht miteinander Kontakte aufnehmen und auch von den Hilfsorganisationen nur schwer betreut werden konnten: Nanclares de la Oca, Miranda de Ebro, Sevilla, Alicante, Málaga, Córdoba, Huelva, Almería und La Coruña.[145]

Offensichtlich wurden die Häftlinge nach einiger Zeit wieder nach Nanclares zurückgebracht. Auf Bitten des Internationalen Roten Kreuzes besuchte eine Delegation am 21. Dezember 1947 das Lager, wo sie mit einer Gruppe deutscher Gefangener sprechen konnte. Diese drückten ihre Zufriedenheit über die jetzt bessere Behandlung und angenehmere Lebensbedingungen aus. Jedoch klagten sie über den fehlenden Kontakt mit ihren Angehörigen in Deutschland und baten um ein höheres Taschengeld sowie um ihre baldige Repatriierung.[146] In diesen letztgenannten Fällen handelte es sich zweifelsfrei nur noch um

---

143 Schreiben des Außenministeriums vom 23. 6. 1945 an die Dirección General de Seguridad; ebda.
144 Schreiben David Blickenstaffs vom 22. 1. 1945 an das Außenministerium; MAE: Leg. R 2.179: Refugiados apátridas, exp. 44.
145 Schreiben David Blickenstaffs vom 20. 7. 1945 an Unterstaatssekretär Cristóbal de Castillo y Campos sowie „Relación de los extranjeros...“; MAE: Leg. R 2.182: Extranjeros en el campo de Nanclares de la Oca, exp. 5.
146 Schreiben des Außenministeriums vom 9. 12. 1947 an die IRK-Delegation und Antwort vom 19. 1. 1948; ebd.

fahnenflüchtige Wehrmachtsangehörige. Ihr Schicksal liegt etwas außerhalb des hier behandelten Themenbereichs, jedoch sollten sie in dieser Studie nicht unerwähnt bleiben. Auch sie waren Gegner des Dritten Reiches oder sahen zumindest den Kampf für dessen Bestand als sinnlos an, für den der Einsatz des eigenen Lebens nicht gerechtfertigt sei. Wie lange sie noch interniert blieben, ist nicht bekannt, jedoch dürften sie wohl noch im Jahre 1948 aus Spanien in die Heimat entlassen worden sein.

Diplomatische und karitative Hilfe für Spanien-Flüchtlinge

Spanien war infolge des fast dreijährigen Bürgerkrieges ein ausgeblutetes und verarmtes Land, das kaum imstande war, dem Andrang von Flüchtlingen in materiell angemessener Weise zu begegnen. Es war zudem eine Rechtsdiktatur, die die Fremden mit Mißtrauen beobachtete und niemals verhehlte, daß sie diesen Personenkreis lieber außerhalb ihrer Grenzen sähe und sie allenfalls als Transit-Reisende zu dulden bereit war. Spanien verstand sich nicht als Aufnahmeland für Flüchtlinge. Es beobachtete überdies mit großem Mißtrauen ausländische Organisationen, denen es mögliche subversive Aktivitäten oder irgendwelche Formen von Einmischung in die inneren Angelegenheiten unterstellte. Dieses Mißtrauen richtete sich gegen das Internationale Rote Kreuz, das erst nach dem Zweiten Weltkrieg in Spanien tätig werden durfte, aber auch gegen private Hilfsorganisationen wie etwa die amerikanischen Hilfskomitees, die vor 1943 in Spanien weder Büros oder Niederlassungen einrichten noch irgendwelche Aktionen durchführen durften.[147] Andererseits war Hilfe für die Flüchtlinge dringend vonnöten, nicht nur für die verhafteten und internierten, sondern auch für diejenigen, die aufgrund gültiger Papiere ungehindert das Land passieren durften. Denn der größte Teil von ihnen war mittellos; nur etwa 20 % waren nach zeitgenössischen Schätzungen wohlhabend, verfügten über ausländische Bankkonten und entsprechende Verbindungen.[148] Die große Mehrheit war auf Unterstützungen angewiesen in Form von Notquartieren, Speisungen, organisatorischen und technischen Hilfen.

Die großen amerikanischen Hilfsorganisationen, von denen die beiden jüdischen Verbände JDC und HICEM sowie die Unitarier und die Quäker als erste zu nennen sind, arbeiteten grenzüberschreitend auf internationaler Ebene. Es bietet sich daher an, ihre Arbeit in systematischer Form in einem eigenen Kapitel darzustellen. An dieser Stelle sollen vielmehr Aktivitäten geschildert werden, die von anderer – ausländischer wie spanischer – Seite entfaltet wurden. Hier sind zunächst die beiden angelsächsischen Missionen zu nennen. Flüchtlinge wandten sich vielfach an die britische Botschaft in Madrid oder an Konsulate in anderen Städten, ließen sich Dokumente – in einigen Fällen auch Einreisevisa für Großbritannien – ausstellen und genossen allein durch ihren Kontakt

---

147 Hoare, S. 226. – Wischnitzer: Visas, S. 182. – Wischnitzer: Safety, S. 233. – Bauer: Jewry, S. 45, 49.
148 Ysart, S. 51.

zur Botschaft einen gewissen Schutz vor spanischer Verhaftung. Die Botschaft bedrängte das Außenministerium in Madrid, deutschen Auslieferungsbegehren nicht nachzugeben, setzte sich auch schon 1940 für die Freilassung von verhafteten Personen ein und unterstützte die Häftlinge durch Sachspenden. In Madrid leitete die Gattin des Botschafters ein Strickkränzchen, das Kleidungsstücke für Miranda anfertigte. Sobald sich flüchtige britische Soldaten aus Frankreich in Miranda befanden, griff die Botschaft auch finanziell ein und brachte täglich 1000 £ für die Versorgung der Landsleute mit Lebensmitteln auf. Nach Hoares eigenen Angaben unterstützte die britische Mission mit den ihr unterstellten Konsulaten in der Kriegszeit etwa 30000 Personen in Spanien.[149]

Dabei beschränkte sie sich keineswegs nur auf Angehörige des Vereinigten Königreichs, wie dies die Nachforschungen Sir Samuel Hoares im Falle des entführten Berthold Jacob gezeigt hatten. Ein Einzelschicksal soll dies illustrieren. Im November 1941 wandte sich die Botschaft an das spanische Außenministerium wegen des etwa zwanzigjährigen, in Miranda internierten, staatenlosen Klaus Boronow. Dieser war 1940 in seinem Studienort Nizza festgenommen worden, konnte aber nach Spanien entfliehen und wurde dort in Miranda interniert. Die Botschaft bat nun um seine Entlassung aus dem Lager und um seine Ausreise nach England, wo sich seine Eltern aufhielten. Die Dirección General de Seguridad lehnte dieses Ersuchen mit zwei Argumenten ab: Zum einen sei er kein britischer Staatsbürger und die Botschaft daher nicht für ihn zuständig, zum andern sei er noch in wehrfähigem Alter, so daß seine Freilassung Schwierigkeiten mit dem Deutschen Reich verursachen könne. Das Heeresministerium, in dessen Zuständigkeit das Lager Miranda lag, zeigte sich einer Freilassung nicht abgeneigt, forderte aber, daß aus eben diesem Grunde vorher die deutsche Botschaft konsultiert werden sollte. Schließlich wandte sich auf Bitten der britischen Botschaft und unter Einschaltung der Bank of England ein in London lebender spanischer Anwalt an den mit ihm offensichtlich befreundeten Unterstaatssekretär im Außenministerium José Pan de Soraluce y Olmos und unterbreitete ihm folgende Argumente. Als ehemaliger deutscher Staatsbürger würde Boronow nicht zur Armee eingezogen werden, so daß die Rücksichten auf die deutsche Botschaft ungerechtfertigt seien. Sollte er aber nicht freigelassen werden, bäte er wenigstens um eine Mitteilung an den Vater über die Gründe und die voraussichtliche Dauer der Haft. Schießlich intervenierte die britische Botschaft nochmals und erklärte sich bereit, für Boronow die erforderlichen Papiere auszustellen, wenn die Spanier ihn ausreisen ließen. Im August 1942 schließlich teilte das Außenministerium der Botschaft mit, das das zuständige Heeresministerium die Freilassung Boronows genehmigt habe und ihn der Botschaft übergeben werde, wenn diese alle entstehenden Kosten übernehmen wolle.[150] Die fast neunmonatige Bemühung hatte sich also gelohnt. Aus der Sicht der Flüchtlinge sah die Hilfe der britischen Missionen nicht immer so aus, wie sie es sich

---

149 Hoare, S. 226, 233f., 236, 238.
150 Schreiben der britischen Botschaft vom 5. 11., der Dirección General de Seguridad vom 18. 11. sowie des Heeresministeriums vom 20. 12. 1941 an das Außenministerium; Schreiben des Rafael Valls y Carrera vom 23. 4. 1942 an José Pan de Soraluce y Olmos, der britischen Botschaft vom 13. 7. 1942 an das Außenministerium und Antwort vom 13. 8. 1942; MAE: Leg. R 2.179: Refugiados apátridas, exp. 41.

erhofft hatten. So meldete sich das staatenlose jüdische Ehepaar Bachner nach abenteuerlicher Flucht über die Pyrenäen im britischen Generalkonsulat in Barcelona und beantragte eine Einreisegenehmigung für England. Auf Anfrage erklärte sich auch Rudolph Bachner bereit, in die britische Armee einzutreten. Darauf wurde das Ehepaar auf Kosten des Konsulats in einer kleinen Pension in Hafennähe untergebracht. Nach einigen Tagen teilte dann das Generalkonsulat mit, daß man ihm zwar die Einreise in das Vereinigte Königreich ermöglichen wolle, nicht aber der Ehefrau, woraufhin die Bachners weitere Bemühungen um ein britisches Visum einstellten.[151]

Auch die amerikanische Botschaft setzte sich für Flüchtlinge ein. Zwei Frauen verdienen es, hier erwähnt zu werden – Virginia Weddell, die Frau des Botschafters (und Vorgängers von Hayes), und Dorsey Stephens, die Frau des amerikanischen Militärattachés in Madrid. Sie sammelten in der amerikanischen Kolonie Geld- und Sachspenden für inhaftierte Flüchtlinge, bis dann der neue Botschafter Hayes im Frühjahr 1942 derartige Aktivitäten zunächst untersagte und nach einiger Zeit in eng begrenztem Rahmen aber wieder zuließ.[152] Das Engagement der US-Botschaft war wohl auch aus einem anderen Grunde geringer als das der Briten. Es gab zu dieser Zeit nur wenige Amerikaner, die sich über die Pyrenäen in Sicherheit bringen wollten. Dazu kamen wohl auch geringere Kenntnisse der spanischen Verhältnisse und nicht zuletzt ein weniger energisches und zielstrebiges Auftreten als das, welches Sir Samuel Hoare gegenüber dem Franco-Regime an den Tag legte. Die Engländer betreuten, wie wir gesehen hatten, auch Personen mit fremder Staatsangehörigkeit, sofern sie es für richtig hielten, während die Amerikaner sich von spanischen Einwänden wegen ihrer Unzuständigkeit einschüchtern ließen. Diesen Sachverhalt beleuchtet der Fall des Journalisten Alfons Zinner, der Anfang 1941 bei seiner illegalen Einreise in Spanien festgenommen worden war. Er wandte sich von seinem Gefängnis in Figueras an seine in den USA bzw. in Portugal sich aufhaltenden Brüder, die wiederum den amerikanischen Generalkonsul in Barcelona mobilisierten. Aber dieser durfte nicht für Zinner intervenieren, da die spanischen Behörden ihn ausdrücklich darauf hingewiesen hätten, daß sich seine Zuständigkeit ausschließlich auf US-Bürger beschränke. Erst im Juni 1943, also etwa zweieinhalb Jahre nach der Verhaftung, durfte Zinner über Portugal in die USA ausreisen.[153]

Es gab trotz der Armut des Landes freilich auch spanische Aktivitäten zugunsten der Verfolgten. Kirchliche Stellen, die an einigen Orten Speiseküchen für Flüchtlinge einrichteten, dürften hierbei noch die geringste Bedeutung gehabt haben. Wichtiger war die Arbeit des Spanischen Roten Kreuzes in Verbindung mit anderen nationalen Rotkreuzgesellschaften, vor allem der der USA, die sich aber auf Betreiben der Falange 1941

---

151 Bachner, S. 169–172.
152 Bauer: Jewry, S. 206. – Vgl. S. 194 ff.
153 Schreiben Alfons Zinners vom 13. 5. 1941 an Paul Zinner; Schreiben des US-Generalkonsuls A.C. Frost vom 24. 4. 1941 mit „Statement given for Mr. Alfons Zinner at present in Jail in Figueras"; Schreiben Eva Lewinskis vom 7. 6. 1941 an Mrs. Irene O. Hay/USC, Boston; DB: Emergency Rescue Committee / Alfons Zinner.

wieder aus Spanien zurückziehen mußten. Die bisher von ihnen sowie dem Internationalen Roten Kreuz geleistete Hilfe wurde dann zu je einem Drittel vom Spanischen Roten Kreuz, dem „Auxilio Social" (dem Sozialwerk der Falange) und der US-Botschaft übernommen, wobei über die Botschaft auch das JDC mitgewirkt zu haben scheint. Jedenfalls konnten JDC-Vertreter als Privatpersonen in Madrid und Barcelona Geldmittel an Flüchtlinge verteilen.[154] Auf Drängen des JDC scheint sich dann das Spanische Rote Kreuz auch um die Lagerhäftlinge gekümmert und insgesamt in der Flüchtlingshilfe engagiert zu haben. Auf Anfragen der deutschen Botschaft teilte das Außenministerium mit, daß der spanische Staat an derartigen Aktivitäten nicht beteiligt sei, wohl aber das Spanische Rote Kreuz, das die jüdischen Flüchtlinge betreue und in Einzelfällen auch Frauen und Kindern bei der Weiterreise behilflich sei.[155] Der einschränkende Hinweis auf Frauen und Kinder sollte vermutlich das deutsche Mißtrauen gegen die Durchreise wehrfähiger junger Männer beruhigen.

Etwa ab April 1943 sind auch Interventionen des Spanischen Roten Kreuzes zugunsten von Flüchtlingen und verhafteten Personen nachweisbar. Die Organisation wandte sich in der Regel an das Außenministerium mit der Bitte, die für die Ausreise erforderliche Genehmigung zu erteilen oder bei der Dirección General de Seguridad die Freilassung eines Häftlings zu erwirken. Die erwähnten Bemühungen um die Verlegung des jugendlichen Häftlings Walter Schellenberg nach Miranda gingen ebenso auf das Spanische Rote Kreuz zurück wie die beharrlichen Anträge auf ein Ausreisevisum für den Gewerkschaftsfunktionär Walter Benninghaus. Auch kooperierte das Spanische Rote Kreuz mit anderen Hilfsorganisationen, etwa dem JDC, und besorgte einem portugiesischen JDC-Vertreter, der zugleich Mitarbeiter des Portugiesischen Roten Kreuzes war, die Einreisegenehmigung für Spanien. Bis etwa Herbst 1944 scheint die spanische Organisation im Bereich der Flüchtlingsshilfe aktiv gewesen zu sein. Danach ließen ihre Aktivitäten schlagartig nach. Der Grund ist nicht in schwindendem Interesse oder in politischen Behinderungen zu suchen als vielmehr in der Tätigkeit der gemeinsamen Vertretung der amerikanischen Hilfsorganisationen, denen 1943 eine Niederlassung in Madrid gestattet war, sowie dem Auftreten anderer Organisationen – etwa der UNRRA – in Spanien. Auf diese Thematik wird im letzten Kapitel näher eingegangen werden.[156]

Neben dieser von Organisationen getragenen Hilfe für Flüchtlinge sollte auch die Leistung eines Mannes erwähnt werden, der allein durch seine Bemühungen zahlreichen Flüchtlingen in Spanien von Nutzen war. Leo Stern hatte sich schon vor 1933 in Barcelona niedergelassen, war durch den Bürgerkrieg vorübergehend vertrieben worden und 1939 wieder in die katalanische Hauptstadt zurückgekehrt. Stern organisierte auf privater Basis Hilfs- und Spendenaktionen, indem er Lebensmittel, Kleidung und Medikamente an Häftlinge schickte. Über seine Verbindungen zu spanischen Behörden gelang es ihm

---

154 Hoare, S. 226. – Jessup: „Memorandum..."; Anm. 63. – Bauer: Jewry, S. 49 f.
155 Telegramm der Botschaft vom 16.3.1943 an das AA; PA AA: Inland II A/B: (83–26 Spanien), Judenfrage in Spanien, Bd. 1. – Bauer: Jewry, S. 210.
156 Zur Arbeit des Spanischen Roten Kreuzes Materialien im MAE: Leg. R 2.179: Refugiados apátridas, exp. 42 und 43. – Zu den amerikanischen Hilfsorganisationen s. S. 195 ff.

auch, die Freilassung von internierten Personen zu erwirken. Der bereits genannte Miranda-Häftling Elias Rubin, der durch seinen freundlichen Artikel über das Lager eine Besserung herbeizuführen suchte, war durch die Fürsprache Leo Sterns entlassen worden. Bezeichnend sind die erhaltenen Dankesschreiben, in denen die Gefangenen aus Miranda und aus verschiedenen spanischen Haftanstalten ihre Gefühle für die erwiesene Hilfe ausdrückten. „Ich glaube nicht", schrieb ein Flüchtling, der nach zweijähriger Haft entlassen wurde, „daß ich ohne Sie diese schwere Zeit überstanden hätte, die diese schlimmste Episode meines Lebens darstellt."[157]

Schließlich soll hier das Verhältnis Spaniens zu einem Personenkreis erwähnt werden, der zwar nicht im Zentrum der hier behandelten Thematik steht, aber dessen Schicksal doch das Verhältnis Spaniens zum Dritten Reich beleuchtet. Es handelt sich um die in den Balkan-Ländern lebenden Spaniolen, also jene spanischsprachigen sephardischen Juden, deren Repatriierung in den 1920er Jahren spanischerseits betrieben worden war. Mit der Besetzung der Balkan-Länder durch deutsche Truppen gerieten die dort ansässigen Juden, also auch die Spaniolen, in höchste Gefahr. Im Februar 1943 wurden die Pläne des Dritten Reiches bekannt, die dortigen Juden zu deportieren, was die Vorstufe zu ihrer Vernichtung bedeutet hätte, sofern nicht die „Mutterländer" – also Spanien und Portugal – sie bis zum 31. März 1943 zurückriefen. Die erste Reaktion des Franco-Regimes war recht zögerlich. Der spanische Botschafter in Berlin schlug dem Dritten Reich vor, daß die Juden spanischer Herkunft mit spanischen Pässen freies Geleit in die Türkei erhalten sollten. Dieses Verhalten gegenüber den eigenen bedrohten Staatsbürgern löste in den jüdischen Gemeinden sowie in diplomatischen Kreisen der Alliierten höchstes Befremden aus, worauf das Außenministerium in Madrid sich bereit erklärte, entgegen früher geäußerten Absichten etwa 100 Juden spanischer Herkunft die Rückkehr in die Heimat ihrer Vorfahren zu gestatten.[158]

Inzwischen war der gesetzte Termin schon verstrichen, und die Deportationen hatten begonnen. Bis Mitte Mai 1943 waren um 50 000 Juden aus Griechenland, aber offensichtlich keine Spaniolen, bereits in die Vernichtungslager im besetzten Polen deportiert worden. Am 30. April war den Spaniern nochmals eine Frist gesetzt worden: Sie sollten sich bis zum 15. Juni zur Aufnahme der Spaniolen bereit erklären. Infolge interner Kompetenzstreitigkeiten ließ die Regierung auch diesen Termin ungenutzt verstreichen, so daß eine Gruppe von 365 Spaniolen aus Saloniki im August in das norddeutsche Konzentrationslager Bergen-Belsen verbracht wurde. Jetzt endlich – nach Fürsprache des britischen und des amerikanischen Botschafters, des Apostolischen Nuntius und jüdischer Organisationen – erklärte sich Spanien zu ihrer Aufnahme bereit. Sie erreichten im Frühjahr 1944 Spanien, von wo sie in das Flüchtlingslager Fedhala in Marokko weitergeleitet wurden. Eine zweite Gruppe von 155 Spaniolen aus Athen wurde später nach Bergen-Belsen deportiert. Auch sie erhielten die Einreisegenehmigung für Spanien,

---

157 Schreiben der Elisabeth Rubin vom 7.2.43 sowie Ernst Loewes vom 18.12.41 an Leo Stern; LBI: Collection Leo Stern (B 32/4).
158 Telegramm der deutschen Botschaft vom 17.3.1943 an das AA; PA AA: Inland II A/B (83–26 Spanien), Judenfrage in Spanien, Bd. 1. – Bauer: Jewry, S. 211.

jedoch scheiterte ihr Transport am Kriegsgeschehen in Frankreich im Sommer 1944. Diese Gruppe überlebte den Holokaust und wurde beim Vormarsch der Alliierten in Deutschland befreit.[159] Der Fall der Spaniolen beleuchtet das ambivalente Verhältnis Spaniens zu den Flüchtlingen und besonders zu den verfolgten Juden insgesamt. Das Regime war ideologisch unabhängig vom Dritten Reich, hegte andererseits starke Vorbehalte gegen die Flüchtlinge und war nur auf energischen Druck von westalliierter und anderer Seite bereit, sich für diesen Personenkreis einzusetzen. Der spätere Vorwurf des Franco-Regimes, wonach Spaniens „christliche und humanitäre Politik" in dieser Frage nicht angemessen gewürdigt worden sei, ist zumindest mit einigen Fragezeichen zu kommentieren.[160]

Spanien als Exil-Land 1939–1945

Für die große Mehrheit der Emigranten war Spanien im genannten Zeitraum ausschließlich Transit-Land, das man nur mit der Absicht einer möglichst schnellen Weiterreise nach Portugal und nach Übersee durchquerte. Jeder unnötige Aufenthalt wurde in dem verarmten und politisch recht unwirtlichen Lande als Last empfunden, die man, sofern man darauf Einfluß hatte, möglichst rasch hinter sich zu bringen versuchte. Dennoch war Spanien nicht nur Transit-Land, sondern auch Exil und Asyl, in dem Verfolgte für längere Zeiten Zuflucht vor den Verfolgungen der Nazi-Diktatur suchten und fanden. In den meisten Fällen war dabei der Aufenthalt in Spanien nicht ganz freiwillig. In der Regel fehlten gültige Papiere für Portugal oder für ein Exil-Land in Übersee. Es gab aber auch Flüchtlinge, die – soweit man bei Flucht von Freiwilligkeit sprechen kann – von sich aus Spanien als (vorläufiges) Refugium gewählt hatten. Ihre Zahl ist nicht genau bestimmbar, dürfte insgesamt jedoch recht klein gewesen sein. Auch eine detaillierte Charakteristik dieses Personenkreises ist schwierig und beschränkt sich vorwiegend auf eine Negativauswahl derjenigen, die nach aller Wahrscheinlichkeit nicht dazugehörten. So können wir annehmen, daß sich politische Emigranten, linke jedenfalls, nicht unter ihnen befanden. Weder hätten diese sonderlich gern Spanien als Exil gewählt, noch hätte das Franco-Regime sie als Gäste aufgenommen. Wir dürfen also den Personenkreis einerseits unter kulturellen Dissidenten, „entarteten Künstlern" beispielsweise, suchen oder aber unter der jüdischen Emigration. Aber auch hier sind wahrscheinlich Einschränkungen angebracht. Angesichts der antisemitischen Ressentiments von Teilen des Regimes, vor allem in der Falange, ist es nicht wahrscheinlich, daß solche Personen geduldet wurden, deren jüdische Herkunft allzu deutlich erkennbar war oder die sich durch Aktivitäten im Bereich jüdischer Religion und Kultur besonders auffällig machten.

---

159 Weitere Materialien im PA AA: Inland II A/B (83–26 Spanien), Judenfrage in Spanien, Bd. 2. – Bauer: Jewry, S. 211. – Wasserstein, S. 236–238. – Wischnitzer: Visas, S. 182. – Vgl. auch Hayes, S. 123. – Hoare, S. 237.
160 Wasserstein, S. 238f. – Vgl. ebenso die apologetische Darstellung dieses Problems bei Ysart, S. 99–153.

Namentlich bekannt ist, soweit erkennbar, nur ein Emigrant, der sich im spanischen Exil niederließ – der Übersetzer, Bühnenschriftsteller und Dramaturg Hans Rothe (1894–1977). Er war mit der Goebbelsschen Kulturpolitik in Konflikt geraten, so daß seine Schriften verboten wurden. Daraufhin verließ Rothe 1934 Deutschland, ohne jedoch alle Kontakte zu offiziellen deutschen Stellen abzubrechen, und emigrierte wie auch einige andere Schriftsteller christlicher und konservativer Couleur nach Italien.[161] Die Wahl dieses Landes zu einer Zeit, in der noch viele andere, demokratisch regierte Staaten in Europa offen standen, läßt nicht gerade auf einen Vertreter der Linken oder einen politisch besonders engagierten Mann schließen, eher auf einen völlig unpolitischen, dem die inneren Zustände seines Asyl-Landes ziemlich gleichgültig waren. 1939 wechselte Rothe dann nach Spanien über. Die näheren Umstände dieses Ortswechsels sind nicht bekannt, jedoch darf man italienische Restriktionen gegenüber Emigranten und den Kriegsbeginn als denkbare Motive in die nähere Auswahl ziehen. Ein Brief Rothes vom Dezember 1940 aus Madrid deutete an, daß er jetzt wieder arbeiten und Stücke schreiben wolle. Andererseits drückte er den Wunsch aus, daß es der American Guild for German Cultural Freedom gelingen möge, ihm bis März 1941 die Einreise in die USA zu ermöglichen. Sehr dringend scheint dieser Wunsch jedoch nicht gewesen zu sein. Es ist bekannt, daß Rothe über das Kriegsende hinaus in Spanien blieb und erst 1947 in die USA weiterreiste.[162] Mit Unterstützung der Quäker arbeitete Rothe zunächst in Madrid am Theater weiter und inszenierte eigene und fremde Stücke. Erwähnenswert sind seine beiden Dramen „Ankunft bei Nacht" und „Huellas borradas" (Verwischte Spuren), die auch das spanische Publikum beeindruckten. Auch Rothes Frau Irmgard Veilchen trat literarisch hervor und verfaßte das Kinderbuch „Besinne Dich, Cornelia". Leider sind Rothes spätere Schriften als Quelle für seine Exil-Zeit in Spanien recht unergiebig. Die Schrift „Neue Seite: Geschrieben nach 11jähriger Emigration" rechnet mit der nationalsozialistischen Kulturpolitik ab. Der Roman „Beweise das Gegenteil" schildert das tragische Schicksal einer jungen Spanierin, die mit einem während des Krieges an der deutschen Botschaft angestellten spanischen Aristokraten verheiratet ist, und geißelt sowohl die spanische Gesellschaft mit ihrem machismo, ihren engherzigen Ehrbegriffen und Einschränkungen besonders für Frauen als auch die fragwürdigen Aktivitäten der deutschen Botschaft in Madrid und das dünkelhafte Auftreten ihrer Vertreter. Das Schicksal der Emigranten taucht hier nur am Rande auf.[163] Verweigerte sich Rothe der Nachwelt auch als Memoirenschreiber, Chronist und Augenzeuge, so belegt sein Fall doch, daß das Franco-Regime die Arbeit eines Mannes, der sich als Gegner des Dritten Reiches zu erkennen gab und daher von der deutschen Botschaft argwöhnisch beobachtet wurde, duldete und nicht behinderte.

Solche Fälle wie Rothe waren und blieben Ausnahmen. Im allgemeinen war das Asyl in

---

161 Voigt, S. 435.
162 Schreiben Hans Rothes vom 26. 10. 1940 an Iwan Goll; DB: American Guild / Hans Rothe. – BHE II, S. 996f.
163 Hans Rothe: Neue Seite: Geschrieben nach 11jähriger Emigration, Lauf: Nest-Verlag, 1947. – Hans Rothe: Beweise das Gegenteil. Roman, Leipzig–München: Paul List Verlag, 1949, S. 150. – Interview Roberto Kahn. –

Spanien ein unfreiwilliges – und zwar auf seiten der Emigranten wie auch auf seiten des Asyl-Landes. Der aus dem Jahre 1940 stammende Hinweis der Hilfsorganisation HICEM, wonach Spanien nur Transitvisa erteile und jüdischen Flüchtlingen keine Niederlassung gestatte, galt in dieser allgemeinen Form während der gesamten Kriegszeit.[164] Aber diese restriktive Haltung wurde durch die Praxis immer stärker durchlöchert, zumal die Umstände die Spanier zwangen, eine gewisse Anzahl von Flüchtlingen, deren Weiterreise aus politischen, bürokratischen und technischen Gründen nicht möglich war, innerhalb dieser Grenzen zu dulden. Einen solchen Fall bildeten ungefähr 500 Flüchtlingskinder, die im Herbst 1942 aus dem nicht besetzten Teil Frankreichs nach Spanien einreisten. Bereits auf spanischem Territorium verweigerten ihnen die Behörden den Transit, während die französischen Stellen ihnen die Grenze nicht wieder öffneten. Es bedurfte energischer Interventionen der Hilfsorganisationen bei den spanischen Behörden, um die Kinder aus dem Niemandsland herauszuführen. Für einige Kinder konnte dann doch die Weiterreise durchgesetzt werden, andere wurden mit ihren Betreuern auf verschiedene Städte verteilt und in Pensionen, Hotels und anderen Quartieren untergebracht. Ähnlich wurden aufgegriffene Emigranten behandelt, deren Transitvisum für Spanien und/oder für Portugal oder deren Einreisevisum für die Vereinigten Staaten oder andere Zielländer abgelaufen war. Zwar wurde ihnen in der Regel zur Auflage gemacht, Spanien sobald wie möglich zu verlassen, jedoch verwandelten die Umstände diesen befristeten Aufenthalt in vielen Fällen de facto in ein Dauerasyl in einem zwangsweise zugewiesenen Aufenthaltsort. In Madrid, Barcelona, San Sebastián, Bilbao, Vigo und Caldas bildeten sich auf diese Weise kleine Emigrantenkolonien.[165]

Hatten die spanischen Behörden Emigranten, deren spanisches Transitvisum abgelaufen war oder deren Weiterreise nach Portugal und nach Übersee nicht möglich war, zunächst interniert, so änderte sich mit Beginn des Jahres 1943 die Praxis. Es wurden, wie schon dargestellt wurde, keine Personen neu nach Miranda mehr eingewiesen. Die Aufenthaltsgenehmigungen wurden großzügiger erteilt. Die kleine Zahl jüdischer Emigranten aus Mitteleuropa, die sich schon vor Kriegsbeginn in Spanien niedergelassen hatte, wurde korrekter behandelt. Diskriminierungen wurden eingestellt, der vorher verbotene oder behinderte Synagogengottesdienst wurde wieder gestattet. Diese Politik wurde auch noch nach dem Kriege fortgesetzt. 1947 wurde auch der jüdische Religionsunterricht für Schüler wieder zugelassen. Zweifellos hing dieser Kurswechsel mit den Absetzversuchen Spaniens von den Achsenmächten und mit der vorsichtigen Hinwendung zu den Westmächten zusammen. Zwar schloß Spanien, wie wir gesehen haben, Ende März 1943 die Grenzen, um den Flüchtlingsstrom zu blockieren, was aber den tatsächlichen Zustrom nicht verhinderte. Aber die Flüchtlinge wurden, von Einzelfällen abgesehen, nicht mehr verhaftet und interniert, sondern erhielten einen der genannten Orte

---

164 Schreiben der HICEM vom 5. 4. 1940 an Mr. Bienstock; YIVO: 245.4, Series XII: Spain 3. – Vgl. Schreiben der Botschaft Madrid vom 6. 2. 43 an das AA; PA AA: Inland II A/B (83–26 Spanien): Judenfrage in Spanien, Bd. 1.
165 Jessup: „Memorandum..."; vgl. Anm. 63. – Vermerk Samuel Sequerras (undatiert, ca. April 1942); JDC: Spain 914.

als Zwangsaufenthalt zugewiesen, wo sie sich aber relativ frei bewegen konnten. Dafür ernannte Außenminister Jordana einen Beauftragten für das Flüchtlingswesen. Die Arbeit wurde den Hilfsorganisationen stark erleichtert.[166]

Es ist, wie schon erwähnt wurde, schwierig, die Zahl der Asylanten in Spanien während des Krieges zu bestimmen. Dies hängt nicht nur mit der lückenhaften Quellenlage zusammen, sondern auch mit den fließenden Grenzen zwischen Dauerasylanten und Transitemigranten mit unfreiwillig verlängertem Aufenthalt in Spanien. Im Frühjahr 1943 schätzte Wilfried Israel, Vertreter des Jüdischen Weltkongresses und der Jewish Agency for Palestine auf der iberischen Halbinsel, die Zahl der staatenlosen, d. h. größtenteils aus Deutschland und Österreich stammenden Flüchtlinge in Spanien auf etwa 1 000, wobei er die internierten Personen nicht mitrechnete.[167] Die von Hayes überlieferte Zahl von 1 500–2 000 Flüchtlingen aus Mitteleuropa dürfte sich wohl auf beide Personengruppen beziehen.[168] Nach einer Schätzung der deutschen Botschaft in Madrid aus dem Jahre 1952 hielten sich noch etwa 7 000 deutsche Staatsbürger in Spanien auf.[169]

Ab 1943 erteilten die Behörden nicht nur Aufenthaltsgenehmigungen, sondern in größerem Umfang auch Arbeitserlaubnisse, so daß Emigranten, sofern sie wegen ihrer beruflichen Kenntnisse gefragt waren, auch Anstellungen fanden. Die meisten Flüchtlinge waren mittellos und erhielten von den Hilfsorganisationen ihren Lebensunterhalt. Sobald sie Arbeit und, was in den zerstörten Städten gleichfalls problematisch war, Wohnung gefunden hatten, waren sie von dieser Hilfe unabhängig. Rudolph Bachner fand Anstellung in einem Unternehmen der Chemieindustrie. Der Schlendrian in der spanischen Verwaltung wirkte sich gelegentlich zugunsten der Asylanten aus. So wurde ein Flüchtling von seiner Firma wieder entlassen, weil er kein Empfehlungsschreiben der deutschen Botschaft vorweisen konnte (!), erhielt aber kurz darauf eine Anstellung als offizieller Photograph der Falange[170]. Unter den schwierigen, aber wenigstens von Krieg und Verfolgung freien Lebensumständen überlebten diese Emigranten das Ende des Dritten Reiches. In Madrid war Bachner Zeuge, wie die spanische Polizei die deutsche Botschaft beschlagnahmte und unter dem Jubel der Anwesenden die Hakenkreuze über dem Eingangsportal abschlug. Der Schriftsteller Rothe war zwei Jahre lang im Auftrag der Alliierten mit der Auflösung der deutschen Schulen und Kulturinstitute in Spanien beschäftigt. Aber lange hielt es die meisten Asylanten nicht mehr im Lande. Jetzt, da die Reisemöglichkeiten wieder leichter geworden waren, wanderten die meisten weiter nach Nord- oder Südamerika oder nach Palästina oder in andere Länder und setzten somit ihren Exodus fort, der in Spanien nur eine meistens unfreiwillige Unterbrechung erfahren hatte.

---

166 Robinson, S. 9f. – Hayes, S. 116, 120. – Wasserstein, S. 205f.
167 Brief vom 23. 5. 1943 an den britischen Botschafter in Madrid, abgedruckt in: Salomon Adler-Rudel: A Chronicle of Rescue Efforts, in: Leo Baeck Institute Yearbook XI (1966), S. 213–241, hier S. 219.
168 Hayes, S. 112f.
169 Bericht der deutschen Botschaft vom 16. 12. 1952 an das AA; PA AA: 210–02–70, Bd. 2.
170 Bachner, S. 219f. – Robinson, S. 10.

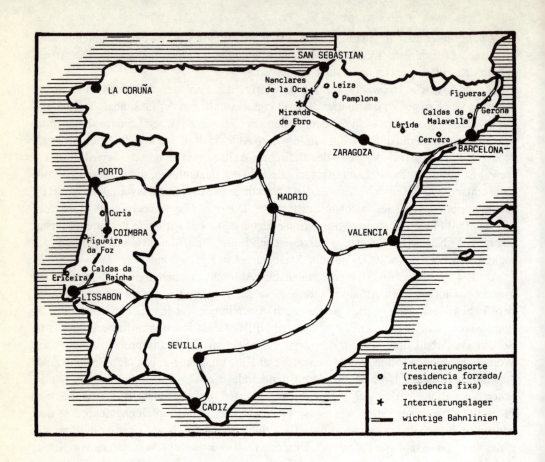

Etappenziel Portugal

Portugal war für viele Emigranten das erste Land, in dem sie sich sicher fühlten. Zwar schwirrten auch hier Gerüchte vom langem Arm der Gestapo, die sich – zumindest teilweise – als berechtigt erweisen sollten. Zwar löste die charakteristische Flüchtlingspsychose Ängste über eine bevorstehende deutsche Besetzung auch dieses Landes aus,[1] das bei naßkaltem Wetter im Februar auf manche recht trostlos wirkte, wobei aber Otto Zoff zugab, daß dieses Bild im wesentlichen durch die eigene desolate Lage im Hinblick auf finanzielle Schwierigkeiten und Visa-Probleme mitbestimmt wurde.[2] Für eine größere Zahl bot Portugal jedoch ein Bild des Friedens, das – anders als das vom Bürgerkrieg verwüstete Spanien – allenfalls von Sturmschäden verunstaltet worden war. Man sah zwar Bettler, aber keine Kriegskrüppel. Es gab keine Sperrstunden und keine Verdunkelung, so daß Lissabon für viele das Antlitz einer heiteren Lichterstadt trug. „Eine bunte, südliche und friedliche Welt", so sah Alfred Döblin das Land. Ähnlich drückte sich Maximilian Scheer aus: „Es ist Friede in Portugal!", und Alma Mahler-Werfel pries „die paradiesische Ruhe in einem paradiesischen Lande".[3]

Selbst die Tatsache, daß man sich in einer Diktatur befand, wurde von vielen durch eine rosige Brille gesehen. Hans Habe verband seine Liebeserklärung an Portugal mit der Feststellung, daß das Herz des Landes (eigentlich) demokratisch schlage. Friedrich Wilhelm Foerster, der linke christliche Pazifist, hatte an Ministerpräsident Salazar, durch dessen persönliches Schreiben ihm die Flucht gelungen war, nichts zu bemängeln. Der mit den Kommunisten sympathisierende Balder Olden betrachtete den Regierungschef als gütigen, alten Universitätsprofessor und weisen Landesvater.[4] Und auch der Sozialdemokrat Erich Ollenhauer bekannte von London aus, wo seine Emigration an ihr geographisches Endziel gelangt war: „Wir haben allerdings noch immer so etwas wie Heimatgefühle, wenn wir in den Zeitungen Nachrichten aus Lissabon lesen, und in der Reihe unserer reichhaltigen Emigrationserinnerungen nimmt Lissabon einen Platz auf der Plusseite ein".[5]

Der Aufenthalt in Portugal konfrontierte die Flüchtlinge mit einem Lande, das durch seine europäische Randlage etwas außerhalb des öffentlichen Bewußtseins stand und vielfach in Vergessenheit geraten war. Und die Regierung bot einen Anblick, durch den es schwerlich mit anderen Staaten Europas verglichen werden konnte. Portugal war – und das erkannten auch seine wohlwollenden Kritiker – keine Demokratie. Die staatlichen

---

1 Coudenhove-Kalergi, S. 246f. – Feuchtwanger, S. 265. – Foerster, S. 546. – Salomon Dembitzer: Visas for America. A Story of an Escape, Sydney: Villon Press, 1952, S. 144f.
2 Zoff, S. 113.
3 Abusch, S. 581f. – Döblin, S. 310. – Mahler-Werfel, S. 446.
4 Habe, S. 375. – Foerster, S. 546. – Olden, S. 67f.
5 Schreiben Erich Ollenhauers vom 30.3.1941 an Dr. Schwerin; AdsD: Emigration – Sopade, Mappe 80.

Sicherheitsorgane stellten unverkennbar den zentralen Machtfaktor dar. In ihren Diensten soll, wie Maximilian Scheer erfahren haben wollte, ein Viertel aller Portugiesen gestanden haben. Sofern ihre Sprachkenntnisse den Emigranten einen Einblick in die Verhältnisse des Landes ermöglichten, konnten sie deutlich die Auswirkungen von Pressezensur und ideologischer Gleichschaltung erkennen. Die Charakterisierung des Salazar-Regimes setzte auf der Seite der Sympathisanten mit Begriffen wie paternalistisch, aufgeklärt absolutistisch, autoritär ein und endete bei scharfen Kritikern mit Worten wie diktatorisch und faschistisch.

Andererseits fehlten dem System typische Besonderheiten, wie sie den Regimen Hitlers, Mussolinis, Francos und anderer eigen waren. So gab es so gut wie keinen Personenkult um den Regierungschef. Während die Diktatoren in Berlin, Rom, Madrid und anderswo sich Denkmäler setzten, Straßen und Plätze nach sich benannten und sich in pompösen Kulten beweihräuchern ließen, lebte Salazar in zurückgezogenen und bescheidenen Verhältnissen, allen öffentlichen Auftritten abhold. Portugal war auch keine Militärdiktatur. Uniformen dominierten nicht das Straßenbild. Vor allem aber wurde die Bevölkerung nicht durch Aufmärsche, durch mehr oder minder erzwungene Mitgliedschaften in der Staatspartei, in paramilitärischen Verbänden und gleichgeschalteten Organisationen mobilisiert. Dem Salazar-Regime, so konservativ und autoritär es war, fehlte der für faschistische Regime charakteristische populistische Zug. Es praktizierte eher die Demobilisierung und Entpolitisierung der Bevölkerung. Hierin wesentlich anders geartet als Deutschland, Italien und Spanien, nahm sich Portugal gerade optisch wohltuend von anderen Rechtsdiktaturen Europas aus. Es ist daher erklärlich, daß dieses Land im Urteil der Flüchtlinge schwankte, aber als Etappenziel auf einer Flucht vor tödlicher Gefahr überwiegend freundlich bewertet wurde.

Entstehungsgeschichte des Salazar-Regimes

Die portugiesische Geschichte weist etliche Parallelen mit der des iberischen Nachbarn auf, wobei aber die Abläufe der politischen Prozesse weniger abrupt und radikal waren.[6] Wie in Spanien hatte auch in Portugal das monarchische System keinen Übergang zu einem modernen demokratischen Verfassungsstaat gefunden. Unfähige, halbabsolutistische Könige, der Einfluß des Großgrundbesitzes und die dominierende Stellung der katholischen Kirche hatten das ganze 19. Jahrhundert über Sperriegel gegen jede Modernisierung gebildet. Zwar hatte das Land sich wirtschaftlich weiterentwickelt und konnte in den Städten wie Lissabon und Porto erste Ergebnisse der Industrialisierung vorweisen. Aber Industrie und Außenhandel waren größtenteils in britischer Hand, die Wirtschaft des Landes weitgehend fremdbestimmt. Den Reichtum des Staates pflegten portugiesische Regierungen in den Überseegebieten zu sehen. Der Erhaltung des Kolonialreiches galt ein

---

6 Zum folgenden Hugh Kay: Die Zeit steht still in Portugal. Hintergrund eines politischen Systems, Bergisch-Gladbach: Lübbe, 1971, S. 30–36.

beträchtlicher Teil der Energien des kleinen Landes. Während Spanien bereits 1898 die Reste seines Imperiums – Kuba, Puerto Rico und die Philippinen – verlor, klammerte sich Portugal an seine afrikanischen und asiatischen Besitzungen und gab sie erst nach der „Revolution der Nelken" im Jahre 1974 frei.

Die Opposition des Landes, die sich in der Restaurationsphase des frühen 19. Jahrhunderts zu formieren begann, blieb schwach und uneinheitlich. Sie vereinigte in sich vorwiegend Liberale und Konstitutionalisten, republikanische und antiklerikale Kräfte, deren intellektuelle Repräsentanten aber in einer eigenen, von der ungebildeten und unpolitischen Mehrheit der ländlichen Bevölkerung vollkommen getrennten Welt lebten. Dagegen blieb die Arbeiterbewegung, die sich in den letzten Jahrzehnten des Jahrhunderts zu formieren begann, in den Anfängen stecken. Marxistische und anarchistische Einflüsse aus Spanien und Frankreich beschränkten sich auf kleine Gruppen, vielfach Geheimbünde ohne breiten Massenanhang. Infolge einer mit tiefer Staatsverschuldung verbundenen schweren Wirtschaftskrise zu Beginn des 20. Jahrhunderts brachen Unruhen aus, und radikale Freimaurerkreise, die sogenannte Carboneria, ermordete König Carlos und den Kronprinzen. Die Erosion des ancien régime beschleunigte sich und wurde unkontrollierbar. Zwei Jahre später, im Herbst 1910, verließ König Manuel II. das Land, am 5. Oktober wurde die Republik ausgerufen.

Mit der Änderung der Staatsverfassung hörten jedoch die Unruhen nicht auf, da nur die Herrschaftseliten ausgewechselt worden waren, nicht aber die Grundlagen des Staates. Zwar wurden die Jesuiten und andere Orden verboten, die Rechte der Kirche stark beschnitten und einige Kirchenführer verbannt. Die bescheidenen Ansätze zu einer Säkularisierung im Bereich des Eherechts und des Bildungswesens waren die ersten und wohl auch einzigen Leistungen der Republik. Zwar wurde Portugal durch britisches Drängen 1916 in den Ersten Weltkrieg verwickelt und entsandte ein mehr symbolisches Expeditionskorps nach Frankreich, blieb aber vom Kriegsgeschehen weitgehend unberührt. Aber der wirtschaftliche Niedergang hielt an, die Unruhen setzten sich fort. Zwischen der Ausrufung der Republik 1910 und der Errichtung des autoritären Staates 1926 amtierten neun Staatspräsidenten und 44 Minister, mußten 25 Aufstände und mehrere Militärcoups niedergeschlagen werden; hinzu kamen mehrere hundert Attentate und Bombenanschläge. Neben den Aktivitäten einer radikalisierten, aber schwachen Linken häuften sich Umtriebe restaurativer Gruppen, vor allem der Monarchisten, aber auch von Bewunderern des italienischen Faschismus.[7]

Portugal war ungefähr an der Stelle angelangt, an der zehn Jahre später, im Sommer 1936, im Nachbarland Spanien der Bürgerkrieg ausbrach. Dieses Schicksal blieb dem Lande zwar erspart, nicht jedoch die Diktatur. Während in Spanien der Putschversuch einer Offiziersclique im Verein mit Falangisten und ultrakonservativen Aktivisten einen Volksaufstand als Gegenreaktion und einen dreijährigen Krieg auslöste, stieß der portugiesische Militärcoup vom Mai 1926 nur auf schwachen Widerstand einiger republikanischer Truppenteile. Eine Militärjunta erwies sich als zu zerstritten, um sich auf ein einheitliches Programm zu einigen, und war überdies fachlich vollkommen inkompetent,

---

7 Ebda., S. 42–46.

um die komplizierte Verwaltung eines Staates zu kontrollieren. Erst mit der Übernahme des Präsidentenamtes durch Oscar António de Fragoso Carmona setzte eine Stabilisierung in der Führungsspitze ein. Mit Blick auf die desolate wirtschaftliche Lage und vor allem auf die der Staatsfinanzen berief Carmona einen damals noch wenig bekannten Juristen und Wirtschaftswissenschaftler von der traditionsreichen Universität Coimbra in das Finanzressort: Salazar. Dieser prüfte seine Arbeitsmöglichkeiten und seinen Spielraum innerhalb der Militärregierung. Als man ihm die Forderung, derzufolge alle Staatsausgaben von seiner Zustimmung abhängig sein sollten, abschlug, legte er nach wenigen Tagen das Ministeramt nieder und kehrte an die Hochschule zurück.[8] Damit war sein erster Anlauf zu einer – ursprünglich wohl kaum angestrebten – politischen Karriere gescheitert.

Der unblutige Militärputsch von 1926 bekam mit einjähriger Verzögerung sein gewalttätiges Nachspiel, ohne daß aber daraus – wie zehn Jahre später in Spanien – ein Bürgerkrieg entstanden wäre. Immerhin wurden bei schweren Unruhen in Lissabon und Porto etwa 180 Menschen getötet und 360 verletzt. Carmona erkannte, daß er die Wirtschaft sanieren mußte, um den sozialen Sprengstoff zu entschärfen. Im März 1928 als Präsident der Republik bestätigt, berief er von neuem den einzigen Sachverständigen für Finanzfragen in Portugal, der sich in Artikeln konkrete Gedanken über die Sanierung des Staatshaushaltes gemacht hatte. Diesmal setzte der Gelehrte seine Forderungen durch. Er erhielt für sein Ressort als Finanzminister die Zuständigkeit über die Höhe des Budgetanteils der anderen Ressorts, die Kontrolle über ihre Ausgaben und schließlich das Vetorecht gegen alle Erhöhungen von Ausgaben. Damit stieg der Finanzminister zum mächtigsten Mann im Kabinett auf und beendete schlagartig den Zuständigkeitswirrwarr und die vorherige chaotische Haushaltspolitik. Durch rigorose Sparmaßnahmen und durch neue Steuern erreichte er bereits nach einem Jahr einen Überschuß im Staatshaushalt. In den folgenden Jahren wurden jährlich etwas mehr als 5 % der Staatseinnahmen der Schuldentilgung zugeführt, wodurch diese bis 1939 abgeschlossen werden konnte. Fast ein Drittel der Einnahmen wurde in den Ausbau von Häfen und Straßen sowie in landwirtschaftliche Arbeiten und Landverbesserungen investiert. Die Goldreserven wurden aufgestockt, und der Escudo gehörte bald zu den stabilsten Währungen der Welt. Als eines von wenigen Ländern überstand Portugal die Weltwirtschaftskrise ohne größere Schäden. Auch Gegner und Kritiker Salazars bescheinigten ihm eine finanzpolitische Meisterleistung.[9]

António de Oliveira Salazar wurde 1889 in Santa Comba unweit Coimbra geboren. Sein Vater war Verwalter auf den Ländereien eines Großgrundbesitzers und besaß selbst einiges Ackerland, während die Mutter zeitweilig den Ausschank eines Arbeitercafés betrieb. Salazar wurde in feudale, patriarchalische und katholische Strukturen hineingeboren. Sie sollten prägend für ihn werden. Die Familie als maßgebendes soziales Strukturelement war und blieb auch politischer Leitgedanke. Den aus dem Liberalismus stammenden Individualismus lehnte er ab und betrachtete auch die Nation als große Familie, deren Wirtschaft und Haushalt nach den gleichen Grundsätzen geregelt werden sollte wie in einer natürlichen Familie. Als Student der Rechtswissenschaften stark von

---

8 Ebda., S. 52–56.
9 Ebda., S. 58–62.

der Enzyklika „Rerum Novarum" Leos XIII. geprägt, waren ihm sozialpolitische Reformvorstellungen nicht fremd, standen jedoch in schroffer Abwehr gegen die marxistisch oder anarchistisch orientierte Arbeiterbewegung. Man wird nicht fehl gehen mit der Feststellung, daß Salazar eine katholische Variante dessen vertrat, was man in Deutschland später als Volksgemeinschaft bezeichnen sollte, und daher gewisse Berührungspunkte mit faschistischen Ideologien – im Falle Salazars mit der „Action Française" – aufwies. Im übrigen war sein Konservatismus recht differenziert, mehr an den Philosophen Augustinus und Thomas von Aquin ausgerichtet als an restaurativen Ideologien des 19. Jahrhunderts und nicht ohne Züge eines aufgeklärten Absolutismus. So lehnte er die Monarchisten ebenso ab wie ultrakonservative Strömungen, was ihn innerhalb der rechts stehenden Politiker im Europa jener Zeit zu einer nur schwer einzuordnenden Erscheinung machte.[10] Auch als Mensch bestimmte das zurückgezogene, bescheidene und eher introvertierte, asketische Wesen eine in der portugiesischen Gesellschaft wohl eher ungewöhnliche Persönlichkeit.[11]

Der aus einer erfolgreichen Hochschulkarriere herausgerissene Finanzminister gewann bald eine führende Stellung im Kabinett, nicht nur durch die Kontrolle über die Arbeit der anderen Ministerien, sondern auch, weil Salazar seine Kabinettskollegen an Ideenreichtum übertraf. 1930 wurde die „União Nacional" gegründet, die sich nicht als Partei, sondern als überparteiliche Sammlungsbewegung verstand und es als ihre Aufgabe betrachtete, den korporatistischen Staatsgedanken in die Öffentlichkeit zu tragen. Das Vorbild des faschistischen Ständestaates war unverkennbar, und Mussolinis Photographie stand so lange auf Salazars Schreibtisch, bis jener sich Hitler näherte. Mit seiner Ernennung zum Präsidenten des Ministerrates (Premierminister) am 5. Juli 1932 trug Staatspräsident Carmona den tatsächlichen Machtverhältnissen Rechnung. Salazar amtierte 36 Jahre lang als Regierungschef und starker Mann Portugals und mußte erst zurücktreten, als ein durch Blutgerinsel im Gehirn verursachter Kollaps seine Amtsführung unmöglich machte. Staatspräsident Carmona amtierte bis zu seinem Tode 1951. Er beschränkte sich ausschließlich auf repräsentative Aufgaben, wie dies auch seine Nachfolger praktizierten.

Salazars wichtigste Handlung war die Ausarbeitung einer neuen Verfassung, die am 19. März 1933 vom Volke mit großer Mehrheit angenommen wurde. Dabei sind an der Urteils- und Meinungsbildung der Bevölkerung folgende Einschränkungen zu machen. Der Verfassungsentwurf war vorher nur in Auszügen veröffentlicht und zur Diskussion gestellt worden. Abstimmungsberechtigt waren nur Männer sowie solche Frauen, die promoviert hatten oder als Witwen den Status von Familienoberhäuptern hatten. Schließlich deuten unterschiedliche Abstimmungsergebnisse an, daß es bei der Auszählung wohl auch Unregelmäßigkeiten gegeben haben muß. Das offizielle und wohl auch annähernd korrekte Ergebnis enthielt bei einer Gesamtzahl von etwa 1,2 Millionen abgegebenen Stimmen ca. 720000 für, knapp 6000 gegen die Verfassung und fast 490000 Enthaltun-

---

10 Ebda., S. 24ff., 38f.
11 Jacques Ploncard d'Assac: Salazar, Paris: La Table Ronde, 1967, S. 9–29. – Peter Fryer/Patricia McGowan Pinheiro: Oldest Ally. A Portrait of Salazar's Portugal, London: Dennis Dobson, 1961.

gen. Auf der Grundlage dieser Verfassung errichtete Salazar in der Folgezeit den „neuen Staat", den Estado novo. Das alte Parteiensystem wurde abgeschafft. An die Stelle des Parlaments trat eine aus zwei Kammern bestehende Nationalversammlung. Die erste Kammer setzte sich aus Vertretern berufsständischer und kommunaler Organisationen zusammen, die zweite aus direkt gewählten Deputierten, bei denen es sich gewöhnlich um Honoratioren handelte. Die wesentlichen Funktionen eines Parlaments – Gesetzgebung, Budgetrecht und Kontrolle der Regierung – besaß die Nationalversammlung, die ohnehin nur drei Monate im Jahr tagte, entweder nicht oder nur in sehr eingeschränktem Maße. Jeder portugiesische Bürger gehörte einer berufsständischen Organisation an, die sowohl Arbeitnehmer als auch Arbeitgeber vereinigte und tarifrechtliche und sozialpolitische Vereinbarungen traf. An den faschistischen Vorbildern orientierten sich die Mitte der 1930er Jahre gegründete Miliz „Legiâo Portuguesa" und die Staatsjugend „Mocidade Portuguesa". Arbeitskämpfe – also Streiks und Aussperrungen – waren verboten. Die in Portugal vormals politisch so wichtige Freimaurerei wurde unterdrückt. Staat und Gesellschaft wurden weitgehend gleichgeschaltet, Presse und Kultur ungeachtet einiger verfassungsmäßig verankerter Freiheitsgarantien stark eingeengt. Portugal war in die Reihe der autoritären, antidemokratischen Staaten Europas eingetreten.[12]

Die Charakterisierung des Landes als „faschistisch" bietet aber eher neue Fragen als Erklärungen an und offenbart die ganze Hilflosigkeit, die dieser durch inflationären Gebrauch unhaltbar gewordene Begriff mit sich bringt. Gemeinsam mit Italien, Deutschland und später Franco-Spanien war die Ablehnung von Demokratie, Liberalismus, Sozialismus und Kommunismus, die Unterdrückung von Gewerkschaften und Parteien, die Überbewertung des (starken) Staates gegenüber dem Individuum, der Vorrang nationaler und imperialer Ansprüche vor Internationalismus und Völkerverständigung. Allerdings finden sich auch markante Unterschiede. Mag man noch im portugiesischen Korporatismus Parallelen zur deutschen „Volksgemeinschaft" erkennen, so fehlen sonstige ideologische Übereinstimmungen fast vollständig. Der Rassengedanke war den Portugiesen fremd. Der Imperialismus beschränkte sich auf die Erhaltung der überseeischen Besitzungen und enthielt keinerlei Aspirationen auf Ziele, die über diesen eher konservativen Rahmen hinausgingen. Salazar stützte sich zwar auch auf das Militär, aber Portugal war keine Militärdiktatur. Die katholische Kirche spielte eine dominierende Rolle in Kultur und Sozialpolitik, aber Portugal war kein klerikaler Staat: Salazar machte die 1910 vorgenommenen laizistischen Beschränkungen für die Kirche niemals rückgängig. Vor allem aber prägte die Person Salazars gewichtige Unterschiede. Er war kein populistischer Demagoge wie Hitler und Mussolini, kein Offizier wie Franco, Horthy, Antonescu oder Metaxas, sondern ein Gelehrter, ein – wenngleich erzkonservativer – Philosoph, der sich keine Denkmäler errichten ließ und den Personenkult verabscheute.

Diese Persönlichkeitsstruktur des Diktators verleitete manche Beobachter dazu, ihn mit Kaiser Mark Aurel, mit Friedrich dem Großen und anderen „Philosophen auf dem Thron" zu vergleichen. Das eingangs geschilderte Bild, das viele Emigranten bei wahrscheinlich geringen Landeskenntnissen von ihm zeichneten, ist vor diesem Hintergrunde zu begrei-

---

12 Zum Estado Novo vgl. Kay, S. 64–82; Ploncard d'Assac, S. 93–110.

fen. Dennoch sind hier einige Korrekturen erforderlich. Die Policia de Vigilância e de Defesa do Estado (PVDE), bekannter unter dem seit 1945 geltenden Namen Policia Internacional e de Defesa do Estado (PIDE), bildete einen umfassenden, das ganze öffentliche Leben erfassenden Apparat. Zu ihren Aufgaben gehörten die Funktionen einer Kriminalpolizei, der Internationalen Polizei, Spionage, Spionageabwehr, Ein- und Auswanderungsfragen, Grenzüberwachung, Staatssicherheit und Gefängnisverwaltung.[13] Sie verfügte über ein umfassendes Repressionsorgan, mit dem die Kommunistische Partei – die einzige gut organisierte Oppositon, – sowie kritische Intellektuelle zum Schweigen gebracht werden konnten. Verhaftungen, Vernehmungen, Folterungen, Verbannungen und Deportationen in das überseeische Straflager Tarafal auf den Kapverdischen Inseln, Einschüchterungen, die Entlassung unbequemer Elemente und vieles mehr waren die Mittel, mit denen das Regime sich gegen Proteste, Streiks, offene Kritik und politischen Boykott absicherte – auf gewöhnlich subtilere Art als in Deutschland oder Italien, aber dennoch nicht ohne gelegentliche Brutalität.[14] Ein Emigrant, der den Häschern der Gestapo entkommen war und Portugal als Etappenziel auf dem Wege zu Freiheit und Sicherheit erlebte, war selten fähig und bereit, einen Blick hinter die Kulissen des Landes zu werfen. Dennoch war manche Situation, in die Emigranten vor allem während des Krieges gerieten, nur vor dem Hintergrunde des autoritären Staates zu begreifen.

Portugal als Asyl-Land 1933–1939

Portugal geriet erst recht spät ins Blickfeld der deutschen Emigration. Vor 1939 boten sich den Flüchtlingen andere, in der Regel näherliegende Ziele an – Frankreich, die Niederlande, die Tschechoslowakei und andere Länder. Selbst überseeische Staaten wie die USA oder Argentinien waren vor Kriegsbeginn stärker gefragte Fluchtziele als jenes kleine Land im äußersten Südwesten Europas. Wer in den ersten sechs Jahren der NS-Diktatur nach Portugal verschlagen wurde, gelangte dorthin eher durch zufällige Anlässe, durch geschäftliche oder private Beziehungen, selten aufgrund einer bewußt getroffenen und durch vorherige Informationen motivierten Entscheidung. Wir finden daher unter den ersten Portugal-Emigranten, soweit dies aus den Quellen beurteilt werden kann, etliche Geschäftsleute, Wissenschaftler und Ärzte, die teilweise schon vor 1933 berufliche Verbindungen in dieses Land geknüpft hatten.

Zu den angedeuteten Ausnahmefällen gehörte das Ehepaar Alice und Paul C. Roche. Er arbeitete damals noch unter seinem ursprünglichen Namen Rothschild als leitender Angestellter in der Firma *Telephonbau & Normalzeit (TN)*. In der näheren Umgebung seines Arbeitsplatzes in Berlin konnte er beobachten, wie stark die Belegschaft nach und

---

13 Douglas Wheeler: In the Service of the Order: The Portuguese Political Police and the British, German and Spanish Intelligence, 1932–1945, in: Journal of Contemporary History 18 (1983), S. 1–25, hier S. 3f.
14 Kay, S. 354–359.

nach in den Sog der Nazi-Bewegung geriet. Auf seinen schon im Frühjahr 1933 geäußerten Wunsch nach Auswanderung reagierte die Geschäftsführung, die unzweideutig zu ihm hielt, mit dem Vorschlag, doch erst einmal die Entwicklung abzuwarten. Als er sich dann im Sommer endgültig zur Emigration entschloß, bot ihm TN prompt die Firmenvertretung in Lissabon an. In dieser Funktion und zusätzlich als Vertreter für *Radio Lorenz* konnte er sich dann ab September 1933 rasch eine solide wirtschaftliche Existenz aufbauen. Unter anderen Umständen lief die Emigration seiner späteren Ehefrau ab. Infolge nationalsozialistischer und antisemitischer Umtriebe an der Universität Heidelberg beschloß sie, nach Ablauf des Sommersemesters 1933 nicht mehr an die Universität zurückzukehren. Ihre Entscheidung für Portugal als Exil-Land wurde bestimmt durch die geographisch abgelegene Lage des Landes, angenehme klimatische Bedingungen und niedrige Lebenshaltungskosten, vergleichsweise unkomplizierte Einreisebestimmungen und nicht zuletzt durch ähnlich ausgerichtete Emigrationswünsche im Freundes- und Bekanntenkreis. Portugal war damals eine Art Geheimtip unter jüngeren ausreisewilligen Personen. Dort lernten sich dann auch die späteren Ehepartner kennen. Durch Frau Roche wurde wiederum auch deren Bruder nach Lissabon geholt. 1935 emigrierte er mit seiner Mutter nach Portugal, wo seine Schwester sich schon niedergelassen hatte, und übernahm dort Vertretungen für deutsche, später für amerikanische Firmen.[15] Es war dies, wie es scheint, ein durchaus typischer Vorgang. Die ersten Emigranten, die meistens infolge von Zufällen nach Portugal gewandert waren, bildeten gewissermaßen „Seilschaften", denen sich spätere Emigranten anschlossen.

Mehr durch Zufälle gelangte auch das Ehepaar Hans und Olga Warmbrunn nach Portugal. Nach Ablauf der Semesterferien im Frühjahr 1933 erhielten beide von Freunden den dringenden Rat, nicht mehr an die Frankfurter Universität, an der sie Rechtswissenschaften studiert hatten, zurückzukehren. Zudem war ihm auch bedeutet worden, daß er als Jude nicht zum juristischen Referendariat zugelassen werde. Bereits um diese Zeit dachten beide an Emigration, jedoch schwebte ihnen als Fluchtziel Nordamerika vor. Verwandte in den USA, zu denen sie deswegen Verbindungen geknüpft hatten, rieten ihnen hiervon ab. Durch Kontakte zu einem Offizier der portugiesischen Armee, der selbst marranischer Herkunft war und die Idee einer jüdischen Einwanderung nach Portugal vertrat, wurden sie auf dieses Land aufmerksam gemacht. Nachdem Hans Warmbrunn im Mai/Juni 1933 eine Erkundungsreise unternommen hatte, stand beider Entscheidung fest. Im Dezember 1933 ließen sich Hans und Olga Warmbrunn in Porto nieder. Ähnlich wie Paul C. Roche übernahm Hans Warmbrunn Vertretungen ausländischer Firmen der Chemie- und Metallindustrie. Er engagierte sich in der jüdischen Gemeinde von Porto, wurde bald in deren Vorstand gewählt und später auch zum Schatzmeister des jüdischen Friedhofs ernannt. Außerdem betätigte sich Hans Warmbrunn in jüdischen Hilfsorganisationen. Da die Gemeinde in Porto klein und mittellos war, wurde sie von einer sephardischen Gemeinde in London unterstützt, unter anderem beim Bau einer Yeshiva.[16]

Im Januar 1936 registrierte die deutsche Gesandtschaft etwa ein Dutzend von Emigran-

---

15 Interviews Alice und Paul C. Roche, Max Nachmann.
16 Interview Olga Warmbrunn. – BHE I, S. 796.

ten gegründete, betriebene oder geführte Firmen. Dazu gehörten die Firmen *Química Luso-Alemã* (Pharmazeutika), *Difaria* (Damenwäsche), *Sapano* (Automaten), eine Fabrik für Reißverschlüsse, ein Architekturbüro, eine Arztpraxis und die Firma *Amisomos Ltd.*, deren Branchenzugehörigkeit nicht zu ermitteln war. Um diese Zeit waren der Gesandtschaft 148 Emigranten (unter Einschluß von Frauen und Kindern) namentlich bekannt. Daß damit nur etwa ein Viertel aller Flüchtlinge aus Deutschland erfaßt war, geht aus einem Schreiben der Gesandtschaft vom Mai 1935 hervor, in dem ihre Gesamtzahl aufgrund von Angaben der portugiesischen Polizei auf 600 geschätzt wird.[17]

Offensichtlich wurden den Emigranten in jener Zeit von seiten der einheimischen Behörden keine Schwierigkeiten bereitet, sich in Portugal beruflich zu betätigen. Zwar gab es die Einrichtung der Arbeitserlaubnis, die Ausländern nur selten erteilt wurde, um den Arbeitsmarkt für Einheimische zu schützen. Es war aber Nicht-Portugiesen sehr wohl gestattet, als selbständige Unternehmer Firmen zu gründen und zu leiten. Probleme schuf allenfalls die deutsche Mission in Lissabon. In dem zitierten Schreiben der Gesandtschaft vom 12. Januar 1936 wird erwähnt, daß die Emigranten den in Portugal ansässigen „arischen" reichsdeutschen Exportkaufleuten Konkurrenz machen könnten. Auf Anweisung aus Berlin wurde die Vertretung der Firma *Lorenz* gezwungen, Paul C. Roche zu entlassen. Hierzu wurde er formell ins deutsche Konsulat gebeten, wo man ihm seine Entlassung hinter fadenscheinigen Vorwänden wie schlechter Auftragslage zu verbergen versuchte. Erst nach längerem Insistieren gaben die Beamten zu, daß es sich um eine Maßnahme im Rahmen der „Arisierung" handelte. Roche gründete darauf mit einem portugiesischen Kompagnon die Firma *Primax* und übernahm die Firmenvertretung für den niederländischen *Philipps*-Konzern. Dagegen erstreckten sich die Auflagen der portugiesischen Behörden allenfalls auf die Einstellung ausländischer Mitarbeiter, solange kein Einheimischer dieselbe Arbeit verrichten konnte, und auf die Teilhaberschaft von Einheimischen in ausländisch geführten Firmen. Selbst in Branchen, in denen in fast allen Aufnahmeländern einheimische Standesorganisationen beträchtliche Barrieren gegen die Niederlassung auswärtiger Konkurrenten errichteten, konnten Emigranten ihren erlernten Beruf ausüben. Diese Feststellung gilt vor allem für Ärzte. Zwar mußten deutsche Mediziner die portugiesischen Examina nachholen, wie dies in fast allen Ländern erforderlich war, aber ihnen wurde darauf die Zulassung nicht verweigert, was freilich einzelne bürokratische Hindernisse nicht ausschloß. Es gab mehrere Beispiele für niedergelassene Emigrantenärzte aus Deutschland, die sich in Lissabon, aber auch in der Provinz niederließen. Aus der Hauptstadt sind die Namen Dr. Wohlwill und Dr. Wachsmann überliefert. Möglicherweise hat ein akuter Ärztemangel außerhalb der großen Städte die Niederlassungschancen erleichtert. Erwähnenswert sind die aus Süddeutschland bzw. dem Elsaß stammenden Eheleute Bergmann, er Germanist, sie Augenärztin, die Anfang 1937 Unterschlupf auf Madeira fanden und dort siebzehn Jahre blieben. Bereits 1933 ließ sich ein anderer Augenarzt, Walter Emanuel Alexander-Katz aus

---

17 Schreiben der Gesandtschaft vom 12.1.1936 an das AA mit Anlage „Liste der hiesigen größeren Emigrantenfirmen"; Schreiben der Gesandtschaft vom 14.5.1935 an das AA; PA AA: Missionsakten Lissabon: DV, Bd. 1: Juden, Emigranten, Ausbürgerungen.

Hamburg, in der Inselhauptstadt Funchal nieder und blieb dort bis zum Kriegsende, um dann seine Praxis nach Lissabon zu verlegen.[18]

Von seiten der portugiesischen Bevölkerung erlebten die Emigranten in den 1930er Jahren ein überwiegend freundliches Verhalten. Gelegentliche Scherereien mit der portugiesischen Polizei beschränkten sich auf eher bürokratische Probleme: ungültige oder abgelaufene Papiere und kleinere Ordnungswidrigkeiten. Politisch wurden die Emigranten nicht behelligt, allerdings gab es mit Zunahme der Emigrantenzahlen auch gelegentliche Versuche der allmächtigen Geheimpolizei PVDE, einzelne Emigranten für Spitzeldienste zu gewinnen und im Weigerungsfalle durch die Androhung von Schwierigkeiten dazu zu zwingen; es erforderte taktisches Geschick, sich einem derartigen Ansinnen zu entziehen. In den ersten Exil-Jahren in Portugal hatten die Emigranten im allgemeinen auch keine Differenzen mit der dort ansässigen auslandsdeutschen Kolonie. Man verkehrte ohne jede Einschränkung miteinander. Erst um 1937/38 ging die Nazifizierung dieses Personenkreises so weit, daß einige Deutsche den Kontakt zu jüdischen Flüchtlingen abbrachen, jedoch hielten sich keineswegs alle an die von der Gesandtschaft oder anderen Stellen ausgegebenen Weisungen.[19]

In der Regel handelte es sich vor dem großen Flüchtlingsstrom während des Krieges fast durchweg um jüdische Flüchtlinge, um unpolitische Personen meistens, die den Gefahren und Unbillen der Heimat entflohen waren, aber kaum in Parteien oder Organisationen aktiv gewesen waren. Portugal war 1933 ein autoritärer Staat bzw. begann es zu werden und insofern kein attraktives Asyl-Land für politische Aktivisten, die mit wenigen Ausnahmen der Linken angehörten. Im Dezember 1933 wurden, dem oben zitierten Schreiben der Gesandtschaft zufolge, die Geschwister Arthur und Hilda Adler aus Portugal ausgewiesen, weil sie das „Braunbuch" verbreitet hatten. Die beiden Adlers, in den Quellen mitunter als Ehepaar bezeichnet, begegnen auch dem Forscher, der sich mit der deutschen Emigration in Spanien vor Ausbruch des Bürgerkrieges befaßt. Noch im Januar 1933 hatten sie Deutschland in Richtung Spanien verlassen und sich zunächst in Madrid damit über Wasser gehalten, daß sie deutsche Exil-Zeitungen und antifaschistische Literatur vor und in deutschen Clubs, Restaurants und Buchhandlungen verkauften, bis ihnen nach Intervention der deutschen Botschaft der Zutritt zu derartigen Etablissements untersagt wurde. Danach scheinen sie es mit geringem Erfolg in Lissabon versucht zu haben, bis sie ausgewiesen wurden. Erst drei Jahre später, nach Ausbruch des Spanischen Bürgerkrieges, war es den beiden Sozialdemokraten möglich, sich politisch zu engagieren.[20] – Politische Emigranten sollen auch drei weitere Personen gewesen sein, denen die Gesandtschaft in Lissabon kommunistische Aktivitäten nachsagte. Gegen einen von ihnen, Walter Bonné, lief in Berlin ein Ausbürgerungsverfahren.[21] Aber sonst dürften sich

---

18 Eberhard Axel Wilhelm: „17 anos de exílio na Madeira. Um casal alemâo refugiado de Hitler chegou cá há 50 anos", in: Atlântico. Revista de temas culturais No. 9 (1987), S. 27–31. – Ders.: „Judeus na Madeira refugiados dos nazis. No rasto duma família de médicos de Hamburgo", in: Lusorama Nr. 6 (1987), S. 43–50. – Interview Alice und Paul C. Roche.
19 Interviews Alice und Paul C. Roche, Olga Warmbrunn.
20 Mühlen: Spanien, S. 42.
21 Schreiben der Gesandtschaft vom 12. 1. 1936 an das AA; vgl. Anm. 16.

politische Flüchtlinge zu dieser Zeit kaum in Portugal aufgehalten haben. Im Sommer regte die NSDAP-Auslandsorganisation bei der Gesandtschaft die Anlage eines Zentralregisters aller deutschen Emigranten in Portugal an. Die Gesandtschaft verwies auf eine im deutschen Konsulat geführte „Juden-Kartei", für deren Erweiterung jedoch das erforderliche Personal fehle. Auf weiteres Drängen stellte schließlich das Konsulat fest, daß sich in seinem Amtsbezirk, soweit erkennbar, keine politischen Emigranten aufhielten.[22]

Bereits um 1938 muß die Zahl der jüdischen Flüchtlinge derart angewachsen sein, daß mit ihrer Anwesenheit auch soziale Probleme entstanden waren. Solange bestimmte quantitative Grenzen nicht überschritten wurden, konnten Emigranten relativ leicht von der sich erholenden portugiesischen Wirtschaft integriert werden. Vielfach gelang es ihnen, irgendwelche ökonomischen „Nischen" ausfindig zu machen oder Marktlücken auszunutzen. Mit steigender Zahl wurden jedoch Arbeitsmarkt und Wirtschaftssektor des Aufnahmelandes gesättigt, so daß mittellose Emigranten zu Sozialfällen wurden. Sie wurden in aller Regel durch die karitative Hilfe der jüdischen Gemeinden vor dem Absturz ins Elend bewahrt.

Jüdische Gemeinden gab es in Lissabon, Porto, Faro und Braganza. Die größte befand sich in der Hauptstadt. Die Gesamtzahl der Gemeindemitglieder in Portugal, in der die Emigranten wahrscheinlich noch nicht enthalten waren, betrug nach einigen Angaben 380, nach anderen um 1 000.[23] Der Widerspruch löst sich wohl dadurch auf, daß jüdische Gemeinden ihre Mitglieder oft nach Familienhäuptern oder Haushaltsvorständen zählen, so daß zu diesen noch Ehefrauen, ältere Angehörige, unmündige oder unverheiratete Kinder und ggf. Hauspersonal mitgerechnet werden müssen. Bereits 1933 soll von der Lissaboner Gemeinde ein Hilfskomitee eingerichtet worden sein, das sich um Emigranten kümmerte, die in Portugal bleiben oder in die portugiesischen Überseebesitzungen weiterwandern wollten. Da die Gemeinden arm und daher, wie das Beispiel in Porto gezeigt hat, selbst auf auswärtige Hilfe angewiesen waren, ist zu vermuten, daß ihre karitative Arbeit von Hilfsorganisationen unterstützt wurde. Allzu auffällig ist die Sozialarbeit des 1933 umbenannten Jüdischen Hilfsvereins wohl auch nicht gewesen, jedenfalls berichtete die deutsche Gesandtschaft erst im August 1938 über sie nach Berlin. Die „Commissão Portuguesa de Assistência aos Judeus Refugiados" (Commassis) wurde von dem jungen Arzt Augusto d'Esaguy geleitet. Ehrenpräsidenten waren der emeritierte Literaturprofessor Adolfo Benarus sowie Professor Moses B. Amzalak, Geschäftsmann, Direktor des Instituts für Volkswirtschaftslehre und Mitglied der Akademie der Wissenschaften. Amzalak hatte gemeinsam mit Salazar Volkswirtschaft in Coimbra studiert, und diese Bekanntschaft setzte sich fort als enges Beraterverhältnis. Es ist daher zu vermuten, daß das Flüchtlingskomitee eine offizielle Billigung von seiten der Regierung genoß. Wir wissen wenig über die Arbeit des Komitees. Erwähnt wird im Schreiben der Gesandtschaft nur, daß mittellose Flüchtlinge von ihm verpflegt und entweder nach Frankreich oder nach

---

22 Schreiben der Gesandtschaft vom 10. 11. 1937 an das Konsulat und dessen Antwortvermerk; PA AA: Missionsakten Lissabon; DV, Bd. 1: Juden, Emigranten, Ausbürgerungen.
23 Wischnitzer: Visas, S. 170.

Tanger befördert wurden.²⁴ Wir dürfen aber vermuten, daß es sich zu weiten Teilen auf die finanzielle Hilfe durch auswärtige, vor allem amerikanische jüdische Organisationen stützen konnte.

Die Asyl-Politik Portugals vor dem Massenandrang von Flüchtlingen war uneinheitlich und inkonsequent. Bis Frühjahr 1935 scheint es überhaupt keine offiziellen Äußerungen zur Anwesenheit fremder Flüchtlinge im Lande gegeben zu haben. Erst im Mai dieses Jahres erfuhr die deutsche Gesandtschaft von ersten Restriktionen der portugiesischen Grenzbehörden gegenüber einreisewilligen Flüchtlingen. Auf Anfrage erkärte der zuständige Polizeidirektor von Lissabon, daß jüdische Emigranten künftig nicht mit einem Niederlassungsrecht würden rechnen können; die bereits ansässig gewordenen Personen würden in Kürze ausgewiesen.²⁵ Aber erst ein Jahr später meldete die Gesandtschaft nach Berlin, daß die Einreisebestimmungen nach Portugal verschärft worden seien, und regte an, die Auswandererberatungsstellen auf den erschwerten Zuzug in dieses Land hinzuweisen. Etwa zur gleichen Zeit teilte der Generalsekretär der Geheimpolizei PVDE dem deutschen Konsulat in Lissabon mit, daß die Grenzbehörden angewiesen worden seien, den Zustrom jüdischer Flüchtlinge zu unterbinden. Zwar wurden andere Restriktionen, nach denen Inhabern von Pässen von fünfjähriger Geltungsdauer die Einreise verwehrt wurde, wieder aufgehoben, aber andererseits schlug die PVDE der Regierung Maßnahmen vor, die vor allem durch Beschränkungen bei Aufenthalts- und Arbeitserlaubnissen den Zustrom von Asylanten eindämmen sollte. Aufschlußreich war die Begründung: daß nämlich die Personen, die „[...] in ihrem Geburtslande bei der gegenwärtigen internationalen Lage unerwünscht sind, es natürlich aus den gleichen Gründen in Portugal sind".²⁶

Die Konsequenzen dieser Politik brachten jene Widersprüche in der Asyl-Politik zutage, die eigentlich in der nationalsozialistischen Emigrationspolitik angelegt waren. Einerseits förderte das Dritte Reich die Abwanderung von Juden, andererseits behinderte es sie auf vielfache Weise: in Deutschland selbst durch kleinliche Devisenvorschriften und andere Maßnahmen, im Ausland durch die Unterstützung aller solcher Kräfte, die sich gegen die Aufnahme jüdischer Asylanten richteten. Dieser Widerspruch wurde recht bald deutlich am konkreten Fall des Ehepaares Wilhelm und Stefanie Lion aus Dortmund, das bei der Vertretung des Deutschen Reiches die Verlängerung ihrer Papiere beantragte, da beiden von portugiesischer Seite die Weiterreise nahegelegt worden war. Die von der Gesandtschaft konsultierte Polizeistelle in Dortmund bat darum, dem Paar neue Reisepässe zu verweigern, um dadurch ihre mögliche Rückkehr nach Deutschland zu verhindern. Darauf schaltete sich das portugiesische Außenministerium ein, das an einer Abwanderung des Ehepaares interessiert war, diese aber durch bürokratische Hemmnisse

---

24 Vermerk der Gesandtschaft vom 27. 8. 1938 und Schreiben vom 14. 9. 1938 an das AA; Anm. 21 – Wischnitzer: Visas, S. 170.

25 Schreiben der Gesandtschaft vom 14. 5. 1935 an das AA; ebd.

26 Telegramm der Gesandtschaft vom 15. 5. 1936 an das AA; PA AA: Pol. III, Po. 36 Portugal: Judenfrage. – Schreiben des Generalsekretariats vom 11. 5. 1936 an das Konsulat Lissabon; PA AA: Missionsakten Lissabon; DV, Bd. 1: Juden, Emigranten, Ausbürgerungen.

von deutscher Seite behindert sah.[27] Wie dieser Einzelfall ausging, geht aus den Akten nicht hervor; er zeigt aber, daß Exil und Asyl in Portugal schwieriger wurden.

Der Ausbruch des Bürgerkrieges im Nachbarland Spanien wirkte sich auf zweifache Weise auf die Emigrantenszene aus. Zum einen ging der Zustrom von Asylanten, der bis dahin größtenteils über den Landweg nach Portugal gelangt war, spürbar zurück, was wiederum den Entscheidungsdruck auf die Regierung in Lissabon verringerte. Zum andern aber wurde das Salazar-Regime politisch sensibler. Portugal hatte bis dahin in Erinnerung seiner imperialen Vergangenheit vor sich hin geträumt und befand sich nun plötzlich in der unmittelbaren Nachbarschaft einer internationalen Konfliktzone. Mehrere Bombenanschläge in Lissabon zeigten, daß Portugal nicht außerhalb des Zeitgeschehens lag. Der eine – vom 21. Januar 1937 – richtete keinen Personenschaden an, bildete aber den Anlaß für eine verschärfte Innenpolitik. Ein zweites Bombenattentat vom 5. Juli 1937 richtete sich gegen die Person Salazars selbst, als dieser auf dem Wege zur Messe war, und verfehlte ihn nur knapp. Bereits im März hatte die Polizei eine Reihe von Emigranten ausgewiesen, obwohl irgendein Zusammenhang zwischen ihnen und den Gewaltakten nicht nachweisbar war. Aber man unterstellte ihnen eine Mentalität, die subversiven Ideen Vorschub leisten könnte, und wollte in vorbeugender Absicht ein warnendes Beispiel gegen potentielle Akteure politischer Umtriebe geben. Ausgewiesen wurden neben einigen polnischen und tschechoslowakischen Emigranten zwölf deutsche Staatsbürger, durchweg Flüchtlinge. Einer von ihnen, der als Firmenvertreter und Kaufmann erfolgreiche Louis Asch, wurde als Hauptführer und Financier der Emigranten bezeichnet, was immer eine solche Charakterisierung bedeuten sollte. Politische Äußerungen kritischen Inhalts über den Nationalsozialismus waren nur von einem (Rudolf Dornig) bekannt. Eine psychisch wohl etwas labile Frau beging vor ihrer Ausweisung Selbstmord. Die meisten Emigranten dürften, ihrer erklärten Absicht gemäß, nach Frankreich ausgereist sein.[28]

Bis etwa 1936 hatten Flüchtlinge hin und wieder die portugiesische Staatsbürgerschaft erwerben können. Dies wurde ihnen in solchen Fällen leicht gemacht, in denen sie entweder einheimische Personen geheiratet oder wichtige Stellen in Wirtschaft und Gesellschaft erlangt hatten. Seit Ausbruch des Spanischen Bürgerkrieges wurde jedoch die Naturalisierung nur noch selten vorgenommen. Hier wurden, wie die Gesandtschaft nach Berlin meldete, seit jenen Attentatsversuchen besonders strenge Maßstäbe angesetzt, die jedoch nicht so konsequent angewendet wurden, daß nicht einzelne Personen, die sich nicht politisch betätigt und nicht linker Ideen verdächtig waren, doch noch eingebürgert wurden.[29] Dennoch wurden die Restriktionen spürbar, die wiederum Ausdruck eines sich wandelnden Meinungsbildes innerhalb des Staatsapparates wurden. Das Innenministerium übermittelte der Internationalen Sektion der Geheimpolizei PVDE seinen Standpunkt gegenüber den damals geschätzten 600000 Flüchtlingen in Europa, zu denen noch

---

27 Schreiben der Gesandtschaft vom 7. 7. 1936 an das AA; vgl. auch Rundschreiben der Gesandtschaft an die Konsulate Porto, Funchal und Punta Delgada; ebda.
28 Schreiben der Gesandtschaft vom 6. 3. 1937 an das AA; ebda. – Kay, S. 96f. – Nachweisbar ist allerdings nur die Ausweisung von Louis Asch; MNE: Indesejáveis (3º – 1 – M 666).
29 Bericht der Gesandtschaft vom 14. 9. 1937 an das AA; PA AA: Inland II A/B (83–76 Sdh. I): Einbürgerungsbereitschaft – Berichte auf den Erlaß vom 16. 3. 1937.

neuerdings die österreichischen Juden hinzugerechnet werden müßten. Bislang habe Portugal die Massenströme der Emigranten von seinen Grenzen unauffällig abhalten können. Das grundsätzliche Mißtrauen bestehe gegenüber der Fremdartigkeit der Flüchtlinge, die auch durch Einbürgerung nicht verändert werde. „In der Tat, es sind nicht die Einbürgerungen, die den persönlichen Charakter des Eingebürgerten verdecken oder bloßstellen, und noch weniger seine äußere Anpassung, sondern vielmehr sein politischer Glaube, soziale Überzeugungen, Lebensstandard, Internationalismus etc. (Fall der Juden)". Daher solle man in Portugal auch keinen Vertreter des Hohen Kommissars des Völkerbundes für Flüchtlinge zulassen.[30]

Einige Zeit verhielt sich die Polizei noch so flexibel, daß sie auch Personen ohne Visum einreisen ließ, wenn ihre Weiterreise gewährleistet war. 1938 kam es erstmals zu einer kollektiven Einreiseverweigerung. Als im September dieses Jahres neunzehn jüdische Emigranten aus Wien mit gültigen deutschen Papieren und der Rückkehrgarantie des Deutschen Reiches in Lissabon an Land gehen wollten, erklärte sie die Polizei zu unerwünschten Ausländern. Sie mußten an Bord des Dampfers „Monte Sarmiento" zurückkehren.[31] Wenige Wochen später wurde die portugiesische Gesandtschaft in Berlin beim Auswärtigen Amt vorstellig. Den Anlaß bildete ein ähnlicher Vorfall, bei dem 350 Emigranten in Lissabon von Bord gehen wollten, jedoch von der Polizei daran gehindert wurden. Die Gesandtschaft erklärte, daß Portugal künftig einen Visumzwang für Emigranten einzuführen gedenke, um den großen Andrang von Asylanten einzudämmen. Als besonderes Problem habe sich der Zustrom jüdischer Ärzte erwiesen.[32]

Als die Emigrantenströme 1938/39 an Umfang zunahmen, wurde auch Portugal vor die gleiche Situation gestellt, in der schon andere Länder – die Schweiz, Großbritannien, die USA, lateinamerikanische Staaten – im allgemeinen keine gute Figur gemacht hatten. Angst vor Überfremdung, Mißtrauen gegenüber einem politisch schwer einzuschätzenden Bevölkerungselement und nicht zuletzt ein latenter Antisemitismus hatten in vielen Ländern eine Restriktionspolitik begleitet. Portugal kannte keinen tief eingewurzelten Antisemitismus, was freilich auch damit zusammenhing, daß es in dem Lande seit den großen Vertreibungen des 16. und 17. Jahrhunderts keine nennenswerte jüdische Bevölkerung gab, gegen die sich Aggressionen hätten richten können. Die in der frühen Neuzeit zwangsweise christianisierten Juden, die Marranen, waren längst in der portugiesischen Bevölkerung aufgegangen, und die wenigen Familien mosaischen Glaubens waren erst im 19. Jahrhundert eingewandert. Noch Anfang 1944 konstatierte die deutsche Gesandtschaft, daß es in Portugal keinen Antisemitismus gebe.[33] Die portugiesischen Bedenken gegen die Aufnahme jüdischer Flüchtlingsmassen wurden daher nicht von rassistischen

---

30 Schreiben des Innenministeriums vom 16. 7. 1938 an das Außenministerium mit beiliegender Stellungnahme der Secçâo Internacional da PVDE vom selben Datum; MNE: Minorias e Refugiados (2° – 47 – M 58).
31 Telegramm der Gesandtschaft vom 14. 9. 1938 an das AA; PA AA: Missionsakten Lissabon DV, Bd. 1: Juden, Emigranten, Ausbürgerungen.
32 Schreiben des AA vom 22. 10. 1938 an die Gesandtschaft Lissabon; ebda.
33 Bericht der Gesandtschaft vom 8. 1. 1944 an das AA; PA AA: Inland II A/B: (83–26) Portugal – Judenfrage.

Motiven geleitet als vielmehr von der Angst vor einer sprachlich und kulturell anders gearteten Bevölkerungsgruppe, mit deren Aufnahme und Integration sich die Regierung überfordert fühlte. Als der deutsche Gesandte Baron Hoyningen-Huene im Juli 1939 im portugiesischen Außenministerium vorsprach, um die Haltung der Lissaboner Regierung zu erkunden, erwiderte Generalsekretär Luiz Teixeira de Sampayo, daß Portugal kein jüdisches Problem habe, andererseits sehr töricht wäre, wenn es durch Aufnahme einer größeren Zahl von Flüchtlingen ein solches entstehen ließe.[34] Das Meinungsbild der PVDE und des Innenministeriums färbte auch auf die Haltung des Außenministeriums ab.

Ein Vorfall, der allerdings nicht die Lage der Flüchtlinge betraf, mag dies verdeutlichen. Im September 1938 wandte sich der portugiesische Gesandte in Berlin, Alberto da Veiga Simôes, an das Außenministerium in Lissabon und schilderte ihm die Judenverfolgungen in Deutschland, von denen auch drei portugiesische (Honorar-) Konsuln, die von Frankfurt und Nürnberg und der Vizekonsul in Chemnitz, betroffen waren: Es handelte sich bei ihnen um deutsche Staatsbürger aus jüdischen Familien, die teilweise schon seit Jahrzehnten, in einem Falle schon seit 42 Jahren, Portugal in ihrer Heimatstadt verträten. Die Verleihung der portugiesischen Staatsbürgerschaft würde ihnen einen gewissen Schutz vor Belästigungen gewähren. Das Außenministerium lehnte dies Ansinnen mit Rücksicht auf mögliche Schwierigkeiten mit dem Dritten Reich ab. Darauf schlug der Gesandte wenigstens eine Ordensverleihung an die drei vor, die gleichfalls einen gewissen Schutz ausüben würde. Aber auch hierauf teilte das Außenministerium der Gesandtschaft mit, daß es eine solche Maßnahme nicht für opportun halte.[35]

Auch hier gilt es festzustellen, daß die portugiesische Politik nicht von antisemitischen Motiven bestimmt wurde. Portugal setzte sich energisch und erfolgreich für seine eigenen Bürger jüdischer Herkunft ein, die sich während des Krieges im deutschen Machtbereich aufhielten. Wie wir sehen werden, wurden sie dadurch vor der Deportation in die Vernichtungslager gerettet. Das Verhältnis zwischen Portugal und den Emigranten während des Krieges wurde vielmehr von innen- und außenpolitischen Faktoren bestimmt, für die der neutrale Kurs des Landes, seine strategische Bedeutung und die allgemeine Kriegslage entscheidend waren. Andererseits besagte die Tatsache, daß es in der Bevölkerung bisher keinen weitverbreiteten Antisemitismus und keine Xenophobie gab, nicht, daß bestimmte Regierungskreise oder einzelne Persönlichkeiten vollkommen frei davon gewesen wären. Im Zeitraum 1938/39 machte sich auch in Portugal ein Stimmungsumschwung bemerkbar.

Im Juni 1939 verfaßte der PVDE-Hauptmann Paulo Cumano, der von seiten seiner Behörde mit der Flüchtlingsproblematik befaßt war, einen Vermerk, der in seiner Feindseligkeit gegenüber Emigranten keine Unklarheiten ließ. Es habe sich gezeigt, daß die Lösung des Flüchtlingsproblems durch Absorbierung der Emigranten für alle Aufnahmeländer eine Gefahr mit sich gebracht habe. Schon am 13. Juli 1938 habe man sich im

---

34 Bericht der Gesandtschaft Lissabon vom 22. 7. 1939 an das AA; PA AA: Pol. II: Po. 36 Portugal – Judenfrage.
35 Schreiben der Gesandtschaft in Berlin vom 14. 9. 1938 und 20. 12. 1938 an das Außenministerium und dessen Antworten vom 23. 11. 1938 und 8. 2. 1939; MNE: Perseguição alemã aos Judeus (1º – 47 – M 9).

Innenministerium angesichts der Aufnahme ehemals österreichischer Juden den Standpunkt der zuständigen PVDE-Sektion zu eigen gemacht, wonach man Portugal nicht als Asylland (país de refúgio) betrachten dürfe. Die PVDE sehe es daher als ihre Aufgabe an, wie bisher, ohne großes Aufsehen bei der internationalen oder gar jüdischen Presse zu erregen, den Flüchtlingsstrom von Portugal abzuwenden und damit auch „[...] die Gefahr einer Invasion unerwünschter Extremisten und der Entstehung einer Minderheit".[36] – Paulo Cumano galt seitdem als der große Gegner der Flüchtlinge im portugiesischen Behördenapparat, was nicht weiter verwunderlich ist: hatte er doch in den 1930er Jahren eine polizeiliche und vermutlich auch ideologische Schulung als Gast des Reichssicherheitshauptamtes in Deutschland erfahren.

Portugal im Zweiten Weltkrieg

Die Lage der wenigen neutral gebliebenen oder vom Kriege nicht berührten Länder Europas war während des Zweiten Weltkrieges eine außerordentlich prekäre. Entweder grenzten sie an den deutschen Machtbereich (Schweiz, Schweden, Spanien) und waren somit den möglichen Pressionen eines größenwahnsinnigen Expansionismus ausgesetzt, oder sie waren aufgrund ihrer bedeutenden strategischen Lage für beide Lager von Interesse und somit Gegenstand des Druckes von vielen Seiten. Zu diesen Ländern gehörte – neben Irland und der Türkei – auch Portugal, das sich mit einer geschickten Schaukelpolitik allen denkbaren bewaffneten Konflikten zu entziehen verstand.[37] Zwar sympathisierte es keineswegs mit dem Nationalsozialismus, wie dies gelegentlich behauptet wird, respektierte aber das Dritte Reich als antikommunistisches Bollwerk und pflegte gute Beziehungen zu Francos Spanien, Mussolinis Italien und Pétains Frankreich. Portugal gehörte nicht der Achse an und beabsichtigte auch niemals seinen Beitritt, bewegte sich aber in deren Halbschatten. Andererseits war es durch einen 1373 mit England geschlossenen Beistandspakt mit der zunächst wichtigsten kriegführenden Macht des anderen Lagers liiert – ein Bündnis, das von beiden Seiten trotz seines ungewöhnlichen Alters von über 550 Jahren nach wie vor als gültig angesehen wurde. Die Schwachpunkte Portugals lagen in seinen überseeischen Besitzungen, von denen sich Macao und Timor in japanischem Einflußgebiet befanden, die indischen Enklaven Goa, Diu und Damão im britischen; und die afrikanischen Kolonialgebiete waren seit jeher Gegenstand portugiesischer Ängste vor Aufteilungsplänen durch andere Kolonialmächte gewesen. Schließlich zogen die Inseln bzw. Inselgruppen Madeira, Azoren und Kapverden wegen ihrer für den atlantischen Seekrieg günstigen strategischen Lage das Interesse der Vereinigten Staaten auf sich, die Stützpunkte oder Militärbasen für den Nachschub nach Europa suchten.

Als kleines Land mit verwundbarem Staatsgefüge war Portugal durch das Kriegsge-

---

36 Paulo Cumano: „Refugiados provindos da Austria, 1939"; MNE: Refugiados (2º – 47 – M 58).
37 Als Übersicht vgl. Kay, S. 138–189; Ploncard d'Assac, S. 168–207.

schehen aus einer fast vergessenen Randlage in das Zentrum politischer Interessenkonflikte geraten. In dieser schwierigen Situation blieb der Regierung als einziges die strikte Neutralität übrig, die auch von beiden feindlichen Lagern als die – wenngleich zweitbeste – Lösung akzeptiert wurde. Zwar wachten beide Seiten argwöhnisch über Warenlieferungen, Landeerlaubnisse und andere wirkliche oder vermeintliche Vergünstigungen für die Feindseite, scheinen jedoch weder in London (und später in Washington) noch in Berlin und Rom einen portugiesischen Kriegseintritt auf seiten des einen oder anderen Kriegsgegners eingeplant zu haben.[38] Portugal versuchte, dem von allen Seiten ausgeübten Druck dadurch standzuhalten, daß es seine Beziehungen zum Vatikan, zu Spanien und zur alten Tochternation Brasilien ausbaute. Mit dem Heiligen Stuhl schloß Lissabon 1940 ein Konkordat ab, mit dem einige seit Jahren strittige Rechtsfragen geklärt wurden. Und Brasilien, das als einziges lateinamerikanisches Land militärisch in die europäischen Kampfhandlungen eingriff, erwies sich gelegentlich als guter Vermittler zu Washington.

Vor allem aber Spanien sollte eine zentrale Stütze der Lissaboner Außenpolitik werden, wobei auch dieses Verhältnis nicht frei war von portugiesischen Ängsten. Man hatte noch sehr wohl die in spanischen Falange-Kreisen erörterten Pläne in Erinnerung, Portugal nach dem Vorbilde der von Philipp II. 1580 begründeten und erst 1640 wieder gelösten Personalunion mit Spanien zu vereinigen und diesen iberischen Großstaat zum Flaggschiff der lateinamerikanischen Staatenwelt unter Einschluß der überseeischen Gebiete beider Länder zu machen. Konkreter als diese eher im Phantastischen angesiedelten Vorstellungen waren Lissaboner Befürchtungen, daß Spanien sich zu sehr der Achse nähern und damit auch Portugal in unkontrollierbare Verwicklungen hineinreißen könnte. Es war Salazar, der Franco im Februar 1942 in Sevilla davon zu überzeugen suchte, daß die Achsenmächte verlieren würden, wobei hinter dieser Prognose naturgemäß die Absicht stand, den Nachbarn vor zu großer Nähe zu Deutschland zu warnen. Diese Politik verfolgte Portugal seit Unterzeichnung des Iberischen Paktes am 18. März 1939, der die Freundschaft und die friedliche Nachbarschaft beider Staaten hatte besiegeln sollen. Als Spanien daraufhin nicht einmal drei Monate später dem Antikomintern-Pakt beigetreten war, betrachtete Lissabon dies als höchst unfreundliche Überraschung. Aber ungeachtet dieser Störung bauten beide Länder ihre Beziehungen weiter aus: durch Wirtschaftsabkommen, Flottenbesuche sowie Zusatz- und Ergänzungsverträge. Bis Ende 1942 wurde die portugiesische Politik von der Sorge vor möglichen spanischen Abenteuern, etwa einem Angriff auf Gibraltar, geleitet. Erst als die Niederlage von Stalingrad und damit der Anfang vom Ende des Dritten Reiches sich abzeichnete, brauchte sich Portugal um einen Kurswechsel seines Nachbarn nicht mehr zu sorgen.[39]

Schwieriger war für Portugal das Verhältnis zu den kriegführenden Mächten, und zwar auf beiden Seiten. Die Regierung in Lissabon befürchtete ein allzu starkes amerikanisches Interesse an den Azoren, wo die USA während des Ersten Weltkrieges schon einmal eine Marinebasis unterhalten hatten. Die Sorgen kreisten um die Möglichkeit, daß Washington mit Hilfe einheimischer Separatisten einen Aufstand anzetteln könnte, auf den dann eine

---

38 Vgl. Katherine Duff: Portugal, in: Toynbee/Toynbee, S. 316–345, hier S. 318ff.
39 Ebda., S. 323–327.

amerikanische Besetzung und möglicherweise Annexion folgen würde. Diese Befürchtungen waren zwar übertrieben, hatten aber insofern einen realen Hintergrund, als die beiden angelsächsischen Mächte tatsächlich den Gedanken erwogen, bei einem spanischen Angriff auf Gibraltar die Kanarischen Inseln, ersatzweise die Azoren, zu besetzen. Portugal widersetzte sich dem Gedanken an die Gewährung von Stützpunkten mit dem Argument, daß es erst dann zu Konzessionen bereit wäre, wenn die Deutschen die portugiesische Neutralität verletzt hätten. Immerhin verdoppelte die Regierung 1940/41 die Armee auf 80 000 Mann und stationierte beträchtliche Kontingente auf seinen atlantischen Inseln. Salazar befürchtete, daß die angelsächsischen Mächte sich auf portugiesischem Territorium festsetzen und dadurch deutsche Repressalien, etwa einen Vorstoß durch Spanien in Richtung Portugal provozieren könnten. Die seit langem befürchtete Situation trat nach der westalliierten Landung in Nordafrika ein. Obwohl Portugal wiederholt britische und amerikanische Zusagen für seine territoriale Integrität verlangt und weiterhin seine Neutralität unterstrichen hatte, mußte es schließlich dem Druck nachgeben und Militärbasen zur Verfügung stellen. Es konzedierte den beiden angelsächsischen Mächten im August 1943 begrenzte und genau definierte Rechte zur Unterhaltung und Versorgung von Stützpunkten für Luft- und Seestreitkräfte.[40]

Trotz der deutschen Proteste, die die seit Oktober 1943 einsetzende Stationierung angelsächsischer Truppen auf den Azoren als einseitige Parteinahme brandmarken, blieb Portugal ein neutrales Land und wurde in dieser Rolle auch von allen anerkannt. Es trieb, solange es möglich war, einen begrenzten Handel mit Deutschland und unterhielt bis zum Schluß diplomatische Beziehungen mit dem Dritten Reich. Salazar gehörte zu den wenigen Staatsmännern, die dem Großadmiral Karl Dönitz, der für zwei Wochen als deutsches Staatsoberhaupt amtierte, zum Tode Hitlers kondolierten. In der Spätphase des Krieges war Deutschland nicht mehr in der Lage, irgendwelche Repressalien gegen Portugal zu ergreifen, vielmehr profitierte es selbst vom neutralen Status des Landes. Ähnlich wie über Schweden und die Schweiz liefen viele informelle Kontakte zwischen den kriegführenden Mächten über Portugal, wurden Rüstungsgeschäfte abgeschlossen und Devisen verschoben. Auf dem Flughafen von Lissabon landeten deutsche und italienische Flugzeuge ebenso wie britische und amerikanische. Das Internationale Rote Kreuz wickelte Hilfsaktionen für Kriegsgefangene und Internierte über Portugal ab. Alle wichtigen Hilfskomitees hatten ihren Sitz oder eine Filiale in Lissabon, und in der portugiesischen Hauptstadt sowie im Nobelvorort Estoril tummelten sich die Geheimdienste aller Mächte.[41] Portugal blieb ein wichtiges Land bis zum Ende des Krieges.

Die im Verlauf der Kriegsentwicklung sich stärker zum Westen hin neigende Balance des Landes hatte nichts mit innenpolitischen Entwicklungen zu tun. Portugal war ein autoritärer Staat, dessen Regime antikommunistisch und antidemokratisch war und darin Berührungspunkte mit dem Dritten Reich, mit Spanien und Italien aufwies. Salazar

---

40 Vgl. hierzu Roland Eugene de T. Vintras: História secreta da base dos Açores, Lisboa: Ediçâo Ulissela, 1975.

41 Vgl. die zeitgenössische Milieuschilderung von Eric Sevareid: „Lisbon – Escape Hatch of Europe", in: Reader's Digest, Jan. 1941, S. 91–94.

betrachtete das Dritte Reich – bei aller Abneigung gegen die NS-Ideologie – als Bollwerk gegen die Sowjetunion. Aber darüber hinaus wies es mehr Unähnlichkeiten als Gemeinsamkeiten mit dem Dritten Reich auf, und das beiden Regimen gewöhnlich verliehene Attribut „faschistisch" erzeugt eher irreführende Vorstellungen von gleichgearteten Systemen. Übergeht man zeitweilige portugiesische Befürchtungen vor einem deutschen Vorstoß nach Süden, der sowohl Gibraltar als auch den Kapverdischen Inseln und den Azoren hätte gelten können, sowie immer wiederkehrende Spekulationen auf afrikanischen Kolonialbesitz auf Kosten portugiesischer Territorien, so kreisten die bilateralen Beziehungen um den vergleichsweise marginalen Handel und vor allem um den neutralen Status des Landes, der unter Ausklammerung der erwähnten Azorenfrage auch bis Kriegsende erhalten blieb.

Portugal unterhielt korrekte Beziehungen zu Berlin; Salazar stand in freundschaftlichem Verhältnis zum deutschen Gesandten in Lissabon, Oswald Baron v. Hoyningen-Huene. Dennoch war das Verhältnis für beide Seiten über die mit dem Kriegsgeschehen verbundenen Fragen hinaus zahlreichen Belastungen ausgesetzt. Streitpunkte bildeten portugiesische Presseattacken gegen das NS-Regime, die in einem Lande mit staatlicher Zensur auch eine zwischenstaatliche Dimension haben. Es kann sein, daß einige bissige Artikel von britischer Seite lanciert waren oder daß die Gesandtschaft zumindest eine solche Herkunft vermutete. In einigen Fällen konnte Baron Huene ein Verbot oder eine staatliche Intervention erwirken, in andern stieß er auf unsichtbare Wände. Als die Lissaboner Zeitung *Diário de Notícias* Ende 1938 den satirischen Artikel einer englischen Zeitung über das amouröse Leben des Propagandaministers Goebbels nachdruckte, entschuldigte sich der Generalsekretär des Außenministeriums mit der Bemerkung, die Pressezensur könne nicht immer alles rechtzeitig verhindern.[42] Als Huene jedoch im November 1939, also nach Kriegsbeginn, gegen den Bericht des *Diário de Lisboa* über ein gescheitertes Hitler-Attentat protestierte, gab Luiz Teixeira de Sampayo, der Generalsekretär, eine ausweichende Antwort mit dem Hinweis, daß in der portugiesischen Presse ja auch alle DNB-Meldungen veröffentlicht worden seien.[43]

Während der gesamten Kriegszeit gehörten Proteste gegen antinationalsozialistische Artikel zur Daueraufgabe des deutschen Gesandten. In portugiesischen Archiven sind allein für die Zeit vom Februar 1940 bis zum August 1941, also für etwa anderthalb Jahre, 33 Verbalnoten, Aide-mémoires und andere diplomatische Protestschreiben gegen angeblich verunglimpfende Artikel der portugiesischen Presse erhalten, mitunter auch gegen recht ungewöhnliche Ausdrucksformen von Kritik am Dritten Reich: Hitler-Karikaturen aus Porzellan von seiten einer Keramik-Fabrik in Coimbra oder Hitler-Imitationen durch einen spuckenden, röchelnden oder grunzenden Lissaboner Kabarettisten.[44] Wenig Erfolg

---

42 Schreiben Baron Huenes vom 2. 1. 1939 an den Gesandten Aschmann; PA AA: Missionsakten Lissabon: Deutschfeindliche Presse, Theater- und Rundfunkhetze in Portugal, Bd. 1. – Daselbst zahlreiche kritische Artikel über Deutschland aus den Zeitungen *Diário de Noticias, Diário de Lisboa, O Século, Semana Mundial* etc.

43 Vermerk Baron Huenes vom 14. 11. 1939; ebda.

44 MNE: Relaçôes con a Alemanha (2° – 48 – M 184), daselbst die Schreiben vom 26. 11. 1941 und vom 14. 10. 1942.

hatten die Proteste, wenn es sich um Angriffe von kirchlicher Seite handelte, die zum einen die Unterdrückung von Katholiken in Deutschland anprangerten und zum andern die Vergewaltigung des katholischen Polens durch das Nazi-Regime. In einer Predigt im Mai 1941 hatte der Pfarrer der Kirche Nossa Senhora do Rosário sogar verkündet, daß die Portugiesen zwei finstere Mächte ablehnten – den Kommunismus und den Nationalsozialismus.[45] In einem anderen Falle, der gleichfalls die Unterdrückung des Katholizismus im besetzten Polen zum Gegenstand hatte, forderte Baron Huene eine Richtigstellung.[46] Keinen Erfolg hatte ein deutscher Protest gegen die Veröffentlichung der Broschüre eines René Ponsul Lichtenberg: „Adolfo Hitler e o seu livro ‚Mein Kampf' (a minha luta)". Der einzige bekannte Fall, in dem Huenes Protest Erfolg hatte, galt einer Broschüre des Präsidenten des Jüdischen Hilfsvereins, Augusto d'Esaguy, in französischer Sprache „Grandeur et misère d'Israel", in dem wahrscheinlich gerechtfertigte und harte Angriffe auf das Nazi-Regime enthalten waren, die aber den Rahmen des im diplomatischen Verkehr Vertretbaren überschritten.[47] Noch im April 1945 protestierte Baron Huene gegen die Verbreitung einer Broschüre durch die (de Gaulle-) französische Gesandtschaft, in der über Humanversuche an Häftlingen in deutschen Konzentrationslagern berichtet wurde – ein Protest, der nicht nur wegen seines Zeitpunktes befremdet, sondern auch wegen der Tatsache, daß die in der Broschüre enthaltenen Berichte sehr wahrscheinlich die Wahrheit enthielten.[48] – In fast allen diesen Fällen schritten die portugiesischen Behörden nicht ein. Man wird in ihrer flexiblen und nicht erpreßbaren Haltung auch ein Stück Neutralität erblicken können. In einem Lande mit staatlicher Pressezensur stellen die nicht beanstandeten Artikel auch eine indirekte Verlautbarung der Regierung dar.

Ein ungleich ernsteres Problem bildeten die wenigen hundert portugiesischen Juden, die sich im deutschen Machtbereich aufhielten und von antisemitischer Verfolgung bedroht waren. Portugal wurde hier unmittelbar mit dem Holokaust konfrontiert. Bis Anfang 1943, als die Massenvernichtung schon über ein Jahr lang betrieben wurde, waren die portugiesischen Juden durch ihren Paß und ihre Staatsangehörigkeit geschützt. Am 12. Februar 1943 wandte sich das Auswärtige Amt an die portugiesische Gesandtschaft in Berlin, um eine Liste aller portugiesischen Bürger jüdischen Glaubens und jüdischer Abstammung, die sich im Reich aufhielten, zu erhalten. Der Gesandte erwiderte, daß er hierzu nicht in der Lage sei, da Religion und Rasse seiner Landsleute und somit auch der seinem Schutz anvertrauten Personen amtlich nicht registriert würden. Darauf wurde die Regierung in Lissabon durch die dortige deutsche Gesandtschaft darum gebeten, alle portugiesischen Bürger jüdischer Religion und Abstammung bis zum 31. März 1943 aus

---

45 Schreiben der Gesandtschaft vom 19. 5. 1941 an das AA; vgl. Zeitungsausschnitte aus der portugiesischen Presse; ebda. – Vgl. zahlreiche Proteste gegen kritische Buch- und Presseerzeugnisse in portugiesischer Sprache; ebda., Bd. 2. – „O Nazismo contra a Igreja Católica", in: Novidades 19. 11. 1939.

46 Schreiben Baron Huenes vom 4. 6. 1941 an das Außenministerium; MNE: Relações con a Alemanha (2º – 48 – M 184). – „Discordancia justificada", in: A Voz 30. 5. 1941.

47 Schreiben Baron Huenes vom 15. 1. 1940 an Sampayo; ebda., Bd. 2. – Schreiben der Gesandtschaft vom 10. 7. 1940 an das AA; ebda., Bd. 4.

48 Schreiben Baron Huenes vom 4. 4. 1945 an das Außenministerium; MNE: Relações con a Alemanha (2º – 48 – M 184).

Deutschland, dem Protektorat Böhmen und Mähren und den besetzten Ländern im Westen zurückzuziehen. Im übrigen habe das Reich beschlossen, diese „Maßnahmen" – formell waren die Deportationen in den Osten gemeint, de facto aber die ihnen folgenden Vernichtungsaktionen, – auf das Generalgouvernement, die baltischen Staaten und die besetzten Ostgebiete auszudehnen, weswegen Portugal um Namenslisten gebeten werde.[49]

Die portugiesische Politik verfolgte daraufhin vor allem Zeitgewinn, um den bedrohten Bürgern des Landes einen möglichst ausgedehnten Schutz zu gewähren. Sie überschritt die Fristen, die ihr von deutscher Seite gesetzt worden waren, um den portugiesischen Juden die Auflösung von Haushalten und Geschäften und eine geordnete Rückkehr nach Portugal zu ermöglichen. Am 21. April 1943 überreichte sie erst eine Liste von acht in Belgien lebenden Juden, deren Rückkehr vorgesehen war. Später überreichte die Gesandtschaft in Berlin dann eine weitere Liste mit 53 Namen sowie 47 Familienangehörigen, insgesamt also 100 Personen.[50] Ende Juli 1943 war das Problem der Rückkehr der portugiesischen Juden immer noch nicht abgeschlossen. Die Gesandtschaft in Berlin wurde informiert, daß die portugiesischen Juden innerhalb der folgenden vier Wochen den deutschen Machtbereich zu verlassen hätten. Der verhandelnde portugiesische Diplomat erwiderte, daß dies nicht möglich sei, wenn die betroffenen Personen nicht ihr Vermögen oder wenigstens einen Teil davon mitnehmen dürften. Diese Taktik war erfolgreich. Portugal rettete alle 245 portugiesischen Bürger jüdischer Religion und Herkunft, die sich im deutschen Machtbereich aufhielten, und veranlaßte die deutschen Stellen, bereits konfisziertes Eigentum zurückzugeben. Es setzte sich auch für die Juden anderer Nationen ein, denen es seinen konsularischen Schutz gewährt hatte, und trat als diplomatischer Vermittler bei Rettungsaktionen zugunsten ungarischer Juden Ende 1944 ein.[51] Portugal hielt sich aus dem grauenvollen Geschehen des Völkermordes heraus, auch als duldender Zuschauer, und hat im Rahmen seiner begrenzten Möglichkeiten eine Politik betrieben, bei der es sich im nachhinein wenig vorzuwerfen hat.

Der lange Arm des Dritten Reiches

Alle neutralen Länder Europas waren während des Krieges Drehscheiben von Informationen und Konspirationen. In ihnen wurden informelle Kontakte zwischen den kriegführenden Mächten geknüpft, wurden Handels- und Wirtschaftsfragen geklärt und tummelten

---

49 Vermerk des Unterstaatssekretärs Woermann vom 19. 2. 1943 und Vermerk des Gesandten v. Hahn vom 5. 3. 1943; PA AA: Inland II A/B (83–26 Portugal): Akten betr. Juden in Portugal. – Schreiben der Gesandtschaft Lissabon vom 19. 2. 1943 an das Außenministerium; MNE: Judeus 1935–50/Lista de inscrições (2º – 50 – M 40).
50 Schreiben der portugiesischen Gesandtschaft vom 21. 4. 1943 an das AA; „Lista de súbditos portugueses e suas famílias susceptivas de serem repatriados"; ebda.
51 Aufzeichnung des Legationsrates v. Thadden vom 27. 7. 1943; ebda. – Encyclopaedia Judaica 13, Sp. 925 f.

sich Spione und Agenten aller Couleur. Eine der wichtigsten geheim- und nachrichtendienstlichen Drehscheiben bildete Portugal. Durch seine während der ganzen Kriegszeit aufrechterhaltenen Seeverbindungen in alle Welt, durch den Handel sowohl mit den Achsenländern als auch mit den Alliierten, durch seine politisch bedeutsame Nachbarschaft zu Spanien und durch die strategisch wichtige Lage seiner atlantischen Inseln war es für beide Blöcke von ausnehmendem Interesse. Lissabon war ein Zentrum von Spionage und Gegenspionage, dort wurden Waffen und Devisen verschoben, aber auch Menschen versteckt oder entführt. Die diplomatischen Vertretungen, Handels- und Presseagenturen vieler Staaten waren nichts als schlecht getarnte Residenturen von auswärtigen Geheimdiensten. Nach Ansicht des damaligen britischen Botschafters in Lissabon, Sir Walford Selby, war das Land von deutschen Agenten überschwemmt. Indessen waren auch andere Staaten, so Großbritannien, Spanien, Italien, die USA sowie die französische Exilregierung unter de Gaulle, durch umfassende Agentennetze im Lande repräsentiert. Es gehörte zur Neutralitätspolitik des Gastlandes, daß es diese Umtriebe duldete oder dulden mußte und Kontakte und Verbindungen zu beiden Seiten unterhielt.[52]

Auch die deutsche Gesandtschaft bildete hier keine Ausnahme. Neben dem diplomatischen Personal arbeiteten in ihr zugleich Vertreter der Abwehr und des Sicherheitsdienstes. Beide Organisationen, dazu die NSDAP (Auslandsorganisation), die Deutsche Arbeitsfront (DAF) und das Propagandaministerium, hatten ihre Vertreter im ganzen Lande verteilt. Deutsche Handelsvertreter, Ingenieure der Wolfram- und Zinn-Minen, Agenten von deutschen Reedereien und Luftfahrtgesellschaften, Gastdozenten an portugiesischen Hochschulen und Angestellte deutscher Kulturinstitute waren ihre wichtigsten Mitarbeiter, unterstützt von einem beträchtlichen Stab einheimischer Helfer. Ein besonderes Aufgabengebiet war die Propaganda in Portugal, für die Deutschland schon 1939 mit der Geheimpolizei PVDE ein „acordo de cavalheiros" (Kavaliersabkommen, gentlemen's agreement) getroffen hatte. Man wollte die Stimmung für die deutsche Seite gewinnen und die britische Position im Lande schwächen. Unter Dozenten und Studenten der traditionsreichen Universität Coimbra fanden deutsche Propagandisten Dutzende von freiwilligen Helfern. In Elvas leitete ein mit Deutschland sympathisierender Richter die Verteilung von prodeutschen Pamphleten und Broschüren. Durch Kontakte mit Offizieren wurden deutsche Propagandafilme für Soldaten gezeigt, so daß das Kriegsministerium mäßigend einschreiten mußte. Besonderes Interesse brachten deutsche Stellen der politischen Jugendorganisation „Mocidade Portuguesa" entgegen, der Zelte und Gewehre als Geschenke angeboten wurden, die aber von Marcelo Caetano, dem damaligen Comissário Nacional der Organisation und späteren Salazar-Nachfolger (1968–1974), zurückgewiesen wurden.[53]

Während des Krieges war in besonderem Maße auch die deutsche Abwehr in Portugal tätig, die gleichfalls über ein weit verzweigtes Netz von Informanten, haupt- und

---

[52] Wheeler, S. 6ff., 10ff., 15ff. – Vgl. Sir Walford Selby: Diplomatic Twilight, 1930–1940, London: Murray, 1953, S. 89.

[53] António José Telo: Propaganda e Guerra secreta em Portugal (1939–45), Lisboa: Perspectivas & Realidades, 1990, S. 29–48, hier S. 29–32.

nebenamtlichen Mitarbeitern und Zuträgern verfügte. Sie interessierte sich für militärische Belange, wozu auch meteorologische, wirtschaftliche und technische Informationen gehörten. Ein großer Teil der Berichte über politische und militärische Entwicklungen in den USA lief über einen Kanal von Washington und New York nach Lissabon und von dort nach Berlin. Wichtige Mitteilungen bekam die Abwehr über einen in Portugal ansässigen japanischen Agenten, der diese wiederum durch Schmiergelder aus dem portugiesischen Außenministerium erhalten hatte. Mit einigem Erfolg waren die deutschen Geheimdienste in allen wichtigen Behörden und Dienststellen Portugals präsent, in der Regel durch bestochene einheimische Mitarbeiter. Im Mittelpunkt dieser Aktivitäten standen naturgemäß die politisch und militärisch wichtigen Ressorts des Außenministeriums, des persönlichen Büros Salazars, der See- und Luftfahrtbehörden, der Polizei und des Innenministeriums. Gegenüber den Amerikanern konnte die deutsche Abwehr in Portugal einige Erfolge erzielen. Weniger erfolgreich war sie im Untergrundkampf gegen die Briten, da diese den deutschen Code geknackt hatten, nicht aber umgekehrt die Deutschen den britischen Code. Auch Canaris' Kontakte mit der Gegenseite und die Verbindungen des deutschen Widerstandes mit den Alliierten liefen weitgehend über Lissabon. Baron Huene selbst, der offensichtlich in diese Aktivitäten involviert war, stellte Verbindungen zur Gegenseite her. Ende 1942 bedrängten die Briten mit Erfolg die portugiesische Regierung, so daß die Tätigkeit der Abwehr sich seitdem verringerte.[54]

Die für die Flüchtlinge gefährlichste Organisation war der Sicherheitsdienst, korrekter die Auslandsabteilung (VI) des Reichssicherheitshauptamtes, das zunächst von Reinhard Heydrich geleitet wurde. Der Sicherheitsdienst befaßte sich mit der Observierung und Verfolgung politischer Gegner, wobei aber die Grenzen zu den Aufgabenbereichen der Abwehr fließend waren. Die SD-Agenten interessierten sich sehr wohl auch für militärische Belange, die Abwehr beobachtete auch die politische Szene. Auch der SD verfügte über ein weit verzweigtes Netz von deutschen und einheimischen Mitarbeitern, die in Firmen, Instituten, Agenturen und Reedereien untergebracht waren. Leiter des SD in Portugal wurde im Jahre 1941 der Kriminaldirektor und SS-Sturmbannführer Erich Schroeder, der an der Gesandtschaft die Funktion eines „Polizeiverbindungsführers" ausübte und offensichtlich dem Madrider Polizeiattaché Winzer unterstellt war. Darauf deuten wiederholte Fälle, in denen Schroeder Anweisungen Winzers erhielt. Zu Schroeders Mitarbeiterstab gehörten einige Polizeioffiziere und SD-Agenten sowie Schreibkräfte. Namentlich überliefert sind für den Zeitraum 1942–1944 Kriminalkommissar Henss und die Kriminalsekretäre Haack, Ruh nebst Ehefrau, Saldsieder und Spreu sowie SS-Sturmbannführer Adolf Nassestein.[55] Es ist nicht auszuschließen, daß einige der diplomatischen Mitarbeiter der Gesandtschaft gleichfalls im Dienste des SD standen und daher hinzugerechnet werden müssen. Im Februar 1944 beschwerte sich die Gesandtschaft beim Auswärtigen Amt, daß ihr Personal durch die vielen Abwehr- und SD-

---

54 Ebda., S. 151 f., 154, 159 ff. – Wheeler, S. 11.
55 Schreiben des Chefs der Sicherheitspolizei und des SD vom 4.5., 20.6., 28.7. und 1.9. 1944 an das AA; PA AA: Inland II A/B (83–60 E Sdh.), Akten betr. Polizeiattachés und SD-Leute bei den einzelnen Missionen. – Telo, S. 145–151.

Agenten in zu starkem Maße angewachsen sei und dadurch den „Feinddruck" der gegnerischen Missionen geradezu herausforderte. Huene meinte, daß allein die Abwehr ein Viertel des gesamten Personals stelle und schlug dafür vor, ein anderes Viertel, vor allem technisches Personal, wieder abzuziehen. Zu jener Zeit beschäftigte die Gesandtschaft dreizehn Sachbearbeiter, 22 Hilfskräfte, einen Waffenattaché und einen Dolmetscher.[56] Mit anderen Worten: allein die Gesandtschaft – von anderen Institutionen ohnehin abgesehen – umfaßte etwa 37 Mitarbeiter, zu denen noch das eigentliche diplomatische Personal – also der Gesandte sowie Gesandtschaftsrat und Legationssekretär – hinzugerechnet werden müssen. Ein beachtlicher Anteil, wahrscheinlich etwa die Hälfte, war in Agentenfunktion in Portugal tätig. Von Schroeder ist bekannt, daß er weitere Agenten an verschiedenen Stellen des Landes einschleuste, angeblich fünf in Lissabon, zwei in Porto und einen in Portimâo.[57]

Schon vor Kriegsausbruch hatte es offensichtlich ein Abkommen zwischen dem Reichssicherheitshauptamt und dem portugiesischen Geheimdienst gegeben, dessen Einzelheiten nicht näher bekannt sind. Man weiß aber, daß der in Emigrantenkreisen gefürchtete PVDE-Hauptmann Paulo Cumano in den 1930er Jahren in Berlin ausgebildet und geschult worden war. Offiziell absolvierte er in Berlin ein Ingenieurstudium im Fachbereich Bergbau – wie übrigens auch sein Partner Schroeder –, scheint aber daneben eine polizeiliche oder nachrichtendienstliche Ausbildung erhalten zu haben. Ob von einem gewissen „Kramer" (= Schroeder?) oder anderen Vertretern der Gestapo bzw. des SD weitere Portugiesen zu Agenten, Schlägern oder gar Killern ausgebildet worden sind, wie dies mitunter behauptet wird,[58] muß der Spekulation überlassen bleiben. Aber es ist durchaus denkbar, daß Cumanos spürbare Abneigung gegen die jüdischen Flüchtlinge auf seine Indoktrination während seines Studiums in Deutschland zurückging. Obwohl in der portugiesischen Öffentlichkeit kaum antisemitische Tendenzen verbreitet waren, so gab es doch auch einheimische Nazis und Rassenideologen. In den 1920er Jahren waren die „Protokolle der Weisen von Zion" in portugiesischer Sprache herausgebracht worden, dazu antisemitisches Schrifttum, das von der französischen „Action française" beeinflußt war. Ende der 1920er Jahre tauchten auch die ersten Exemplare der NS-Literatur in portugiesischer Sprache auf.[59] Es ist durchaus denkbar, daß das Dritte Reich versuchte, über die eher esoterischen rassenideologischen Kreise in Portugal Mitarbeiter für seine propagandistischen und geheimdienstlichen Aktivitäten zu finden.

Schroeder unterhielt überdies Beziehungen zum PVDE-Chef Agostinho Lourenço, zur PVDE-Abteilung Sicherheitspolizei (Policia de Segurança) und zur Kriminalpolizei (Policia de Investigação) über deren Chef Ernesto Fonseca. Lourenço galt als probritisch und dürfte den Deutschen kaum von Nutzen gewesen sein, aber einer seiner engeren Mitarbeiter, José Correia de Almeida, stand in deutschem Solde. Über ihn gelangten die

---

56 Telegramm der Gesandtschaft vom 12. 2. 1944 an das AA und Konzept vom 25. 2. 1944; PA AA: Inland II g (83–60 E) Portugal: Tätigkeit des SD, der Abwehr, der Agenten und Polizeiattachés.
57 Telo, S. 149f.
58 Wheeler, S. 9, 12f. – Fryer/McGowan Pinheiro, S. 101f.
59 Nuno Gonçalo Monteiro: O anti-semitismo nazi e os anti-semitas portugueses, in: História n° 7 (Lisboa: 1979), S. 2–17, hier S. 8–12.

Deutschen in den Besitz von Listen all derer, die Visa, Pässe und andere Dokumente erhalten hatten.⁶⁰ Den Gegenstand der Zusammenarbeit bildeten, wie wir noch im Detail sehen werden, neben Militär- und Wirtschaftsspionage die Beobachtung und Überwachung der Emigranten, aber auch der im Lande lebenden Reichsdeutschen, zu denen dann in der Schlußphase des Krieges auch die Diplomaten selbst gehörten, denen man Verbindungen zum deutschen Widerstand unterstellte. Der portugiesischen Seite lieferte man als Gegenleistung Informationen über die Komintern, kommunistische Aktivitäten und, wie wir sehen werden, vor allem Geld.⁶¹ Von besonderem Interesse ist in diesem Zusammenhang das portugiesische Personal, das Schroeder unmittelbar oder aber über seine Verbindungen zu den Spitzen der portugiesischen Polizeibehörden zur Verfügung stand. Letzteres war beträchtlich, was folgende Beispiele, auf die weiter unten noch näher einzugehen sein wird, verdeutlichen. Als Walter Schellenberg, der Chef der SD-Auslandsabteilung, den Auftrag erhielt, den in Estoril bei Lissabon weilenden Herzog von Windsor zu entführen, standen ihm rund um die Uhr achtzehn PVDE-Agenten zur Verfügung, unterstützt überdies von deutschen SD-Mitarbeitern. Als Schellenberg ein anderes Mal den nach Portugal geflüchteten Chef der „Schwarzen Front" Otto Strasser vergiften oder sonstwie beseitigen sollte, mobilisierte er innerhalb weniger Stunden eine breite Fahndungsaktion, an der ein Netz von etwa 1 000 portugiesischen Agenten mehrere Wochen lang beteiligt war und mit Hilfe deutscher Zahlungen bei Laune gehalten wurde.⁶²

Über die unmittelbar dem SD-Chef von Lissabon unterstellten portugiesischen Agenten sind wir durch minutiöse Abrechnungen Schroeders aus dem Zeitraum 1942/43 über seine dienstlichen Ausgaben informiert. Die Abrechnungen waren so detailliert, daß sie beispielsweise auch die Kosten für den weihnachtlichen Julklapp zugunsten der portugiesischen SD-Mitarbeiter festhielten. Im allgemeinen werden die Mitarbeiter mit Namen genannt, wobei nicht nachprüfbar ist, ob es sich um Decknamen handelte. Einige regelmäßig aufgeführte Personen werden mit deutschen oder jedenfalls nicht-portugiesischen Namen angegeben (Berold, Habelt, Holl, „Kurt", Portmann, „Ritz"); gelegentlich tauchen noch Schub., Wibbe und Friebel auf. Auf einer Abrechnung wird Habelt in Klammern als „Hugo Wolff" identifiziert. Vermutlich griff der SD hier auf Auslandsdeutsche in Portugal zurück. In einem Falle wurde der NS-Funktionär Pg. Leucht als V-Mann zu Apothekern und Ärzten in Porto genannt. Auch bei den aufgeführten portugiesischen Namen („Coelho", Belo Porto, Fernando, Inácio, „Saga", und Sousa) ist dort, wo sie in Anführungsstrichen angegeben werden, eine portugiesische Nationalität nicht nachweisbar. Decknamen wie Al., Pik Bube und Pik As sind nur dadurch mit großer Wahrscheinlichkeit als Einheimische auszumachen, daß sie als Informanten aus portugiesischen Polizeikreisen aufgeführt werden. Die interessanteste und wichtigste Persönlichkeit muß „Pol. Freund C" gewesen sein, der regelmäßig 6 000 Escudos „für wertvolle Berichte" erhielt und damit auf der Empfängerliste weit vor allen anderen Agenten rangierte. Es ist zu vermuten, daß es sich hier um einen mit den Deutschen sympathisierenden Polizeioffi-

---

60 Wheeler, S. 11f.
61 Monteiro, S. 148–150.
62 Ebda., S. S. 148f.

139

zier, Beamten oder Politiker handelte, den man sich mit beträchtlichen Schmiergeldern – oft ein Viertel bis ein Drittel aller für nachrichtendienstliche Zwecke ausgegebenen Mittel – warm hielt. Über die Identität dieses Mannes ist schon mehrfach spekuliert worden. Einige vermuten dahinter den PVDE-Hauptmann und Chef der Fremdenpolizei José Ernesto Catela, der mit Schroeder zusammenarbeitete; Telo glaubt mehr an Hauptmann Paulo Cumano, dessen persönlicher Werdegang und dessen Arbeitsgebiet eine solche Annahme zu stützen scheinen. Zudem galt Catela als Exponent der „probritischen Fraktion" des portugiesischen Geheimdienstes, Cumano dagegen als „prodeutsch", eine Charakterisierung, die Doppelagentschaften zwar nicht ausschließen kann, jedoch mit dem Werdegang Cumanos durchaus übereinstimmen würde.[63]

Aufschlußreicher als die Agenten selbst waren die Aufgaben, für die sie bezahlt wurden. Hierhin gehörten reine Routineaufgaben wie das Besorgen und Auswerten von Zeitungen. Einige Agenten wie Fernando, Sousa und Inácio lieferten regelmäßig Passagierlisten auslaufender Schiffe und startender Flugzeuge; sie müssen also in Reedereien, Luftfahrtgesellschaften, Reiseagenturen oder Verkehrsbehörden tätig gewesen sein. Das gleiche gilt für Berold, der Schiffsladelisten und gelegentlich gleichfalls Passagierlisten besorgte. Der Agent „Coelho", der hin und wieder von Al. und „Saga" unterstützt wurde, verfügte über gute Beziehungen zu portugiesischen und spanischen Kommunisten, lieferte Informationen aus Oppositionskreisen, Broschüren und Flugblätter. „Ritz" unterhielt Kontakte zu einheimischen Wirtschaftsunternehmen und politischen Organisationen wie der „Legião Portuguesa". Der Agent Habelt alias Hugo Wolff war ausschließlich zur Observierung der deutschen Emigranten in Portugal bestellt und lieferte hierzu gelegentlich Photoarbeiten. Ihn unterstützten Portmann, der für die Gesandtschaft auch Übersetzungen anfertigte, sowie gelegentlich „Kurt", „Coelho" und Holl. Als regelmäßiger Posten tauchen auch die Berichte von Belo Porto aus Porto auf, die sich sehr wahrscheinlich auf das dortige Emigrantenmilieu erstreckten. Hinzu kamen Gelegenheitsagenten mit Informationen zu bestimmten Vorfällen oder Personen, die ohne nähere Angaben als „Gewährsleute" oder „Auskunftspersonen" genannt werden. Rechnet man die in den Einzelbelegen zwischen dem 10. November 1942 und 15. April 1943 angegebenen Summen zusammen, so gab der SD in diesem Zeitraum knapp 41 000 Escudos für nachrichtendienstliche Aktivitäten in Portugal aus, wobei die Gehälter für die regulären Mitarbeiter hier nicht berücksichtigt sind. Davon entfielen 14 % auf Sachkosten wie Zeitungen, Photo-Arbeiten, Fahrkosten, Trinkgelder, Lokal- und Bordellbesuche, auf Sonderausgaben wie die im Detail nicht näher erläuterten Informationen. Etwa 20,4 % wurden für Berichte über Wirtschaftsunternehmen, Passagierlisten von Schiffen und Flugzeugen sowie Schiffsladelisten ausgegeben, 4,4 % für Materialien und Nachrichten über kommunistische Kreise und knapp 25 % über Juden und Emigranten. Wir dürfen darüber hinaus annehmen, daß die Passagierlisten zu einem großen Teil und auch einige der nicht näher spezifizierten Kostenpunkte der Beobachtung und Kontrolle von Emigranten gedient haben.[64] Wiederholt werden Belege für „vertrauliche Personalauskünfte aus

---

[63] Abrechnungen vom Zeitraum 10. 11. 1942 bis 15. 4. 1943; BA: R 58/1132. – Telo, S. 148.
[64] Ebda.

der Polizei" bzw. „Nachrichten aus portugiesischen Polizeikreisen" ausgestellt, und für den 8. Dezember 1942 belegt eine Rechnung ein Mittagessen Schroeders mit dem Chef der portugiesischen Kriminalpolizei Dr. Ernesto Fonseca.[65]

Es ist in der überwiegend im Dunkeln angesiedelten Atmosphäre der Geheimdienste schwierig, den deutschen Einfluß in meßbaren Größenordnungen anzugeben. Vielleicht skizzieren die Worte Walter Schellenbergs, des Chefs der SD-Auslandsabteilung, am ehesten die Situation in Portugal: „Zwischen den Engländern und uns war damals ein regelrechter Wettlauf um den Einfluß auf die portugiesische Abwehrpolizei im Gange. Diese wiederum arbeitete selbst mit einem nach allen Seiten ausgelegten großen Zuträgernetz. Wenn man das Kräfteverhältnis zwischen unserem und dem englischen Nachrichtendienst verglich, so war letzterer zweifellos besser fundiert und auch stärker. Dennoch war es erstaunlich, wieviel wir in den letzten Jahren in Portugal schon an Boden gewonnen hatten".[66]

Einige Beispiele sollen die Stellung der deutschen Geheimdienste in Portugal verdeutlichen. Am 1. April 1944 teilte der Lissaboner Polizei-Chef vertraulich dem SD-Vertreter in Portugal, Erich Schroeder, mit, daß Ende März der deutsche Filmkaufmann Hensel (oder Hensler) nach Portugal gekommen sei. In Lissabon habe er den portugiesischen Innenminister aufgesucht und um die Herstellung eines Kontaktes zum britischen Botschafter gebeten; er komme im Auftrage einer oppositionellen deutschen Gruppe, die mit den Briten und Amerikanern Frieden schließen und allein gegen den Bolschewismus weiterkämpfen wolle. Der Innenminister habe aber jede Vermittlung abgelehnt. Wenige Tage später telegraphierte der SD-Vertreter für Spanien und die gesamte iberische Halbinsel, Paul Winzer, nach Berlin, daß Schroeders Meldung nicht habe verifiziert werden können. Offensichtlich liege hier eine Verwechslung durch den Lissaboner Polizeichef vor: Hensler sei Träger des Goldenen Parteiabzeichens und politisch zuverlässig.[67] Ob hier eine beabsichtigte oder versehentliche Falschmeldung vorlag, ist nicht erkennbar, jedoch beweist die Tatsache, daß vertrauliche Mitteilungen des Polizei-Chefs zumindest als kein außergewöhnliches Ereignis betrachtet werden müssen.

Es gab einige erfolgreiche und mehrere gescheiterte Aktionen des SD, die darauf hinweisen, wie sehr dieser mit der Mitarbeit des einheimischen Polizeiapparates rechnen konnte. Die spektakulärste war die versuchte, aber mißlungene Entführung des Herzogs von Windsor und früheren Königs Edward VIII.[68] Man sagte ihm deutsch-freundliche Neigungen nach und wollte ihn wohl als Schachfigur für den Fall einer deutschen Landung in Großbritannien bereithalten. Wir sind über die Aktion informiert durch ein von Walter Schellenberg, dem Chef der SD-Auslandsabteilung, akribisch abgefaßtes, das Geschehen im Detail chronologisch festhaltendes Ergebnisprotokoll sowie durch die von Schellen-

---

65 Einzelbelege vom 14. 1., 15. 4. 1943 und 8. 12. 1942; ebda.
66 Schellenberg, S. 114.
67 Schreiben der Gesandtschaft Lissabon vom 2. 4. 1944 und Telegramm der Botschaft Madrid vom 7. 4. 1944 an das AA; PA AA: vgl. Anm. 46.
68 Vgl. Michael Bloch: Operation Willi. The Plot to Kidnap the Duke of Windsor, July 1940, London: Weidenfeld & Nicolson, 1984.

berg nach dem Kriege verfaßten Memoiren.[69] Am 24. Juli 1940 erhielt Schellenberg von Reichsaußenminister v.Ribbentrop den Auftrag, einen Tag später erfolgte der Abflug von Berlin-Staaken über das französische Bourges nach Madrid, wo er den Botschafter von Stohrer und den SD-Vertreter Winzer informierte. Am 26. Juli flog Schellenberg nach Lissabon weiter, Winzer und einige Mitarbeiter aus Berlin folgten auf dem Landwege über Badajoz. In der deutschen Gesandtschaft zeigte sich Baron Huene, den Schellenberg in seine Pläne einweihte, höchst unwillig über eine Gewaltaktion, die das deutsch-portugiesische Verhältnis aufs schwerste belasten würde. Durch Winzer nahm Schellenberg Verbindung mit einem gewissen C auf, bei dem es unserer Phantasie überlassen bleiben muß, ob es sich um jenen „politischen Freund C" aus den Abrechnungen, also mutmaßlich Paulo Cumano, handelte. C erklärte sich bereit, die Sicherheit für einen gewissen „Willi" garantieren zu können, wobei es sich bei diesem um den verschlüsselten Namen des Herzogs von Windsor handelte. Immerhin gelang es Schellenberg, durch den spanischen Geheimdienstoffizier Angel Alcázar Velasco y Velasco („Viktor") indirekt Kontakt zum Herzog aufzunehmen. Aber „Willi" weigerte sich, auf die ihm unterbreiteten Angebote einzugehen und bat sich 48 Stunden Bedenkzeit aus, worauf „Viktor" den Herzog und die Frau eines höheren Polizeioffiziers die Herzogin zu bearbeiten versuchten.[70]

Der ursprünglich gefaßte Plan sah vor, daß der Herzog auf einem von ihm beabsichtigten Jagdausflug an der spanisch-portugiesischen Grenze entführt und ins besetzte Frankreich gebracht werden sollte. Umgekehrt bewachte der britische Geheimdienst den Duke of Windsor schärfstens und drängte ihn zu einer möglichst baldigen Abreise zu Schiff nach Nordamerika. Schellenberg hatte wiederum den Auftrag mit größtem Widerwillen angenommen und suchte, seinen Memoiren zufolge, aus eigener Entscheidung sowie auf Anraten ausländischer Geheimdienstkollegen die Ausführung zu boykottieren. So kam es zu einem höchst merkwürdigen Zusammenspiel des deutschen SD und des britischen Secret Service. Schellenberg ließ durch anonyme Briefe, eingeworfene Fensterscheiben in der Residenz des Herzogs in Estoril und andere Maßnahmen eine Gefährdung des Herzogs vortäuschen, die auf portugiesischem Boden zwar nicht bestand, aber dem Secret Service Argumente an die Hand gab, die Abreise zu beschleunigen. Diese erfolgte dann auch am 1. August 1940 auf dem amerikanischen Schiff „Excalibur". Zwei Tage später flog Schellenberg unverrichteter Dinge nach Madrid zurück, am 5. August 1940 nach Barcelona und von dort nach Rom und gelangte einen Tag später nach Zwischenlandungen in Venedig und München nach Berlin, wo Hitler das Scheitern des Planes vergleichsweise gelassen hinnahm. Für die vorliegende Thematik ist der Fall insofern von Interesse, als er beleuchtet, über welche Infrastrukturen der SD in Portugal verfügte, die ihn beinahe in Stand gesetzt hätten, eine hochgestellte und überdies streng bewachte Persönlichkeit zu entführen.

Der lange Arm des Reichssicherheitshauptamtes war, wie wir noch sehen werden, lang genug, um politische Gegner zu beobachten, zu bekämpfen und in zumindest einem Falle zu entführen. Er war aber nicht in der Lage, große Massen zu verfolgen. Deswegen

---

[69] Vermerk vom 7. 8. 1940; BA: R 58/572. – Schellenberg, S. 108–118. – Telo, S. 148.
[70] Bloch, S. 163–171.

beschränkte sich das Interesse des SD auf Gegner des Dritten Reiches, die er für besonders gefährlich hielt, und erstreckte sich nicht auf (unpolitische) jüdische Emigranten. Zwar gab es innerhalb des Reichssicherheitshauptamtes auch Impulse, die Judenverfolgung auf Portugal auszudehnen, die aufgrund der technischen Undurchführbarkeit jedoch wirkungslos blieben. So wandte sich Adolf Eichmann, der Buchhalter des Massenmordes, an das Auswärtige Amt in folgender Angelegenheit: Viele nach Schweden geflüchtete Juden hätten versucht, auf dem Seewege nach England zu gelangen und von dort über Lissabon weiterzureisen, was aber durch die Marine verhindert werde. Daraufhin flögen viele mit dem Flugzeug nach England. Das Oberkommando der Marine habe dem Reichssicherheitshauptamt auf Anfrage erklärt, dies nicht verhindern zu können – vermutlich mit dem Argument, daß Kriegsschiffe nicht fliegen könnten. Darauf bat Eichmann das Auswärtige Amt, die Weiterreise der Juden von Portugal aus zu verhindern und ihrer auf irgendeine Weise habhaft zu werden.[71]

Die Reaktion der Gesandtschaft in Lissabon sowie des Konsulats war einhellig und enthielt in versteckter Form sogar eine deutliche Kritik an dem ebenso unsinnigen wie abstoßenden Ansinnen: „Der nach Humanitätsgrundsätzen handelnde portugiesische Staat wird Portugal auf der Reise nach Übersee passierende Juden, ganz gleich welcher Staatszugehörigkeit, in keiner Form behindern. – Es ist zwecklos, an die hiesige Regierung mit dem Wunsch heranzutreten, aus Deutschland oder den von Deutschland besetzten Gebieten stammende Juden nach Deutschland zurückzuschieben. Ebenso ist es aussichtslos, auf Grund der bestehenden Polizeiverbindungen eine Rückschiebung der sich in Portugal aufhaltenden Juden nach Deutschland zu versuchen. Es wird nur sehr selten und lediglich in besonderen Einzelfällen möglich sein, die Polizei so stark zu interessieren, daß sie einen vielleicht straffällig gewordenen Juden nach Spanien abschiebt. Aber diese Einzelfälle werden so geringzählig sein, daß sie überhaupt keine Rolle spielen". – Und kurze Zeit darauf unterstrich der deutsche Konsul diesen Standpunkt durch folgende Argumentation. Die Portugiesen erteilten den Transitvermerk erst nach dem Nachweis einer Passage nach Übersee, so daß zwischen ihrer Ankunft und der Weiterreise nur wenige Tage verstrichen. Überdies würden sie die deutschen Stellen auf ihre fehlende Kompetenz aufmerksam machen, da ja mit der 11. Verordnung zum Reichsbürgergesetz vom 25. November 1941 alle Juden pauschal ihre deutsche Staatsangehörigkeit verloren hätten.[72]

Der lange Arm des Dritten Reiches griff also nur nach politischen Gegnern. Bei den nachweisbaren Fällen versuchter und/oder erfolgter Entführung handelte es sich ausschließlich um Personen, die Hitler auf politischem Gebiet bekämpften, nicht aber um unpolitische Emigranten. Zu den bedrohten Emigranten gehörten naturgemäß solche, von denen das Reichssicherheitshauptamt wußte oder vermutete, daß sie mit feindlichen Geheimdiensten zusammenarbeiteten. So behauptete Perez Leshem (vormals Fritz Lich-

---

71 Schreiben Adolf Eichmanns vom 18. 7. 1942 an das AA; PA AA: Missionsakten Lissabon: Pol. 3, Nr. 9: Juden in Portugal, auch Einwanderung.
72 Schreiben des Konsulats Lissabon vom 8. 8. 1942 und Vermerk des Konsuls Hollberg vom 21. 8. 1942; ebda.

tenstein), der als Funktionär der „Jewish Agency for Palestine" in Lissabon weilte und gelegentlich für die britische Botschaft deutschsprachige Literatur in der deutschen Buchhandlung besorgte, daß zwei NS-Agenten auf ihn angesetzt worden seien, um ihn zu ermorden.[73] Verfolgt wurden indessen vor allem Vertreter der rechten Opposition. Diese Tatsache erklärt sich daraus, daß Portugal als Rechtsdiktatur selbst die Linke verfolgte. Es wäre daher für deutsche Kommunisten, Sozialdemokraten und Mitglieder anderer Parteien und Gruppierungen höchst gefährlich gewesen, sich als solche zu erkennen zu geben oder gar sich politisch zu betätigen. Dagegen hatten Angehörige der „Schwarzen Front", klerikale Kreise oder österreichische Legitimisten vom Salazar-Regime nichts zu befürchten, sofern sie sich unauffällig verhielten.

Eine dieser Persönlichkeiten war der österreichische Schriftsteller und Politiker Guido Zernatto. Rechtskonservativen Kreisen nahestehend, war der 1903 in Treffen bei Villach Geborene lange Zeit führender Funktionär und 1929–1931 Generalsekretär der Heimwehr gewesen. In den 1930er Jahren vor allem im Bereich der Kulturpolitik tätig, berief ihn Bundeskanzler Schuschnigg im Februar 1938 als Minister ohne Portefeuille ins Kabinett. Nach dem Anschluß Österreichs floh er über die Tschechoslowakei nach Frankreich und beteiligte sich aktiv an den Auseinandersetzungen der österreichischen Emigration, in denen er vehement die Idee eines Ständestaates verfocht. Seine Frontstellung richtete sich sowohl gegen alle Gruppierungen von links als auch gegen die Legitimisten und Monarchisten. Im Juni 1940 floh er mit gefälschten Papieren nach Portugal und im November weiter nach New York, wo er – nach wie vor in der Exilpolitik engagiert – im Februar 1943 starb.[74]

Über die viermonatige Zeit Zernattos in Portugal ist wenig bekannt. Die hier zitierte Studie erwähnt nur knapp, daß er auf der Flucht von Toulouse nach Porto einen Teil seiner literarischen Manuskripte verlor. Für die hier untersuchte Fragestellung ist interessanter, daß man einerseits in Berlin Zernattos Entführung nach Deutschland plante, und daß andererseits dieser sich an die deutsche Gesandtschaft wandte, um sich zum Zwecke einer Heimkehr mit dem Dritten Reich auszusöhnen. Zunächst erfuhr die Gesandtschaft, daß Zernatto sich in Portugal aufhalte und bei der italienischen Gesandtschaft um Vermittlung eines Daueraufenthaltes in Jugoslawien nachgesucht habe. Darauf wandte sich sofort Gestapo-Chef Heinrich Müller über das Auswärtige Amt an Winzer in Madrid mit der Bitte um Prüfung, ob man Zernatto nicht nach Deutschland „überstellen" könne.[75] Wegen der damals gleichzeitig anlaufenden Aktion gegen den Herzog von Windsor dürften jedoch die Arbeitskapazitäten des SD überbeansprucht worden sein. Bevor jedoch der Fall weiter vorangetrieben wurde, trat eine Wende ein. Guido Zernatto wandte sich mit einem langen handschriftlichen Brief an den Gesandten in Lissabon, Baron Huene, und dementierte, jemals in einem österreichischen Auslandssender als Sprecher mitgewirkt zu haben.

---

73 Perez Leshem (Fritz Lichtenstein): Rescue Efforts in the Iberian Peninsula, in: Leo Baeck Institute Yearbook XIV (1969), S. 231–257, hier S. 238.

74 Ingeborg Ursula Zimmer: Guido Zernatto. Leben und dichterisches Werk, Klagenfurt: Carinthia Verlag, 1970.

75 Telegramm der Gesandtschaft Lissabon vom 20. 7. 1940 und Diplogerma Müllers über Staatssekretär Luther vom 9. 8. 1940 an die Botschaft Madrid; PA AA: Inland II g (83–75): Emigranten, Bd. 27.

Er habe unter seine frühere politische Tätigkeit in Österreich einen Strich gezogen und wolle sich nicht mehr politisch betätigen. Dieser Brief, der offenbar nur das Fragment einer umfassenderen Korrespondenz bildet, deutet zumindest das versuchte Arrangement zwischen Zernatto und dem Dritten Reich an. Die nächste Spur deutet darauf hin, daß man die geplante Entführung erst einmal aufschob. Winzer wandte sich an SS-Obersturmführer Müller mit dem Hinweis, daß man im Augenblick mit den portugiesischen Freunden keinen Kontakt aufnehmen könne und daher empfehle, die Verhandlungen mit Zernatto fortzusetzen. Ob und wie konkret die Entführungspläne noch einmal aufgegriffen wurden, ist nicht bekannt. Es wird vermutet, daß man ihn von deutscher Seite entweder ausschalten oder ersatzweise als Friedensfühler gegenüber Großbritannien einsetzen wollte. Durch Zernattos Abreise nach New York wurden alle diese Pläne hinfällig.[76]

Eine andere Persönlichkeit, die der SD fieberhaft in Portugal suchte und wohl nur zu gern entführt oder beseitigt hätte, war Otto Strasser, der Gründer und Anführer der „Schwarzen Front", ein früher und ab 1929 abtrünniger Weggefährte Hitlers, dessen Bruder Gregor zu den Opfern des sogenannten „Röhm-Putsches" gehörte. Otto Strasser hatte jahrelang von der Tschechoslowakei und Frankreich aus Oppositions- und Widerstandsarbeit organisiert und geleitet. Während des französischen Zusammenbruchs kurzfristig interniert, floh Strasser im Sommer 1940 mit gefälschten Papieren über Spanien nach Portugal. Um etwaige Verfolger abzuschütteln, wählte er in Spanien eine wenig beachtete Route und gelangte auf Umwegen in den Norden des Landes. Schließlich schlug er sich zu einem Benediktinerkloster durch, in dem er nach – wie sich herausstellen sollte: irrigen – Informationen seinen Bruder Bernhard, einen Geistlichen, vermutete; dieser aber war inzwischen nach Lissabon weitergezogen, um seine Übersiedlung nach Nordamerika vorzubereiten. Gleichwohl nahm der Abt des Klosters, in dem Pater Bernhard noch bis vor kurzem gelebt hatte, den flüchtigen Bruder als Gast auf und besorgte ihm eine vierwöchige Aufenthaltserlaubnis. Indessen hatte die Gestapo Strassers Aufenthaltsort erfahren und durch zwei Polizeiattachés der Gesandtschaft den Abt gebeten, Strasser nach Lissabon mitnehmen zu dürfen, was dieser aber energisch zurückwies. Aber da man von deutscher Seite den Aufenthaltsort erfahren hatte, war der weitere Verbleib Strassers in Portugal nicht mehr sicher. Nach seiner Darstellung stellte die Reichsregierung einen Auslieferungsantrag. Um Strasser entkommen zu lassen, wurde rasch der britische Secret Service eingeschaltet, der ihm die erforderlichen Papiere besorgte, ihn zu Schiff aus dem Lande herausschleuste und zunächst nach Bermuda brachte.[77]

Nach Strassers Vermutung hatte das Reichssicherheitshauptamt seinen Aufenthalt durch einen Journalisten erfahren, der seine Erkenntnis ganz ohne Arg an die BBC weitervermittelt hatte, die dann diese Meldung über ihre deutschsprachigen Sendungen verbreitete. Wahrscheinlich verhielt sich der wirkliche Sachverhalt anders. Soweit einige spärliche Quellen hierüber Auskunft geben, hatte der SD vielmehr aus dem Aufenthaltsort des Bruders auf die tatsächliche Lage geschlossen. Was ihm indessen entgangen war, das

---

76 Schreiben Zernattos vom 24. 8. 1940 an Oswald Baron Hoyningen-Huene; Schreiben Winzers/Botschaft Madrid vom 28. 9. 1940 an SS-OStuf. Müller; ebda. – BHE I, S. 844.
77 Strasser, S. 138–147. – BHE I, S. 740f. – Telo, S. 149f.

war die Tatsache, daß Strasser inzwischen mit Hilfe des Secret Service Portugal längst verlassen hatte. Etwa ein halbes Jahr später, im April 1941, erhielt Walter Schellenberg von Hitler persönlich den Auftrag, Strasser im Lande ausfindig zu machen und durch ein bakteriologisches Attentat zu beseitigen. Schellenberg fuhr erneut nach Portugal und ließ Strasser mehrere Wochen durch eine breit angelegte Fahndungsaktion von Agenten suchen. Die Aktion mußte ergebnislos verlaufen, denn zu dieser Zeit wechselte Strasser gerade seinen Wohnsitz von Bermuda nach Kanada.[78]

Im Zeitraum 1940/41 scheint der SD in Portugal seine größten Aktivitäten entfaltet zu haben. So erfuhr er, daß Erzherzog Otto von Habsburg sich auf seinen Fahrten von und nach Amerika in Lissabon aufgehalten habe und dabei unter dem Namen Othon de Bar mit einem belgischen Diplomatenpaß aufgetreten sei. Was den deutschen Agenten bzw. den Agenten in deutschen Diensten jedoch entging, war die Konferenz konservativer und legitimistischer Österreicher im Badeort Figueira da Foz im August 1940, auf der in Anwesenheit des Fürsten Rüdiger von Starhemberg Exilpolitiker wie Wilhelm Wunsch und Hans Rott die Gründung einer freien österreichischen Bewegung beschlossen. Der britische Botschafter Sir Walford Selby drängte damals die Österreicher, Portugal möglichst bald zu verlassen, um den Deutschen jeden Vorwand für eine Einmischung in die portugiesischen Angelegenheiten bis hin zu einer Invasion zu nehmen. Durch seine Vermittlung erhielten die meisten legitimistischen Österreicher Einreisevisa für Kanada, wo sich dann ein Zentrum der österreichischen Exilpolitik bildete.[79]

Gleichwohl entstand unter Emigranten, aber auch bei anderen Beobachtern, der Eindruck, daß Portugal immer stärker unter deutschen Einfluß gerate. So schrieb Erich Ollenhauer im Frühjahr 1941: „Hinzu kommt, daß sich die Lage um Spanien und Portugal erneut so bedrohlich zuspitzt, daß man ernsthaft eine neue Gefährdung unserer Freunde in Lissabon befürchten muß".[80] Der eingangs beschriebene freundliche Eindruck, den Portugal auf viele Flüchtlinge machte, muß hier durch einige düsterere Farben ergänzt werden. Die Nähe zu Spanien und damit, wie man meinte, die starke Präsenz des Dritten Reiches im Lande, lösten vor allem im Zeitraum 1940/41 Ängste aus. Friedrich Torberg schrieb im Juli 1940 aus Porto über seine Sorgen: „[...] die Angst ist nicht die, von den Portugiesen an längerem Aufenthalt und an der Weiterreise gehindert zu werden, sondern von Hitler. Es gibt keine ‚Grenzen' mehr in Europa. Ich habe ihrer zwei überschritten und hatte keine Sekunde lang ein Gefühl der Veränderung oder Sicherung; sondern ich habe mir die Schlagbäume angeschaut und mir gedacht: ‚Und *das* soll ihn aufhalten?'" Ähnlich drückte sich der Publizist Iwan Heilbut in seinem Lissaboner Transit-Exil aus: „Das Schicksal, dem wir eben entgangen zu sein glaubten, rückt uns hier wieder näher. Es ist ein Irrtum, der uns verhängnisvoll wird, wenn man darin beharrt, wenn man uns hier in Sicherheit glaubt".[81] Und Arkadij Maslow, der Lebensgefährte der früheren KPD-

---

78 Schreiben Winzers vom 28. 9. 1940; Anm. 54. – Schellenberg, S. 154–159. – BHE I, S. 740–742.
79 Schreiben der Sicherheitspolizei und des SD vom 30. 6. 1940 an das AA; PA AA: Inland II g (83–75): Emigranten, Bd. 27. – BHE I, S. 837. – Selby, S. 19.
80 Schreiben Erich Ollenhauers vom 7. 5. 1941 an Rudolf Katz; AdsD: Emigration – Sopade, Mappe 80.
81 Torberg: Tolle Zeit, S. 116f. – Schreiben Iwan Heilbuts vom 24. 10. 1940 an die American Guild: DB: American Guild/Iwan Heilbut.

Vorsitzenden Ruth Fischer, schrieb 1941 einem Briefpartner: „Auch in Lissabon können sehr rasch Nazis auftauchen [. . .].[82]

Auch der Journalist Helmut Markiewicz und seine Frau erlebten das Exil-Szenario in Lissabon als ständige Bedrohung, wozu das Verhalten der deutschen Mission noch das ihre beitrug. Nach ihrer Flucht aus Frankreich hatten sich die beiden drei Monate lang illegal in Spanien aufgehalten und waren dann nach Portugal weitergereist, wo sie eine Möglichkeit zur Weiterreise nach Übersee suchten. Irgendwie ermittelte die deutsche Gesandtschaft ihren Aufenthalt und forderte sie auf, auf der Konsularabteilung zu erscheinen und ihre Pässe vorzulegen. Dies konnte als vorbereitende Maßnahme zur Ausbürgerung verstanden werden, was die Gefahr einer Verhaftung und Ausweisung durch die Portugiesen hätte nach sich ziehen können. Das Ehepaar leistete der Aufforderung keine Folge, worauf der Konsul die Vorladung wiederholte. Schließlich betraten die Markiewiczs die Gesandtschaft und lieferten ihre Pässe ab. Seitdem fühlten sie sich in ständiger Gefahr und glaubten sich auf der Straße beschattet.[83] Daß die Einschätzung der Situation keineswegs durch die ebenfalls verbreitete Emigrantenpsychose verzerrt und aufgebauscht wurde, zeigen die Worte Varian Frys vom September 1941, der als Amerikaner um diese Zeit noch nicht gefährdet war: „Portugal, by the way, is more and more under German influence. [. . .] We also understand that Portugal has extradited without trial to the Germans a German political refugee recently; but this has to be verified".[84]

Das was Fry vorsichtig andeutete, waren Fälle von Auslieferungen an das Dritte Reich. Die lückenhafte und unübersichtliche Quellenlage gestattet keine Aussage darüber, in wievielen Fällen derlei vorgekommen ist. So war es im Frühjahr 1941 zwei in spanischen Konzentrationslagern inhaftierten Interbrigadisten, einem Deutschen und einem Österreicher, gelungen, zu fliehen und sich nach Lissabon durchzuschlagen, wo sie von portugiesischer Polizei aufgegriffen wurden. Das deutsche Konsulat erklärte sich für die beiden unzuständig, da sie ausgebürgert worden waren, worauf sie wieder auf freien Fuß gesetzt wurden. Als aber die beiden keine amerikanischen Einreisevisa erhielten, wurden sie erneut verhaftet und Anfang Juni der Gestapo ausgeliefert.[85] Im Falle eines anderen Spanienkämpfers, des Journalisten Ernst Adam, konnte die britische Intervention einen ähnlichen Vorgang verhindern. Adam war im September 1936 nach Spanien gegangen und hatte in den Internationalen Brigaden als Oberst und Stabschef und zuletzt als General und Divisionskommandeur gekämpft. Nach seiner Verwundung kehrte er 1938 nach Frankreich zurück. Es ist nicht bekannt, mit welchen Tarnungen es ihm gelang, als herausragende Persönlichkeit der Interbrigaden ungeschoren durch Spanien zu fahren.

---

82 Fischer/Maslow, S. 90.
83 Schreiben Helmut Markiewicz' vom 28. 11. 1940 an das ERC; Schreiben des Konsulats vom 4. 1. 1941 an Helmut Markiewicz und Hilde Bayers vom 18. 3. 1941 an das ERC; DB: Emergency Rescue Committee/ Helmut Markiewicz.
84 Schreiben Varian Frys vom 22. 9. 1941 an Daniel Bénédite; AdsD: Depositum Daniel Bénédite, Bd. 1.
85 Hans Schafranek: Österreichische Spanienkämpfer in den Gefängnissen und Konzentrationslagern des Franco-Regimes, in: Dokumentationsarchiv des österreichischen Widerstandes, Jahrbuch 1989, S. 84–104, hier S. 99.

Am vorläufigen Ziel seiner Flucht nahmen ihn jedoch die Portugiesen fest. Mit Hilfe des britischen Journalisten Sefton Delmer, der die Kriegspropaganda für Deutsche leitete, wurde er nach Großbritannien entlassen. Er arbeitete dort an der Political Warfare Executive und am Soldatensender Calais.[86]

Ein anderer Fall war die Entführung Berthold Jacobs, der uns schon im Zusammenhang mit Spanien beschäftigt hat. Bekanntlich war er nach einer ersten Verhaftung in Madrid durch Varian Frys Fürsprache unter Auflagen auf freien Fuß gesetzt und im August 1941 im Auto eines Geschäftsmannes illegal nach Lissabon gebracht worden. Dort hielt er sich, wie auch schon vorher in Spanien, als angeblicher peruanischer Staatsbürger unter seinem angenommenen Namen Marcel Rollin auf. Es ist nicht bekannt, wie die Verfolger seine Anwesenheit ermitteln konnten. Charles R. Joy, der Leiter des Unitarierbüros in Lissabon, deutete mangelnde Vorsicht auf seiten Jacobs an: Er sei sehr geschwätzig gewesen und habe dadurch die Gestapo auf seine Spur gelockt.[87] Über die Umstände seiner Entführung liegen unterschiedliche Aussagen vor. Walter Mehring deutet auf der Grundlage wohl nicht allzu zuverlässiger Gerüchte an, daß Jacob auf einer Kaffeehaus-Terrasse wiedererkannt, in ein Auto gestoßen, nach Deutschland verschleppt und dort zu Tode gefoltert worden sei. Diese Version offenbart eine etwas naive Vorstellung von Entführungen, als ob diese spontan und ad hoc ohne minutiöse logistische Vorbereitung durchgeführt werden könnten. Varian Fry, der durch seine Kontakte zu Joy über ungleich bessere Quellen verfügte, überliefert eine andere Version. Kurz vor der Erteilung eines britischen Visums habe Jacob noch einmal im Unitarierbüro in Lissabon vorgesprochen. Offensichtlich war er schon über längere Zeit beschattet worden. Als er das Büro im Hotel „Metropole" am belebten Hauptplatz Rossio verließ, machte ein Mann auf der Straße zwei andere Männer durch Armbewegung auf Jacob aufmerksam. Diese nötigten ihn dann, in ein Auto einzusteigen, und fuhren davon.[88] Es ist nicht bekannt, ob seine Frau bei dieser Entführung anwesend war; jedenfalls wurde sie nicht mit verschleppt. Alle weiteren Indizien, die von den alarmierten Hilfsorganisationen akribisch verfolgt wurden, wiesen auf eine Entführung nach Spanien, von wo Jacob dann, wie schon angedeutet wurde, nach Berlin verschleppt wurde.

Es ist schwierig abzuschätzen, wie weit die Regierung in Lissabon derartige Umtriebe erdulden mußte, zuließ oder zu unterbinden trachtete. Vermutlich erfolgten die beiden Fälle von Auslieferung mit Wissen und Billigung Salazars. Wahrscheinlich gehörte es zum portugiesischen Neutralitätsverständnis, daß es den Kriegsgegnern, also auch dem Dritten Reich, das Recht auf Verfolgung seiner aktiven Gegner zubilligte. Wie weit dies auch für die Entführung Berthold Jacobs galt, ist fraglich, da es sich hier ja auch um einen schweren Bruch des Völkerrechts handelte. Es ist aber nicht bekannt, daß ihm ernsthafte diplomatische Verwicklungen gefolgt wären. Portugal fühlte sich zu schwach, um dem

---

86 BHE I, S. 5.

87 Schreiben Charles R. Joys vom 3. 12. 1941 an Varian Fry; DB: Emergency Rescue Committee/Klaus Dohrn.

88 Walter Mehring: Wir müssen weiter. Fragmente aus dem Exil, Düsseldorf: Claassen Verlag, 1974, S. 90. – Fry, S. 274f. – BHE I, S. 322f. – Wheeler, S. 12. – Weiss/Westermann, S. 85. – Gold, S. 399. – Vgl. S. 78, 80.

Treiben ausländischer Geheimdienste auf seinem Territorium Einhalt zu gebieten. Schließlich darf man annehmen, daß manche Aktivitäten von Gestapo und SD mit Wissen und Billigung bestochener oder mit dem Dritten Reich sympathisierender Polizeioffiziere und Behördenchefs erfolgten – so wie Wheeler den Fall Berthold Jacob hypothetisch dem Polizeioffizier José Correia de Almeida anlastet[89] –, ohne daß die Regierungsspitze hierüber die volle Übersicht behalten hätte.

Für diese letzte Vermutung spricht auch ein Nachspiel zum Fall Jacob, das sich nach dem Zweiten Weltkrieg ereignete. Im November 1945 wandte sich Jacobs Bruder Wolfgang Salomon von seinem Wohnort Amsterdam aus über die portugiesische Gesandtschaft in Den Haag an die Regierung in Lissabon mit der Bitte um Aufklärung über den Ablauf der Entführung, über die Untersuchungen portugiesischer Behörden und um strafrechtliche Verfolgung der Täter und Mittäter. Die Gesandtschaft leitete den Wunsch an das Außenministerium weiter, dessen Generaldirektor sich wiederum an die Geheimpolizei PVDE wandte. Nun hatte der Entführungsfall Jacob unter den in Portugal weilenden Emigranten doch einiges Aufsehen erregt, was einer allgegenwärtigen Geheimpolizei wohl nicht entgangen sein konnte. Dies rechtfertigt die Annahme, daß Name und Fall Jacobs zumindest in einem Aktenvermerk ihren Niederschlag hätten finden sollen. Statt dessen teilte die PVDE dem Generalsekretär des Außenministeriums mit: „[...] tenho a honra de comunicar a V. Exª, que nos registos desta Polícia nâo consta o nome de Berthold Jacob" ([...] habe ich die Ehre, Ew. Exzellenz mitzuteilen, daß in den Registern dieser Polizei der Name Berthold Jacobs nicht enthalten ist).[90] Jede andere Antwort hätte lästige Nachforschungen nach sich gezogen, so daß diese wenig glaubwürdige Auskunft den portugiesischen Behörden die einfachste Lösung bot, um unangenehme oder peinliche Fragereien abzuwehren.

Wie sehr Portugal Tummelplatz auswärtiger Geheimdienste war, die wiederum ihre Mitarbeiter und Fraktionen innerhalb der einheimischen Geheimpolizei und anderer Dienststellen hatten, zeigt schließlich die Flucht von Otto John, dem späteren Präsidenten des Bundesamtes für Verfassungsschutz. Nachdem er den Grenzfluß Minho in Richtung Portugal überquert hatte, wurde er nach vorheriger Kontaktaufnahme mit den Engländern vereinbarungsgemäß von einem britischen Diplomatenwagen nach Lissabon gebracht und in einem nahe gelegenen Dorf versteckt. Eher durch Zufall wurde er dort von portugiesischer Polizei festgenommen, die recht schnell die Identität und Situation Otto Johns erkannte. Und nun begann hinter den Kulissen ein Gerangel zwischen den Geheimdiensten, wobei die Frontlinien mitten durch die portugiesische Polizei gingen. Wie John später erfahren haben will, hatte Salazar einen deutschen Auslieferungsantrag abgelehnt, woraufhin das Reichssicherheitshauptamt seinem Vertreter in Lissabon, Schroeder, den Auftrag zur Entführung Johns erteilte. Durch Bestechung sollte ein hoher Beamter des Innenministeriums bewogen werden, die Verlegung Johns in ein anderes Gefängnis

---

89 Wheeler, S. 12.
90 Schreiben Wolfgang Salomons vom 14. 11. 1945 an die Gesandtschaft sowie die nachfolgenden Korrespondenzen bis zur Antwort des Außenministeriums an die Gesandtschaft vom 30. 1. 1946; MNE: Informações s/ pessoas desaparecidas (2 – 49 – M 111).

anzuordnen, bei der dann die gewaltsame Entführung inszeniert werden sollte. Inzwischen hatte die britische Botschaft Kontakt zum Innenministerium aufgenommen, das sich außerstande erklärte, die Sicherheit Johns garantieren zu können. Schließlich wurde John freigelassen und mit einem britischen Flugzeug nach England in Sicherheit gebracht. Bemerkenswert an diesem Vorfall sind zwei Aspekte. Zum einen war der lange Arm des Dritten Reiches zu diesem Zeitpunkt noch stark und beweglich genug, um Personen in Lebensgefahr zu bringen, andererseits begann um diese Zeit – im Spätsommer 1944 – auch ein Erosionsprozeß innerhalb des SD. Schroeder und ein weiterer SD-Agent waren von sich aus zum portugiesischen Innenministerium gegangen und hatten dort ihren Auftrag gebeichtet, wohl in der stillen Hoffnung, daß die Portugiesen Maßnahmen zur Vereitelung dieser Pläne ergreifen würden. Diese schoben den Schwarzen Peter den Briten weiter, indem sie ihnen mitteilten, daß sie die Verantwortung für die Sicherheit Johns nicht übernehmen wollten.[91] Auch der SD franste aus, und der genannte Fall zeigt, daß mit der immer deutlicher sich abzeichnenden Niederlage Deutschlands auch der lange Arm des Dritten Reiches in Portugal zu erlahmen begann.

Zahlen und Fakten der Transit-Emigration

Es ist außerordentlich schwierig, einen halbwegs genauen Überblick über den Umfang der Portugal-Emigration zu gewinnen. Eines der Probleme entspricht ungefähr den Schwierigkeiten, denen wir schon im Fall Spaniens begegnet sind: Die Dunkelziffern der illegalen und somit nicht registrierten Flüchtlinge, ungenaue und unzuverlässige Quellen, mögliche Doppelzählungen und anderes mehr. Gemeinsam war beiden iberischen Ländern auch, daß sie nicht völlig deckungsgleich waren. Fast alle Flüchtlinge in Portugal hatten vorher Spanien passiert. Die wenigen, die auf dem Luftwege von London nach Lissabon oder zu Schiff von Nordafrika nach Portugal gelangt waren, können wegen ihrer geringen Zahl übergangen werden. Umgekehrt reisten auch nur wenige Personen direkt von Spanien nach Übersee, ohne Portugal zu berühren. Es gab nur zwei spanische Übersee-Häfen – Sevilla und Cádiz –, von denen aus nur zwei spanische Schiffe in unregelmäßigen Abständen in See stachen, so daß die meisten Portugal-Flüchtlinge vorher auch Spanien-Transitäre gewesen waren. Die fehlende Übereinstimmung beider Personenkreise bezieht sich ausschließlich auf diejenigen Flüchtlinge, die aus irgendwelchen Gründen in Spanien hängenblieben und erst nach Kriegsende auf Wegen, die nicht unbedingt über Portugal führen mußten, abwanderten. Eine andere Schwierigkeit liegt in der nicht immer streng zu trennenden Unterscheidung von Personen, die über Portugal emigrierten, von denen, die sich zu gleicher Zeit dort aufhielten, also Gesamtzahl einerseits und Präsenzzahl andererseits. Da es keine verläßlichen Daten über die Verweildauer der einzelnen Flüchtlinge gibt, können wir nur ein recht vages Bild über den jeweiligen Umfang der Portugal-Emigration zu verschiedenen Zeitpunkten gewinnen.

---

91 John, S. 177–186.

Einigkeit besteht in allen Quellenangaben und wissenschaftlichen Darstellungen darüber, daß der große Ansturm auf die iberische Halbinsel erst mit dem Zusammenbruch Frankreichs einsetzte. Bis etwa Mitte 1940 dürfte die Gesamtzahl der in Portugal weilenden Flüchtlinge bei einigen hundert, insgesamt wohl weniger als 1 000 Personen gelegen haben. Mit der französischen Niederlage stieg diese Zahl sprunghaft an und zwar so stark, daß Zeitgenossen sich zu recht überzogenen Schätzungen verleiten ließen. So meldete *Der Aufbau*, daß sich im Juni 1940 etwa 50 000 Flüchtlinge in Portugal gedrängt hätten, eine Zahl, die auch in die historische Literatur Eingang gefunden.[92] Von 20 000 Flüchtlingen in Portugal berichtete noch im Januar 1941 der amerikanische Journalist Eric Sevareid. Dagegen unterschätzte der österreichische Schriftsteller Friedrich Torberg vom portugiesischen Etappenziel seiner Emigration aus die Zahl der Emigranten mit 5 000–6 000 erheblich.[93] Man sieht, daß unter Zeitgenossen einige Verwirrung über das Ausmaß der Portugal-Emigration bestand, und die abweichenden Zahlenangaben in der historischen Literatur zeigten, daß auch aus zeitlicher Distanz nur eine ungefähre Einschätzung möglich ist.

Übereinstimmung besteht allenfalls in der Beobachtung der infolge der französischen Kriegsniederlage sprunghaft anschwellenden Flüchtlingszahl im Juni/Juli 1940. Tartakower/Grossmann nahmen aufgrund der ihnen während des Krieges zugänglichen Quellen – in der Regel Materialien der großen Hilfsorganisationen – eine Zahl von etwa 15 000 Personen an, die Mitte 1940 über Spanien nach Portugal gelangt seien. Wischnitzer tendiert bei allen Schätzungen zu höheren Angaben und vermutet 18 000 Flüchtlinge allein im Monat Juni 1940.[94] Für die nachfolgenden Zeitabschnitte weichen die Zahlen noch stärker voneinander ab. Bauer geht von einer Gesamtzahl von 25 000 Flüchtlingen in Portugal zwischen dem Zusammenbruch Frankreichs und dem Jahresende 1940 aus und nimmt weitere 15 000 für das Jahr 1941 an, bis Ende 1941 zusammen also 40 000, von denen allein 32 000 auf den Zeitraum bis Februar 1941 entfielen. Auch in diesen größeren Zeitabschnitten gibt Wischnitzer höhere Zahlen an. Allein 1940 sollen 40 000 Personen und bis Mitte 1941 weitere 30 000 Flüchtlinge in Portugal eingereist sein.[95]

Da die meisten dieser Zahlenangaben sich auf die Materialien der jüdischen Hilfsorganisationen stützen, seien diese als authentische Quelle zum Vergleich gegenübergestellt. Das „American Jewish Joint Distribution Committee", das in der Flüchtlingshilfe eine führende Rolle spielte, gab in einer Aufstellung vom 1. Februar 1944 folgende statistische Daten an: Vom französischen Zusammenbruch im Juni 1940 bis Mitte 1941 sollen etwa 30 000 Emigranten Portugal betreten und/oder passiert haben, bis Ende 1941 etwa 40 000. Für die nachfolgenden Jahre waren die Schätzungen ungenauer, jedoch resümierte das Komitee, daß bis zum Zeitpunkt dieser Erhebung, also Anfang 1944, etwa 100 000 Flüchtlinge nach Portugal gelangt seien.[96] In etwa vergleichbaren Größenordnungen

---

92 „Neue Schiffe aus Europa", in: Der Aufbau 23. 1. 1942. – Walter: Exilliteratur 3: Internierung, S. 344.
93 Sevareid in Readers's Digest (vgl. Anm. 42). – Torberg: Tolle Zeit, S. 123.
94 Tartakower/Grossmann, S. 312f. – Wischnitzer: Visas, S. 170.
95 Wischnitzer: Visas, S. 172; Wischnitzer: Safety, S. 231. – Bauer: Jewry, S. 47f.
96 JDC/Lisbon: „Portugal and the Refugee Problem" (undatierter Bericht) mit Annex „Approximate

bewegen sich die Angaben des Hochkommissars des Völkerbundes für Flüchtlinge, dessen Amt sich auch während des Krieges mit sehr eingeschränkten Möglichkeiten um das Schicksal der Emigranten kümmerte. Nach seinen Informationen betraten zwischen dem französischen Zusammenbruch und Mitte 1941, also in ungefähr einem Jahr, rund 50 000 Flüchtlinge Portugal. In der ersten Hälfte 1941 konnten monatlich 2 000–3 000 nach Übersee abwandern, so daß sich der Ende 1940 entstandene „Stau" verringerte und die Präsenzzahl Mitte 1941 auf etwa 1 500 reduzierte. Etwa 2/3 der Emigranten stammten aus Deutschland, der Rest aus übrigen (nicht besetzten) europäischen Ländern.[97]

Nun muß man den Schätzungen der jüdischen Hilfsorganisationen folgende ergänzende Überlegungen anfügen. Aufgrund ihrer Aufgabenstellung interessierten sich die genannten Hilfskomitees hauptsächlich für jüdische Flüchtlinge, die allerdings auch die überwältigende Mehrheit von über 90 % stellten. Jedoch wird man die Zahlenangaben für 1940/1941 um ein Kontingent von 5–8 % nicht-jüdischen Flüchtlingen ergänzen müssen. Ab Anfang 1942 ging, wie wir am Beispiel der französisch-spanischen Grenze haben feststellen können, die Zahl der Emigranten zurück auf schätzungsweise nur noch 2 000 monatlich mit abnehmender Tendenz.[98] Dabei stieg aber der Anteil alliierter Soldaten oder Angehöriger der französischen Résistance stärker an, um die dann die Gesamtzahl verringert werden müßte. Bezieht man diese Überlegungen in die Gesamtbilanz ein, dann dürften sich die vagen Schätzungen zur Zahl derer, die auf ihrer Flucht Portugal betraten (und größtenteils auch wieder verließen), wohl über 80 000 liegen.

Ein anderes Problem stellt die jeweilige Präsenzzahl von Flüchtlingen in Portugal zu unterschiedlichen Zeitpunkten dar. Diese hängt zwar mit der Emigrationsbewegung eng zusammen, läßt aber wegen fehlender Daten über die Abwanderung und über die durchschnittliche Verweildauer der Emigranten keineswegs zwingende Rückschlüsse auf deren Umfang zu. Die älteste Schätzung über die Präsenzzahl datiert vom Spätherbst 1940 und bezieht sich auf den August dieses Jahres. Allerdings läßt die ungenaue Formulierung es offen, ob die hier genannten 11 000 Personen sich ausschließlich auf Lissabon beziehen oder auf das ganze Land. Da andererseits die überwältigende Mehrheit aller Emigranten sich auf die Hauptstadt konzentrierte, dürfte der Unterschied hier nicht allzu gravierend sein. Für November 1940 liegt eine Schätzung der Jüdischen Gemeinde von Lissabon über 14 000 Flüchtlinge vor. Übereinstimmung herrscht in der Annahme, daß diese Zahl gegen Ende des Jahres zurückgegangen sei. Die Schätzungen bewegen sich hier zwischen 8 000 und 10 000 Personen. Diese Zahl scheint dann Anfang 1941 auf etwa 6 000 abgesunken zu sein.[99]

Statistical Data/Foreign Jewish Polulation in Portugal as of February 1st, 1944"; YIVO: 245.4/Series: Portugal B 59.

97 „Assistance internationale aux Réfugiés", in: Société des Nations: Journal officiel n° C25.M.25.1942/XII, Februar 1942.

98 Tartakower/Grossmann, S. 312.

99 „Resume of JDC Operations on Behalf of Refugees in Portugal" (26. 11. 1940) sowie Vermerk der Comunidade Israelita de Lisboa vom 8. 1. 1941; JDC: Portual 896. – „Lisbon's Refugees Now Put at 8,000", in: The New York Times 15. 12. 1940. – Bauer: Jewry, S. 47. – Vgl. auch Rev. Henry Smith Leiper: „Lisbon, Oasis in Chaos", in: The Living Church (Milwaukee) 30. 8. 1942.

Die Abwanderung der Flüchtlinge soll im Zusammenhang mit den Fluchthelfern und Fluchtzielen an anderer Stelle ausführlicher dargestellt werden. Hier sei nur kurz auf das Verhältnis von Zustrom, Abwanderung und Präsenzstärke verwiesen. Der große „Stau" von 1940 ergab sich aus dem plötzlichen Andrang der Flüchtlinge aus dem geschlagenen Frankreich einerseits und den eingeschränkten Möglichkeiten zur Weiterwanderung andererseits. Im Sommer 1940 waren durch den Kriegseintritt Italiens und den Überfall auf Griechenland italienische und griechische Schiffe als Transportmöglichkeiten ausgefallen, so daß nur noch zwei spanische und etwa ein Dutzend portugiesische Schiffe, dazu drei amerikanische und einige wenige lateinamerikanische – meistens argentinische und chilenische – Überseedampfer übrig geblieben waren. Im Durchschnitt nahm jedes Schiff 350–700 Passagiere auf, sofern es nicht, was gelegentlich auch geschah, hoffnungslos überbelegt war. Eine Fahrt von Lissabon nach New York dauerte auf direktem Wege etwa zehn Tage, jedoch steuerten viele Schiffe zuvor auch karibische und lateinamerikanische Häfen an, so daß zwischen der Abfahrt und der Rückkehr nach Portugal etwa ein Monat verging. Über das Jahr 1940 liegen keine genauen Daten vor, jedoch wird geschätzt, daß in der ersten Jahreshälfte 1941 monatlich 2000–3000 Flüchtlinge auf dem Seewege Portugal verließen.[100]

Mit dem amerikanischen Kriegseintritt und der Ausweitung des Seekrieges verringerten sich auch die Schiffskapazitäten. Die Abwanderung aus Portugal ging zurück. In dem halben Jahr zwischen Dezember 1941 und Mai 1942 sollen nur noch etwa 5000 Flüchtlinge mit vierzehn Schiffspassagen in die USA gebracht worden sein.[101] Wahrscheinlich wird man noch ein kleines Kontingent von Lateinamerika-Auswanderern hinzurechnen müssen. Immerhin ging die Präsenzzahl der Flüchtlinge in Portugal Anfang 1942 auf 1500 zurück.[102] Die nächsten Zahlen stammen erst vom Anfang 1944 und schwanken, wohl infolge unterschiedlicher Berechnungsgrundlagen, zwischen 1.125 einerseits und 700–800 andererseits. Es handelte sich fast durchweg um Personen, die wegen fehlender Einreisevisa für überseeische Aufnahmeländer im Lande geblieben waren.[103] Diese Zahlen stellen – gemessen an den Zehntausenden der Jahre 1940/41 – eine nur wenig verringerte Summe dar. Seit Anfang 1942 blieb die Präsenzzahl von Flüchtlingen bei leicht abnehmender Tendenz annähernd konstant, woraus zu schließen ist, daß der während des Krieges bis Sommer 1944 anhaltende Zustrom einerseits und die Abwanderung sich ungefähr die Waage hielten.

Tatsächlich stellten die Flüchtlinge ohne realisierbares Fluchtziel für Portugal und für die internationale Staatenwelt ein besonderes Problem dar. Die lateinamerikanischen Staaten nahmen ab 1942 nur noch vereinzelt Asylanten auf. Großbritannien und die Kolonialverwaltungen europäischer Staaten (Frankreich, Belgien, Niederlande) ließen nur noch kleine Kontingente ein oder hielten ihre Grenzen strikt geschlossen. Als Anfang 1944 eine kleine Gruppe jüdischer Flüchtlinge sich darum bemühte, aus ihrem Exil in den

---

100 „Portugal and the Refugee Problem"; Anm. 97.
101 Wasserstein, S. 140f.
102 Anm. 97.
103 Ebda.

portugiesischen Kolonien in das britische Mandatsgebiet Palästina ausreisen zu dürfen, ließ London die portugiesische Regierung ungnädig wissen, daß ihnen keine Visa für britische Territorien ausgestellt werden könnten.[104] Umgekehrt spekulierten London und Washington mit dem Gedanken, Flüchtlingsströme erneut nach Spanien und Portugal zu lenken. Für den Fall, daß das Dritte Reich bereit wäre, gefährdete Juden freizulassen, würden die britische und amerikanische Regierung die Möglichkeiten ihres Transports und ihrer Unterbringung auf der iberischen Halbinsel prüfen, soweit dies ohne Beeinträchtigung der militärischen Operationen durchgeführt werden könnte.[105] Zu einer solchen Aktion, die wahrscheinlich vielen Opfern das Leben gerettet hätte, ist es nicht gekommen. Vielmehr ließ der Zustrom nach Portugal im Sommer 1944 nach, so daß sich die Größenordnung der Flüchtlinge bis zum Ende des Zweiten Weltkrieges nur noch unwesentlich veränderte.

Praxis und Alltag des portugiesischen Exils

Über die Exilpolitik Portugals liegen unterschiedliche Einschätzungen vor. Von der einen Seite werden die bürokratischen Hemmnisse hervorgehoben, mit denen die iberische Republik den Transit behinderte oder mit denen sie sich mitunter auch bereicherte: seien es nun Reedereien oder korrupte Polizeichefs, die nur gegen Schmiergelder oder gegen Liebesdienste jüngerer Frauen die für das Überleben notwendigen Dokumente ausstellten.[106] Das andere Klischee beschwört das Bild eines zutiefst christlichen Landes, das den mühselig und beladenen Verfolgten – Juden, Kommunisten, Freimaurern – gastliche und selbstlose Aufnahme gewährt habe.[107] Die Wirklichkeit sah vielfältiger und facettenreicher aus und enthielt sowohl Elemente des einen als auch des anderen, bewegte sich jedoch in der Regel innerhalb eines Durchschnittsrahmens mit geringfügigen Abweichungen nach der einen oder anderen Seite.

In den meisten Fällen verlief der Aufenthalt unter weniger gastlichen Vorzeichen. Portugal verstand sich weder als Asyl- noch als Exil-Land und betrachtete den Aufenthalt der fremden Emigranten im allgemeinen als ungewollt unterbrochenen Transit. Es übernahm daher die mehr erzwungene als freiwillige Rolle eines Wartesaales für Reisende, die nach Übersee weiterfahren wollten. Schon 1939, als ein Massenexodus auf dem Seewege aus Portugal einsetzte, führte das Land verschärfte Einreisebestimmungen ein. Dies belegte der Fall von etwa 50 deutschen Flüchtlingen, die im November 1939 unter Kriegsbedingungen, also illegal, nach Portugal gekommen waren. Die früher häufig praktizierte Legalisierung, mit der manche Problemfälle pragmatisch gelöst worden

---

[104] Aide-mémoire der britischen Botschaft vom 17. 2. 1944; MNE: Questiôes s/ Refugiados e Naufragos (2° – 49 – M 112).
[105] Wasserstein, S. 253.
[106] Am deutlichsten beschrieben bei Dembitzer, S. 250f.
[107] Ploncard d'Assac, S. 178.

waren, gehörten zunächst der Vergangenheit an. Der Hohe Kommissar des Völkerbundes für Flüchtlinge, Sir Herbert Emerson, wandte sich zuerst an die portugiesische Botschaft in London und, als auf diesem Wege keine Antwort erfolgte, zwei Wochen später direkt an das Außenministerium in Lissabon, um ein befristetes Asyl zu erbitten mit dem Hinweis, daß die „Commassis" die Flüchtlinge betreuen und so schnell wie möglich ihre Weiterwanderung bewerkstelligen werde.[108] Visa wurden nur als Transitvisa ausgestellt und diese auch nur, wenn die Ausreise durch Vorlage einer Schiffspassage und einer Einreisegenehmigung eines Ziellandes sichergestellt war. Dabei wußten die portugiesischen Behörden genau, daß Einreisegenehmigungen für so abgelegene Ziele wie die belgische Kongo-Kolonie, Thailand oder China wegen der fehlenden Schiffsverbindungen selbst dann wertlos waren, wenn die Papiere ordnungsgemäß ausgestellt worden waren und jeder Nachprüfung standhielten. Da andererseits Spanien nur dann Transitvisa vergab, wenn ein portugiesisches Einreisevisum vorlag, bedeutete dies für die Flüchtlinge, daß sie mindestens drei Visa, deren Gültigkeitsdauer aufeinander abgestimmt sein mußte, und mindestens eine Schiffspassage erwerben mußten. Hier setzte oft ein verzweifelter circulus vitiosus ein, der uns schon im Zusammenhang mit der Ausreise aus Frankreich begegnet ist. Wiederholt warnten Flüchtlingsorganisationen und Presseorgane vor einer (illegalen) Einreise nach Portugal ohne die erforderlichen Papiere.[109]

Die von Portugal aus angesteuerten Fluchtziele lagen mit Ausnahme Großbritanniens durchweg außerhalb Europas, größtenteils in Nord- und Südamerika. Ausreisen nach Fernost (Shanghai) oder nach Afrika (vor allem Südafrika) stellten Ausnahmefälle dar. Nur wenige Flüchtlinge ließen sich in den portugiesischen Überseebesitzungen nieder, wobei deren mangelnde Attraktivität, klimatische und wirtschaftliche Verhältnisse und schlechte Verkehrsverbindungen wohl nur eine unzureichende Erklärung liefern. 1940 hatte die amerikanische Regierung die Möglichkeiten einer Massenansiedlung jüdischer Flüchtlinge in Angola erkundet, war aber bei der portugiesischen Regierung auf Ablehnung gestoßen.[110] Anfang 1940 meldete das deutsche Konsulat in Luanda, daß sich nur wenige Emigranten im Lande aufhielten und bezifferte deren Zahl ein halbes Jahr später auf zwanzig; weitere zwölf Personen seien schon seit früheren Zeiten dort ansässig und könnten daher nicht im eigentlichen Sinne als Emigranten bezeichnet werden.[111]

Nicht viel anders sah es in Moçambique aus. Zwar wurde ein derartiges Siedlungsprojekt in portugiesischen Kreisen der Kolonie diskutiert, ohne jedoch konkrete Formen anzunehmen. Die in der Hauptstadt Lourenço Marques (heute Maputo) erscheinende Zeitung *Diário de Notícias* erwog in einem Artikel „Die jüdische Kolonisierung" die Ansiedlung von Emigranten, wie dies ja auch Großbritannien in seinen Besitzungen getan

---

108 Schreiben der portugiesischen Botschaft/London vom 30. 11. und Sir Herbert Emersons vom 14. 12. 1939 an das Außenministerium in Lissabon; MNE: Questiões s/ Refugiados e Naufragos (2º – 49 – M 112).
109 „Die Hias arbeitet", in: Der Aufbau 12. 7. 1940. – Vgl. hierzu die Vermerke des deutschen Konsulats Lissabon vom 8. 8. und 21. 8. 1942; PA AA: Inland II A/B (83–26 Portugal): Akten betr. Juden in Portugal. – Wischnitzer: Visas, S. 167. – Bénédite, S. 76.
110 Wasserstein, S. 46.
111 Schreiben des Konsulats Luanda vom 9. 1. und 10. 7. 1940 an das AA; PA AA: Inland II A/B: Deutsche Emigrantentätigkeit im Ausland, Bd. 24.

habe (sic!). Aber dann führte der Verfasser aus, daß damit viele neue Probleme entstehen könnten. In Johannisburg hätten antisemitische Demonstrationen gegen die Aufnahme von Juden stattgefunden, so daß man die Konsequenzen eines solchen Vorhabens wohl bedenken müsse. Da die Juden – so der Artikel – in der Landwirtschaft versagt hätten, dürfe ihnen nicht erlaubt werden, sich an portugiesischem Eigentum zu bereichern. Das deutsche Konsulat fügte der Übersetzung des Artikels noch einen Kommentar bei, in dem es die Vermutung aussprach, daß jüdische Organisationen offenbar vergeblich mit portugiesischen Stellen wegen einer Aufnahme von Flüchtlingen in Moçambique verhandelt hätten.[112] Erst sehr viel später, als sich Anfang 1944 24 Flüchtlinge in Moçambique darum bemühten, eine Einreiseerlaubnis für Palästina zu erhalten, wurde offenbar, daß dennoch eine Anzahl von ihnen in diesen Teil Afrikas verschlagen worden war.[113]

Mit dem Massenandrang von Flüchtlingen infolge des französischen Zusammenbruchs wurden die Einreisebestimmungen verschärft. Salazar erließ das Zirkular Nr. 14, das den diplomatischen und konsularischen Vertretungen Portugals die pauschale Ausfertigung von Transitvisa untersagte. Sein Land, so hatte der Regierungschef selbst geäußert, wolle kein „dumping ground" (Müllplatz) für Flüchtlinge werden. Jeder Antrag mußte fortan einzeln nach Lissabon gefunkt und dort entschieden werden, was die Prozedur beträchtlich erschwerte und verlängerte, obwohl der Massenandrang dadurch nicht grundsätzlich eingedämmt wurde.[114] Aber viele, denen vielleicht eine rechtzeitige Flucht gelungen wäre, wurden dadurch vom deutschen Vormarsch in Frankreich überrascht. Dagegen stehen Behauptungen, nach denen die portugiesische Regierung – wie der britische Botschafter meinte, auf seine Demarche hin – das Problem recht pragmatisch und flexibel gehandhabt habe. Wegen der Probleme der nicht eingelassenen Flüchtlinge habe Salazar höhere Beamte an die Grenzübergänge geschickt, die praktisch alle bislang aufgehaltenen Personen einreisen ließen.[115] Diese Behauptung ist insofern korrekt, daß Portugal bis auf einige Ausnahmen keine Emigranten vor seinen Toren oder bereits illegal eingereiste Personen zurückwies, wohl aber Barrieren durch seine Konsulate im Ausland errichten ließ.

Erwähnenswert ist hier der portugiesische Konsul von Bordeaux, Aristides Sousa Mendes, der sich den Weisungen seines Außenministeriums ausdrücklich widersetzte und zahllose Transitvisa ausstellte. In den kritischen Tagen vom 17.–19. Juni 1940 versorgte er Tausende von Antragstellern mit den erforderlichen Papieren und Stempeln und setzte diese Tätigkeit bis zum 23. Juni von der Konsulatsnebenstelle in Bayonne aus fort. Kurz darauf fiel dem portugiesischen Botschafter in Madrid die starke Transit-Emigration auf, die doch eigentlich hatte gebremst werden sollen, und er denunzierte Mendes beim Außenministerium. Mendes wurde sofort nach Lissabon zurückgerufen und aus dem öffentlichen Dienst entlassen. Seine Karriere war damit an ihr Ende gelangt. Beruflich

---

112 Schreiben des Konsulats Lourenço Marques vom 11. 1. 1939 an das AA; PA AA: Missionsakten Lissabon: Ool. 3 Nr. 9: Juden in Portugal, auch Einwanderung.
113 Aide-mémoire vom 17. 2. 1944; Anm. 104.
114 Bauer: Jewry, S. 54. – „Lisboa 1940. Passagem para a vida", in: O Século, Público Magazine nº 161, 12. 8. 1990.
115 Selby, S. 118.

konnte er nirgends mehr reüssieren. Die jüdische Gemeinde in Lissabon zahlte dem Lebensretter von etwa 10 000 Flüchtlingen seitdem eine kleine Rente, die ihm und seiner Familie ein notdürftiges Überleben garantierte. Aber erst der Verstorbene erhielt die ihm gebührende Anerkennung. Posthume Ordensverleihungen durch die USA und Kanada, ein Baum in der „Allee der Gerechten" mit seinem Namenszug in der Jerusalemer Gedenkstätte Yad Vashem und schließlich auch die offizielle Rehabilitierung durch die portugiesische Regierung erinnerten an das großherzige und mutige Verhalten dieses Mannes. Aber noch ist der Fall nicht abgeschlossen. Auf seinem Staatsbesuch in Washington von amerikanischen Senatoren darauf angesprochen, sagte Präsident Mário Soares auch eine materielle Wiedergutmachung für die durch die Disziplinarstrafe verarmte Familie zu.[116]

Im Sommer und Herbst 1940 griff die portugiesische Regierung zu weiteren Maßnahmen, so zur vorübergehenden Schließung der nach Lissabon führenden Eisenbahnlinien, zeitweilig auch der gesamten Grenze. Leidtragende dieser Maßnahmen waren unter anderem Juden aus dem von Deutschland besetzten Großherzogtum Luxemburg. Sie wurden damals noch nicht in die Vernichtungslager deportiert, sondern vorerst nur aus ihrer Heimat ausgewiesen. Im August 1940 waren es zunächst nur 26, kurz darauf weitere 32 Flüchtlinge, die ihren Exodus an der portugiesischen Grenze beenden mußten. Sie mußten nach Frankreich zurückkehren. Infolge der deutschen Ausweisungsbefehle riß der Strom der Flüchtlinge aber nicht ab. Die Gestapo setzte Hunderte von ihnen in plombierten Zügen in Richtung Portugal in Bewegung, wo ihnen jedoch das gleiche Schicksal widerfuhr. Die luxemburgische Exil-Regierung in London bat inständig die britische Regierung, den bedrohten Flüchtlingen Asyl in Tanganyika oder in anderen Besitzungen zu gewähren, was wiederum Portugal zur Ausstellung von Transitvisa bewogen hätte, aber London blieb hart. Einige Luxemburger konnten sich in Spanien oder Portugal verstecken, 102 wurden schließlich von den Vereinigten Staaten aufgenommen oder gelangten in andere überseeische Länder. Die meisten wurden jedoch nach Frankreich abgeschoben, zuletzt noch 423 Personen im März 1941, wo gleichfalls einige im Untergrund überleben konnten. Aber 512 von ihnen wurden schließlich aufgegriffen und ins Vernichtungslager Treblinka deportiert.[117]

Angesichts des großen Andranges von Flüchtlingen im Sommer 1940 schränkte Portugal die Bewegungsfreiheit auch derer ein, die das Land legal hatten betreten dürfen. Niemand durfte mehr seinen Wohnort bis zur Abreise selbst aussuchen, vielmehr wurden die Emigranten zwangsweise über das gesamte Land verteilt. Da die meisten von ihnen möglichst rasch weiterwandern wollten, suchten sie die Nähe zu diplomatischen Missionen, Konsulaten, Reedereien, Schiffsagenturen und Hilfsorganisationen, die größtenteils in Lissabon saßen. Aber gerade die Hauptstadt war zu dieser Zeit wegen einer Weltausstellung völlig überlastet. Bereits an der Grenze wurden die aus Frankreich kommenden

---

116 „Lisboa 1940. Passagem para a vida", a. a. O. – Walter Weiss/Kurt Westermann: „Fluchtpunkt Lissabon", in: Ikarus (Wien), Dez. 1986/Jan. 1987, S. 87. – Interview Yvette Davidoff.
117 Bauer: Jewry, S. 53 f. – Wasserstein, S. 108 ff. – „Portugal weist 423 Refugees aus", in: *Der Aufbau* 28. 3. 1941.

Eisenbahnzüge umgeleitet, die Passagiere auf Orte in der Provinz verteilt. Zunächst wählten die Behörden andere Städte wie Porto und Coimbra, dann wenig frequentierte Badeorte wie Figueira da Foz und später kleinere Ortschaften wie Curia, Caldas da Rainha und Ericeira. In der Regel war es den Transit-Emigranten nicht erlaubt, diese Orte zu verlassen, was sich wegen der dadurch behinderten Kontakte zu Konsulaten und Reedereien als außerordentlich störend herausstellte.[118]

Natürlich konnte man auch heimlich ins überfüllte Lissabon reisen und dort untertauchen oder auch nach erledigten Geschäften wieder an seinen Aufenthaltsort zurückkehren. Die Polizei bemerkte dies in der Regel rasch und wußte gewöhnlich auch, vor welchen Konsulate, Reedereien oder Hilfskomitees sie ihre Schützlinge wieder aufgreifen konnte. Notfalls führte sie Razzien in den von Emigranten bevorzugten Kaffeehäusern durch. Einmal nahm sie bei einer solchen Gelegenheit etwa 2000 Personen fest, ließ sie aber frei, nachdem die Jüdische Gemeinde zugesagt hatte, die Identifizierung der Inhaftierten zu übernehmen. Friedrich Torberg war schon einmal von der Lissaboner Polizei wegen Überziehung seines portugiesischen Transitvisums verwarnt worden: Man würde ihn als Gesetzesbrecher behandeln, wenn er nicht zum festgesetzten Termin aus dem Lande verschwände. Mitte September 1940 wurde er verhaftet und nach Porto verbannt, was indessen für sein Fortkommen recht günstige Voraussetzungen bot.[119] In einigen Orten führten lokale Polizeichefs prophylaktische Maßnahmen ein, mit denen sie ein Entweichen ihrer Schützlinge zu verhindern trachteten. In dem autobiographischen Roman von Dembitzer führte der Polizeichef von Porto eine vierzehntäglich zu entrichtende Kopfsteuer ein sowie Maßnahmen, die ein Entweichen der Emigranten aus der Stadt besser kontrollieren sollten. Wer derartige Bestimmungen mißachtete, erhielt gewöhnlich eine polizeiliche Vorladung, in der er in blumiger Sprache zum Verhör gebeten wurde. Erschien er dann tatsächlich auf der Polizeistation, wurde er in der Regel auf der Stelle verhaftet und eingesperrt. Derartige Fälle sprachen sich natürlich herum, so daß dann nur noch einfältige Personen einem solchen Schreiben Folge leisteten.[120]

Sofern die Papiere in Ordnung waren und die Schiffskapazitäten ausreichten und überdies bezahlt waren, bereitete Portugal den Emigranten in der Regel keine weiteren Schwierigkeiten mehr. Im Gegenteil, es war an ihrer raschen Abwanderung interessiert. Soweit die Memoirenliteratur hierzu Auskünfte gibt, dauerte die durchschnittliche Wartezeit in Lissabon Ende 1940/Anfang 1941 in der Regel zwei bis drei, selten vier oder mehr Wochen.[121] Allerdings handelte es sich hier durchweg um Schriftsteller und Publizisten, die über Verbindungen verfügten und durch Komitees oder einflußreiche Persönlichkeiten in Amerika unterstützt wurden. Viele unbekannte und mittellose Flüchtlinge verfügten über diese Möglichkeiten nicht. Es konnte geschehen, daß sie die Abfahrt eines Schiffes verpaßten, kein Geld für Passagen aufbringen konnten oder wegen anderer Schwierigkei-

---

118 Pauli, S. 256f. – Torberg: Tolle Zeit, S. 123.
119 Interview Yvette Davidoff. – Schreiben Willi Schlamms vom 10. 10. 1940 an das ERC; DB: Emergency Rescue Committee/Friedrich Torberg. – Torberg: Tante Jolesch, S. 165f. – Vgl. auch Döblin, S. 313.
120 Dembitzer, S. 250f. – Torberg: Tante Jolesch, S. 167.
121 Vgl. Aufricht, S. 230. – Coudenhove-Kalergi, S. 246f. – Feuchtwanger, S. 266. – Jacob, S. 235. – Mahler-Werfel, S. 270. – Zoff, S. 114–119.

ten länger als vorgesehen warten mußten, bis das Einreisevisum ihres Aufnahmelandes abgelaufen war. Ohne eigenes Verschulden machten sie sich dann strafbar, weil nach spätestens drei Monaten auch das portugiesische Transitvisum seine Gültigkeit verloren hatte. 1940/41 führte die Polizei wiederholt Razzien in den von Emigranten bevorzugten Kaffeehäusern durch und nahm alle Personen mit ungültigen oder abgelaufenen Papieren fest. Sie landeten größtenteils im Aljube-Gefängnis, aus dem sie dann, wenn sie Glück hatten, nach Verlängerung ihres Transitvisums wieder entlassen wurden. Anfangs wurde diese Praxis nicht sehr konsequent angewandt, im Frühjahr 1941 wurde der Behördenstil jedoch rigoroser. Am 24. April 1941 stellte Portugal die Ausstellung von Transitvisa vorübergehend ein, lockerte aber die Praxis wieder, nachdem bis Juni 1940 größere Flüchtlingskontingente von den USA aufgenommen worden waren. Nach dem deutschen Überfall auf die Sowjetunion wurde eine neue Bestimmung eingeführt, wonach Flüchtlinge russischer/sowjetischer Herkunft grundsätzlich keine Transitvisa erhielten.[122] Diese Einschränkung traf in erster Linie Juden aus Ost-Polen, Litauen und Bessarabien, deren Heimat früher zum Zarenreich gehört hatte und seit 1939 Teil der Sowjetunion war. Sie wurde 1943 noch angewandt, jedoch allem Anschein nach später aufgehoben.

Im Juli 1941 hielt sich ein Vertreter des Hohen Kommissars für Flüchtlinge in Lissabon auf und verhandelte mit dem Generalsekretär des Außenministeriums über die Situation der Emigranten, zumal Daueraslyanten, die ohne eigenes Verschulden nicht hatten weiterfahren können. Er erwirkte von der Regierung die Zusage, daß solche Personen freigelassen bzw. nicht mehr aus diesem Grunde inhaftiert würden. Vielmehr sollte ihnen ein fester Ort zum Aufenthalt zugewiesen werden, den sie zwar nicht ohne Genehmigung verlassen, innerhalb dessen sie sich aber frei bewegen durften, – gegenüber Konzentrations- und Internierungslagern und Gefängnissen doch ein Fortschritt. Einen ähnlichen Vorschlag hatte übrigens auch der Vertreter der „Jewish Agency for Palestine" unterbreitet, so daß diese Regelung offensichtlich von mehreren Seiten gleichzeitig angeregt wurde.[123] Die Genehmigung zum vorübergehenden Verlassen des Internierungsortes wurde zunächst einmal, gegen Ende des Krieges zweimal monatlich erteilt. Erhalten geblieben ist das undatierte Schreiben eines PVDE-Hauptmanns an das HICEM-Büro mit der bürokratisch formulierten Mitteilung, daß Juden in Fünfergruppen für drei Tage nach Lissabon fahren durften.[124]

In der Praxis ähnelte dieser Zwangsaufenthalt den Zuweisungen von Aufenthaltsorten im Jahre 1940, unterschied sich davon aber rechtlich und politisch und war mittel- oder langfristig konzipiert. Die portugiesischen Behörden lösten mit diesen Internierungsorten mehrere Probleme gleichzeitig. Die Polizei konnte die Emigranten besser beobachten und damit ihre in Diktaturen notorische Angst vor Konspiration und Subversion besänftigen. Sie löste andererseits auch Probleme des Arbeitsmarktes. Selbstverständlich erhielten die Transit-Emigranten keine Arbeitserlaubnis, gleichwohl handelten manche mit Kleidungsstücken, Tafelsilber und anderen mitgebrachten und geretteten Gegenständen oder ver-

---

122 Bauer: Jewry, S. 50, 63.
123 „Assistance internationale..."; vgl. Anm. 92. – Weiss/Wester-mann, S. 86. – Bauer: Jewry, S. 213.
124 Schreiben des Capitão Joaquim G. de Silveira an die HICEM; YIVO: 2245.4/Series XII: Portugal B 58.

suchten, durch Tagelöhnerdienste ihre meist knappe Barschaft aufzubessern. Auch trieb die Überbelegung von Hotels, Pensionen, Gasthöfen und Privatquartieren die Preise des gastronomischen Gewerbes in die Höhe. Alle diese Begleiterscheinungen der Präsenz von Fremden wurden durch die „residencias fixas" stärker unter Kontrolle gehalten. Andererseits muß man auch nüchtern feststellen, daß Portugal insgesamt recht gut an der Transit-Emigration verdient hat. Die Flüchtlinge finanzierten ihren Aufenthalt aus eigenen Mitteln oder im Falle von Bedürftigkeit durch die Hilfskomitees. Sie benutzten überwiegend portugiesische Schiffe für die Weiterfahrt. Die einheimische Wirtschaft verdiente naturgemäß auch an den zwangsinternierten Asylanten, da deren Lebenskosten gleichfalls von den Hilfskomitees getragen wurden. Allerdings waren die Zuwendungen im allgemeinen so knapp, daß manche Flüchtlinge auf weitere, meist illegale Erwerbsquellen angewiesen waren. Man schätzte damals das Existenzminimum auf täglich 0,75 US $; von den Hilfskomitees wurden in der Regel aber nur 0,25 US $[125] ausbezahlt. Die in Lissabon sich aufhaltenden Flüchtlinge erhielten kleinere Zuwendungen, da sich in der Hauptstadt mehr Gelegenheiten für einen Nebenerwerb boten.

Für die „residencia fixa" wählte die Regierung Kur- und Badeorte, die wegen des kriegsbedingten Ausbleibens von internationalen Touristen über nicht genutzte Aufnahmekapazitäten verfügten. Auf einige von ihnen hatte man schon früher Flüchtlinge verteilt, um Lissabon zu entlasten. Es handelte sich im wesentlichen um Ericeira, etwa 50 km nördlich von Lissabon, um Caldas da Rainha sowie um Curia in Mittelportugal. Kleinere Gruppen von Dauer-Asylanten waren über das ganze Land verstreut, ein größeres Kontingent hielt sich in Lissabon auf. Anfang 1944 lebten etwa 300 in Caldas da Rainha, 200 in Lissabon und 125 in Ericeira; der Rest verteilte sich auf Curia und viele kleinere Orte im ganzen Lande. In Caldas da Rainha konnte das JDC preisgünstig das Hotel „Rosa" anmieten. Die meisten Flüchtlinge lebten jedoch in billigen Pensionen und Privatquartieren. In Ericeira erwarb das JDC eine Quinta, ein Landgut, auf der jüngere Emigranten auf landwirtschaftliche Berufe vorbereitet wurden. Nicht-kommerzielle und unpolitische Aktivitäten wurden von amtlicher Seite nicht behindert, auch nicht der jüdische Gottesdienst. Gegen Entrichtung von Schulgeld, für das gleichfalls die Hilfskomitees aufkommen mußten, wurden die Kinder in die örtlichen Schulen geschickt. Mit der Zeit wurde die Präsenzpflicht etwas großzügiger gehandhabt.[126]

Auch die Einreise nach Portugal wurde zunehmend erleichtert. Hatte man gültige Papiere und ein legales Einreisevisum, war der Grenzübergang ohnehin niemals problematisch gewesen. Anders als in Spanien waren die Kontrollen an der Grenze, vor allem des Gepäcks, nicht sehr streng. Die Reisenden mußten ihre Pässe noch auf der spanischen Seite abgeben und erhielten sie dann auf der portugiesischen zurück. Hierfür mußten sie sich auf dem Bahnsteig vor einem Grenzbeamten versammeln, der sie einzeln aufrief und ihnen in hohem Bogen den Paß zuwarf – eine Praxis, die der Tourist noch in den 1960er Jahen erleben konnte. Ab 1942 – offensichtlich mit Blick auf den fragwürdig gewordenen

---

125 Walter: Exilliteratur 3: Internierungen, S. 344.
126 „Portugal and the Refugee Problem" (undatierter Bericht); Anm. 91. – „Lisboa 1940. Passagem para a vida", a.a.O.

deutschen Sieg – wurde auch das Problem der illegal eingereisten Emigranten großzügiger gehandhabt. Flüchtlinge wurden offensichtlich nicht mehr an der Grenze zurückgewiesen, wie dies den Luxemburgern 1940 widerfahren war. „There have been no instances in which the Portuguese authorities have turned back people at the border", stellte das JDC Anfang 1944 rückblickend fest.[127] Wohl aber führte die „wilde" Einwanderung, deren Legalisierung in der zweiten Hälfte des Krieges das geringere Problem darstellte, gelegentlich zu chaotischen Zuständen im Hinblick auf die darauf nicht vorbereitete Infrastruktur des Landes. So waren Anfang 1942 fünfunddreißig Emigranten auf dem Wasserwege in das Dörfchen Mervâo in der mittelportugiesischen Provinz Beira gelangt und dort in provisorischen Notunterkünften, meistens einfachen Hütten, untergebracht worden. Wegen des jahreszeitlichen Regens waren die Straßen überschwemmt und kaum passierbar, so daß man die Hütten nur mit Mühe verlassen konnte. Für alle Flüchtlinge stand nur ein einziges WC zur Verfügung, aber im ganzen Ort kein einziges Bad. Der nächste Arzt war nur über beschwerliche Fahrten in Nachbarorte zu erreichen.[128] Es ist daher verständlich, daß die über das Land verteilten Flüchtlinge nicht nur wegen der auswärtigen Konsulate, Reedereien und Hilfskomitees in die Hauptstadt strebten.

Obwohl Portugal den meisten Emigranten als freundliches und liebenswertes (Transit-) Land in Erinnerung geblieben ist, war auch hier der Alltag von Sorgen geprägt. Die bereits angedeutete materielle Not, die von den Hilfsorganisationen nur halbwegs behoben werden konnte, die langen und ungewissen Wartezeiten, Ängste vor einem deutschen Einmarsch in Portugal und vor dem „langen Arm" der Gestapo sorgten bei nicht wenigen Flüchtlingen für eine Panikstimmung. Zwar waren die Sorgen hinsichtlich der Expansion des Dritten Reiches auf die iberische Halbinsel, wie wir heute wissen, unbegründet und die vor den Aktivitäten der Gestapo übertrieben. Wie wir gesehen haben, gab es wohl nur einen einzigen erfolgreichen Entführungsfall, und die Interessen deutscher Geheimdienste konzentrierten sich auf politische Gegner des Regimes und militärische Belange, nicht auf die meist jüdische namenlose Massenemigration. Aber dies konnten die verängstigten Zeitgenossen nicht immer zweifelsfrei wissen und beurteilen. Gerade die Ungewißheit führte immer wieder zu Panik und zu manchen Überreaktionen. Erich Ollenhauer wußte beispielsweise von einem Fall zu berichten, in dem ein Emigrant nur deswegen bei der Erteilung von Schiffspassagen vorgezogen wurde, weil man befürchtete, daß er mit seiner Angstpsychose das gesamte Emigrantenmilieu anstecken könnte.[129]

Gegen die materielle Not half, wie wir gesehen haben, die „Commassis", hinter der das JDC stand. Nach dem Zusammenbruch Frankreichs verlegten auch die HIAS/HICEM, die Quäker, die Unitarier und andere Hilfsorganisationen, auf deren Arbeit im einzelnen noch einzugehen sein wird, ihren Sitz nach Lissabon. Sie halfen bei der Unterbringung der

---

127 Zur Einreise vgl. die Erinnerungen von Döblin, S. 310; Feuchtwanger, S. 265; Jacob, S. 234f. – „Portugal and the Refugee Problem", vgl. Anm. 91.
128 Schreiben Joseph Schwartz' vom 14.5.1942 an das JDC/New York nebst Bericht von Hans Leinung: „General Situation" vom 10.5.1942; JDC: Portugal 896.
129 Vgl. Abusch, S. 581f. – Schreiben Erich Ollenhauers vom 29.3.1941 an Erich Rinner; AdsD: Emigration – Sopade, Mappe 80. – Schreiben Curt Geyers vom 20.3.1941 an Rudolf Katz; AdsD: Nachlaß Friedrich Stampfer II 38.

Flüchtlinge, besorgten Visa und Tickets und halfen in vielen anderen Fragen. In der kleinen Gasse Travessa do Noronha in Lissabon wurde von der „Commassis" eine Speiseküche eingerichtet, in der täglich etwa 250 mittellose Personen ernährt wurden. Es gab auch ein jüdisches Krankenhaus für Flüchtlinge.[130] Diese Situation änderte sich nach dem japanischen Überfall auf Pearl Harbor und dem Kriegseintritt der USA. Die amerikanischen Hilfsorganisationen stellten – vorübergehend – ihre Arbeit ein und schlossen ihre Büros in Lissabon. Den Hintergrund dieses Vorganges bildete die Tatsache, daß die USA ihre Staatsbürger in Europa zur Rückkehr aufforderten, worauf auch die meisten amerikanischen Hilfsorganisationen ihre Mitarbeiter nach Hause schickten. Die „Commassis" galt indessen als portugiesische Dependence des JDC. Ihr Vorsitzender Augusto d'Esaguy, als Portugiese hiervon zwar nicht unmittelbar betroffen, ging gleichfalls nach New York. Die Jüdische Gemeinde von Lissabon übernahm die Aufgaben der „Commassis", so daß die karitative Arbeit in leicht veränderter Form fortgesetzt wurde.[131] Dieser Winter 1941/42 bildete für die in Portugal auf ihre Weiterreise wartenden Emigranten ein Stimmungstief, wie es vorher oder nachher wohl nicht übertroffen wurde.[132] Erst in der zweiten Hälfte 1942 setzten die Hilfskomitees dann ihre Arbeit in verstärktem Maße fort.

Ein weiteres Moment der Ungewißheit bildete natürlich auch die innenpolitische Verfassung des Gastlandes. Keinem aufmerksamen Beobachter konnte entgehen, daß man in einem Polizeistaat lebte. Die überall spürbare Überwachung der Emigranten, die anfangs praktizierte Inhaftierung von Personen, die ohne eigenes Verschulden ihre Aufenthaltsgenehmigung überzogen hatten, Razzien in den von Emigranten bevorzugten Kaffeehäusern – all dies ließ daran keinen Zweifel aufkommen. So beobachtete die Polizei mit besonderer Aufmerksamkeit das Kaffeehaus „Brasileira" am Chiado in der Altstadt, weil dieses als Treffpunkt von Kommunisten galt. Auch durch eher zufällige Ereignisse konnten Emigranten in Schwierigkeiten geraten. So wurde Yvette Davidoff, die Sekretärin der Jüdischen Gemeinde eines Tages plötzlich festgenommen, ihre Wohnung durchsucht. Das Motiv stellte sich dann als trivial heraus. Die Polizei hatte einen Mann, der ihr nachgestellt hatte, als wirklichen oder vermeintlichen Kommunisten verhaftet und in seinen Papieren ihre Anschrift gefunden. Durch Vermittlung von Professor Amzalak wurde sie rasch wieder freigelassen. Soweit bekannt, wurde aber nur ein einziger Emigrant wirklich von der Geheimpolizei verfolgt: Pinchas Israelski wurde aus nicht näher bekannten politischen Gründen in das Internierungslager Tarafal auf den Kapverdischen Inseln deportiert, jedoch nach Intervention jüdischer Hilfsorganisationen wieder freigelassen, so daß er in die USA weiterwandern konnte. Auch vom Gefängnis Peniche auf dem Festland heißt es, daß dort Emigranten interniert worden seien, jedoch ist ungewiß, ob es sich hier um echte Verfolgungen oder nur um routinemäßige Razzien zur Festnahme illegal eingewanderter Personen handelte.[133]

---

130 Weiss/Westermann, S. 85. – Interview Yvette Davidoff.
131 Wischnitzer: Visas, S. 176. – Bauer: Jewry, S. 197. – Weiss/Westermann, S. 85.
132 Schreiben Robert C. Dexters vom 17. 1. 1942 an Varian Fry sowie „Excerpt from Letter written by Max Diamant, dated Lisbon, December 24th, 1941, addressed to Mr. Varian Fry, received Jan. 14th, 1942; DB: Emergency Rescue Committee/Marcel Verzeanu.
133 Interview Yvette Davidoff. – Weiss/Westermann, S. 87.

In deutlichem Kontrast zu diesen Schattenseiten des portugiesischen Asyls stand die Freundlichkeit der Bevölkerung. Charakteristisch für viele Emigranten war der Eindruck, den der Journalist Ernst Tillinger schilderte. Er beschrieb die Spontaneität und Selbstverständlichkeit, mit der die Männer des ihm zugewiesenen Aufenthaltsortes den Flüchtlingen das Gepäck trugen und ihnen alle möglichen Gefälligkeiten erwiesen. An manchen Grenzorten wurden die Fremden mit Früchten, Brot und Blumen begrüßt. Diese Freundlichkeit wich auch nicht, als das Land zeitweilig von Flüchtlingen geradezu überschwemmt wurde. Im allgemeinen wußte die Öffentlichkeit nicht, weswegen die Fremden kamen und wer sie aus welchen Gründen verfolgte. Die Presse stand unter Zensur und spielte in einem Lande mit damals noch hohem Anteil an Analphabeten keine wesentliche Rolle. Formen von Fremdenfeindlichkeit und Antisemitismus, die es naturgemäß auch gab, beschränkten sich auf Polizeibehörden und vereinzelte Nazi-Anhänger, deren Einfluß aber nicht meinungsbildend war.[134] Natürlich gab es gelegentlich auch Konflikte zwischen Einheimischen und Flüchtlingen, von denen einige von Händlern oder Wirten übervorteilt worden waren. Reibungsflächen mit Einheimischen entstanden gelegentlich dann, wenn Emigranten sich als Straßenhändler oder Tagelöhner versuchten und damit den Portugiesen Arbeit oder Kunden wegnahmen. Umgekehrt gab es auch unter jenen „schwarze Schafe". So hatte ein Emigrant Würste aus verfaultem Fleisch verkauft, worauf die Zeitschrift *Ação* seine Ausweisung und die Beschlagnahme des Geldes forderte.[135] Aber derartige Fälle waren Ausnahmen, die das überwiegend freundliche Bild, das das Land in den Erinnerungen der meisten Portugal-Emigranten behalten hat, nicht haben ändern können.

Exil in Portugal: eine Spurensuche

Das Asyl/Exil in Portugal endete formell mit dem Zweiten Weltkrieg. Nach diesem Datum öffneten sich nach und nach wieder Grenzen und Verkehrswege, konnten Emigranten zurückkehren oder weiterwandern. Wer dennoch in Portugal blieb, wurde damit Auswanderer oder Einwanderer und sah sich genötigt, seinen eigenen Status neu zu definieren. Aber damit endeten noch nicht die typischen ebenso wie die atypischen Emigrantenschicksale mit ihren ebenso unwägbaren wie richtungweisenden Zufällen. Vielmehr überdauerten sie das Dritte Reich, das sie hervorgerufen hatte, noch um viele Jahre. Gewiß, das Gros der etwa 1 000 Flüchtlinge, die sich gegen Kriegsende noch im Lande aufhielten, wanderte ab. Die liberaler gewordene Einwanderungspolitik der USA und der meisten lateinamerikanischen Staaten, die Befreiung und Befriedung der europäischen Staaten öffneten Wege zu vorher unerreichbaren Zielen. Von neuem trat das britische Mandatsgebiet Palästina als Aufnahmeland für jüdische Flüchtlinge in den Vordergrund. Die jüdische Gemeinde von Lissabon schrumpfte bald nach dem Kriege auf 150 Mitglieder,

---

134 Walter: Exilliteratur 3: Internierung, S. 343f. – Interviews ***, Yvette Davidoff, Max Nachmann.
135 DNB-Meldung vom 21. 8. 1942; PA AA: Inland II A/B (83–26 Portugal: Akten betr. Juden in Portugal.

von denen man die alteingesessenen Familien noch abziehen muß. Andererseits hatten manche jüdischen Flüchtlinge keine Beziehungen mehr zu Religion und Tradition des Judentums, so daß man noch eine schwer abzuschätzende Zahl von Juden, die keine Gemeindeglieder waren, sowie einige nicht-jüdische Emigranten wieder hinzuzählen muß.[136] Dennoch war die Abwanderung unverkennbar.

Schwierig war die Rückkehr nach Deutschland. Nach den meist traumatischen Erfahrungen mit ihrer früheren Heimat wurde diese Option ohnehin nur von wenigen Emigranten angestrebt. Alliierte Einreisebestimmungen, die für die Emigranten keineswegs günstig waren, behinderten überdies die Rückkehr, sofern nicht eine politische oder persönliche Protektion die Hindernisse aus dem Wege räumte. Soweit bekannt, kehrte unmittelbar nach Kriegsende nur ein einziger Portugal-Emigrant nach Deutschland zurück. Der aus Berlin stammende Journalist Hermann Lewy war 1940 mit der großen menschlichen Flutwelle auf die iberische Halbinsel geschwemmt worden. Da er keine Möglichkeiten für eine Weiterreise fand, wurde er in Caldas da Rainha interniert, durfte in den letzten Kriegsjahren jedoch nach Lissabon ziehen. Während der Internierungszeit schrieb er als freier Mitarbeiter für Exilzeitschriften, vorzugsweise für den *Aufbau* und die *Freie Tribüne*. Seinen Lebensunterhalt bezahlte die „Commassis". Lewy kehrte 1946 nach Berlin zurück.[137]

Es ist schwierig, den Personenkreis zu bestimmen, der zurückblieb. Auffallend ist, daß ihm viele Emigranten angehören, die schon vor dem Kriege nach Portugal gelangt waren und dort offensichtlich Wurzeln geschlagen hatten. Die „Alt-Emigranten", sofern man sie begrifflich von den Transit-Flüchtlingen der Kriegszeit unterscheiden will, hatten niemals unter verweigerten Aufenthaltsgenehmigungen, eingeschränkter Bewegungsfreiheit und anderen bürokratischen Restriktionen zu leiden gehabt. Manche blieben, weil sie inzwischen persönliche Bindungen, etwa Eheschließungen mit Einheimischen, eingegangen waren. Geschäftsleute unter ihnen hatten wie schon früher die Vertretung ausländischer Firmen übernommen, recht bald wieder auch die Vertretung deutscher Unternehmen, wozu sie aufgrund ihrer Sprach- und Landeskenntnisse besonders geeignet waren.[138] Einige der von Emigranten begründeten Handelsfirmen und Fabriken bestehen heute noch. Eine bemerkenswerte Unternehmerpersönlichkeit war der aus Wien stammende, vor seiner Emigration in Prag ansässige Johann (Joâo) Wetzler, der sich 1938 auf Madeira niederließ. Er gründete nacheinander Textilfirmen, die Stickereifabrik *Bimbo* sowie Antiquitätengeschäfte. Er starb ohne Erben und vermachte der Inselregion seine reiche Kunstsammlung, deren handwerkliche Kunstwerke aus Gold und Silber heute im Museum der Quinta das Cruzes in Funchal ausgestellt sind.[139]

Eine zweite Berufsgruppe, die unter den „Dableibern" hervorsticht, bildeten Ärzte.

---

136 Interview Yvette Davidoff. – Rüdiger Scheidges: Exil – die Qual des langen Wartens. In Portugal leben noch einige wenige Hitlerflüchtlinge, in: Tranvía Nr. 19 (1990), S. 49–53, hier S. 49.
137 BHE II, S. 723.
138 Interviews Fritz Adelsberger, Max Nachmann.
139 Eberhard Axel Wilhelm: „Estrangeiros na Madeira – Joâo Wetzler, industrial de bordados, antiquário e doador duma colecçâo de pratas", in: Revista Islenha. Temas culturais das sociedades insulares atlâanticas n° 2 (Jan.–Juni 1988), S. 69–76.

Dies ist insofern bemerkenswert, als Mediziner – anders als Kaufleute – in fast sämtlichen Exil-Ländern und somit auch in Portugal die im Lande vorgeschriebenen Examina nachholen mußten, um die Approbation zu erhalten. Und auch dieser Weg war mitunter dann mit Schwierigkeiten verbunden, wenn einheimische Standesorganisationen in ihnen eine unliebsame Konkurrenz erblickten und alle möglichen Hindernisse errichteten. So wurde eine emigrierte Augenärztin, die 1937 eine zunächst erfolgreiche Praxis auf Madeira eingerichtet hatte, von den lokalen Behörden gezwungen, ihren Beruf wieder aufzugeben. Sie verdiente seitdem ihr Geld – wie ihr Mann – als Privatlehrerin.[140] Ein anderer Arzt, Dr. Friedmann, überwand die bürokratischen Hürden und richtete eine Praxis auf den Açoren ein. Ein weiterer, – Dr. Alfred Wachsmann, der seinen Namen in Dr. Alfredo Vasques Homem übersetzte, – praktizierte in Lissabon. Einen bemerkenswerten Fall von Emigration bildete die aus Hamburg stammende Ärztefamilie Alexander-Katz. Der junge Mediziner Walter Emanuel Alexander-Katz emigrierte 1934 nach Lissabon und legte dort zwei Jahre später das portugiesische Staatsexamen ab. Monateweise ab 1937 und fest ab 1938 praktizierte er in Funchal als Augenarzt. Ein Jahr später holte er seine Eltern und Geschwister nach Madeira und betrieb mit seinem Vater Willy G. Alexander-Katz eine Gemeinschaftspraxis, verlegte sie aber nach dessen Tode 1945 nach Lissabon. Zeitweilig war er auch in den überseeischen Gebieten Portugals tätig, übernahm jedoch in den 1970er Jahren immer wieder auch Praxisvertretungen in Deutschland.[141]

Auch emigrierte Wissenschaftler aus Deutschland und Österreich hielten sich zumindest zeitweise in Portugal auf. Genannt wurde bereits der Fall des Pädagogen und christlichen Pazifisten Friedrich Wilhelm Foerster, der auf persönliche Einladung Salazars 1940 nach Portugal kam. Aber es hielt ihn hier nicht länger, und Portugal wurde für ihn nur Etappenziel auf der Fahrt in die Neue Welt. Der aus Mähren in der besetzten Tschechoslowakei stammende Musikkritiker und Musikwissenschaftler Paul Stefan wurde sogar in den öffentlichen Dienst übernommen – als Radiosprecher des staatlichen Rundfunks. Überdies erhielt er einen bezahlten Forschungsauftrag, die Abfassung einer wissenschaftlichen Studie über portugiesische Musik. Dennoch blieb auch er nicht lange und er wanderte 1941, also etwa ein Jahr nach seiner Ankunft, in die USA weiter.[142] Dagegen blieben zwei Naturwissenschaftler im Lande. Der Biochemiker Professor Wohlwill erhielt einen Ruf an die medizinische Fakultät der Lissaboner Universität. Der Chemiker Kurt Jacobsohn, der schon kurz vor der nationalsozialistischen Machtergreifung nach Portugal emigriert war, wurde gar Vizerektor derselben Hochschule. Er wanderte erst als Emeritus nach Israel aus.[143]

Portugal war ein untypisches Exil-Land, weil es für die meisten Emigranten Etappenziel und Durchgangsstadium war. Aus diesem Grunde und wegen der politischen Verhältnisse konnte sich nicht die für andere Exil-Länder charakteristische Infrastruktur herausbilden: Komitees, Vereine, Clubs, Theater und Zeitschriften. Die Comunidade

---

140 Interview ***. – Vgl. Wilhelm: „17 anos de exílio...", S. 27–31.
141 Wilhelm: „Judeus na Madeira...", S. 43–50. – Scheidges, S. 50.
142 Foerster, S. 546. – BHE II, S. 1109.
143 Interview Yvette Davidoff. – „Lisboa 1940. Passagem para a vida", a.a.O.

Israelita de Lisboa stammte von 1902 und war 1912 amtlich anerkannt worden – sie hatte also mit der Emigration nach 1933 bzw. 1940 nur insoweit zu tun, als sie gemeinsam mit dem seit 1920 bestehenden Hilfsverein sich auf sozialem und karitativem Gebiet zugunsten der Flüchtlinge einsetzte. Gewiß, von den etwa fünfzig heutigen Mitgliedern der inzwischen arg geschrumpften Gemeinde stammen einige noch aus Deutschland, Österreich und anderen mitteleuropäischen Ländern. Aber es handelt sich bei dieser Gemeinde um eine Einheitsgemeinde, in der Angehörige verschiedener Landsmannschaften, sephardische und ashkenasische, liberale und orthodoxe Juden vereinigt sind. Sie konnte also nicht in dem Sinne einen deutsch-jüdischen Kristallisationspunkt bilden, wie dies von einigen Synagogengemeinden in Buenos Aires, Santiago de Chile, Montevideo oder São Paulo gesagt werden kann.[144] Andere mögliche Zentren, in denen sich Vertreter der sehr heterogenen Emigration begegnen konnten, fehlten. So ist es zu erklären, daß in Portugal exilierte Wissenschaftler, Geschäftsleute, Künstler und Literaten jehrzehntelang am selben Ort lebten, ohne jemals voneinander gehört zu haben. Dennoch hat die Präsenz der Emigranten auch in Portugal Spuren hinterlassen. Das bereits genannte Ehepaar, das sich siebzehn Jahre lang auf Madeira mit Privatunterricht mühsam am Leben erhielt, zog 1954 auf Einladung der deutschen Botschaft nach Lissabon um, wo der Mann eine Dozentenstelle am Goethe-Institut erhielt. 1960 wurde er zum Direktor des Instituts ernannt und übte dieses Amt bis zu seinem Eintritt in den Ruhestand 1969 aus. Bemerkenswert daran ist, daß ein Emigrant Vermittler deutscher Nachkriegskultur im Ausland wurde.[145]

Erwähnenswert ist auch der Maler und Bildhauer Hein Semke. 1899 in Hamburg geboren, nahm er in den 1920er Jahren wiederholt an den politischen Kämpfen seiner Vaterstadt teil und mußte mehrere Gefängnisstrafen absitzen. 1929 reiste er erstmals nach Lissabon, kehrte jedoch ein Jahr später wegen einer Lungenerkrankung wieder zurück. Nach Studien an Kunsthochschulen in Hamburg und Stuttgart zog er endgültig nach Portugal. Die Motive waren mit Blick auf das wärmere Klima primär gesundheitlicher Natur, hatten aber auch politische Hintergründe. Seine bewegte politische Vergangenheit und Sympathien für anarchistisches Gedankengut ließen ihm angesichts der sich anbahnenden Entwicklung in Deutschland keine andere Wahl. Sofern man streng an der Zeitmarke des Jahres 1933 als Beginn der Emigrationsbewegung festhält, war Hein Semke kein Emigrant. Gleichwohl muß er ihr im weiteren Sinne zugerechnet werden, da auch seine expressionistische Kunst von den NS-Ideologen als entartet angesehen wurde. Sein pazifistisches Mahnmal „Die drei Kameraden des Untergangs" im Ehrenhof der deutschen Kirche in Lissabon wurde 1935 kurz nach Fertigstellung von Angehörigen der deutschen Gesandtschaft zerstört. Semke wurde bald in Portugal bekannt. Seine Skulpturen, die eine gewisse Ähnlichkeit mit Ernst Barlach aufweisen, seine Keramiken und Gemälde sind in zahlreichen Galerien und Museen Portugals zu finden. Mit über neunzig Jahren verkörpert Semke eine kunstgeschichtliche Epoche, deren Brüche er am eigenen

---

144 Vgl. Mühlen: Lateinamerika, S. 304–311.
145 Wilhelm: „17 anos...", S. 31.

Leibe erfahren mußte. Der Kunstwissenschaft in Deutschland verbleibt die Aufgabe, sich dieses verlorenen Sohnes zu entsinnen.[146]

Ein anderer Künstler, der in seiner Heimat weitgehend unbekannt geblieben ist, in Portugal aber sehr geschätzt wurde und wird, war der Maler Max Braumann. Das NS-Regime wurde erst durch eine Ausstellung in Lissabon, über die die beiden Zeitungen *Diário de Lisboa* und *A Voz* am 28. März 1941 berichtet hatten, aufmerksam sowie durch Braumanns etwas ungewöhnlichen Antrag an die deutsche Gesandtschaft: Weil er sich weigerte, ein J in seinen Paß stempeln zu lassen, beantragte er von sich aus die Entlassung aus der deutschen Staatsbürgerschaft, ohne aber seinen Anspruch, als Deutscher zu gelten, aufzugeben.[147] Der 1880 in München geborene Braumann stellte erstmals 1913 aus und wirkte seitdem in seiner Heimatstadt. Künstlerisch stand er dem Expressionismus nahe, ohne daß sich seine Werke eindeutig einer bestimmten Stilrichtung zuordnen ließen. Seine Landschafts- und Städtebilder in Öl erinnern vielfach an Cézanne und die Vorläufer des Kubismus. Daneben hinterließ er ein reichhaltiges Oeuvre an Zeichnungen.[148] Braumann emigrierte 1934 zunächst allein nach Portugal, nachdem ihm in Deutschland Malverbot erteilt worden war. Da er nicht allzu viel Gepäck mitnehmen durfte und er andererseits nicht seine Werke in die Hände nationalsozialistischer Kulturbarbaren fallen lassen wollte, vernichtete er sie größtenteils selbst. 1935 holte er seine Familie nach Lissabon. Zunächst bestand im Lande wenig Interesse für seine Kunst; daher betätigte er sich zeitweilig als Deutschlehrer und Photograph und nahm erst 1937 seinen Künstlerberuf wieder auf. Seitdem war Braumann regelmäßig auf portugiesischen Vernissagen und Ausstellungen vertreten. Das „Museu da Cidade" und das „Museu de Arte Contemporânea" in Lissabon sowie Museen und Galerien in Porto und Caldas da Rainha erwarben seine Werke. 1980 gedachte die portugiesische Presse seines 100. Geburtstages und würdigte ihn als namhaften Vertreter des modernen Kunstlebens in Portugal und als Repräsentanten zweier Kulturen.[149] Hier bleibt der deutschen Öffentlichkeit noch das Oeuvre eines bemerkenswerten Malers wiederzuentdecken und das Andenken dieses vertriebenen Künstlers zu repatriieren.

Portugal spielte auch in der deutschen Literaturgeschichte insofern eine Rolle, als viele Schriftsteller über dieses Land nach Übersee emigrierten. Stephan Zweig wohnte zeitweilig im Hause von Professor Amzalak, dem Präsidenten der „Commassis". Heinrich Mann, Döblin, Feuchtwanger, Werfel und viele andere betraten mit Lissabon den letzten Hafen

---

146 Weiss/Westermann, S. 87. – Scheidges, S. 50. – Hein Semke: A coragem de ser rosto. Preâmbulo e coordinação de Teresa Balté, Lisboa: Imprensa Nacional, 1989.
147 Aktennotiz der Gesandtschaft Lissabon vom 9. 4. 1941; PA AA: Missionsakten Lissabon: Po. 3 Nr. 9: Juden in Portugal, auch Einwanderung.
148 Vgl. den Katalog „Max Braumann (1880–1969)", ed. Secretaria de Estado da Informação e Turismo, Lisboa 1971.
149 Mitteilungen von Reinaldo Braumann vom 27. 11. 1990. – Mário de Oliveira: „Max Braumann e o seu expressionismo", in: Diário de Notícias 12. 2. 1970. – Fernando de Pamplona: „Centenário de Max Braumann – o pintor das duas Pátrias", in: O Comércio do Porto 7. 5. 1980. – Fernando de Pamplona: „O pintor Max Braumann, fugido ao nazismo e português de coração", in: Diário de Notícias 2. 6. 1983.

der Alten Welt, einige verließen von hier aus Europa für immer. Aber Portugal war und blieb für sie eben nur Etappenziel, von dem aus sie möglichst schnell weiterreisen wollten. Weder hinterließen sie Spuren im Lande, noch dürfte Portugal sie wegen der kurzen Verweildauer in besonderem Maße beeindruckt haben. Diese Feststellung gilt jedoch nur mit Einschränkungen für den österreichischen Schriftsteller und Literaturkritiker Franz Blei, der uns schon zwischen 1933 und 1936 in seinem spanischen Exil auf Mallorca begegnet war. Nachdem ihn Francos Aufstand und der dadurch ausgelöste Bürgerkrieg vertrieben hatten, führte eine mühselige Odyssee den schwerkranken und mittellosen Mann durch Frankreich nach Italien, wo er die zweite Jahreshälfte 1940 in Lucca verbrachte. Anfang 1941 – vermutlich im Februar – siedelte er auf Wegen, die sich heute wahrscheinlich nicht mehr ermitteln lassen, nach Portugal über zu seiner Tochter Sibylle Blei. Diese lebte bereits seit 1938 in dem kleinen Fischerort Costa da Caparica, wohin sie zu ihrer dort schon seit 1936 ansässigen Freundin Sara Halpern gezogen war. Die beiden führten dort, abgelegen vom Weltgeschehen ein relativ sorgloses Bohème-Leben und verdienten ihren Unterhalt mit Übersetzungen, literarischen, publizistischen und anderen Arbeiten. Mit anderen Emigranten in Portugal scheinen sie keine Kontakte unterhalten zu haben, wohl aber mit Schriftstellern im französischen, amerikanischen und schweizerischen Exil, darunter Robert Musil, Karl Otten und anderen. Es gelang Sibylle Blei, 1941 ihren schwerkranken Vater nach Portugal zu holen. Sobald er sich halbwegs reisefähig fühlte und die erforderlichen Papiere erhalten hatte, verließ er das Land in Richtung Nordamerika. Das Abreisedatum und die näheren Umstände sind nicht bekannt. Franz Blei starb am 10. Juli 1942 in einem amerikanischen Krankenhaus.[150]

Betrachten wir dieses Schicksal nur aus der Perspektive des Fluchtweges, dann unterscheidet es sich nicht wesentlich von der Emigration anderer Schriftsteller und Künstler, die nach kurzem Aufenthalt in Portugal Abschied von Europa nahmen. Der „Fall Blei" beansprucht aus anderen Gründen das Interesse der Exilforschung, nämlich wegen der Spuren, die Franz Blei im Lande selbst hinterließ. In der Portugiesischen Nationalbibliothek zu Lissabon befindet sich heute eine aus etwa 700 Büchern nebst Manuskripten, Briefen, Photographien und Zeitungsausschnitten bestehende Sammlung aus dem Nachlaß von Franz Blei. Zunächst drängt sich die Vermutung auf, daß dieser bei seiner Übersiedlung von Italien nach Portugal seine Bibliothek mitgebracht, bei seiner Tochter deponiert und dann bei der Weiterreise in die USA dort zurückgelassen habe. Tatsächlich war es wohl so, daß Sara Halpern, die Freundin der Tochter, bereits 1936 einen Teil des Bestandes von Mallorca nach Portugal transportiert hatte und der Rest dann von Sibylle Blei mitgebracht wurde, als sie ihr zwei Jahre später nach Costa da Caparica folgte. Die Sammlung umfaßt nicht nur zahlreiche bibliophile Ausgaben, sondern birgt durch persönliche Widmungen, Randbemerkungen, dedizierende Gedichte und andere Spuren namhafter zeitgenössischer Schriftsteller eine Fülle von literarischen Quellen. – Die vermutlich um 1968 verstorbene Sibylle Blei vererbte die Bibliothek ihrer Freundin Sara Halpern, die sie wiederum vor ihrem Tode 1974 der Nationalbibliothek in Lissabon

---

150 Maria Assunçâo Pinto Correia: Eine Bibliothek im Exil – Franz Bleis Büchersammlung in der Nationalbibliothek in Lissabon. Ein Arbeitsbericht (Mskr.).

vermachte. Der heute aufgearbeitete und katalogisierte Bestand war 1988 Gegenstand einer Ausstellung in Lissabon. Obwohl sich Franz Blei nur wenige Monate in Portugal aufhielt, hat kein anderer deutschsprachiger Schriftsteller so fest umrissene Spuren im Lande hinterlassen wie er.[151]

Ein anderer Schriftsteller „überwinterte" während der gesamten Kriegszeit in Portugal. Wie so viele andere Literaten hatte sich der aus dem Rheinland stammende Albert Vigoleis Thelen mit seiner Frau 1933 gleichfalls nach Mallorca zurückgezogen, wo er – wie aus dem Spanien-Kapitel noch erinnerlich – zeitweilig dem Verleger Harry Graf Kessler und später einem reichen Spanier als Hausfaktotum diente. 1936 waren die beiden Thelens durch die aufständischen Franco-Anhänger vertrieben worden. Nach Zwischenstationen in Frankreich und Holland zogen sie sich nach Portugal zurück, wo sie auf einem Schloß gastliche Aufnahme fanden. Neben eigenen literarischen Arbeiten beschäftigte sich Albert Vigoleis Thelen damit, das poetische Werk des Schloßherrn, des Dichters Teixeira de Pascoais, ins Deutsche zu übertragen. Erst 1949 kehrte er nach Deutschland zurück.[152]

Emigrierte Schriftsteller aus Deutschland und Österreich waren selten in der Lage, in ihrer neuen Umgebung Wurzeln zu schlagen. Sie waren in der Regel an das kulturelle, intellektuelle und mentale Ambiente ihrer Heimat und vor allem an das Medium der Muttersprache gebunden. Der Sprachwechsel stellte, anders als bei Wissenschaftlern, eher eine Ausnahmeerscheinung dar und bedeutete nicht selten zugleich einen Weg in kulturelles Niemandsland.[153] Wohl gab es Beispiele dafür, daß Emigranten in der Sprache ihres Exil-Landes zu schreiben anfingen, aber es war bezeichnend, daß beispielsweise Peter Weiss nach literarischen Versuchen in schwedischer Sprache zu seiner deutschen Muttersprache zurückkehrte. Ein gelungenes Beispiel für die sprachliche Integration ist die Schriftstellerin Ilse Losa, der – sofern wir Brasilien-Emigranten einmal ausklammern – einzige Fall eines Sprachwechsels ins Portugiesische und zugleich einer literarischen Verarbeitung des portugiesischen Exils. Ilse Losa geb. Lieblich wurde 1913 in Buer bei Melle (nahe Osnabrück) geboren. Sie besuchte das Gymnasium in Osnabrück und Hildesheim und eine Handelsschule in Hannover. 1933 erlebte sie die Machtergreifung Hitlers in Berlin. Nach einer Vorladung zur Gestapo stand für sie der Entschluß zur Emigration fest. Da sich ein Bruder in Porto niedergelassen hatte, entschied sie sich für Portugal als Exil-Land und emigrierte 1934. Durch ihre Heirat mit einem portugiesischen Architekten 1935 erwarb sie die portugiesische Staatsbürgerschaft – für Flüchtlinge ein Privileg, in dessen Genuß beispielsweise männliche Emigranten, die eine Portugiesin heirateten, nicht gelangten. Nach vordergründigen Kriterien waren alle charakteristischen Asyl- und Exilprobleme für sie gelöst: Sie verfügte über gültige Papiere, eine unzweifelhafte, international anerkannte Staatsangehörigkeit, einen festen Wohnsitz und nicht

---

151 Ebda. – Uma biblioteca reencontrada. A Doação Sibylle Blei/Sarita Halpern na Biblioteca Nacional. Catálogo, prefácio e organização Maria Duarte Pinto Correia, Lisboa: Biblioteca Nacional, 1988.
152 BHE II, S. 1161.
153 Vgl. hierzu Helene Maimann: Sprachlosigkeit. Ein zentrales Phänomen der Exilerfahrung, in: Wolfgang Frühwald/Wolfgang Schieder (Hrsg.): Leben im Exil. Probleme der Integration deutscher Flüchtlinge im Ausland 1933–1945, Hamburg: Hoffmann und Campe, 1981, S. 31–38.

zuletzt eine gesicherte materielle Existenz. Rein äußerlich war die Integration in ihre neue Heimat gelungen.[154]

In den 1940er Jahren begann Ilse Losa zu schreiben und brachte 1948 in portugiesischer Sprache ihren ersten Roman heraus – „O Mundo em que vivi" (Die Welt, in der ich lebte). Darin schilderte sie in einer Weise, in der sich die Grenzen zwischen autobiographischem Roman und Memoiren verflüchtigen, das ländliche jüdische Milieu im niederdeutschen Raum, dem sie entstammt. Der Schluß des Romans ist weitgehend Tatsachenbericht: Ilse Lieblich – im Roman Rose Frankfurter – wird im Polizeipräsidium am Berliner Alexanderplatz wegen eines Briefes an einen Freund vernommen, in dem sie Hitler als Verbrecher bezeichnet hat. Sie kommt glimpflich davon, denn der zuständige Polizeioffizier ist gut gelaunt. Er nimmt ihre halbe Entschuldigung huldvoll an und wundert sich überdies, daß die blonde und blauäugige junge Frau vor ihm „Nicht-Arierin" sein soll. Er gibt ihr fünf Tage Zeit, um aus Deutschland zu verschwinden, andernfalls man sie „verschicken" würde.[155] Für Rose Frankfurter endet hier der Roman, für Ilse Lieblich war dies der Anlaß zur Emigration nach Portugal.

Die nächsten Veröffentlichungen verarbeiteten die für Emigranten charakteristischen Erfahrungen des Exils, des Asyls, der Fremde, – so der Roman „Sob Céus estranhos" (Unter fremden Himmeln), „Rio sem ponte" (Fluß ohne Brücke) sowie mehrere Sammlungen von Erzählungen, unter ihnen „O Barco Afundado" (Das versunkene Schiff) und „Caminhos sem destino" (Wege ohne Ziel).[156] Erwähnenswert sind auch die zahlreichen Kinderbücher, für die Ilse Losa 1984 den Gulbenkian-Preis erhielt. Außerdem übersetzte sie „Das Tagebuch der Anne Frank", Erzählungen von Thomas Mann, Heinrich Böll, Martin Walser, Ilse Aichinger, Ingeborg Bachmann, Stücke von Bertolt Brecht und Werke von Erich Kästner und anderen ins Portugiesische. Ähnlich wie im Falle von Max Braumann oder Hein Semke ist hier für die deutsche Öffentlichkeit eine bemerkenswerte Künstlerin zu entdecken und ihr literarisches Werk in die ursprüngliche Heimat der Autorin zu repatriieren.

Mit der hier untersuchten Thematik der Flüchtlinge befaßt sich am eindringlichsten der Roman „Unter fremden Himmeln". Er trägt weitgehend autobiographische Züge, obwohl die Autorin diese dadurch verfremdet, daß der Ich-Erzähler ein Mann ist. Die Komplexität seiner Identität wird noch durch die Tatsache unterstrichen, daß er Halbjude ist und sich somit dem jüdischen Flüchtlingsmilieu nur eingeschränkt zugehörig fühlt. Dieser Joseph (José) Berger, der anstelle seines alten, nach Amerika weitergewanderten Vaters mit

---

[154] Angela Gutzeit: „Die Welt, in der ich lebte". – Begegnungen mit einer Emigrantin, in: Anschläge. Magazin für Kunst und Kultur H. 19 (Osnabrück, Nov./Dez. 1988), S. 12–14. – Jorge Listopad: Ilse Losa em 7 parágrafos, in: Ler / Livros & Leitores (primavera 1989), S. 28–29.

[155] Ilse Losa: O Mundo em que vivi. Romance, Porto: Edições Afrontamento, 1948. – In deutscher Übersetzung: Die Welt, in der ich lebte. Roman, Freiburg i.Br.: Beck & Glückler, 1990.

[156] Ilse Losa: Sob Céus estranhos, 2ª edição, refundida, Porto: Edições Afrontamento, 1987; – deutsch: Unter fremden Himmeln. Roman, Freiburg i. Br.: Beck & Glückler, 1991. – Ilse Losa: O Barco Afundado. Contos, Lisboa: Ed. Marânus, 1956; – deutsch: Das Versunkene Schiff. Erzählungen, Berlin DDR: Verlag der Nation, 1959. – Ilse Losa: Caminhos sem destino, Porto: Edição Afrontamento, 1991.

monatlich verlängerter Aufenthaltserlaubnis in Portugal bleibt, erlebt dort die typischen Hoffnungen, Ängste und Existenzsorgen des Exils, das Milieu des durch Verfolgung und Flucht geschaffenen menschlichen Strandgutes ebenso wie das Einleben in einen allmählich entstehenden portugiesischen Freundeskreis. Aber auch die Ehe mit einer Portugiesin und die Geburt eines gemeinsamen Kindes, mit der die Synthese vollendet wird, kann die Brechungen der eigenen Identität nicht vollständig auflösen. In Interviews hat die Autorin zu dieser Frage Jean Améry zitiert: „Man muß eine Heimat haben, um sie nicht zu brauchen." Befragt man das literarische Werk nach Ilse Losas Identität, so stößt man auf Probleme, die für die meisten Emigrantenschicksale – nicht nur in Portugal – ähnlich gelagert sind. Ihr metaphorischer Ausdruck hierfür ist die Feststellung, daß die Schönheit der südländischen Küste nicht den Verlust des deutschen Waldes ersetzen kann. Die Schilderung des portugiesischen Alltags ist durchwirkt von der Sehnsucht nach der verlorenen Welt ihrer Kindheit und gezeichnet vom „beschädigten Leben" (Adorno), an dem auch solche Emigranten zu tragen haben, denen die kulturelle und soziale Integration in die neue Heimat äußerlich geglückt ist.

Fluchtwege, Fluchthelfer und Fluchtziele

Die Geschichte des iberischen Fluchtweges ist nicht von der der Hilfsorganisationen zu trennen, die die diesen Weg ebneten, durch materielle, politische, technische und humanitäre Maßnahmen erst möglich machten. Diese Feststellung gilt in besonderem Maße für die Kriegsjahre, in denen die spanisch-portugiesische Route zeitweilig die einzige offene war, um den Gefahren eines nationalsozialistisch beherrschten Europa zu entkommen. Eine Darstellung der Arbeit dieser Hilfsorganisationen fehlt noch. Es gibt wohl Monographien und Aufsätze zu einigen von ihnen, zu bestimmten Aktionen, Aspekten, Maßnahmen und Erfolgen. Aber das recht unübersichtliche Geflecht internationaler, staatlicher, privater, politischer, konfessioneller und karitativer Organisationen und Institutionen ist, soweit erkennbar, noch nicht untersucht und dargestellt worden. Eine solche Übersicht kann auch das nachstehende Kapitel nur in unvollkommener Weise bieten, da hierzu eingehendere Archivstudien erforderlich wären. Wohl aber soll die Rolle von Hilfsorganisationen für die Erschließung und Benutzung des iberischen Fluchtweges so weit angedeutet werden, als es für das Verständnis der Emigrationsbewegung über diese Route erforderlich ist.

Als auf amerikanische Initiative Anfang Juli 1938 im französischen Kurort Evian die Delegationen von 32 Staaten tagten, um über den ständig anschwellenden Flüchtlingsstrom zu beraten, waren auch die Vertreter privater Hilfsorganisationen eingeladen, um die Gelegenheit zu erhalten, ihre Wünsche und Vorstellungen vorzutragen. Es erschienen Delegierte von nicht weniger als 39 privaten (darunter 21 jüdischen) Hilfsorganisationen, wobei anzunehmen ist, daß auch diese Zahl keine vollständige war.[1] Diese Tatsache belegt, welche Vielzahl und Vielfalt an Vereinigungen, Verbänden und Stiftungen unterschiedlichen Charakters hier tätig war. Ihr nationaler, politischer, konfessioneller und humanitärer Hintergrund war jeweils verschieden. Aber auch ihre Wirkungs- und Arbeitsweise war oftmals in verschiedenartigen Ebenen angesiedelt. In rein funktionaler Hinsicht könnte man von Hilfsorganisationen primären, sekundären und tertiären Charakters sprechen, je nach der Nähe zum Flüchtlingsstrom und nach den Zielen, die sie verfolgten. Es gab Organisationen, die sich im wesentlichen auf das Sammeln von Geldern und Sachwerten beschränkten und diese dann anderen Vereinigungen zur Verfügung stellten, die wiederum die Verteilung übernahmen und Emigranten karitativ betreuten. Es gab andere, die die Aufgaben einer politischen Lobby wahrnahmen, vor allem wenn es um Einreisevisa, Aufnahmequoten, Transitgenehmigungen und ähnliche Fragen ging. Die meisten Verbände spezialisierten sich auf einen bestimmten Personenkreis – mitteleuropäische Juden, osteuropäische Juden, politische Gruppierungen, Wissenschaftler, Künstler und Intellektuelle, besonders bedrohte Personen oder solche, für

---

[1] Vgl. Grossmann, S. 61 ff. – Walter: Exilliteratur 2: Appeasement, S. 63, 29 ff.

die sich sonst keine andere Organisation zuständig fühlte.[2] Andererseits brachte es die praktische Arbeit mit sich, daß sich die großen Hilfsorganisationen in der Regel nicht nur nach diesen Kategorien charakterisieren ließen. Die konkreten Probleme erforderten die Wahrnehmung sowohl finanzieller als auch politischer und karitativer Aufgaben, so daß hier eine ausschließliche Trennung nach Funktionen nicht immer sinnvoll wäre.

Für den in diesem Zusammenhang besonders wichtigen Zeitraum der Jahre 1940 – 1943 muß die Einschränkung gemacht werden, daß fast alle der im folgenden vorgestellten Organisationen amerikanischen Ursprungs waren. In einigen Fällen handelte es sich um internationale oder doch in vielen Ländern vertretene und wirkende Verbände oder um solche, deren Entstehungsgeschichte einen außereuropäischen Hintergrund hatte. Sie alle hatten ihre Zentralen in den USA, beschäftigten einen überwiegend amerikanischen Mitarbeiterstab und bezogen aus Nordamerika auch den größten Teil ihrer Ressourcen. Infolge des Krieges und der Besetzung weiter Teile Europas durch das Dritte Reich hatten europäische Hilfsorganisationen ihre Aktivitäten weitgehend einstellen müssen. Die Flüchtlingshilfe auf der iberischen Route war daher überwiegend eine amerikanische.

Panorama der Hilfsorganisationen

Der größte Teil der Flüchtlinge, die Europa auf der einzigen noch passierbaren Route verlassen wollte, bestand aus Juden. Unter den deutschen und österreichischen Emigranten setzt man ihren Anteil auf etwa 95 % an;[3] für Flüchtlinge aus Polen, der Tschechoslowakei und anderen Ländern liegen keine zuverlässigen Zahlen vor, jedoch dürften sie sich in ähnlichen Größenordnungen bewegt haben. Es ist daher verständlich und erklärbar, daß es sich bei den meisten Hilfsorganisationen um jüdische Verbände handelte. Unter den Vereinigungen, die sich in den USA vorübergehend zu einem sogenannten „Temporary Committee", später als „Joint Emergency Committee on European Jewish Affairs" zusammenschlossen, befanden sich Organisationen, deren Aufzählung die ganze Vielfalt des amerikanisch-jüdischen Verbandslebens deutlich macht: das „American Jewish Committee", der „American Jewish Congress", das „Jewish Labor Committee", die jüdische Loge „B'nai Brith", der „World Jewish Congress", der „Synagogue Council of America" und die „Agudath Israel of America".[4] Unterschiedlich in Programmatik, Aufgabenstellung, kultureller Tradition und landsmannschaftlicher Herkunft, konzentrierte sich die Arbeit dieser Ausschüsse und Vereinigungen auf eine indirekte Arbeitsweise für bedrohte Personengruppen. Ihr Wirkungsfeld beschränkte sich weitgehend auf

---

2 Vgl. hierzu meine knappe Übersicht über die wichtigsten Fluchthelferorganisationen; Mühlen: Lateinamerika, S. 28–39.
3 Werner Röder: Einleitung zum Biographischen Handbuch der deutschsprachigen Emigration nach 1933, Bd. I: Politik, Wirtschaft, Öffentliches Leben, München–New York–London–Paris: K. G. Saur, 1980, S. XIII–LVIII, hier S. XIIIf.
4 David S. Wyman: The Abandonment of the Jews. America and the Holocaust, 1941–1945, New York: Pantheon Books, 1984, S. 67f.

die Vereinigten Staaten und nahm auf außeramerikanische Probleme nur indirekt Einfluß, indem sie Regierung und Öffentlichkeit der USA aufzuklären und zu beeinflussen versuchten, Gelder sammelten und damit diejenigen Organisationen finanziell und politisch unterstützten, die unmittelbar mit der Rettung von Flüchtlingen befaßt waren.

Allein das „Jewish Labor Committee" (JLC), das in New York seinen Sitz hatte, beteiligte sich in enger Zusammenarbeit mit der „German Labor Delegation" unmittelbar an Rettungsaktionen für gefährdete Vertreter der deutschen Arbeiterbewegung. In einigen Fällen sprang das JLC ad hoc ein und rettete ankommende Emigranten im New Yorker Hafen durch Bereitstellung einer Kaution, nachdem ein Immigration Officer schon ihre Internierung wegen bürokratischer Formfehler angeordnet hatte.[5] Namhafte Vertreter der deutschen Sozialdemokratie, unter ihnen der Wirtschaftsexperte Erich Rinner, sowie anderer linker Parteien und Gruppierungen entkamen mit Hilfe des JLC nach Amerika oder erhielten dort Unterstützung, um die vielfältigen Anfangsschwierigkeiten in der Neuen Welt überbrücken zu können.[6] Neben den genannten sieben jüdischen Organisationen, die noch um eine Vielzahl kleinerer Verbände, Vereine, Zirkel und Komitees ergänzt werden könnten, arbeiteten auch etliche nicht-jüdische Organisationen, die sich gleichfalls auf eine mehr indirekte Arbeit beschränkten und allenfalls im Rahmen einzelner Aktionen in Europa tätig wurden. Erwähnenswert sind hier der während des Krieges von amtlicher Seite 1943 ins Leben gerufene „War Relief Service", die „National Catholic Welfare Conference" oder das „US Committee for the Care of European Children". Sie alle trugen durch materielle, organisatorische, politische und andere Aktivitäten dazu bei, Flüchtlinge ganz allgemein oder besondere Gruppen unter ihnen dem Zugriff der Gestapo zu entziehen und in Sicherheit zu bringen.

Im Zusammenhang mit der Flüchtlingsarbeit sind uns in den drei Länderkapiteln mehrere Hilfsorganisationen begegnet, von deren wichtigsten zwei einen jüdischen und zwei weitere einen christlichen, karitativen Hintergrund hatten. Die beiden jüdischen Verbände „American Jewish Joint Distribution Committee" (gewöhnlich „Joint" oder JDC genannt) und die HIAS/HICEM kümmerten sich um mittel- bzw. osteuropäische Juden. Die Quäker nahmen sich solcher Personen an, für die sich die beiden jüdischen Verbände nicht zuständig fühlten, darunter auch konfessionslose Juden oder solche, die zum Christentum übergetreten waren. Das „Unitarian Service Committee" stand wie-

---

5 Schreiben Rudolf Katz' vom 21.9.1940 an Friedrich Stampfer/Lissabon, in: Mit dem Gesicht nach Deutschland. Eine Dokumentation über die sozialdemokratische Emigration. Aus dem Nachlaß von Friedrich Stampfer, ergänzt durch andere Überlieferungen. Hrsg. im Auftrage der Kommission für Geschichte des Parlamentarismus und der politischen Parteien von Erich Matthias, bearb. von Werner Linke, Düsseldorf: Droste, 1968, S. 470f.
6 BHE I, S. 605. – Zum JLC vgl. George L. Berlin: The Jewish Labor Committee and American Immigration Policy in the 1930s, in: Studies in Jewish Bibliography, History and Literature in Honor of J. Edward Kiev, ed. by Chalres Berlin, New York, N.Y.: Ktav Publishing House Inc., 1971, S. 45–73. – David Kranzler: The Role in Relief and Rescue During the Holocaust by the Jewish Labor Committee, in: American Jewry During the Holocaust, edited by Seymour Maxwell Finger, o.O.: American Jewish Commission on the Holocaust, 1984, appendix 4–2. – Gegenwärtig wird von Jack Jacobs/New York eine Studie zur Arbeit des Jewish Labor Committee vorbereitet, die die Hilfsaktionen zugunsten bedrohter deutscher Sozialdemokraten herausarbeiten soll.

derum in enger Verbindung mit dem „Emergency Rescue Committee", das sich auf die Rettung besonders gefährdeter Personen – Politiker, Künstler, Wissenschaftler oder sonstwie herausragender Persönlichkeiten – spezialisiert hatte. Alle diese Organisationen waren durch Repräsentanten und Dienststellen in Südfrankreich, Portugal und teilweise auch in Spanien vertreten, unterhielten dort eine gewisse technische Infrastruktur mit eigenen Informationsnetzen und Kontakten zu den zuständigen Regierungen und standen in unmittelbarer Verbindung mit dem von ihnen betreuten Personenkreis.

Eine der bedeutendsten jüdischen Hilfsorganisationen, deren Rolle besonders im Emigrationsprozeß während des Krieges an Bedeutung gewann, war die HICEM. Sie war 1927 aus dem Zusammenschluß einiger älterer Verbände entstanden, von denen die von dem bayerischen Baron Moritz von Hirsch gegründete „Jewish Colonization Association" (JCA, in der Regel: ICA) die älteste war: Sie lenkte und unterstützte die jüdische Auswanderung vor allem nach Lateinamerika und förderte landwirtschaftliche Siedlungen und andere Kolonisationsprojekte. Die zweite in der HICEM fusionierte Organisation war das 1921 in Berlin gegründete „Vereinigte Komitee für die jüdische Auswanderung", bekannter unter der Abkürzung „Emigdirekt", das die aus osteuropäischen Ländern nach Palästina sowie nach Übersee auswandernden Juden betreute. Den wichtigsten Bestandteil des Dachverbandes bildete jedoch die HIAS („United Hebrew Sheltering Immigrants Aid Society"), die sich bislang der jüdischen Einwanderung in Nordamerika angenommen hatte. Der Name des Dachverbandes HICEM wurde aus den Anfangsbuchstaben der darin zusammengefaßten Einzelorganisationen gebildet. Die Vereinbarung zur Gründung des Dachverbandes wurde zunächst für drei Jahre geschlossen und später verlängert. Sitz der HICEM waren Berlin, nach 1933 Paris und New York. Die Lateinamerika-Emigration wurde ausschließlich von Paris aus unterstützt. Die lokalen Ableger der drei Einzelorganisationen wurden als Ableger der HICEM zusammengefaßt. Nur die HIAS behielt ihre organisatorische Selbständigkeit und betreute in eigener Verantwortung die Auswanderung nach Nordamerika, während die HICEM sich in Europa um Beratung und berufliche Umschulung der Emigranten und ihre Vertretung gegenüber Behörden in den Einwanderungsländern, um Sprachkurse und soziale Belange kümmerte.[7] Das Geflecht der drei Verbände und die Grenzen ihrer Zuständigkeiten sind im nachhinein recht unübersichtlich, so daß es sich eingebürgert hat, die Organisation in vereinfachter Form zusammenzufassen und unter dem Doppelnamen HIAS/HICEM zu führen. 1937 unterhielt sie 57 Komitees in 21 Ländern, wobei sich ihr in der Folgezeit noch regionale und lokale jüdische Hilfsorganisationen anschlossen.[8]

Die zweite wichtige jüdische Hilfsorganisation war das „American Jewish Joint Distribution Committee" (JDC), das 1931 aus dem Zusammenschluß des „American Jewish Committee" und einigen anderen, teilweise miteinander konkurrierenden Verbänden hervorgegangen war. Die Wurzeln der Vorläuferorganisationen reichten bis in das Jahr 1906 zurück. Diese Verbände hatten in erster Linie jüdische Interessen in den USA wahrgenommen und gleichzeitig notleidende Juden in Mittel-, Ost- und Südosteuropa

---

7 Wischnitzer: Visas, S. 122ff.
8 Encyclopaedia Judaica Bd. 10, Sp. 44ff.; Bd. 13, Sp. 388; Bd. 15, 1539.

unterstützt. Ein Ziel des JDC war es, die jüdische Einwanderung in die USA zu fördern.[9] Mit dieser Organisation war ein effektiv wirkendes und finanzstarkes Instrument geschaffen worden, ohne dessen Aktivitäten wohl kaum die später so wichtige Hilfe während des Krieges hätte geleistet werden können. Man kann sagen, daß die Organisation mit ihren Aufgaben wuchs. 1933 – also nach der Machtergreifung Hitlers und zwei Jahre nach ihrer Gründung – wurde sie umstrukturiert und auf die Erfordernisse des sich abzeichnenden Massenexodus umgestellt. Bereits 1933 reiste ein JDC-Vertreter, Rabbiner Jonah Wise, nach Deutschland und half bei der Gründung des „Zentralausschusses für Hilfe und Aufbau", der unter den schwierigen Bedingungen der NS-Herrschaft die Emigration der deutschen Juden zu lenken und zu finanzieren versuchte. Als die Situation nach Kriegsbeginn schwieriger wurde, erfolgte im April 1940 eine weitere Reorganisation des JDC mit personellen Umbesetzungen. Das JDC war keine auf die USA beschränkte Organisation. Es gab Ableger in Europa, in Südafrika, Kanada und Lateinamerika. Aber diese Zweigstellen brachten nur einen vergleichsweise geringen Anteil der Mittel auf; vielmehr waren einige angeschlossene lokale Organisationen in Lateinamerika selbst hilfsbedürftig. Die Last der Unterstützung lag auf den Mitgliedern in den Vereinigten Staaten. Das amerikanische JDC verfügte über etwa 2 000 lokale Untergliederungen, die im Rahmen von Spendenaktionen die Mittel aufbrachten. Ein 1942 veröffentlichter JDC-Aufruf erreichte knapp 4 000 jüdische Gemeinden, die gleichfalls derartige Aktionen durchführten. Das jährliche Einkommen des JDC bewegte sich in der Kriegszeit zwischen 6 und 15 Mill. US $.[10]

Eine weitere für die hier behandelte Thematik wichtige Organisation war die der Quäker. Sie war uns schon im Zusammenhang mit den Exilproblemen in Frankreich begegnet. Diese christliche Kongregation hatte sich im 17. Jahrhundert aus Strömungen des englischen Puritanismus herausgebildet und ist auch heute noch eine überwiegend angelsächsische Erscheinung. Neben einigen Gemeinsamkeiten mit anderen Kirchen puritanischer Herkunft zeichneten sich die Quäker durch ihren konsequenten Pazifismus und ihre starke karitative Tätigkeit aus. Im wohltuenden Unterschied zu manchen anderen Sekten praktizierten sie tätige Nächstenliebe ohne missionarischen Eifer und ohne konfessionelle Beschränktheit und wandten sich in dem hier behandelten Zeitraum vorzugsweise denjenigen Personengruppen zu, die aus politischen und/oder religiösen Gründen sonst keine Fürsprecher in der Welt hatten. Wie schon erwähnt wurde, handelte es sich hierbei größtenteils um Juden, die sich als konfessionslos betrachteten oder zum Christentum konvertiert waren und daher von manchen jüdischen Organisationen als Abtrünnige betrachtet wurden. Bereits im Jahre 1934 hatten die Quäker begonnen, sich in der Flüchtlingsarbeit zu engagieren, wobei die Umstrukturierung französischer Hilfsorganisationen und ihre vorübergehend eingeschränkte Arbeitsfähigkeit den Anstoß gegeben hatten. Mit Hilfe britischer Glaubensbrüder gründeten französische Quäker den „Service international d'aide aux réfugiés" (SIAR), der im Januar 1935 seine Arbeit aufnahm. Unterstützt wurden vor allem deutsche Flüchtlinge – durch Sachspenden und durch Hilfe

---

9 Bauer: My Brother's Keeper, S. 5 ff., 27.
10 Handlin, S. 78 f., 81 f.

bei der Weiterwanderung. Im November 1937 stellte das SIAR seine Aktivitäten ein. Eine geringere Unterstützung von außen einerseits und das dringlichere Problem der Spanien-Flüchtlinge andererseits führten dazu, daß die Quäker ihren Einsatz auf andere Betätigungsfelder verlegten.[11]

Nach Beginn des Zweiten Weltkrieges wandten sie sich wieder den mitteleuropäischen Emigranten zu. Zunächst waren sowohl britische als auch amerikanische Quäker in Frankreich tätig. Nach der französischen Niederlage mußten die Briten das Land verlassen. Um so stärker intensivierte die amerikanische „Gesellschaft der Freunde", wie die offizielle Bezeichnung der Kongregation lautete, ihre Hilfsarbeit in Vichy-Frankreich.[12] Im nicht besetzten Südfrankreich konzentrierten die amerikanischen Quäker ihre Hilfsarbeit auf die Versorgung von Flüchtlingskindern mit Nahrung und auf die karitative Betreuung von Insassen in Internierungslagern. Im besetzten Teil des Landes konnte die kleine französische Quäker-Gemeinde ohne Außenkontakte nur in beschränktem Maße weiterarbeiten. Nach der Besetzung auch des südlichen Teiles Frankreichs durch deutsche Truppen im November 1942 und dem kurz darauf erfolgten Abbruch der diplomatischen Beziehungen zwischen Vichy und Washington wurden die amerikanischen Quäker von den Deutschen festgenommen und bis zu ihrer späteren Repatriierung in Baden-Baden interniert.[13] Andererseits hatte das Quäker-Hilfswerk „American Friends Service Committee" bereits 1941 ein Büro in Lissabon eröffnet und damit einen neuen Stützpunkt in Europa geschaffen.

Das vierte wichtige Hilfskomitee war das „Unitarian Service Committee" (USC). Die Unitarier hatten sich im 19. Jahrhundert als christliche Sammlungsbewegung mit dem Ziel konstituiert, die Christen aller Konfessionen auf möglichst breiter theologischer Grundlage unter Ausklammerung der trennenden Unterschiede zu vereinigen. Mit der Zeit verblaßte der theologische Hintergrund, und die Unitarische Kongregation nahm zunehmend den Charakter einer für Nächstenliebe, Toleranz und Solidarität sich einsetzenden Vereinigung an. Das „Unitarian Service Committee" wurde im Mai 1940 gegründet. Es richtete in Lissabon Büros ein und stand in enger Verbindung mit dem bereits erwähnten „Emergency Rescue Committee" in New York/Marseille. Es betreute die vom ERC bis Portugal durchgeschleusten Flüchtlinge, kümmerte sich für sie um Schiffspassagen und Papiere.[14] Wie es scheint, brachte es auch beträchtliche Mittel auf, die wiederum der Arbeit des ERC zugute kamen. Ähnlich wie die Quäker beschränkten die Unitarier ihre Hilfe nicht auf einen bestimmten Personenkreis, sondern halfen allen Bedrohten, soweit sie nicht schon von anderer Seite Unterstützung erhielten.

Damit kommen wir zur letzten, im Zusammenhang mit der iberischen Fluchtroute

---

11 Joly: L'assistance des quakers, in: Badia et al.: Les bannis..., S. 105–116, hier S. 111f., 115f.
12 Roger Wilson: Quaker Relief. An Account of the Relief Work of the Society of the Friends, 1940–1948, London: Allen & Unwin, 1952, S. 127f.
13 Vgl. Henry van Etten: La Vie derrière soi. Journal d'un Quaker de notre Temps (1893–1962), Paris: Les Editions du Scorpion, 1962, S. 164. – Clarence E. Pickett: For more than bread. An autobiographical account of twenty-two years work with the American Friends Service Committee, Boston: Little, Brown & Co., 1953, S. 182f.
14 Elfe: Nachwort zu Fry, S. 290–305, hier S. 297.

wichtigen Hilfsorganisation, zum „Emergency Rescue Committee" (ERC), dessen Aktivitäten bereits im Rahmen der Fluchtbewegungen aus Frankreich erwähnt wurden. Das ERC wurde am 25. Juni 1940, drei Tage nach Abschluß des deutsch-französischen Waffenstillstandes, in New York gegründet. Den Anstoß hatten hierzu einige andere Organisationen gegeben, so die „American Friends of German Cultural Freedom", in der maßgebliche politische Emigranten sowie einflußreiche Amerikaner sich für bedrohte Persönlichkeiten eingesetzt hatten. Vorsitzender des ERC wurde Frank Kingdon, Präsident der University of Newark. Andere Organisationen und Institutionen wie die International Relief Association, das USC, die New School for Social Research, das Museum of Modern Art, die HIAS/HICEM, der „European Film Fund" und die vom Prinzen Hubertus zu Löwenstein gegründete „American Guild for German Cultural Freedom" arbeiteten mit dem ERC zusammen, unterstützten es mit Geldmitteln und technischer Hilfe.[15] Zwei Jahre später, nachdem das ERC seine Aktivitäten in Europa hatte abschließen müssen, schloß es sich mit der „International Relief Association" zum „International Rescue and Relief Committee" zusammen, das sich 1951 erneut reorganisierte und seitdem den Namen „International Rescue Committee" trägt. Auch das ERC kannte im Hinblick auf den Personenkreis, den es unterstützte, keine politischen oder konfessionellen Grenzen. Aber die stark im akademischen Milieu angesiedelte Entstehungsgeschichte macht es leicht erklärlich, weshalb sich das ERC in besonderem Maße für Intellektuelle, Künstler, Wissenschaftler und Politiker interessierte. Man wird hier, ganz ohne Polemik, feststellen können, daß das ERC sich auf die Emigrationsprominenz spezialisierte, während die beiden großen Organisationen JDC und HIAS/HICEM stärker im Bereich der sogenannten Massenemigration tätig waren.[16]

Die hier genannten Organisationen waren aus vielfachen Gründen zur Zusammenarbeit bereit, ja vielfach dazu gezwungen. Zum einen waren die Personenkreise, um die sie sich kümmerten, nicht klar voneinander abzugrenzen. Man konnte gleichzeitig politischer Emigrant, prominent und jüdischer Herkunft sein. Unter Ehepartnern mochte der eine Teil konfessionslos oder christlich sein, der andere mosaischen Glaubens. Engstirnige Abgrenzungen, die es in Einzelfällen natürlich auch gab, verboten sich aus praktischen Gründen. Zum andern zogen alle Organisationen gewissermaßen am selben Strang, wenn es darum ging, Visa für die Einreise in die USA zu besorgen, das Außenministerium und andere Stellen zu bedrängen, spanische und portugiesische Stellen zu beeinflussen, Schiffsraum und Passagemöglichkeiten zu besorgen, karitative Einrichtungen in den Transitländern einzurichten und zu finanzieren. Auch amtliche Anweisungen, beispielsweise von seiten der amerikanischen diplomatischen und konsularischen Missionen, denen eine zu breite Vielfalt von Organisationen und Verbänden in ihrem Dienstbereich zu unübersichtlich und unkontrollierbar war, führten unter Druck zu einer Vereinheitlichung

---

15 Ebda., S. 296. – Vgl. auch Wolfgang D. Elfe: Das Emergency Rescue Committee, in: Deutsche Exilliteratur seit 1933, Bd. I: Kalifornien, hrsg. von John M. Spalek und Joseph P. Strelka, Bern – München: Francke Verlag, 1976, S. 214–219. – David S. Wyman: Paper Walls. America and the Refugee Crisis 1938–1941, Boston: The University of Massachusetts Press, 1968, S. 142 ff.
16 Elfe: Nachwort zu Fry, S. 299 f.

der Arbeit. Daß sie gelegentlich nicht reibungslos verlief, ist angesichts der unterschiedlichen Zusammensetzung, Größe, Zielsetzung und Arbeitsweise der einzelnen Komitees nicht unverständlich. Dennoch wird man die Rettung einiger Zehntausende als große Gemeinschaftsleistung aller genannten Organisationen werten und würdigen müssen.

Flüchtlingshilfe in Frankreich

Bis zur Niederlage Frankreichs im Juni 1940 waren dort nur drei Organisationen tätig, das JDC, die HICEM sowie die englischen und amerikanischen Quäker. Die anderen Hilfskomitees folgten erst später, wobei der Zusammenbruch Frankreichs und die daraus entstehende Notlage zahlreicher Flüchtlinge den entscheidenden Anlaß zu ihrer Gründung gab. Zu wesentlichen Teilen beschränkte sich die Arbeit der drei Organisationen auf karitative Betreuung, also auf die materielle Versorgung von Flüchtlingen mit Unterkünften, Kleidung, Nahrungsmitteln oder Bargeld. Die Rettungsaktionen zur Verbringung von Personen in Sicherheit hatten noch nicht diese Dringlichkeit, da die Emigranten vor der französischen Niederlage noch nicht von einer möglichen Verschleppung durch die Gestapo bedroht waren.

Nach dem Waffenstillstand mußten die englischen Quäker Frankreich verlassen. Ihre amerikanischen Glaubensbrüder durften in dem von Vichy aus regierten südlichen Frankreich in rein karitativem Sinne weiterarbeiten. Nach der Besetzung auch dieses Landesteiles durch deutsche Truppen im November 1942 mußten sie, wie bereits angedeutet wurde, auch dort ihre Tätigkeiten einstellen und ihre Europa-Arbeit von Lissabon aus neu organisieren. Von den Kriegsereignissen waren in gleichem Sinne auch die beiden jüdischen Hilfsorganisationen betroffen. Wegen der französischen Niederlage hatte das JDC seine europäischen Hauptquartiere von Angers und Bordeaux nach Marseille und Lissabon verlegt, wo es dann seine Rettungsarbeit für die vom Holokaust bedrohten Flüchtlinge organisierte.[17] Hatte das JDC vorher auswanderungswillige Juden durch Umschulung und Fortbildung auf ihre Emigration vorbereitet, so galt es nun, ihre nackte Existenz zu retten. Solange es möglich war, finanzierte das JDC die Passagegebühren für die in Deutschland lebenden ausreisewilligen Juden. Dabei wurden die finanziellen Mittel so eingesetzt, daß das Deutsche Reich oder deutsche Unternehmen hiervon keinen Nutzen hatten. Nach dem 21. Oktober 1941 war es Juden nicht mehr erlaubt, den deutschen Machtbereich zu verlassen. Jetzt ging es der Organisation vor allem darum, Menschen aus dem nicht besetzten Teil Frankreichs zu retten und, soweit dies möglich war, die Verbindung zu den im nationalsozialistischen Machtbereich verbliebenen Glaubensbrüdern herzustellen.[18] Die JDC-Vertreter verlegten ihr Büro nach Angers, sodann

---

17 Oscar Handlin: A Continuing Task. The American Jewish Joint Distribution Committee 1914–1964, New York: Random House, 1964, S. 66–68, 80f., 83f.
18 Bauer: Keeper, S. 115. – Handlin, S. 8f. – Bauer: Jewry, S. 56–66.

nach Bordeaux, wurden aber auch dort von den Ereignissen eingeholt und richteten darauf in der Hauptstadt des neutralen Portugal ihre europäische Zentrale ein.

Ähnlich verfuhr die HIAS/HICEM. Sie hatte bei Kriegsausbruch einen Teil ihrer Aktivitäten ins damals noch neutrale Belgien nach Brüssel verlegt und versuchte, unter dem Namen BEL-HICEM Verbindungen in den deutschen Machtbereich aufrechtzuerhalten. Nach der Besetzung Belgiens konnte diese Arbeit nicht mehr fortgesetzt werden. Beim deutschen Vormarsch in Frankreich nahm die dortige Organisation eine Teilung vor, indem einige Mitarbeiter der HIAS/HICEM ein Büro in Lissabon eröffneten. Eine nach Bordeaux verlegte Zweigstelle mußte infolge der Kriegsereignisse wieder geschlossen werden. Sie wurde daraufhin nach Marseille verlegt, konnte jedoch infolge politischer und technischer Schwierigkeiten erst im Oktober 1940 ihre Arbeit aufnehmen. Das Vichy-Regime erkannte die Organisation als einzige jüdische Hilfsorganisation im nicht besetzten Frankreich an, was ihre Stellung gegenüber den Behörden wesentlich erleichterte.[19]

In den etwa anderthalb Jahren seines Bestehens beschäftigte das Marseiller Büro 77 Mitarbeiter und dürfte damit die größte Hilfsorganisation im Frankreich jener Zeit überhaupt gewesen sein. Als sich die Arbeitsbedingungen durch Beschränkungen von seiten des Vichy-Regimes verschlechterten, mußten 25 Mitglieder des Stabes emigrieren. Anfang 1942 wurde die HIAS/HICEM – bislang eine Körperschaft nach französischem Recht – von der Regierung aufgelöst und zwangsweise der „Union Générale des Israélites de France" (UGIF) einverleibt, worauf sich die Organisation umbildete und Ende Juni 1942 als amerikanische Rechtsperson mit Sitz im Bundesstaat New York registrieren ließ.[20] Die vollständige Besetzung Frankreichs führte zu einer vorläufigen Unterbrechung der Aktivitäten. Das Büro verlegte unter anderem Namen seinen Sitz nach Corrèzes bei Brive – mit stark verringertem Stab, da 36 Mitarbeiter wegen eigener Gefährdung selbst hatten fliehen müssen. Sechzehn Mitarbeiter nicht-französischer Nationalität blieben, von denen schließlich elf deportiert wurden. Trotz der Kriegsumstände waren die Leistungen der HIAS/HICEM beträchtlich. Leider gestatten die Quellen keine Übersicht über die Zahl derjenigen, die den Ausgangspunkt ihrer Flucht in Frankreich nahmen. Da nach dem Kriegseintritt Italiens die bisher für die Emigration so wichtigen Überseehäfen Triest und Genua ausgefallen waren und andere Routen nicht mehr zur Verfügung standen, dürften die meisten der von der HIAS/HICEM unterstützten Flüchtlinge ihre Flucht in Frankreich begonnen und über Spanien und Portugal fortgesetzt haben.

Die Aufgaben aller Hilfsorganisationen im nicht besetzten Teil Frankreichs waren sich ähnlich. Es ging zunächst um materielle, karitative und politische Betreuung, um die Hilfe bei der Ausreise, bei der Besorgung von Transit- und Einreisevisa und bei der Organisation von Schiffspassagen. Besonders wichtig war die politische Betreuung gegenüber den Vichy-Behörden, da einzelne Personen kaum über den erforderlichen Einfluß verfügten, sich bei ihnen Gehör zu verschaffen. So setzte die HIAS/HICEM die Verlegung internierter Flüchtlinge nach bzw. in die Nähe von Marseille durch: Männer wurden in Les Milles untergebracht, Frauen im Marseiller Hotel „Bompard". Dort waren sie in größerer Nähe

---

19 Wischnitzer: Visas, S. 160f., 167, 170f., 177f.
20 Ebda., S. 179f., 171.

zu den Büros der Hilfsorganisationen und der auswärtigen Konsulate.[21] Die Hilfe gerade der HIAS/HICEM bei der Finanzierung und Vermittlung von Schiffspassagen bildete einen zentralen Arbeitsbereich dieser Organisation. Die vorliegenden Zahlen über die geleistete Hilfe sagen allerdings wenig über die Realität aus, da sie nicht zwischen Flüchtlingen unterscheiden, die aus Frankreich direkt, aus oder über Spanien oder Portugal nach Übersee emigrierten. Sie sind auch je nach Zeitabschnitten unvollständig. Dennoch sollen einige Daten das ungefähre Ausmaß dieser Hilfe andeuten. Im Zeitraum Januar – September 1940 vermittelte und/oder finanzierte die HIAS/HICEM ca. 3 200 Flüchtlingen, von denen 2 700 aus Deutschland stammten, die Schiffsreise nach Übersee. Im ersten Halbjahr 1941 bezahlte die Organisation die Passagekosten für 2 856 Personen. Die Leistungen des JDC lagen darunter: Es hatte bis Ende 1940 ca. 1 500 die Überfahrt ermöglicht, wobei seine Hilfsleistungen schwerpunktmäßig in anderen sozialen Bereichen lagen. Beide Verbände unterstützten überdies andere Organisationen, mit denen sie zusammenarbeiteten, so daß die gesamte Flüchtlingshilfe recht verzahnt war und nicht immer eindeutig einem einzelnen Hilfskomitee zugeschrieben werden kann.

Das bedeutet, daß man wahrscheinlich noch weitere Hilfsaktionen, bei denen die Urheberschaft nicht so augenscheinlich war, diesen beiden Verbänden zuschreiben muß.[22] Problematisch war für beide genannten Organisationen die Art der Finanzierung ihrer Arbeit, da in Vichy-Frankreich wie in allen kriegführenden Ländern strenge Devisenbestimmungen den Kapitalverkehr behinderten. Mit einer komplizierten Transaktion regelten die beiden jüdischen Organisationen den Finanzierungsmodus für die Schiffspassagen. Sie bezahlten die Schiffstickets bei der Banque de France in französischer Währung, wofür im Gegenzug blockierte französische Dollar-Guthaben bei der Chase National Bank in New York freigegeben wurden. Mit diesen Dollars erwarb das JDC seinerseits die Schiffstickets und ließ sie sich später von der HIAS/HICEM zurückerstatten.[23]

Darüber hinaus arbeiteten in Marseille einige andere Hilfsorganisationen, deren Wirken sich aufgrund lückenhafter Quellen weitgehend den Nachforschungen des Historikers entziehen. Hierzu gehörte die schon erwähnte „German Labor Delegation" (GLD), die es als ihre Aufgabe ansah, politisch gefährdete Deutsche und Österreicher aus Frankreich in die USA zu schleusen. Sie stand dabei in engem Kontakt mit amerikanischen Gewerkschaftskreisen sowie mit dem „Jewish Labor Committee" in New York. Wichtigster Ansprechpartner in den USA wurde das sozialdemokratische Vorstandsmitglied Friedrich Stampfer, der im Oktober 1940 über Spanien und Portugal nach Nordamerika emigriert war. Für die Rettung der damals etwa 700–1 000 deutschen und österreichischen politischen Emigranten entsandte die Sopade Curt Geyer nach Marseille. Als Mitarbeiter Geyers und als Vertrauensmann der GLD wirkte Fritz (Bedrich) Heine. Sie arbeiteten eng zusammen mit dem amerikanischen Gewerkschaftsvertreter Frank Bohn, der wiederum im selben Hotel wie Varian Fry logierte und mit diesem die

---
21 Ebda., S. 168.
22 HICEM: Arbeitsbericht 1. 1.–30. 9. 1940; YIVO: Series XII: Portugal. – Wischnitzer: Visas, S. 172.
23 Wischnitzer: Visas, S. 168 f.

Fluchthilfe für politische und kulturelle Flüchtlinge koordinierte. Nachdem Frank Bohn in die USA zurückgekehrt war und Frys CAS einen Teil von dessen Aufgaben übernommen hatte, traten Fritz Heine und nach ihm der frühere SAP-Funktionär Max Diamant in die Dienste des CAS. Beide setzten ihre Tätigkeit noch in Lissabon fort, bevor sie im Sommer 1941 nach Großbritannien (Heine) bzw. Mexiko (Diamant) weiterzogen.[24]

Alle diese Aktivitäten waren wiederum eng verzahnt mit dem im Mai 1940 gegründeten „Unitarian Service Committee" (USC). Es wurde in Marseille von Noel Field geleitet, dessen Name in den späten 1940er Jahren als Popanz in den Schauprozessen der kommunistischen Staaten Osteuropas auftauchte. Die Unitarier unterstützten getarnt auch kommunistische Emigranten, die sonst von keiner anderen Organisation Hilfe zu erwarten hatten. Da Noel Field dann 1942 – 1945 in der Schweiz für den amerikanischen Geheimdienst arbeitete, bildete später der nachgewiesene Kontakt mit ihm einen willkommenen Vorwand, die frühere kommunistische Westemigration zu „säubern". Von den Unitariern und den Quäkern ist bekannt, daß sie im Dezember 1940 eine Rettungsaktion zugunsten bedrohter Kinder in Vichy-Frankreich durchführten und diese dann über Spanien und Portugal in die USA brachten.[25]

Im folgenden richtet sich unser Augenmerk erneut auf das „Emergency Rescue Committee" (ERC) und das von Varian Fry geleitete „Centre Américain de Secours" (CAS). Im Rahmen des Frankreich-Kapitels hatten seine Fluchthelferaktivitäten im Vordergrunde gestanden. Hier sollen uns seine organisatorischen Verflechtungen mit anderen Hilfsorganisationen in Frankreich und seine speziellen Aufgaben interessieren.[26] Das ERC begann seine Tätigkeit mit der Ankunft Varian Frys in Marseille im August 1940 und beendete sie am 2. Juni 1942, als das Büro des CAS von der Polizei wegen „subversiver Tätigkeit" geschlossen wurde. Es bestand also noch ein Dreivierteljahr fort, nachdem Fry am 29. August 1941 durch die Behörden des Vichy-Regimes verhaftet und wenige Tage später aus Frankreich ausgewiesen worden war. Obwohl Fry die zentrale Persönlichkeit und treibende Kraft des CAS war, waren seine Mitarbeiter doch so gut eingearbeitet, daß sie etwa neun Monate lang auch ohne seine Anleitung weiterarbeiten konnten. Die Aufgabe des ERC bzw. des CAS bestand in der schon erwähnten Hilfe für gefährdete Personen: Sie mit Geld zu versorgen, mit erforderlichen (notfalls auch gefälschten) Papieren auszustatten, ihnen die Ausreise aus Frankreich und den Transit durch Spanien und Portugal zu ermöglichen und durch die ERC-Zentrale „affidavits" und Visa, in der Regel Sonder- oder Notvisa (Special Emergency Visitors' Visa) zu besorgen.[27] Die Verbindung zwischen der ERC-Zentrale in New York und Varian Fry in Marseille erfolgte über offizielle telegraphische Kanäle, über die das CAS Namen und Daten von solchen Personen in die USA funkte, für die Notvisa beantragt werden sollten. Geheime Informationen, die den französischen und mitunter auch anderen Behörden

---

24 BHE I, S. 720, 221, 280f.
25 Walter: Exilliteratur 3: Internierung, S. 318, 324f. – Wyman: Paper Walls, S. 132.
26 Die folgende Darstellung der ERC-Arbeit in Frankreich und des CAS beschränkt sich auf das Notwendigste. Verwiesen sei auf die Darstellung von Elfe (in: Spalek/Strelka, S. 290–293) und die ausführliche Darstellung von Walter: Exilliteratur 3: Internierung, S. 318–342 und 358–372.
27 Elfe, in: Spalek/Strelka, S. 215.

verborgen bleiben sollten, wurden auf anderen Wegen übermittelt: durch präparierte Zahnpastatuben, in die Zettel mit Nachrichten versteckt worden waren und die man über Kuriere oder durch Flüchtlinge selbst an Mittelspersonen in Lissabon weiterleitete, von wo dann ihr Inhalt an das ERC nach New York telegraphiert wurde. Auch der Geldverkehr scheint über derartige Wege, jedenfalls nicht über offizielle Verbindungen gelaufen zu sein. Im wesentlichen dürfte Fry seine Arbeit mit den Barmitteln finanziert haben, die er in Taschen und Gepäckstücken selbst nach Frankreich eingeführt hatte.

Zum Schutz gegen Angriffe in der Öffentlichkeit und gegen Übergriffe von seiten der Bürokratie des Vichy-Regimes rief Fry ein „Comité de Patronage" für das CAS ins Leben, dem namhafte Persönlichkeiten aus Kultur und Geistesleben in Frankreich angehörten: André Gide, Jean Giraudoux, Aristide Maillol, Henri Matisse und andere. Durch seine zunächst zufällige Zusammenarbeit mit anderen Hilfsorganisationen – JDC, HIAS/HICEM, „German Labor Delegation", Unitariern, dem Büro Frank Bohns und anderen Komitees – verwischte sich auch die ursprüngliche intellektuelle Klientel des CAS. Neben Schriftstellern, Künstlern, Wissenschaftlern und Publizisten betreute das CAS bald auch exilierte Politiker, Partei- und Gewerkschaftsfunktionäre und andere Personengruppen. Das CAS sprach sich in Emigrantenkreisen in Marseille rasch herum, so daß Fry nicht lange auf Bittsteller zu warten brauchte. In der Regel wurden die Hilfesuchenden von Fry und seinen Mitarbeitern ausführlich befragt, um ungerechtfertigte Hilfegesuche auszusortieren oder gar Schnüffeleien von Agenten zu verhindern. Abends wurden in einer Konferenz die Fälle besprochen und nach Gesichtspunkten ihrer Gefährdung und der Dringlichkeit ihrer Unterstützung sortiert. Als (legale) Hilfsmaßnahmen kamen in Frage: finanzielle Hilfen (allowance), Geldanleihen (loan), die Beschaffung eines Visums (visa application) über das ERC in New York. Wo diese Maßnahmen nicht ausreichten, mußten illegale Hilfen einsetzen: beim Untertauchen (hiding) und bei der illegalen Flucht aus Frankreich. Die Zahlenangaben für die Personen, denen vom CAS eine Unterstützung gewährt wurde, schwanken erheblich, zumal auch der Begriff der Unterstützung nicht exakt zu umgrenzen ist. Er reicht von der unverbindlichen Beratung bis zur aktiven illegalen Fluchthilfe. Im Mai 1941 konnten Fry und seine Mitarbeiter auf ein beträchtliches Arbeitspensum zurückblicken. Sie hatten in acht Monaten 15000 Anfragen beantwortet, in etwa 1 800 Fällen materielle Hilfen gewährt und rund 1 000 Personen zur Flucht verholfen. In einer Broschüre von Ende Juli 1941 wurde die Zahl der Geretteten davon abweichend mit 600 angegeben, die der sonstwie Unterstützten mit 3 500; eine undatierte „Liste Complète des Clients du Centre Américain de Secours. 2e liste par ordre alphabétique" führt knapp 2 000 Personen namentlich an, ohne die individuellen Hilfsmaßnahmen im einzelnen zu spezifizieren. Diese Liste nimmt sich aus wie ein „Who is who?" der deutschsprachigen Literatur und umfaßt auch Namen von Schriftstellern, Künstlern, Publizisten und Politikern aus Frankreich, Spanien, Italien und vielen anderen Ländern.[28]

Varian Fry wurde, wie schon angedeutet, Ende August 1941 verhaftet und kurz darauf

---

28 Walter: Exilliteratur 3: Internierung, S. 326. – Bénédite, S. 53. – Fry, S. 53, 222f. – Elfe: Nachwort zu Fry, S. 294. – Elfe, in: Spalek/Strelka, S. 217f.

ausgewiesen. Die amerikanische Botschaft in Vichy leistete ihm keinen Beistand, vielmehr hatte sie schon seit längerem sein Wirken mit größtem Mißtrauen beobachtet. Er setzte sich zunächst nach Lissabon ab, um die künftige Arbeit des CAS zu organisieren. Als er Anfang November 1941 mit dem Flugzeug endgültig in die USA zurückkehrte, hinterließ er im Lissaboner Büro der Unitarier Max Diamant und Fritz Heine, die er von Frank Bohn übernommen hatte. Beide betreuten Emigranten, die sich nach Übersee einschiffen wollten. Das CAS arbeitete unter französischer Leitung bis zum Sommer 1942 weiter. Zu dieser Zeit existierte das ERC in seiner alten Form nicht mehr: Es hatte sich im März 1942 mit der „International Relief Association zum „International Rescue and Relief Committee" zusammengeschlossen.[29]

Für Fry selbst ging damit eine ereignisreiche, teilweise auch dramatische Episode zu Ende, die er nachträglich als Höhepunkt seines Lebens betrachtete. In der Rolle als Lebensretter hatte er alle seine Fähigkeiten zu vollem Einsatz bringen können und dabei wohl auch eine beispiellose Form menschlicher Solidarität und Dankbarkeit von seiten seiner Mitarbeiter wie seiner Schützlinge erlebt. Wie sehr er an seiner arbeitsreichen Aufgabe in Marseille hing, zeigt die Tatsache, daß er sich als Andenken aus Frankreich einen jungen Hund namens Clovis mitnahm, der ihm während der Rückreise manche Unannehmlichkeiten bereitete. Nach seiner Rückkehr scheint Fry beruflich nie wieder Fuß gefaßt zu haben. Er fristete sein weiteres Dasein als Journalist für bedeutungslose Blätter, als Verbandsfunktionär und Latein-Lehrer – Tätigkeiten, die einem Angehörigen einer wohlhabenden Neuengland-Familie mit Harvard-Studium und vielseitigen Beziehungen kaum angemessen gewesen sein dürfte. Er starb 1967 im Alter von sechzig Jahren. Die kurze, aber erfolgreiche Zeitspanne seines Wirkens rechtfertigt es aber, seinen Namen der Nachwelt zu erhalten.[30]

Operationszentrum Lissabon

Die weitere Darstellung muß von der geographischen Anordnung der Fluchtroute abgehen. Die Aktivitäten der Hilfskomitees in Spanien sind nicht vor Kenntnisnahme ihrer Arbeit in Portugal zu verstehen. Lissabon war seit 1933 Zentrum von Hilfsaktivitäten, während in Spanien der 1936 ausbrechende Bürgerkrieg sowohl den Transit durch das Land als auch jede Arbeit für Flüchtlinge und Emigranten verhinderte. Allerdings muß eingeschränkt werden, daß Lissabon vor 1940 nur in sehr eingeschränktem Maße von Bedeutung war, da Zahl und Umfang der Emigranten, die sich als Transitäre oder auf Dauer dort niedergelassen hatten, gering war und andere Länder – vor allem Frankreich – die günstigeren Arbeitsbedingungen boten. In Lissabon existierte das jüdische Hilfskomitee, das sich zunächst auf rein karitative Aufgaben beschränkte. Erst mit der wachsenden

---

29 Elfe, in: Spalek/Strelka, S. 217. – Vgl. Hans Sahl: Memoiren eines Moralisten, Darmstadt – Neuwied: Luchterhand, 1985, S. 256f.
30 Schreiben Varian Frys vom 28. und 31. 10. 1941 an Daniel Bénédite; PA AA: Depositum Bénédite 1.

Bedeutung Portugals nach der französischen Niederlage traten stärker politische Aufgaben in den Vordergrund.[31]

Über die Einzelheiten der Arbeit der „Commissâo Portuguesa de Assistencia aos Judeus Refugiados em Portugal" („Commassis") berichtete ihr Vorsitzender Augusto d'Esaguy anläßlich eines Festessens, das das JDC ihm zu Ehren im Juni 1941 gab. Vor dem Fall Frankreichs, so d'Esaguy, habe das Monatsbudget der „Commassis" 400 US betragen. Die Zahl der zu betreuenden Flüchtlinge sei so gering gewesen, daß man jeden einzelnen Fall in Ruhe habe studieren können. Viele Emigranten habe man beruflich in Hochschulen und anderwärts unterbringen können. Nach dem Fall Frankreichs habe man das Monatsbudget um das 25fache auf 10000 US anheben müssen, wozu viele Gelder aus aller Welt angefordert werden mußten.[32] Es bleibt nachzutragen, daß die meisten Gelder für die „Commassis" vom JDC stammten, als dessen portugiesische Sektion sich das Komitee verstand. Aus anderen Papieren gehen Einzelheiten der karitativen Arbeit hervor. Vor dem Fall Frankreichs betrug die Zahl der Flüchtlinge in Portugal weniger als 100, für die laut Jahresbericht 1939 folgende Leistungen erbracht werden mußten: Die „Commassis" besorgte Einreisevisa, Schiffspassagen, Aufenthalts- und Arbeitsgenehmigungen für Portugal selbst sowie für überseeische Länder; mehrere Emigranten mußten medizinisch versorgt werden, in zwei Fällen intervenierte das Komitee bei den Behörden, um Eheschließungen zu ermöglichen, die – vermutlich infolge fehlender Dokumente – auf amtliche Hindernisse gestoßen waren.[33] Mit dem Anstieg der Flüchtlingszahlen, die im August 1940 mit etwa 11000 allein in Lissabon einen vorläufigen Höhepunkt erreichten, änderte sich auch der Charakter der Flüchtlingshilfe.[34]

Die Arbeit des JDC in Lissabon wurde vorübergehend bestimmt durch eine gewisse Zweigleisigkeit. Wegen des Zusammenbruchs Frankreichs hatte, wie bereits erwähnt, die dortige JDC-Vertretung ihren Sitz nach Portugal verlegt. Ab Juni 1940 vertrat der Amerikaner Morris C. Troper mit seinem Mitarbeiterstab die New Yorker JDC-Zentrale; ihr Arbeitsgebiet umfaßte diplomatische und politische Aufgaben, Visa-Beschaffung und Schiffspassagen. Die praktische karitative Arbeit wurde dagegen von der „Commassis" unter Augusto d'Esaguy geleistet. Eine Unterbrechung dieser Arbeitsteilung erfolgte jedoch im Dezember 1941, nachdem die USA in den Zweiten Weltkrieg eingetreten waren. Nur wenige Tage nach diesem Ereignis riefen die amerikanischen Behörden alle ihre in Europa sich aufhaltenden Staatsbürger zurück. Auch die JDC-Zentrale kabelte eine entsprechende Aufforderung an ihre Mitarbeiter in Lissabon. Die „Commassis" wurde aufgelöst, neben einigen amerikanischen Mitarbeitern fuhr auch ihr Vorsitzender Augusto d'Esaguy, obwohl als Portugiese nicht unmittelbar angesprochen, nach Nordamerika. Die Jüdische Gemeinde von Lissabon übernahm daraufhin die Flüchtlingsarbeit, wofür ihr die

---

31 Vgl. S. 125ff.
32 „Address delivered by Dr. Augusto d'Esaguy, Chairman of the Commassis, at the Luncheon of the AJJDC on Wednesday, June 4, 1941"; JDC: Portugal 896.
33 Commassis an JDC/New York: „Survey for 1939", 22. 12. 1939; Morris C. Troper/JDC vom 4. 11. 1940 an die JDC-Zentrale in New York; ebd.
34 „Resume of JDC Operations on behalf of Refugees in Portugal", 26. 11. 1940; ebd. – „Lisbon's Refugees now put at 8,000", in: New York Times 15. 12. 40. – Vgl. S. 152.

Büros, Möbel, Konten und andere Werte überlassen wurden. Personell mochte dies keine wesentliche Änderung bedeuten. Der Vorsitzende der Gemeinde, Professor Amzalak, war zugleich Ehrenpräsident der „Commassis" gewesen, und auch die mit der Arbeit betrauten Mitarbeiter waren weitgehend dieselben. Aber es handelte sich hier um verschiedene Rechtspersonen, wobei die Gemeinde als Religionsgemeinschaft nach portugiesischem Recht einen größeren Handlungsspielraum besaß als das amerikanische JDC.[35] Die Gemeinde setzte diese Arbeit fort, beschränkte jedoch ihren Wirkungskreis weitgehend auf die Hauptstadt.

Aber auch die JDC-Arbeit setzte nach einiger Zeit wieder ein. Zunächst hatte es danach ausgesehen, daß die Organisation ihre Tätigkeit in Europa bis auf die Abwicklung verbliebener Angelegenheiten ganz einstellen werde. Jüdische Gemeinden in Amerika, von deren Spenden sie abhängig war, bedrängten in diesem Sinne die New Yorker Zentrale und drückten die Erwartung aus, daß das JDC jetzt, da sich die USA im Kriege befänden, seine überseeischen Aktivitäten einstellte. Verbunden war mit dieser Erwartung einmal eine Fehleinschätzung der Lage in Europa, die gerade einen verstärkten Einsatz des JDC erforderte, zum andern wohl auch die Hoffnung, die lästigen Geldsammlungen vorübergehend einmal einstellen zu können. Die Initiative eines JDC-Mitarbeiters lenkte jedoch die Verbandspolitik in eine andere Richtung. Rabbiner Joseph J. Schwartz, der über eine jahrelange Erfahrung in der JDC-Arbeit verfügte, war in Lissabon geblieben, um einigen hundert Inhabern gültiger amerikanischer Einreisevisa die erforderlichen Schiffspassagen zu besorgen. Recht bald erkannte Schwartz die politische und geographische Bedeutung des Standortes Lissabon, von wo aus man nach Frankreich, Spanien und Nordafrika Beziehungen anknüpfen und in Portugal selbst aktiv sein konnte. Über Vichy-Frankreich gab es sogar Verbindungen mit der Schweiz. Für die Regelung finanzieller Fragen war es von Bedeutung, daß das amerikanische Finanzministerium den Geldtransfer mit Portugal nicht behinderte. So entschied die JDC-Zentrale im Februar 1942, daß Schwartz auf eigenen Wunsch in Lissabon weiterarbeiten sollte. Allein in den Monaten Januar bis Juli 1942 organisierte er acht Schiffstransporte in die Neue Welt, durch die über 4000 jüdische Flüchtlinge in Sicherheit gebracht werden konnten.[36]

Die Probleme des Transports, des Devisentransfers und der Visabeschaffung löste das JDC teilweise gemeinsam mit anderen Hilfsorganisationen sowie mit der amerikanischen Gesandtschaft in Lissabon. Aber es blieben karitative und soziale Aufgaben auch in Portugal selbst übrig, die von der jüdischen Gemeinde, die ja selbst unterstützt werden mußte, nicht bewältigt werden konnten, so etwa die Versorgung der Flüchtlinge mit dem Nötigsten für die Zeit ihres Aufenthaltes in Portugal. Dazu gehörten die Kosten für Unterkunft und Verpflegung, die je nach Notlage voll getragen oder durch Zuschüsse teilweise gedeckt wurden. Anfang 1942 betraf dies etwa 600 Personen. Mit der Abwanderung verringerte sich diese Zahl bis Frühjahr 1944 auf etwa 400, wobei aber als Kostenfaktor die in „residencia fixa" untergebrachten Flüchtlinge zusätzlich ins Gewicht

---

35 Handlin, S. 80. – Schreiben Joseph J. Schwartz' vom 16. 12. 1941 an Prof. Amzalak; JDC: Portugal 896. – Bauer: Jewry, S. 197.
36 Bauer: Jewry, S. 197–199.

fielen. Von besonderer Bedeutung, deren Ausmaß nicht in materiellen Kategorien auszudrücken ist, war die politische Arbeit des JDC-Büros, also der Kontakt zu portugiesischen und alliierten Stellen, zu Konsulaten und Reedereien wegen der Beschaffung von Visa und Schiffspassagen. Gegen Ende des Krieges erlangte die JDC-Vertretung eine Stellung, die beinahe der eines auswärtigen Konsulats nahekam. Seine Fürsprache zugunsten der staatenlosen jüdischen Flüchtlinge war oftmals entscheidend für die Gewährung von Einreisepapieren für Palästina oder für Länder in der Neuen Welt.[37]

Wie die meisten anderen Komitees hatten auch die Unitarier im Juni 1940 ein Büro in Lissabon eröffnet, von dem aus der Europa-Direktor des USC, Charles R. Joy, die Verbindungen mit der Filiale in Marseille aufrechterhielt. Geleitet wurde das Lissaboner Büro von den Eheleuten Elizabeth und Robert C. Dexter, deren Bestreben es war, mit anderen Komitees engstens zusammenzuarbeiten und organisatorische Eigenbrötelei aus praktischen Gründen möglichst zu vermeiden. Wir hatten bereits im Frankreich-Kapitel erkennen können, in welchem Umfang das „Unitarian Service Committee" die Mitarbeiter des aus Marseille ausgewiesenen Varian Fry als eigene Mitarbeiter aufnahm und ihnen die Abwicklung ihrer Aktionen gestattete. Dabei trat das „Emergency Rescue Committee" nach außen gar nicht in Erscheinung, um die portugiesischen Behörden und wohl auch ausländische Geheimdienste nicht auf seine Aktivitäten aufmerksam zu machen.[38]

Die Arbeit der Hilfskomitees wurde in starkem Maße vom persönlichen Engagement und dem Arbeitsstil ihrer wichtigsten Mitarbeiter bestimmt. Es gab Organisationen, die sich streng legalistisch verhielten und jede Aktivität außerhalb der Gesetze oder auch der bestehenden Konventionen ablehnten, wogegen andere auch Mittel einzusetzen bereit waren, die sich in einer Grauzone von Halblegalität und Scheinlegalität bewegten. Zu diesen gehörten auch die Unitarier, wie dies ihre enge Zusammenarbeit mit Varian Fry gezeigt hat. So unterstützten sie auch eine Aktion, mit der etwa 200 inhaftierte „clandestinos" in Portugal, für die sich die beiden großen jüdischen Organisationen JDC und HICEM aus politischen Gründen nicht zuständig fühlten, wieder befreit und legalisiert wurden. Initiator war der aus polnisch-jüdischer Familie stammende, türkische Staatsbürger Isaac Weissmann, der seine Verbindungen ins besetzte Europa und seine Kontakte zum britischen Geheimdienst für die Flüchtlinge einzusetzen verstand. Auf dieser Grundlage beruhte auch seine Zusammenarbeit mit den Unitariern. Weissmann wurde inoffizieller Verbindungsmann der „Jewish Agency" und des „Jüdischen Weltkongresses" (World Jewish Congress, WJC) und bemühte sich in dieser Funktion später um die Weiterwanderung jüdischer Flüchtlinge nach Palästina.[39] – Um die Jahreswende 1941/42 erfaßte der vorübergehende Abbau der amerikanischen Hilfsorganisationen auch die Unitarier. Robert C. Dexter, der schon nach Boston zurückgekehrt war, wandte sich an

---

37 „Portugal: Comunidade Israelita de Lisboa", 8.1.1942; Bericht des JDC-Büros vom 18.5.1944 an die JDC-Zentrale/New York; Schreiben Robert Pilpels/JDC vom 19.12.1944 an die JDC-Zentrale/New York; JDC: Portugal 896. – Ysart, S. 55.
38 Schreiben Varian Frys vom 15. und 20.10.1941 an Daniel Bénédite; AdsD: Depositum Daniel Bénédite.
39 Bauer: Jewry, S. 213f.

Varian Fry wegen der Abberufung auch der ERC-Vertreter.[40] Kurz darauf verließen auch Frys Helfer Europa, als letzter Max Diamant in Richtung Mexiko. Die in Frankreich verbliebenen Mitarbeiter waren gezwungen, sich in den Untergrund zurückzuziehen. Das USC brach jedoch seine Arbeit von Lissabon aus nicht vollständig ab und weitete sie, ähnlich wie die anderen Hilfsorganisationen, ein Jahr später sogar auf Spanien aus.

Die Rolle der HICEM blieb während des ganzen Krieges mehr eine technische und bewegte sich im Hintergrunde. Unter den in Portugal und auch in Spanien *politisch* agierenden Hilfskomitees war sie nicht vertreten. Bei Verhandlungen mit Regierungsstellen oder mit konsularischen und diplomatischen Missionen der USA tauchten durchweg nur JDC, Unitarier und Quäker auf. Soweit erkennbar, konzentrierte sich die Arbeit der HICEM auf Beratung, auf finanzielle und materielle Unterstützung und auf die Frage des Transports. Die HICEM unterhielt seit dem 26. Juni 1940 in Lissabon ihr Büro in der Rua Fonseca 49, das von dem Amerikaner James Bernstein geleitet wurde. Mitarbeiter war der Franzose Raphael Spanien, der zwischen Nordafrika und Madrid hin- und herpendelte und ab 1943 für die Organisation auch in Spanien tätig wurde. In einem Arbeitsbericht für die Zeit vom 1. Juli 1940 bis zum 18. Dezember 1941, also für fast anderthalb Jahre, resümierte die Organisation, daß sie (überall, nicht nur in Portugal) über 50 000 Menschen beraten und 10 000 effektiv unterstützt habe. Wegen des geringen Schiffsraumes, der zur Verfügung stand, habe die Organisation aber nur etwa 2 800 nach Übersee schaffen können.[41]

Korrespondenzen von Flüchtlingen aus Lissabon illustrieren recht anschaulich die Arbeit der HICEM und die Probleme, die sich dabei ergaben. Emigranten, denen beispielsweise Varian Fry in Marseille eine Ausreise ermöglicht und eine Überfahrt nach Nordamerika verschafft hatte, übergaben dem „Centre Américain de Secours" ihre französische Barschaft, die sie ohnehin nicht hätten ausführen dürfen und die außerhalb des Landes als Zahlungsmittel nicht angenommen wurde. Das CAS finanzierte damit seine Arbeit innerhalb Frankreichs und wies dafür die HICEM, die ja auch von dieser Arbeit profitierte, an, Schiffspassagen zu besorgen und vorzufinanzieren. Rück- und Ausstände infolge ungleicher Kosten wurden dann zwischen den Organisationszentralen in den USA geregelt. Die Emigranten hatten, sofern sie über die Mittel verfügten, nach ihrer Ankunft in Amerika die Auslagen den Hilfsorganisationen zu erstatten. Die große Zahl der Flüchtlinge und der Zeitdruck, unter dem die Probleme abgewickelt werden mußten, lösten manche zusätzlichen Schwierigkeiten aus, die dann wieder Beschwerdebriefe von Emigranten zur Folge hatten. So hatte der Publizist Kurt Wolff dem CAS seine Ersparnisse in Höhe von 50 000 ffrs. ausgehändigt und dafür die Zusage erhalten, er und seine Familie würden dafür Schiffspassagen von Lissabon nach New York auf dem American Export Liner „Exeter" im Wert von 935 US $ erhalten. In Lissabon erklärte ihm nun die HICEM, sie habe nur 625 US $ erhalten und könne ihn nur zu einem späteren

---

40 Schreiben Robert C. Dexters vom 17. 1. 1942 an Varian Fry; DB: Emergency Rescue Committee (EB 73/21)/Marcel Verzeanu.
41 Vgl. Anm. 15 und 32. – „Report of the HIAS/ICA Activities in Lisbon, July 1, 1940–December 18, 1941"; YIVO: 245.4 Series XII Portugal A.

Termin auf dem billigeren und wohl auch unzuverlässigeren portugiesischen Dampfer „Serpa Pinto" reisen lassen. Kurt Wolff fühlte sich um einen Teil seines Geldes geprellt.[42] In anderen Fällen sahen sich Flüchtlinge außerstande, wegen unerwarteter Kosten ihre Schulden bei der HICEM zu begleichen, oder sie ärgerten sich, weil sie mit der Auswahl der Schiffe oder der Abreisetermine nicht einverstanden waren.[43]

Die Arbeit der HICEM war unter Emigranten auch aus anderen Gründen nicht unumstritten. Die Organisation stand in dem Ruf landsmannschaftlicher Parteilichkeit. Man sagte ihr nach, ostjüdische Flüchtlinge – in der Regel in Frankreich ansässige Juden polnischer und russischer Herkunft – zu bevorzugen, worauf sich manche Flüchtlinge aus Deutschland zurückgesetzt fühlten. Empört beschwerte sich der Publizist Hermann Budzislawski von seinem Etappenziel Lissabon aus beim Prinzen zu Löwenstein: „Im ganzen ist die Gruppe der deutschen Refugiés, die doch besonders bedroht ist, überall benachteiligt. Die meisten amerikanischen Visa haben die Russen bekommen. Sie können regulär aus Frankreich ausreisen, sie bekommen ihre visas de sortie – und sie haben das Glück, Gepäck mitbringen zu können. Wir aber, die wir lange in Lagern gesessen haben, sind ohne irgendetwas über die Grenze gegangen. Wir haben kein Hemd zum Wechseln, keinen Mantel, nichts. Und wenn wir in Lissabon ankommen, so gibt es neue Schwierigkeiten. Für die Russen wird die Passage sofort bezahlt; sie stehen auf Listen, die hier bei der HICEM deponiert sind, und für ihren Unterhalt wird gesorgt".[44] – Wie weit der Vorwurf der Einseitigkeit berechtigt war, ist anhand der verfügbaren Quellen nicht zu übersehen. Es muß jedoch auch festgestellt werden, daß die Arbeit der HICEM ungeachtet ihrer Präferenzen allen Flüchtlingen, auch nicht-jüdischen, zugute kam, indem die im Rahmen der Arbeitsteilung von ihr organisierten Schiffspassagen von allen bedrohten Personen in Anspruch genommen wurden.

Die letzte der wichtigen Hilfsorganisationen, die sich in Lissabon niederließen, waren die amerikanischen Quäker. Nach der Auslösung ihrer Vertretung in Südfrankreich durch das Vichy-Regime und der Internierung ihrer Vertreter in Baden-Baden hatten sie sich zunächst aus Europa zurückgezogen bzw. ihre Aktivitäten nicht weiter fortgesetzt. Daß sie dennoch wieder in die Alte Welt zurückkehrten und in Lissabon eine Vertretung eröffneten, geschah auf Drängen anderer Hilfsorganisationen. Sowohl die Vertreter der beiden großen jüdischen Verbände als auch die Unitarier hatten im Sommer 1940 den Eindruck gewonnen, daß die diplomatischen und konsularischen US-Missionen in Europa, vor allem in Portugal, mit Antisemiten durchsetzt seien, die die Visa-Erteilung an jüdische Flüchtlinge systematisch hintertrieben. Wie wir an der Einwanderungspolitik der USA und an den Machenschaften des hierfür verantwortlichen Unterstaatssekretärs Breckinridge Long erkennen können, war dieser Verdacht nicht unbegründet. Daher traten sie im Winter 1940/41 mit dem Quäkerhilfswerk „American Friends' Service

---

42 Schreiben Kurt Wolffs vom 25. 4. 1941; DB: Emergency Rescue Committee (EB 73/21)/Kurt Wolff.
43 Schreiben Carl Mischs vom 22. 12. 1940 sowie Willi Schlamms vom 10. 10. 40 an das ERC/New York; ebda., Carl Misch bzw. Friedrich Torberg.
44 Schreiben Hermann Budzislawskis vom 21. 9. 1940 an Hubertus Prinz zu Löwenstein; DB: American Guild for German Cultural Freedom (EB 70/117).

Committee" in Verbindung und gewannen dieses für eine Mitarbeit in der Flüchtlingshilfe. Zum einen glaubte man, daß die Anwesenheit eines nicht-jüdischen Verbandes die Stellung aller Hilfsorganisationen stärken würde. Wahrscheinlich spielte auch der Gedanke einer sinnvollen Aufgabenteilung eine gewisse Rolle, indem man die getauften oder konfessionslosen Flüchtlinge, für die sich die jüdischen Komitees nicht zuständig fühlten, einer erfahrenen und renommierten Organisation anvertrauen wollte. Die amerikanischen Quäker entsandten daraufhin eine Vertreterin nach Lissabon, die zwischen Februar und April 1941 die Arbeitsbedingungen studierte und die Eröffnung eines Quäkerbüros vorbereitete. Dieses wurde im Mai 1941 eröffnet. Leiter wurde Philipp A. Conard, der vorher jahrelang den YMCA in Lateinamerika vertreten hatte und daher mit Ländern iberischer Kultur vertraut war. Die Geschicklichkeit Conards und möglicherweise auch das hohe Ansehen der Quäker trugen dazu bei, daß sich das Verhältnis zu den US-Missionen rasch besserte und die Bereitschaft ihrer Mitarbeiter zur Hilfe und Zusammenarbeit steigerte.[45]

In der Folgezeit entwickelte sich eine nicht immer spannungsfreie, aber insgesamt fruchtbare Zusammenarbeit der genannten Organisationen, wobei vor allem JDC, USC und AFSC eine Art Arbeitstroika bildeten.[46] In Portugal selbst liefen die Aktivitäten aller dieser Büros weitgehend parallel, d. h. sie leisteten gleiche oder ähnliche Arbeit für teilweise unterschiedliche Personenkreise. Die gemeinsamen Aktionen der drei Komitees erstreckten sich im wesentlichen auf Hilfsaktivitäten in Spanien, die von Portugal aus organisiert und geleitet wurden. Wir werden sie im Zusammenhang mit der Fluchthilfe in Spanien näher kennen lernen. Dennoch gab es auch gelegentliche gemeinsame oder wenigstens abgestimmte Interventionen bei der portugiesischen Regierung. Aus politischen Gründen erfolgten diese Interventionen nicht direkt, sondern über die US-Regierung. So wandten sich im Februar 1944 AFSC und USC wegen der Lage der Flüchtlinge in Portugal an das amerikanische Außenministerium. Ob sich das JDC daran beteiligte, geht aus den Quellen nicht hervor, ist aber angesichts der engen Verquickung der Arbeit und der Interessenlage aller drei Organisationen zu vermuten. Eine Teilnahme der HICEM an dieser Demarche ist nicht nachweisbar und auch nicht wahrscheinlich. Sie beteiligte sich an politischen Aufgaben in der Regel nicht und beschränkte ihre Arbeit weitgehend auf Transportfragen und auf die finanzielle Unterstützung der Flüchtlingsarbeit.

In zeitlich abgestimmten Briefen richteten die USC- und AFSC-Vertreter folgende Forderungen an die amerikanische Gesandtschaft in Lissabon mit der Bitte um Hilfe in folgenden Angelegenheiten. Sie möge auf die portugiesische Regierung einwirken, die Erteilung von Transitvisa für Emigranten in Spanien zu erleichtern und Rettungsaktionen zugunsten von Kindern nicht zu behindern. Illegal eingewanderte Flüchtlinge sollten legalisiert werden, die Erteilung von Arbeitserlaubnissen an Emigranten erleichtert werden. Zusätzlich forderte das USC, daß Portugal auch die Einreise von osteuropäischen Juden genehmigen solle, gegen die sich das Land bisher gesperrt hatte. Die Quäker wiederum verlangten, daß polizeiliche Übergriffe und Brutalitäten gegen inhaftierte

---

45 Wyman: Paper Walls, S. 162, 164–16, 167.
46 Rev. Harry Smith Leiper: „Lisbon, Oasis in Chaos", in: The Living Church (Milwaukee) 30. 8. 1942.

Emigranten unterblieben. An die US-Regierung appellierten beide Organisationen, mehr Schiffsraum für die beschleunigte Weiterreise zur Verfügung zu stellen und die Einreise in die USA zu erleichtern.[47] Welche Folgerungen in der US-Administration aus dieser Demarche gezogen, wie sie dann gegenüber der Lissaboner Regierung umgesetzt wurden und welche Reaktionen sie auf portugiesischer Seite auslösten, ist im vorliegenden Falle nur schwer abzuschätzen. In der Regel zeigte sich das Salazar-Regime kooperationswillig und versperrte sich den Interventionen auswärtiger Regierungen zugunsten der Flüchtlinge nicht.

Ein letzter Gedanke sei den Bedingungen gewidmet, unter denen die Hilfsorganisationen im Operationszentrum Lissabon bis zu ihrer Auflösung im Zeitraum 1945/46 arbeiten mußten. Gewiß, Portugal war eine Diktatur. So warnte Varian Fry seine Mitarbeiter, daß die portugiesische Polizei zwar nicht die Post zensiere, wohl aber die Telephone abhöre. Und einige seiner Schützlinge seien – wie er es mit deutschen Worten ausdrückte – „spurlos versenkt",[48] woran aber bis auf den Fall Berthold Jacobs Zweifel angebracht sind. Aber die Kontakte wurden nicht behindert, die Mitarbeiter der Komitees nicht schikaniert. Trotz eines gewissen nationalsozialistischen Einflusses auf Geheimpolizei und andere Behörden verfolgte das Regime eine pragmatische Politik, die um so flexibler und großzügiger wurde, je mehr sich die deutsche Niederlage abzeichnete. Als das im Januar 1943 in Washington gegründete „War Refugee Board" (WRB) sich bei der Regierung in Lissabon um die Einreiseerlaubnis für einen gefährdeten Personenkreis bemühte, durften alle von ihm benannten Personen sofort einreisen[49] – eine Großzügigkeit, die vorher nicht selbstverständlich gewesen wäre.

Flüchtlingshilfe in Spanien

Ungleich schwieriger war die Flüchtlingshilfe in Spanien, das sich den Fremden verschlossener zeigte und dessen politischer Kurs das Land lange Zeit unberechenbar machte. Seine Neutralität war oder schien zweifelhaft, und es wurde Ausländern außerordentlich schwer gemacht, sich im Lande zu bewegen. So setzte die Arbeit der Hilfskomitees erst relativ spät ein und war in den ersten drei Kriegsjahren starken Behinderungen ausgesetzt. Hilfe unterschiedlicher Art gab es gelegentlich von kirchlicher und privater Seite. Sowohl die Apostolische Nuntiatur als auch die spanische Amtskirche setzten sich auf Bitten von Flüchtlingen bei Behörden zu ihren Gunsten ein, sei es um „clandestinos" legalisieren zu lassen oder um für sie Transitvisa zu erlangen. Der Erfolg war unterschiedlich, wofür zwei Beispiele stehen sollen. So wandte sich im August 1940 ein Emigrant von Mailand aus an die Apostolische Nuntiatur in Madrid mit der Bitte um Hilfe beim Erwerb eines

---

47 Schreiben des USC vom 14. 2. 1944 an Edward S. Crocker/US Legation sowie Schreiben des AFSC an denselben (undatierter Durchschlag); YIVO: 245.4 Series XII Portugal B 59.
48 Schreiben Varian Frys vom 22. 10. 1941 an Daniel Bénédite; AdsD: Depositum Daniel Bénédite.
49 Wyman: Paper Walls, S. 227.

spanischen Transitvisums. Sein Schiff solle in vier Wochen von Barcelona aus in See stechen, und er fürchte, daß der reguläre Behördengang hierfür zu langsam sei. Zwölf Tage später erwiderte der Nuntius, Monsignore Gaetano Cicognani, daß die Dirección General de Seguridad das spanische Konsulat in Mailand mit der raschen Ausstellung eines Transitvisums beauftragt habe. Auch später erwies sich der spätere Kardinal Cicognani als außerordentlich hilfreicher Fürsprecher der Flüchtlinge gegenüber der spanischen Regierung wie auch gegenüber der amerikanischen Botschaft. Andererseits nützte das Empfehlungsschreiben des Erzbischofs von Zaragoza, das den Behörden die Legalisierung der Eheleute Rudolph und Senta Bachner empfahl, wenig. Die beiden wurden schließlich von der Geheimpolizei aufgegriffen und interniert.[50] – Bevor die amerikanischen Hilfsorganisationen, die Botschaften der Alliierten, das Spanische Rote Kreuz, das Falange-Hilfswerk „Auxilio Social" und andere Stellen in Spanien aktiv wurden oder werden durften, lastete die Verantwortung auch auf Privatpersonen. Im Rahmen der Hilfsaktionen für internierte Flüchtlinge trat auch der schon genannte, in Barcelona ansässige Kaufmann und Jurist Leo Stern hervor, der durch Fürsprache bei spanischen Behörden, durch Geld- und Sachspenden sowie Nahrungsmittel vielen Emigranten helfen konnte.[51]

Die organisierte Flüchtlingshilfe in Spanien begann in Ansätzen eher privater Natur, die langsam zu einem Geflecht zusammenwuchsen, aus dem dann wiederum komplexere Strukturen erwuchsen. Der Grund hierfür lag darin, daß die spanischen Behörden anfangs die Anwesenheit von Vertretern ausländischer Hilfskomitees nicht wünschten und beispielsweise erst im Juli 1941 dem Vertreter der Quäker in Portugal, Philipp Conard, die Einreise für einen kurzen Besuch gestatteten. Mißtrauen gegen politisch unkalkulierbare Kreise des Auslandes und Vorbehalte gegen andersgläubige, nicht-katholische Vereinigungen waren aus der Sicht des Franco-Regimes die entscheidenden Motive für diese Haltung. So konnten von ausländischer Seite vorerst keine anderen als private Initiativen ergriffen werden. Eine ging von zwei beherzten Diplomatenfrauen aus, die im Rahmen des Spanien-Kapitels bereits vorgestellt wurden: die Botschaftergattin Virginia Weddell und die Ehefrau des Militärattachés, Dorsey Stephens. Sie sammelten in Kreisen der kleinen amerikanischen Kolonie in Spanien Geld und Sachspenden und erhielten auch Zuwendungen von Freunden in der Heimat, die sie dann in privatem Rahmen unter den Emigranten verteilen ließen. Durch Flüchtlinge erfuhren dann auch die amerikanischen Hilfskomitees von dieser Möglichkeit, in Spanien zu wirken, und nahmen Kontakt zu den beiden Damen auf. Das JDC übersandte ihnen kleinere Geldsummen zur Verteilung unter besonders bedürftige Personen, zunächst 500 US $, bald darauf die doppelte Summe und zum Schluß 1 500 US $ monatlich.[52] Es galt nun, mit einem kleinen Stab von freiwilligen Mitarbeitern, diese knappen Mittel auf möglichst viele bedürftige Empfänger zu verteilen, wobei es den beiden Diplomatenfrauen nicht immer möglich war, die korreke Durchfüh-

---

50 Schreiben Felix Loebs vom 4. 8. 1940 an die Apostolische Nuntiatur in Madrid und Antwort vom 16. 8. 1940; LBI: Felix Loeb Collection. – Vgl. Hayes, S. 38. – Bachner, S. 178 ff.
51 Vgl. S. 108.
52 „The Refugee Problem", 21. 4. 1942; JDC: Spain 914. – Bauer: Jewry, S. 49.

rung dieser Aktion zu überwachen. Aus dem Lager Miranda ist bekannt, daß im Herbst 1941 32 Gefangene monatlich je 100 Peseten erhielten, was von den Empfängern als ausgesprochen schäbige Summe empfunden wurde.[53] Jedoch sollten hierbei auch die begrenzten Mittel und die Schwierigkeiten bei der Zuteilung in Rechnung gestellt werden.

Diese im Umfang kleine Hilfe für Flüchtlinge setzte Ende 1940 ein und wurde im Frühjahr/Sommer 1942 eingestellt. Mit der Abberufung ihres Mannes aus Madrid verließ Virginia Weddell im Herbst 1941 ihren Wirkungskreis, der dann zunächst von Dorsey Stephens allein betreut wurde. Mit der Rückberufung vieler ziviler Amerikaner aus Europa im Winter 1941/42 verlor sie zudem manche freiwillige Mitarbeiter. Auch die amtlichen spanischen Stellen beobachteten diese Aktivitäten mit Mißtrauen und verboten schließlich den spanischen Angestellten der US-Botschaft jede Mitwirkung an der Sozialarbeit. Schließlich setzte der neue, seit Mai 1942 in Madrid amtierende US-Botschafter Carlton J. H. Hayes der Flüchtlingsarbeit seiner Mitarbeiter und ihrer Ehefrauen ein Ende. Er untersagte ihnen diese Arbeit, wobei er sich auf angebliche Weisungen aus Washington berief. Zwar übernahm dann bald darauf seine eigene Frau das Patronat über eine neue, aber doch sehr eingeschränkte Hilfe für Flüchtlinge, die sich im wesentlichen auf reine Wohltätigkeit beschränkte und jeden offiziellen oder offiziösen Kontakt mit spanischen Stellen oder den Hilfsorganisationen vermied.[54] Die tatsächlichen Gründe für diesen Kurswechsel der US-Botschaft hatten mehrere Wurzeln. Sicherlich lag ihr die Interpretation seines diplomatischen Auftrages durch Botschafter Hayes zugrunde, der jede Annäherung Spaniens an Deutschland verhindern und möglichst die kriegswichtigen Wolframlieferungen für die deutsche Rüstung reduzieren oder gar verhindern sollte. In diesem Bemühen stellte das Flüchtlingsproblem eine Frage von zweitrangiger Bedeutung dar, deretwegen Hayes die Spanier nicht unnötig verärgern wollte. Andererseits warfen ihm die jüdischen Hilfsorganisationen eine emigrantenfeindliche Einstellung vor, was seine Frau in Gesprächen ausdrücklich bestätigt haben soll.[55]

Spanische Hindernisse und mangelnde Unterstützung durch die amerikanische Botschaft waren denn auch die Gründe, deretwegen die in Lissabon arbeitenden Hilfskomitees zunächst keine Büros in Spanien eröffnen konnten. Und daher waren es auch keine US-Bürger, die es unternahmen, diese Hindernisse zu umgehen. Die größte und wichtigste der hier vorgestellten Hilfsorganisationen, das JDC, scheint auch die erste gewesen zu sein, die auf eher informelle Weise in Spanien Fuß faßte. Ein von der Israelitischen Kultusgemeinde Wien 1940 nach Barcelona entsandter Vertreter übernahm dort die Aufgabe, die in Spanien anlangenden Flüchtlinge sowie auch die in Miranda internierten Häftlinge zu betreuen und mit Geldern und anderen Mitteln zu unterstützen. Um diese Persönlichkeit ranken sich manche Spekulationen, die niemals geklärt worden sind. Der Name wird mit Fred Max Oberländer angegeben, wobei es sich um einen Österreicher

---

[53] Schreiben Elisabeth Rubins vom 7. 11. 1941 an Leo Stern; LBI: Collection Leo Stern.
[54] Lois Jessup: „Memorandum on Relief Work in Spain"; LBI: Konzentrationslager Frankreich (B 24/8). – Vgl. Hayes, S. 112.
[55] Hayes, S. 16. – Feingold, S. 208. – Wyman: Abandonment, S. 124f. – Lois Jessup: „Memorandum..." (Anm. 54).

oder Deutschen nicht-jüdischer Herkunft gehandelt haben soll. Oberländer mußte im September 1941 seine Tätigkeit einstellen. An seine Stelle trat der junge portugiesische Arzt Samuel Sequerra, Mitglied der Jüdischen Gemeinde in Lissabon. Wie es scheint, stand er in enger Beziehung zum Portugiesischen Roten Kreuz, so daß er formell als dessen Vertreter und nicht als JDC-Mitarbeiter nach Spanien einreisen durfte. Sequerra richtete in Barcelona im Hotel „Bristol" ein Büro ein und beschäftigte bald einen umfangreichen Mitarbeiterstab. Da Juden ab Oktober 1941 aus Deutschland nicht mehr legal ausreisen durften, verlegte Sequerra den Schwerpunkt seiner Arbeit auf die „clandestinos" und besonders auf die internierten Flüchtlinge. Die zunächst knappen finanziellen Mittel wurden so aufgestockt, daß das JDC im August 1943 ca. 1 500 Flüchtlinge in Spanien mit je 650 Peseten unterstützen konnte. – Neben dieser Vertretung in Barcelona gab es noch eine weitere, allerdings sehr provisorische Anlaufstelle in Madrid. Ein junger Flüchtling aus Frankreich, Moises Eisen, hatte eine Anstellung als Portier in einem Hotel gefunden, in dem auch zahlreiche Emigranten auf der Durchreise logierten, und fungierte als Kontaktmann des JDC, über den dann Gelder des Hilfskomitees verteilt wurden. Seine Arbeit wurde entbehrlich, als die Hilfsorganisationen dann im Frühjahr 1943 in Madrid eine gemeinsame Vertretung einrichteten.[56]

Diese Vertretung war Merkmal und Ausdruck einer veränderten Politik gegenüber den Flüchtlingen, sowohl von spanischer als auch von britisch-amerikanischer Seite, wie sie im Rahmen des Spanien-Kapitels schon angedeutet wurde. Franco nahm die deutsche Niederlage von Stalingrad zum Anlaß für eine vorsichtige Kurskorrektur, die mit einer geschickten Absetzbewegung fort von den Achsenmächten und einer Hinwendung zu den Westalliierten verbunden war. Diese Haltung kam auch den Flüchtlingen zugute. Andererseits griffen auch die Amerikaner dieses Problem stärker auf, nachdem bis dahin die britische Botschaft als einzige Stelle offiziell das Flüchtlingsproblem beachtet hatte. In den USA drängten neben jüdischen Organisationen, Quäkern, Unitariern und anderen auch das dortige Rote Kreuz und die Katholische Bischofskonferenz die Regierung, sich der Problematik anzunehmen. Dabei spielte auch die Frage der entlaufenen alliierten Kriegsgefangenen und abgeschossenen Luftwaffensoldaten, die über die Pyrenäen nach Spanien gelangt waren, eine wichtige Rolle, zumal sich in immer stärkerem Maße auch Amerikaner unter ihnen befanden.[57] Wahrscheinlich erhoffte sich Botschafter Hayes auch eine stärkere Kontrolle der bislang illegalen oder informellen, in jedem Falle aber unübersichtlichen Arbeit der amerikanischen Hilfsorganisationen in Spanien. Auf Vorschlag des Botschafters erklärten sich zunächst das JDC und das Quäker-Hilfswerk AFSC bereit, eine gemeinsame Vertretung in Madrid einzurichten. Nach Zustimmung der spanischen Behörden etablierte sich im März 1943 im Hause 20 der Calle Eduardo Dato in Madrid die „Representation in Spain of American Relief Organizations". Geleitet wurde das Büro von dem Ehepaar Janine und David Blickenstaff, die sich schon seit Januar 1943 auf ihre Aufgabe vorbereitet hatten. Sie war als Amerikanerin in Spanien geboren und aufgewachsen. Beide hatten vor ihrem Einsatz in Madrid in Lateinamerika gearbeitet, so

---

56 Bauer: Jewry, S. 49f., 210. – Ysart, S. 53, 55.
57 Hayes, S. 103f., 115.

daß sie über die erforderlichen Sprachkenntnisse und verbandspolitischen Erfahrungen verfügten. Zunächst vertrat die „Representation" nur das JDC und die Quäker, später schlossen sich ihnen auch die Unitarier an. Etwa 75 % der Kosten wurden vom JDC als der größten Organisation getragen. Gegen Ende 1943 beschäftigte die Vertretung achtzehn Mitarbeiter.[58]

Die Aktivitäten der „Representation" entsprachen weitgehend der vorher von den Einzelorganisationen geleisteten Arbeit, nur eben in koordinierter und umfassenderer Form. Die Verteilung von Geldern an mittellose Flüchtlinge sowie an internierte Personen wurde fortgesetzt. Dazu gehörten überdies Mahlzeiten für gefangene Flüchtlinge sowie Ernährung und Unterkünfte für die in „residencia forzada" lebenden Emigranten. Von der JDC-Vertretung in Barcelona, die bald vom „Bristol" in ein geräumigeres Quartier im Paseo de Gracia Nr. 28 zog, wurden überdies die Grenzführer bezahlt, die die Flüchtlinge über die Pyrenäen geleitet hatten. Nicht selten sprangen die Hilfsorganisationen auch für Arzt- und Apothekerkosten ein.[59] Dabei erfolgten diese Hilfsaktivitäten nach wie vor unter schwierigen Umständen. Mangel an Büroräumen und Telephonanschlüssen, Behinderungen durch spanische Dienststellen und eine zögerliche bis widerwillige Rückendeckung durch die amerikanische Botschaft bildeten ungünstige Arbeitsbedingungen. Aber auch die interne Koordinierung der Interessen der an der „Representation" beteiligten Organisationen war schwierig und bot manche Reibungsflächen. Überdies war die HICEM an dem gemeinsamen Madrider Büro nicht beteiligt und beantragte im April 1943 bei den spanischen Behörden die Genehmigung einer eigenen Vertretung.[60] Neben der „Representation" arbeiteten in Barcelona Samuel Sequerra sowie in Madrid Moises Eisen für das JDC, was Überschneidungen der Aktivitäten verursachte und Prioritätenkonflikte in bezug auf die betreuten Personenkreise. Schon Varian Fry hatte sich 1941 über das geärgert, was er an den anderen Hilfsorganisationen als „Sektierertum" betrachtete, und sich eine stärkere Unabhängigkeit seines Komitees von der HICEM gewünscht. Das „Emergency Rescue Committee", als „nonsectarian organization" solle sich stärker lösen von jeder „sectarian organization, whether Jewish or otherwise".[61]

Die Schwierigkeiten wurden von zwei Seiten unabhängig voneinander recht ähnlich geschildert. Als JDC-Vertreter hielt sich bekanntlich Samuel Sequerra in Barcelona auf. Ihm unterstellt war der noch recht junge Moses Eisen in Madrid, der dort zugleich die HICEM vertrat. Neben diesen beiden Stellen arbeitete die „Representation" unter David Blickenstaff in Spanien mit Sitz in Madrid, die wiederum JDC, Quäker und Unitarier vertrat. Eine Zusammenarbeit zwischen der HICEM und David Blickenstaff existierte offensichtlich nicht, andererseits überschnitten sich dessen Aufgaben teilweise mit denen der beiden JDC-Vertreter. Im Herbst 1943 entsandte die HICEM ihren Vertreter Raphael Spanien in das gleichnamige Land, um die Probleme einer möglichen Doppelarbeit zu

---

58 Bericht Carlton J. H. Hayes' vom 24.1.1944 an das State Department; JDC: Spain 917. Wyman: Abandonment, S. 222. – Bauer: Jewry, S. 207. – Ysart, S. 55.
59 Ysart, S. 54.
60 Schreiben James Bernsteins vom 20.4.1943 an die Dirección General de Seguridad; YIVO: 245.5 Series XII Spain 8.
61 Schreiben Varian Frys vom 20.10.1941 an Daniel Bénédite; AdsD: Depositum Daniel Bénédite.

untersuchen. Er kam teilweise zu ähnlichen Ergebnissen wie Blickenstaff, fügte jedoch seinen Ausführungen hinzu, daß dieser als Quäker und Nicht-Jude für die spezifisch jüdischen Probleme und Belange der Mehrheit der Flüchtlinge nicht immer das erforderliche Fingerspitzengefühl bewiesen habe. Dahinter verbarg sich wohl der Vorwurf, daß Blickenstaff manchmal wenig schmeichelhaft über innerjüdische Querelen berichtet hatte. Aber Raphael Spanien fügte ausdrücklich hinzu, daß dadurch dem Ansehen der Flüchtlinge in den USA kein Schaden entstanden sei.[62] Die Quäker betrachteten ihre Mitarbeit als humanitär-karitative Tätigkeit, die jüdischen Organisationen als religiös-nationale, so daß es im Einzelfalle durchaus Meinungsverschiedenheiten über die Verwendung der Hilfsmittel und den Empfängerkreis gegeben haben mag.

Schließlich setzten sich die Vorstände der beteiligten Hilfsorganisationen in New York zusammen, um einen Ausweg aus den Streitigkeiten zu finden. Blickenstaff hatte mit Blick auf die ungleiche Gewichtung der verschiedenen Repräsentanten auch einen Verbindungsmann für die Unitarier im Büro gefordert, was die JDC-Vertreter als nicht erforderlich ablehnten. Der Streit endete mit dem Beschluß, zwei weitere Mitarbeiter in der „Representation" einzustellen, die auch die Belange der Unitarier berücksichtigen sollten. Ob es sich hierbei selbst um USC-Mitglieder handeln sollte, wurde nicht ausdrücklich festgelegt. Diese Regelung fand auch die Zustimmung von Botschafter Hayes, wogegen er die Eröffnung eines weiteren amerikanischen Büros in seinem Amtsbereich ablehnte.[63] Mit diesem für alle Seiten etwas unbefriedigenden Ergebnis endete der Streit, d. h. er blieb im Grunde offen. Aber es dauerte nur noch ein halbes Jahr, und der Charakter der Arbeit aller Hilfsorganisationen änderte sich schlagartig im Sommer 1944 nach der Befreiung Frankreichs. Jetzt galt es nicht mehr, illegal eingewanderte Flüchtlinge zu legalisieren, zumal der Zustrom aus Frankreich abrupt abbrach. Jetzt galt es nur noch, die in Spanien und Portugal verbliebenen Emigranten in ihre Zielländer zu verbringen bzw. ihnen bei der Suche nach einer neuen Heimat behilflich zu sein.

In der Zwischenzeit war in Washington im Auftrag von Präsident Roosevelt das „War Refugee Board" ins Leben gerufen worden, das im Frühjahr 1944 mit der „Representation" in Madrid Kontakt aufnahm und ihr Aufgaben übertrug. Allerdings kann die Behauptung, wonach diese sich daraufhin in ihrer bisherigen Form aufgelöst habe, nicht bestätigt werden.[64] Die „Representation" trat noch im Sommer 1945 als Fürsprecher für internierte Flüchtlinge auf oder setzte sich für solche Personen ein, denen beispielsweise Ausreisepapiere oder andere Dokumente fehlten.[65] Es ist nicht auszuschließen, daß die Interessen der von der „Representation" vertretenen Organisationen nun wieder stärker divergierten, indem das JDC sich stärker spezifisch jüdischen Problemen zuwandte – etwa der Abwanderung nach Palästina – und das AFSC der allgemeinen Quäkerarbeit. So

---

62 David Blickenstaff/AFSC: „Report from Spain", 18. 8. 1943; LBI: Konzentrationslager Frankreich B 24/8. – M. Spanien: „Rapport sur la situation des Refugiés à fin décembre 1943"; YIVO: 245.4 Series XII Spain 9.
63 Conference at JDC Office in New York, ref. Unitarian Representation in Spain, 7. 12. 1943; LBI: Konzentrationslager Frankreich B 24/8.
64 Ysart, S. 55.
65 Hierzu Materialien im MAE: Leg. R 2.182: Extranjeros en el Campo de Nanclares de la Oca, exp. 5, und Leg. R. 2.179: Refugiados apátridas, exp. 44–45.

finden wir David Blickenstaff im November 1944 auf einem Treffen amerikanischer und europäischer Quäker in Paris, auf dem Hilfsaktionen für die Nachkriegszeit geplant wurden.[66] Andererseits war die „Representation in Spain of American Relief Organizations" noch keineswegs funktionslos geworden. Die letzten Zeugnisse von ihren Aktivitäten stammen vom Januar 1946. In einem Schreiben an das spanische Außenministerium bat Blickenstaff um die Freilassung der letzten noch internierten Flüchtlinge, damit sie ihre in Kürze erwartete Ausreise antreten könnten. Zugleich deutet das Schreiben an, daß der „Representation" die Zuständigkeit für die deutschen Deserteure entzogen worden sei.[67] Mit der Ausreise der letzten Flüchtlinge und dem Übergang der Zuständigkeiten für sie auf andere Organisationen wie die UNRRA, das Internationale Komitee vom Roten Kreuz, das „War Refugee Board", die „Jewish Agency" und andere verlor die „Representation" ihren Aufgabenbereich und dürfte wohl bald darauf aufgelöst worden sein.

Fluchtwege und Fluchtmittel

Die Frage nach den Verkehrsmitteln der Emigration ruft uns erneut das Problem der Emigrationsgeographie in Erinnerung. Die vor Kriegsbeginn fast beliebige Auswahl der Ausreisehäfen, von denen man aus Europa verlassen konnte, unterlag nach dem 1. September 1939 einer politischen Einschränkung, die bis zum Kriegseintritt der USA etappenweise zunahmen und als letztes nur noch die Häfen der iberischen Länder übrig ließen. Anfangs gab es noch – neben der transsibirischen Route, über die zahlreiche Emigranten nach Shanghai auswanderten – die Möglichkeit, von Mitteleuropa über Ungarn und Jugoslawien nach Italien zu fahren, wo Triest und Genua die wichtigsten Überseehäfen waren, daneben in Frankreich Marseille. Bis zum Juni 1940 verkehrten über die genannten Hafenstädte italienische, griechische, portugiesische, nord- und südamerikanische Schiffahrtslinien. Nach der deutschen Besetzung der französischen Atlantik-Küste und dem Kriegseintritt Italiens blieben neben Marseille nur noch die iberischen Ausreisehäfen übrig. Diese Einschränkung erstreckte sich übrigens auch auf den Luftverkehr. Die Familie Ollenhauer, Curt Geyer und andere flogen von Lissabon nach London. Auch transatlantische Flüge von Lissabon nach New York wurden schon angeboten und beispielsweise auch von Varian Fry genutzt, hatten aber für das Gros der Emigranten aus Kostengründen keine Bedeutung.

Um so wichtiger waren daher Schiffsplätze, die nach dem Wegfall der italienischen und griechischen Reedereien ausschließlich von spanischen, portugiesischen, nord- und lateinamerikanischen Gesellschaften angeboten wurden. Über die aus Argentinien und Chile stammenden Schiffe konnte nichts ermittelt werden. Bei der amerikanischen Gesellschaft handelte es sich um die „American Export Line Inc.", die im Jahre 1940 etwa

---

66 Pickett, S. 186.
67 Schreiben David Blickenstaffs vom 22. 1. 1946 an das Außenministerium; MAE: Leg. R 2.179: Refugiados apátridas, exp. 44.

einmal wöchentlich eines ihrer Schiffe – „Exeter", „Excambion" und „Excalibur" – zwischen Lissabon, karibischen Häfen und New York verkehren ließ. Nach Lateinamerika fuhr von Spanien und Portugal aus monatlich ein spanisches Schiff der „Compañía Española de Navegación", die hierfür zwei Schiffe im Einsatz hatte – die „Ciudad de Sevilla" und die „Plus Ultra". Das Gros der Flüchtlinge überquerte den Atlantik jedoch auf einem knappen Dutzend mittelgroßer portugiesischer Passagierschiffe der „Companhia Nacional de Navegação", von denen die bekanntesten in der Geschichte der Emigration einen fast mythischen Namen angenommen haben: „Serpa Pinto", „Nyassa", „Guiné", „Quanza" „São Tomé", „Teneriffe", „Mouzinho", „Colonial", „Magalhães" und „Cavalho Araujo". Die Zahl dieser von Cádiz, Sevilla, vor allem aber von Lissabon aus in See stechenden Schiffe verringerte sich dann durch den Wegfall der amerikanischen Schiffe, deren Verkehr mit Europa schon vor Kriegseintritt der USA durch die Seefahrtsbehörde eingeschränkt worden war. Als die Hilfsorganisationen im März 1941 beim Beraterstab Roosevelts die Bitte vortrugen, daß das Weiße Haus die Seefahrtsbehörde drängen möge, den Einsatz zweier Schiffe einer anderen Gesellschaft, der „Washington" und der „Manhattan", für den Abtransport von Flüchtlingen zu gestatten, wurde dies mit dem Hinweis auf die erhöhten Versicherungsprämien infolge größerer Versenkungsgefahr zurückgewiesen. Als dann nach Januar 1942 die meisten lateinamerikanischen Staaten dem Deutschen Reich den Krieg erklärten, überquerten fast nur noch spanische und portugiesische Schiffe den Atlantik.[68]

Für die Organisation der Schiffspassagen war, wie schon angedeutet wurde, hauptsächlich die HICEM zuständig, die sich dann wegen der Verteilung der Schiffsplätze mit den anderen Komitees in Verbindung setzte. In der Regel charterte sie Schiffe im Pauschalarrangement und vermittelte dann die Einzelplätze an die anderen Hilfsorganisationen. Das hatte den Vorteil, daß die Reedereien und Agenturen von jeglicher Einflußnahme auf die Verteilung der Tickets ausgeschlossen blieben. Wenn zum Beispiel ein Emigrant wegen fehlender, abgelaufener oder unsicherer Ein- und Ausreisevisa seine vorgesehene Passage nicht in Anspruch nehmen konnte, dann verfiel dieser Anspruch nicht und war auch nicht mit zusätzlichen Buchungskosten bei einer anderweitigen Vergabe verbunden, weil die Hilfsorganisationen ihn intern an andere Flüchtlinge vergeben konnten. Bei Friedrich Stampfer und den vom ERC betreuten politischen Emigranten wurde zunächst über eine Lösung verhandelt, nach der das Komitee und die geretteten Emigranten jeweils 50 % der Passagekosten bezahlen sollten. Später wurde – offensichtlich wegen nicht ausreichender Eigenmittel der Flüchtlinge – die Regelung getroffen, nach der die HICEM die Passagegebühren für die ERC-Schützlinge voll übernahm.[69] In anderen Fällen wurden die verschiedenen Kostenpunkte miteinander verrechnet. Andere Hilfsorganisationen verfuhren ähnlich. Entsprechend den unterschiedlich gelagerten Einzelfällen mußten alle Komitees hier pragmatisch verfahren. – Die Passagegebühren erfuhren übrigens mit der geringeren Zahl der angebotenen Reisemöglichkeiten einen beträchtlichen Preisanstieg. Solange noch die

---

68 Fischer/Maslow. S. 375. – Wyman: Paper Walls, S. 151f., 153. – Mühlen: Lateinamerika, S. 25–28. – Bauer: Jewry, S. 47.
69 Schreiben Erich Ollenhauers vom 7. 5. 1941 an Rudolf Katz; AdsD: Emigration – Sopade, Mappe 80.

Schiffe der mediterranen Länder Italien und Griechenland nach Übersee verkehrten, lagen die Kosten für eine Überfahrt nach Nordamerika beispielsweise auf einem griechischen Passagierdampfer bei 175 US ₤. Als das Mittelmeer Seekriegsgebiet geworden war und nur noch spanische, portugiesische, nordamerikanische sowie einige lateinamerikanische Schiffe verkehrten, kostete die Überfahrt nach Nordamerika nur wenige Monate später erheblich mehr – beispielsweise auf portugiesischen Schiffen zwischen 230 und 270 US ₤.

Probleme entstanden gelegentlich durch Schiebungen bei der Rangordnung auf den Wartelisten, wobei dann überzogene Ansprüche von Emigranten und unsinnige Prestigefragen für zusätzliche Schwierigkeiten sorgten. Aufschlußreich ist hierbei ein Schreiben Curt Geyers, das das Gedränge um Schiffsplätze und die damit verbundenen Konflikte schildert. Die HICEM hatte Antonie Wels, der Witwe des früheren SPD-Vorsitzenden Otto Wels, gemeinsam mit einer Begleiterin einen Kabinenplatz auf der „Serpa Pinto" versprochen. Kurz vor der Abfahrt hieß es, daß die Begleiterin im Schlafsaal mitfahren müsse, da das JDC den Kabinenplatz für sich beanspruche, worauf die zwei Frauen sich für ein anderes Schiff, die „Cavalho Araujo", entschieden. Aber auch diese Möglichkeit ging vorüber, da die beiden für sich Kabinenplätze verlangten und sich nicht für einen Schlafsaal entscheiden konnten, und sie wurden schließlich auf ein weiteres Schiff, die „Nyassa", vertröstet. In der unter Emigranten vielfach herrschenden Panikstimmung waren manche auch bereit, aus eigenen spärlichen Mitteln einen Zuschlag zu zahlen, um zu einem möglichst frühen Termin oder mit einem bestimmten Schiff abreisen zu können.[70] Gerade in diesen Verteilungskämpfen spielten persönliche und politische Beziehungen eine wichtige Rolle und erregten unter Flüchtlingen, die über beides nicht verfügten, den Verdacht, daß es hierbei nicht immer mit rechten Dingen zugehe. Da es die HICEM war, die größtenteils die Schiffe charterte, bestimmte sie weitgehend auch die Reiseroute, soweit dies unter den Bedingungen des Seekrieges möglich war. So teilte Fry seinen Mitarbeitern in Marseille mit, daß die Organisation einen Dampfer für die Route Lissabon – Casablanca – Havana – Veracruz – New York gechartert habe. Diese Pläne kamen zumindest in der vorgesehenen Form nicht zustande, jedoch konnte die HICEM die „Serpa Pinto" für die Direktroute Havana – Veracruz belegen. Fünfzig Passagierplätze standen dem ERC zur Verfügung, die knapp drei Wochen vor der Abfahrt eine möglichst detaillierte Liste ihrer Klienten einreichen sollte.[71]

Die von den Hilfsorganisationen durchgeführten oder betreuten Schiffsreisen mögen zwar mit manchen inkorrekten Vorgängen abgewickelt worden sein, aber sie verliefen dennoch in vergleichsweise geordneten Bahnen. Die Schiffe waren nicht oder nur mäßig überbesetzt, Verpflegung und Unterkunft sowie medizinische Betreuung entsprachen den gegebenen Umständen. Dagegen verliefen unorganisierte Schiffsreisen manchmal unter recht chaotischen Umständen. Manche Reederei nutzte die Not der Emigranten, ihre teilweise panikartige Angst, um daraus Geld zu machen. Einen solchen Fall lieferte das spanische Linienschiff „Navemar", ein Frachter, der auch 28 Passagiere aufnehmen konnte. Dieses Schiff, das der „Compañía Española de Navegación" gehörte, wurde

---

70 Schreiben Curt Geyers vom 20. 3. 1941 an Rudolf Katz; AdsD: Nachlaß Friedrich Stampfer II 38.
71 Schreiben Varian Fry's vom 22. 9. und 8. 10. 1941 an Daniel Bénédite; AdsD: Depositum Daniel Bénédite.

notdürftig umgerüstet und nahm 1.120 Passagiere auf, ohne daß die Erfordernisse für Unterkunft, Verpflegung und Hygiene erfüllt worden wären. Der Aufenthalt in den Schlafsälen war so unerträglich, daß viele Passagiere es vorzogen, auf dem Deck zu übernachten. Aufgrund der Umrüstung hätte das Schiff allenfalls 150 Passagiere mitnehmen dürfen; mit der nahezu achtfachen Zahl war es hoffnungslos überbesetzt. Überdies verzögerte sich die Abfahrt aus Spanien um vier Wochen. Die Hafen- und Schiffahrtsbehörden von Cádiz hatten wegen der mangelhaften Hygienebedingungen die Ausreise untersagt, worauf das Schiff nach Sevilla fuhr, wo die Aufsicht offensichtlich etwas weniger streng war. 345 der Passagiere stiegen unterwegs in Kuba aus, die Mehrheit fuhr bis New York. Dort verklagten 33 Passagiere die Reederei wegen der nicht eingehaltenen Passagetermine und wegen der hygienischen Verhältnisse auf Schadensersatz.[72] Wie dieser Prozeß ausging, ist unbekannt. Jedenfalls war dem Schiff keine lange Zukunft mehr beschieden. Im Januar 1942 wurde es von einem U-Boot – nach deutscher und italienischer Propagandaversion einem britischen – versenkt.[73] – Ähnliche Katastrophenmeldungen waren von portugiesischen Schiffen nicht bekannt. In der Regel übten die HICEM und andere Hilfskomitees mit ihrer organisatorischen Vorbereitung auch eine gewisse Kontrolle aus. So brachte das Passagierschiff „Mouzinho" Anfang 1941 nur 625 Flüchtlinge nach New York, was den Unterschied zur „Navemar" doch deutlich macht. Solange die amerikanischen Passagierschiffe verkehrten, waren auch sie in der Regel nicht über-, gelegentlich wegen mangelhafter technischer und anderer Vorbereitungen sogar unterbesetzt. So wird vom Dampfer „Excambion" von der „American Export Line Inc." berichtet, daß er nur 118 statt 165–200 Passagiere nach New York gebracht habe.[74]

Ein anderes spanisches Schiff, die „Ciudad de Sevilla", brachte im Mai 1941 Arkadij Maslow von Lissabon nach Kuba. Angeblich war es von einem portugiesischen Käsehändler gechartert worden, der sich mit dem Transport von verängstigten Flüchtlingen ein Geschäft versprach. Dementsprechend lag der Preis einer Überfahrt nach New York (via Kuba) bei 350 US $, in der ersten Klasse sogar bei über eintausend. Nach Maslows drastischer Schilderung können die Verhältnisse in der dritten Klasse dieses Schiffes nicht wesentlich besser gewesen sein als auf der „Navemar". Man nächtigte in einem „vollgekotzten und vollgepfropften Schlafsaal" auf schmalen Pritschen ohne Wäsche und erhielt zu den drei Mahlzeiten an langen Tischen „[...] täglich den gleichen gebackenen Fisch in Maschinenöl, ab und zu die Andeutung einer vor langer Zeit verschiedenen uralten Kuh mit Wildgeruch", dazu die unverdaulichen Garbanzos (Kichererbsen) und Salat in Salzlake „[...] und allerdings je zwei Bananen als Glanz der frischen Natur in diesem stinkenden Keller, der Luft dadurch erhält, daß aus den Holzbrettern, die die Ladeluke bedecken, drei herausgenommen sind, um den Vorwand für menschlichen Aufenthalt zu rechtfertigen".[75] – Für die meisten Flüchtlinge brachten die Schiffsreisen eine herbe

---

72 LBI: Refugee Boat (B 30/8) IV–VII. – „Passangers Ask for $ 676,500 in Navemar Suits", in: New York Herald Tribune 19.9.1941.
73 „Spanish Ship Navemar Lost", in: The New York Sun 26.1.1942.
74 „Der Fall Navemar", in: Der Aufbau 5.9.1941.
75 Fischer/Maslow, S. 376.

Ernüchterung, und vor allem (ehemals) wohlhabende Emigranten sowie Intellektuelle und Personen mit ausgeprägten individualistischen Ansprüchen erlebten das tagelange, mitunter wochenlange Eingepferchtsein als unerträgliche Belastung. Gleichwohl bildeten diese Seefahrten den letzten und wichtigsten Teil einer Fluchtroute, die als einziger Ausweg aus dem nationalsozialistisch beherrschten Europa über die iberische Halbinsel nach Übersee führte.

Fluchtziele in Übersee

Spanien und Portugal bildeten für die Emigranten- und Flüchtlingsströme nur Transitstrecken und somit allenfalls Etappenziele. Nur recht kleine Kontingente blieben, wie wir gesehen haben, in einem dieser Länder hängen – in der Regel unfreiwillig, weil politische, finanzielle, technische und andere Gründe eine Weiterwanderung blockierten. Die eigentlichen Fluchtziele lagen in Großbritannien, wo einige vor allem politische Emigranten ihre Zuflucht fanden, und in überseeischen Ländern. Unter diesen rangierten wiederum die Vereinigten Staaten an erster Stelle, was die Aufnahmekapazitäten einerseits und die Wünsche und Absichten der Flüchtlinge betrifft. Es folgten die lateinamerikanischen Länder, allen voran Argentinien und in geringerem Maße Brasilien.

Noch vor Eintritt Italiens in den Krieg im Juni 1940 stellte sich als potentielles Ziel für zahlreiche Emigranten das britische Mandatsgebiet von Palästina. Jedoch gerade hier zeigten sich die britischen Behörden außerordentlich reserviert. In erster Linie befürchtete man eine Verschärfung des arabischen Widerstandes gegen eine weitere jüdische Einwanderung, die möglicherweise den arabischen Nationalismus geschürt und dadurch den Deutschen nützliche Hilfe geleistet hätte. Immerhin durften 1940 noch 8398 Juden legal in Palästina einreisen. Überdies gab es während des ganzen Krieges eine reduzierte, aber kontinuierliche illegale Einwanderung jüdischer Flüchtlinge. In der Regel stammten sie aus Osteuropa und den Balkan-Ländern, von wo sie mit Schiffen – in einigen Fällen sogar nur mit Flußbooten – von der Donau-Mündung zum Bosporus und von dort weiter zum Ziel fuhren. Die britischen Seepatrouillen brachten immer wieder solche Schiffe auf. Gewöhnlich wurden die Flüchtlinge im Hafen von Haifa oder in einem nahegelegenen Lager interniert und nach einiger Zeit freigelassen: Sie hatten, wenngleich mit Hindernissen, immerhin ihr Ziel erreicht. Die britischen Beschränkungen hatten also weder eine verhindernde noch abschreckende Wirkung, da es immer wieder mehr oder minder erfolgreiche Einwanderungsversuche gab, die zumindest ein Durchsickern von Emigranten ermöglichten.[76] Dennoch bewirkte der Seekrieg im Mittelmeer eine vorübergehende Einschränkung dieser Wanderungsbewegung und blockierte auch die Verbindungslinien von der iberischen Halbinsel in den Nahen Osten. Andere als die genannten transatlantischen Fluchtziele standen ab Sommer 1940 nicht mehr zur Verfügung, zumal andere mögliche Aufnahmeländer – Britisch-Guyana, Eritrea, Äthiopien, die philippinische Insel

---

76 Wasserstein, S. 45, 55 f., 59–80.

Mindanao oder Portugiesisch-Angola – mit Rücksicht auf befürchtete Reaktionen der einheimischen Bevölkerung fallengelassen worden oder am Widerstand der Regierungen bzw. Kolonialverwaltungen gescheitert waren.[77] Dennoch blieb das Flüchtlingsproblem, das zu wesentlichen Teilen eine ergebnislose Suche nach einem Aufnahmeland war, bestehen.

Der gestörte „Abfluß" des Emigrantenstaus aus Spanien und teilweise auch aus Portugal hing zu wesentlichen Teilen mit der Asylpolitik der USA und Großbritanniens zusammen, an denen sich andere potentielle Aufnahmeländer orientierten. Wenigstens konnten sie ihre eigenen Aufnahmebeschränkungen mit der Politik dieser beiden Staaten begründen. Das Verhalten der britischen Dominions machte dies deutlich. Der britische Innenminister hatte sich zwar bereiterklärt, eine begrenzte Zahl von 1 000–2 000 dieser Flüchtlinge aufzunehmen. Darauf erklärte Kanada, daß es bereits 500 Personen aufgenommen und damit seine Kapazitäten erschöpft habe. Ähnlich argumentierte Südafrika, das schon Kinder aus Polen aufgenommen hatte. Australien und Neuseeland lehnten ab, und Irland erklärte, daß es ohne britische Hilfe, die es aber nicht wünsche, die Flüchtlinge nicht ernähren könne.[78]

Den Sperren aller Länder gegen die seit 1938 steigende Flut von Flüchtlingen lagen unterschiedliche Motive zugrunde. Teilweise dominierten Sorgen vor wirtschaftlichen und sozialen Problemen, die mit der Aufnahme mittelloser Menschenmassen entstehen könnten, oder vor der Konkurrenz, die sie der einheimischen Wirtschaft bereiten würden. Fremdenfeindlichkeit, Angst vor Überfremdung und teilweise auch antisemitische Vorurteile bestimmten die Abwehrhaltung. Die Schwierigkeiten bei der Einwanderung in die bevorzugten Asyl-Länder hatten eine Suche nach einem Ersatz-Asyl in weniger gefragten, teilweise exotischen Weltgegenden zur Folge. Die Dominikanische Republik, Bolivien und Paraguay, zeitweilig aber auch Shanghai und die Philippinen bildeten solche Ausweichgebiete. Es gelang den Hilfsorganisationen nur mühsam, das Mißtrauen gegen die Flüchtlinge als vermeintlich unkalkulierbare, politisch verdächtige Masse abzubauen, zumal diese Komitees selbst mit recht unsinnigen Verdächtigungen überhäuft wurden. Amerikanische und britische Stellen standen dabei einander nicht nach. Im State Department in Washington unterstellte man den Emigranten Spionage zugunsten der Deutschen. Das US Office of Censorship behauptete gar, daß Organisationen wie die HICEM oder das JDC von der Gestapo als Vehikel für deutsche Agenten, gewissermaßen als Trojanische Pferde des Kriegsgegners, eingesetzt würden. Das britische Kolonialministerium hegte eine geradezu paranoide Angst vor illegalen, zumal jüdischen Einwanderern, die ja verkappte deutsche Spione sein könnten. Ein britisches Memorandum zur jüdischen Palästina-Einwanderung führte aus: „The Gestapo are known to assist the Jews in organising and despatching these parties. It is clearly to the interest of the German Government to promote this traffic, since it serves the double purpose of riding them of Jews and causing embarrassment to His Majesty's Government".[79]

---

77 Ebda., S. 46.
78 Ebda., S. 184f.
79 Feingold, S. 128f. – Wyman: Abandonment, S. 131f. – Zitat nach Wasserstein, S. 49.

Die Haltung der beiden angelsächsischen Mächte änderte sich auch nach Eintritt der USA in den Krieg und nach Bekanntwerden der immer bedrohlicheren Lage der Juden im besetzten Europa nur wenig. Der Assistant Secretary of State des amerikanischen Außenministeriums, Breckinridge Long, betrieb nach wie vor eine streng restriktive Einwanderungspolitik, die sich hinter dem starren Quotensystem für Einwanderer verschanzte, und ähnlich verhielt sich die britische Regierung. Erst als erste Pressemeldungen über die deutschen Vernichtungslager den Ernst der Lage deutlich machten, sahen sich die Regierungen der beiden Westalliierten zu einer zunächst mehr theoretischen Kurskorrektur genötigt. Die gemeinsame Deklaration der Alliierten vom 17. Dezember 1942, das zwei Wochen später in London gegründete interministerielle Komitee und das Anfang 1943 etablierte amerikanische „War Refugee Board" markierten den Beginn einer langsamen Kurskorrektur. Im britischen Unterhaus und im amerikanischen Repräsentantenhaus drängten Parlamentarier ihre jeweiligen Regierungen, Maßnahmen gegen das grauenhafte Geschehen im deutschen Machtbereich zu ergreifen. Auf britische Anregung wurde daher im Februar 1943 eine gemeinsame Konferenz der beiden angelsächsischen Mächte vorgeschlagen, die unter Hinzuziehung der Hilfsorganisationen Schritte zur Rettung der Juden beraten sollte. Dabei hatte sich das Meinungsbild in beiden Ländern dahingehend differenziert, daß es sich bei den Flüchtlingen nicht nur um Juden, sondern auch um politische Gegner des Nationalsozialismus und um Verfolgte handelte.

Unter dem Einfluß von Long wandte Washington eine Verzögerungstaktik an, indem es vordergründige Fragen um den Konferenzort und um die Urheberschaft der Konferenz vorschob. Als dann die britischen und amerikanischen Delegierten sowie Vertreter von Hilfsorganisationen am 19. April 1943 auf der britischen Atlantik-Insel Bermuda hinter verschlossenen Türen zu tagen begannen, war – soweit man praktische Konsequenzen erwartet hatte – das ganze Projekt schon gescheitert. Dieses Ergebnis wurde im Schlußkommuniqué der beiden Regierungsdelegationen vorsichtig ausgedrückt: Sie hätten sich verpflichtet gesehen, gewisse Vorschläge (der Hilfsorganisationen) zurückzuweisen, die die Kriegsanstrengungen behindern oder verzögern würden. Die militärischen Gesichtspunkte hatten Vorrang. Die Anregungen der Komitees an die Westalliierten, über neutrale Länder Verbindung zu den Achsenmächten aufzunehmen und mit ihnen über das Schicksal vor allem der jüdischen Flüchtlinge zu verhandeln oder Lebensmittel in Konzentrationslager und Ghettos zu liefern oder in ihren Einflußgebieten vorübergehende Zufluchtzonen zur Verfügung zu stellen, wurden zugunsten der Kriegführung abgelehnt. Die Briten änderten nicht ihre Einwanderungspolitik in Palästina, die Amerikaner nicht ihr Quotensystem. Das Resultat waren unverbindliche Empfehlungen an Spanien und einige Balkan-Länder, jüdische Flüchtlinge bei der Durchreise zu unterstützen. De facto wurde durch die nach monatelangen Vorbereitungen durchgeführte Konferenz kein einziger Flüchtling gerettet.[80]

---

[80] Über die Bermuda-Konferenz, ihre Vorbereitungen und Folgen ist viel geschrieben worden. Vgl. Saul F. Friedman: No Haven für the Oppressed. United States Policy Toward Jewish Refugees, 1938–1945, Detroit: Wayne State University Press, 1973, S. 158–180. – Grossmann, S. 275–281. – Wyman:

Ein weiteres Ergebnis von Bermuda war die seit längerem schon von den Hilfsorganisationen vorgeschlagene Umsiedlung von Flüchtlingen von Spanien nach Französisch-Nordafrika, um ein neues Ausweichgebiet zu erschließen und dadurch Spaniens Bereitschaft für die Aufnahme weiterer Emigrantenströme zu erhöhen. Schon einmal hatten etwa 570 Flüchtlinge ein mehr unfreiwilliges Asyl in Casablanca erhalten. Das Schiff „Alsina" hatte in Dakar angelegt und war von den Vichy-freundlichen Behörden für vier Monate festgehalten worden. Danach schickte man es zurück nach Casablanca, wo die Flüchtlinge in Stadtnähe interniert wurden. In dem Lager Oued-Zem waren, nachdem ein Teil der Emigranten hatte weiterreisen dürften, 32 Personen untergebracht. Überliefert ist noch der Name eines anderen Lagers in Sidi El-Ayachi. Die verbliebenen Insassen nahmen Kontakt auf mit der HICEM und den Unitariern in Lissabon. Um nach Übersee zu gelangen, mußten die Emigranten sich darum bemühen, möglichst nach Spanien oder – besser noch – nach Portugal auszureisen, von wo die transatlantischen Schiffahrtswege ausgingen.[81]

Mit der Besetzung Marokkos durch die Westalliierten im November 1942 änderte sich die politische Geographie für die Emigranten. Nordafrika unterstand der Verfügungsgewalt der Westmächte, wurde in die Planungen der Alliierten mit einbezogen und war damit auch verkehrstechnisch der britisch-amerikanisch geführten Welt angeschlossen. Daher wurden sowohl von Hilfsorganisationen als auch von Regierungskreisen in London und Washington Vorstellungen entwickelt, in Marokko Auffanglager für Flüchtlinge einzurichten, um dadurch die Abwanderung aus Spanien zu fördern und zugleich die Aufnahmebereitschaft Madrids für weitere Flüchtlingsströme aus Frankreich zu erhöhen. Tatsächlich aber sollte es fast anderthalb Jahre dauern, bis wenigstens eine dreistellige Zahl von Flüchtlingen von Spanien nach Marokko reisen durfte. Zunächst mußten die Alliierten Rücksicht auf die französische – jetzt gaullistische – Verwaltung nehmen. Ein weiterer Widerstand aber ging auch von den Amerikanern selbst aus. Beraten von seinen Mitarbeitern, befürchtete Roosevelt Unruhen innerhalb der arabischen, islamischen Bevölkerung, wenn dort eine größere Anzahl überwiegend jüdischer Flüchtlinge untergebracht würde. Die Briten wagten es nicht, die Amerikaner zu drängen, um sie davon abzuhalten, auf einer großzügigeren Handhabung der Palästina-Einwanderung zu bestehen, obwohl sie ihre Beschränkungen mit den gleichen Argumenten rechtfertigten. Schließlich erwärmte sich die amerikanische Regierung für die von einigen Hilfsorganisationen – hier vom JDC und den Quäkern – vorgebrachten Vorschläge, in Marokko Auffanglager für 5 000 – 6 000 Spanien-Emigranten anzulegen. Die beiden Hilfsorganisationen JDC und HICEM bereiteten eine Auswahl von Personen vor und sorgten für den Schiffstransport nach Casablanca, wo dann im September 1943 eine erste kleine Gruppe im nahe bei Casablanca gelegenen Camp Lyautey bei Fedhala untergebracht wurde.[82]

Abandonment, S. 104–123. – Henry L. Feingold: The Politics of Rescue. The Roosevelt Administration and the Holocaust 1938–1945, New Brunswick, N.J.: Rutgers University Press, 1970, S. 167–207.
81 Wasserstein, S. 141 f. – Schreiben Albert Weissmanns vom 14. und 19. 6. sowie 2. 7. 1941 an Max Diamant; DB: Emergency Rescue Committee (EB 73/21).
82 Bericht Herbert Katzkis/JDC vom 27. 8. 1943 an das JDC/New York; JDC: Spain 916. – Wyman: Abandonment, S. 128. – Wasserstein, S. 185, 194 f., 208 f.

Der Erfolg dieser Aktion blieb jedoch begrenzt. Bis Ende 1943 verließen nur einige wenige Dutzend Flüchtlinge Spanien in Richtung Marokko. Zwar hatte die französische Exilregierung sich bereit erklärt, über 600 Personen nach Marokko einzulassen und stellte hierfür das genannte Lager bei Fedhala sowie ein weiteres, das Camp Jeanne d'Arc bei Philippeville, zur Verfügung, jedoch bestand sie darauf, daß andere Länder nach dem Kriege für die Repatriierung oder Aufnahme der Flüchtlinge garantieren würden. Damit tauchte das vermeintlich gelöste Problem in nahezu unveränderter Schwierigkeit wieder auf. Aber auch unter den Spanien-Emigranten war die Bereitschaft, sich von Spanien nach Nord-Afrika verlegen zu lassen, nicht sehr groß. Viele befürchteten eine Verschlechterung ihrer Lage und ihres Status. Nicht mehr als 630 sollen schließlich im Frühjahr bei Fedhala untergebracht worden sein. Wieviele es in Philippeville waren, ist nicht bekannt. Da Frankreich wenige Wochen später endgültig befreit wurde, hörte auch der Zustrom nach Spanien auf, was wiederum die Suche nach einem Ausweichraum weniger dringlich machte.[83]

Mit der alliierten Kontrolle über den Mittelmeerraum geriet erneut Palästina, das bis dahin von Spanien oder Portugal aus kaum erreichbar gewesen war, als möglicher Ausweichraum ins öffentliche Blickfeld. In jüdischen Kreisen, zionistischen zumal, hatte dieses Ziel ohnehin seit jeher im Vordergrund gestanden, war aber durch das Kriegsgeschehen und durch die restriktive Einwanderungspolitik der britischen Mandatsverwaltung außerhalb der Reichweite möglicher Transporte geblieben. Gleichwohl hatte die „Jewish Agency for Palestine" seit dem Frühjahr 1943 eine informelle Vertretung in Lissabon unterhalten, die in kurzer Zeit für 200 staatenlose jüdische Flüchtlinge Palästina-Zertifikate beschaffen konnte. Geleitet wurde diese Vertretung von dem bereits in anderem Zusammenhang genannten Isaac Weissmann. Aber erst im Herbst 1944 konnte sie mit Unterstützung des britischen Außenministeriums eine formelle Vertretung in Lissabon einrichten.[84] Dennoch war es ihr und den anderen Hilfsorganisationen gelungen, schon vorher die britische Erlaubnis für einige Flüchtlingstransporte zu erwirken, die vermutlich deswegen erteilt wurde, weil die Marokko-Pläne gescheitert waren. Im Januar 1944 sollte das portugiesische Schiff „Nyassa" von Lissabon aus in Richtung Haifa abgehen. Die spanische Regierung intervenierte darauf und verlangte, daß das Schiff unterwegs auch in Valencia und nicht, wie ursprünglich vorgesehen, in Cádiz Station mache, um damit die unmittelbar aus deutschen Lagern geretteten Spaniolen gleich wieder ans andere Ende des Mittelmeeres zurückbringen zu können.[85]

Unter der Betreuung des Lissaboner HICEM-Mitarbeiters Raphael Spanien stach dann am 23. Januar 1944 die „Nyassa" in See, machte einen kurzen Halt in Cádiz und langte dann am 1. Februar 1944 in Haifa an. Sie brachte einige Hundert Flüchtlinge nach Palästina. Weitere Transporte blieben aber vorerst aus. Bürokratische Hindernisse von seiten Großbritanniens und Mangel an Schiffsraum verhinderten eine intensivere Nutzung

---

83 Wyman: Abandonment, S. 226. – Wasserstein, S. 210f. – Bauer: Jewry, S. 212.
84 Schreiben der Jewish Agency vom 30. 10. 1944 an das portugiesische Außenministerium; MNE: Questiões s/ Refugiados e Naufragos (2º – 49 – M 112). – Bauer: Jewry, S. 214.
85 Aide-mémoire der britischen Botschaft vom 5. 1. 1944 an das portugiesische Außenministerium; MNE: Questiões s/ Refugiados e Naufragos (2º – 49 – M 112). – Ysart, S. 56.

dieses Weges. Das nächste Schiff ging erst im Oktober in Richtung Palästina ab, ein weiteres im Frühjahr 1945, so daß die Gesamtzahl der Flüchtlinge, die während der Kriegszeit von der iberischen Halbinsel nach Palästina gelangte, nur bei 875 lag. Das erste Schiff, das dann nach Ende des Zweiten Weltkrieges in Europa die Transporte von Spanien und Portugal nach Palästina wieder aufnahm, war dann die spanische „Plus Ultra".[86]

So blieben als Ausweichraum nur die Vereinigten Staaten und einige lateinamerikanische Länder als – vorläufige oder endgültige – Fluchtziele übrig. Die hier angedeutete Ambivalenz deutet bereits die Schwierigkeiten an, die sich einer möglichen Aufschlüsselung der Länder nach Fluchtzielen entgegenstellen. Rechnen wir hiervon diejenigen ab, die nach Marokko bzw. nach Palästina gebracht wurden – zusammen also ziemlich genau 1 500 –, dann wird ersichtlich, welches umfassende Quantum die Staaten der westlichen Hemisphäre dann doch noch aufnahmen. Aber auch hier ist eine Aufschlüsselung schwierig. Das Gros ging in die USA, wenngleich vielfach auf Umwegen. Staaten wie Kuba und die Dominikanische Republik nahmen während des Krieges größere Emigrantenkontingente auf, die aber nach 1945, teilweise auch schon vorher, durchweg nach Nordamerika abwanderten: Diese Länder dienten gewissermaßen als „Wartesäle" für die Vereinigten Staaten. Ähnliches gilt für einige lateinamerikanische Republiken, die eine ähnliche Funktion für ihre reicheren, entwickelteren oder sonstwie attraktiveren Nachbarländer wahrnahmen. So wanderten viele Bolivien- und Paraguay-Emigranten noch während des Krieges nach Argentinien weiter.[87]

Der iberische Fluchtweg berührte drei Staaten – Frankreich, Spanien und Portugal, deren Interessen und Haltung durchweg verschieden waren. Betroffen von der Fluchtproblematik waren auch die Zielländer, also vornehmlich Großbritannien und die Aufnahmeländer in der Neuen Welt. Von diesen waren die beiden angelsächsischen Staaten zugleich kriegführende Mächte, für die die militärischen Aspekte absoluten Vorrang hatten vor etwaigen Rettungsaktionen, während die übrigen, meist lateinamerikanischen Aufnahmeländer das Flüchtlingsproblem primär als wirtschaftliche und soziale Folge einer Einwanderungsbewegung betrachteten. Alle diese Positionen zogen wiederum unterschiedliche Reaktionen nach sich, die – in der Sprache der Informatik ausgedrückt – „inkompatibel" waren. Frankreich – hier wiederum das Vichy-Regime zwischen Juni 1940 und November 1942 – durchlief unterschiedliche Phasen einer Asylpolitik, die von der relativ großzügigen Ausreisepraxis bis zu einer Art Sollübererfüllung im Dienste des Dritten Reiches reichte, mit der es sich an der Verfolgung von Juden und politischen Gegnern des NS-Regimes beteiligte. Es hätte zumindest für einen wesentlich längeren Zeitraum die Praxis

---

86 „Liste des Candidats à Madrid, Miranda et Leiza définitivement approuvés pour le départ en Palestine" (undatiert); Yivo: 245.6 Lisbon 152. – „Lista dos nomes dos individuos para embarcar em Cadix no paquete ‚Nyassa' saindo em 23 de Janeiro 1944 para Haifa" undatiert); ebda.: 245.6 Lisbon 159. – Schreiben des Spanischen Roten Kreuzes vom 7. 1. 1944 an das Außenministerium in Madrid und „Relación de refugiados apátridas que han de embarcar en Cádiz en barco portugués con destino a Palestina" (aufgeführt 206 Namen); MAE: Leg. R 2.179: Refugiados apátridas, exp. 43. – Wyman: Abandonment, S. 226. – Ysart, S. 56. – Leshem, S. 256.
87 Mühlen: Lateinamerika, S. 45–51.

der „visas de sortie" so großzügig handhaben können, daß ein wesentlich größerer Teil der Emigranten hätte ausreisen können – zumal die Verfolgung der Juden in den ersten Monaten nach dem Waffenstillstand noch kein vordringliches Programm der deutschen Besatzungsmacht war. Spanien und Portugal wiederum handhabten Ein- und Ausreisepraxis auf bürokratische Weise, indem sie einerseits zu sehr die vermeintlichen Interessen Deutschlands oder aber ihre eigenen materiellen und organisatorischen Schwierigkeiten in den Vordergrund stellten. Die Aufnahmeländer wiederum versagten sich durch ihre Restriktionen, die selbst die Bereitstellung von vorübergehenden Ausweichräumen ausschloß. Dieser Vorwurf galt der Haltung Großbritanniens, in dessen Dominions und Kolonialgebieten derartige Aufnahmekapazitäten bestanden hätten, aber auch den USA und den lateinamerikanischen Ländern, ja selbst Exil-Regierungen wie beispielsweise der der Niederlande, die sich weigerte, Flüchtlinge in Surinam oder auf den Niederländischen Antillen unterzubringen. Eine erleichterte Immigrationspolitik, und sei es unter dem Vorbehalt des Provisoriums, hätte die spanische und portugiesische Bereitschaft erhöht, als Transit-Länder die Durchreise zu gestatten, was wiederum die Flüchtlingsproblematik in Frankreich entschärft hätte.

Die iberische Fluchtroute stellt sich dar als Weg der verpaßten Chancen. Tausende von Verfolgten in Frankreich, die über diesen Ausweg hätten entkommen können, wurden verfolgt, gefangen, in Konzentrations- bzw. Vernichtungslager deportiert. Ein abgestimmtes Verhalten der beteiligten und betroffenen Staaten hätte vielen Rettung bringen können. Dennoch sollen dieser bitteren Bilanz die Leistungen der Hilfsorganisationen sowie auch einzelner Personen gegenübergestellt werden. Ihr unermüdlicher und uneigennütziger Einsatz brachte überhaupt erst die Hilfsaktionen zustande, rüttelte die Regierungen der betroffenen Staaten auf und löste weitere Aktionen aus. Ihr Verdienst lag in der Rettung von Zehntausenden von Verfolgten, die größtenteils Opfer nationalsozialistischer Verfolgung geworden wären. Um ihretwillen haben sich Aufwand und Kosten, Mühen und Rückschläge gelohnt.

Quellen- und Literaturverzeichnis

I. Ungedruckte Quellen: Archivalien, persönliche Mitteilungen

1. Bundesarchiv, Koblenz

– Reichssicherheitshauptamt: R 58 / 243, 572, 1132

2. Politisches Archiv des Auswärtigen Amts, Bonn

– Abt. Pol. III: Po. 36 Portugal: Judenfrage
– Abt. Pol. III: Politische Beziehungen zwischen Portugal und Spanien
– Inland II A/B: (83–60 E Sdh I), Akten betr. Polizeiattachés und SD-Leute bei den einzelnen Missionen
– Inland II A/B: (83–26 Portugal): Akten betr. Juden in Portugal
– Inland II A/B: (83–26 Spanien): Judenfrage in Spanien, Bde. 1–2
– Inland II A/B: (83–76 Sdh I): Einbürgerungsbereitschaft – Berichte auf Erlaß vom 16. 3. 1937
– Inland II A/B: Deutsche Emigrantentätigkeit im Ausland, Bde. 1–24
– Inland IIg: (83–75): Emigranten, Bde. 1–27
– Inland IIg: (83–60 E): Portugal, Tätigkeit des SD, der Abwehr, der Agenten und Polizeiattachés
– Inland IIg: Berichte und Meldungen zur Lage in und über Portugal, Bd. 2
  Inland IIg: (83–60): Polizei, Abkommen mit Spanien, Entsendung von Polizeifachleuten nach Spanien, Bd. 68
– Inland IIg: (83–60 E): Spanien, Tätigkeit des SD, der Abwehr, der Agenten und Polizeiattachés
– Missionsakten Lissabon: DV Bd. 1: Juden, Emigranten, Ausbürgerungen
– Missionsakten Lissabon: Pol. 3 Nr. 9: Juden in Portugal, auch Einwanderung
– Missionsakten Lissabon: Deutschfeindliche Presse, Theater- und Rundfunkhetze in Portugal, Bde. 1–4

3. Ministério dos Negócios Estrangeiros, Lissabon

– Actividade Estrangeira em Portugal (3 – 11 – M 669)
– Indesejáveis (3 – 1 – M 666)
– Refugiados (2 – 47 – M 58)
– Minorias e Refugiados (2 – 47 M 58)
– Perseguição alemâ aos judeus (1 – 47 – M 9)
– Relaçôes con a Alemanha (2 – 48 – M 184)
– Actividades e propaganda dos estrangeiros (2 – 49 – M 116)
– Informaçôes s/ pessoas desaparecidas (2 – 49 – M 111)
– Questiôes s/ refugiados e naufrages (2 – 49 M 112)
– Judeus 1935–1950/Lista de inscriçôes (2 – 50 M 40)

4. Ministerio de Asuntos Exteriores, Madrid

– Leg. R 1371: Refugiados extranjeros en España, Exp. 13
– Leg. R 2179: Refugiados apátridas, Exp. 41–45
– Leg. R 2182: Extranjeros en el Campo de Nanclares de la Oca, Exp. 5–8

5. YIVO Institute for Jewish Research, New York

– 245.4 Series XII: Portugal
– 245.4 Series XII: Portugal B 58, B 59
– 245.4 Series XII: Spain 1–9, 11, 15

- 245.5 Series XII: Portugal 162
- 245.6 Series XII: Lisbon 151–159

6. Leo Baeck Institute, New York

- Navemar: Refugee Boat (B 30/8), IV–VII
- Felix Loeb Collection V 3/3
- Konzentrationslager Frankreich B 24/8
- Collection Leo Stern B 32/4

7. American Jewish Joint Distribution Committee, New York

- Portugal 896, 897,
- Spain 914, 915, 916, 917

8. Archiv der sozialen Demokratie/Friedrich-Ebert-Stiftung, Bonn

- Emigration-Sopade, Mappen 44, 80
- Nachlaß Friedrich Stampfer II 38
- Depositum Daniel Bénédite

9. Deutsche Bibliothek, Frankfurt am Main

- Bestand „Emergency Rescue Committee" (EB 73/21): Dossiers Klaus Dohrn, Iwan Heilbut, Sofie Lazarsfield, Carl E. Misch, Helmut Markiewicz, Hans Natonek, Friedrich Torberg, Marcel Verzeanu, Albert Weissmann, Greta Weil, Kurt Wolff, Alfons Zinner
- Bestand „American Guild for German Cultural Freedom" (EB 70/117): Dossiers Hermann Budzislawski, Iwan Heilbut, Berthold Jacob, Hans Rothe, Ernst Scheuer

10. Schriftliche und mündliche Mitteilungen

Fritz Adelsberger, Lissabon
Rudolph Bachner, La Jolla/California
Reinaldo Braumann, Lissabon
Yvette Davidoff, Lissabon
Lisa Fittko, Chicago
Fritz Heine, Bad Münstereifel
Ilse Losa, Porto
Roberto Kahn-Heymann, Lissabon
Max Nachmann, Lissabon
Alice & Paul Roche, New York
Konrad & Else Reisner, Portland/Oregon
Dr. Marcel Verzeano, Rogue River/Oregon
Clara Waldeck, New York
Olga Warmbrunn, New York
***, Lissabon

II. Gedruckte Quellen

1. Aktenpublikationen, Dokumentationen

Akten zur deutschen auswärtigen Politik, Serie D: 1937–1941, 13 Bde., Baden-Baden: Imprimérie Nationale, 1950ff., Frankfurt am Main: P. Keppler Verlag K.G., 1962ff.

2. Zeitungen, Zeitschriften

Der Aufbau, New York 1934 ff.

3. Memoiren, Briefsammlungen, autobiographisches Schrifttum

Abusch, Alexander: Der Deckname. Memoiren, Berlin [DDR]: Dietz Verlag, 1981
Aufricht, Josef: Erzähle, damit du dein Recht erweist, Berlin: Propyläen Verlag, o. J..
Bachner, Rudolph: Flucht ohne Ziel. Ein Leben in der Emigration, Hamburg: Christians, 1985
Bénédite, Daniel: La filière Marseillaise. Un chemin vers la liberté sous l'occupation, Paris: Edition Clanciers Guénaud, 1984
Coudenhove-Kalergi, Richard: Ein Leben für Europa. Meine Lebenserinnerungen, Köln–Wien: Kiepenheuer & Witsch, o. J.
Dembitzer, Salomon: Visas for America. A Story of an Escape, Sydney: Villon Press, 1952
Döblin, Alfred: Schicksalsjahre. Bericht und Bekenntnis, Frankfurt am Main: Verlag Josef Knecht, 1949
Eggers, Christian: „Unter den hohen Bäumen". Jubitz' Reise durch die Internierungslager im Süden Frankreichs Juli–August 1940, in: *Cahiers d'Etudes germaniques* n° 17 (Aix-en-Provence 1989), S. 21–91
van Etten, Henry: Journal d'un Quaker de notre temps, Paris: Edition du Scorpion, 1962
Feuchtwanger, Lion: Der Teufel in Frankreich. Ein Erlebnisbericht. Mit einem Vorwort von Marta Feuchtwanger, München–Wien: Langen-Müller, o. J.
Fischer, Ruth & Maslow, Arkadij: Abtrünnig wider Willen. Aus Briefen und Manuskripten des Exils, hrsg. von Peter Lübbe, München: Oldenbourg, 1990
Fittko, Lisa: Mein Weg über die Pyrenäen. Erinnerungen 1940/41, München: Carl Hanser, 1985
Foerster, Friedrich Wilhelm: Erlebte Weltgeschichte 1869–1953. Memoiren, Zürich: Christiana Verlag, 1953
Frei, Bruno: Die Männer von Vernet. Ein Tatsachenbericht, Berlin: Hildesheim: Gerstenberg, 1980
Fry, Varian: Auslieferung auf Verlangen. Die Rettung deutscher Emigranten in Marseille 1940/41, München: Carl Hanser, 1986
[Gesicht] Mit dem Gesicht nach Deutschland. Eine Dokumentation über sozialdemokratische Emigration. Aus dem Nachlaß von Friedrich Stampfer, ergänzt durch andere Überlieferungen. Hrsg. im Auftrage der Kommission für die Geschichte des Parlamentarismus und der politischen Parteien von Erich Matthias, bearb. von Werner Link, Düsseldorf: Droste, 1968
Gold, Mary Jane: Crossroads Marseilles, 1940, Garden City, N.Y.: Doubleday & Company Inc., 1980
Habe, Hans: Ich stelle mich. Meine Lebensgeschichte, Wien–München–Basel: Verlag Kurt Desch, 1954
Hayes, Carlton J. H.: Wartime Mission in Spain 1942–1945, New York: The Macmillan Company, 1946
Hoare, Sir Samuel, 1st Viscount Templewood: Ambassador on Special Mission, London: Collins, 1946
Jacob, Hans: Kind meiner Zeit. Lebenserinnerungen, Köln–Berlin: Kiepenheuer & Witsch, o. J..
John, Otto: Zweimal kam ich heim. Vom Verschwörer zum Schützer der Verfassung, Düsseldorf–Wien: Econ, 1969
Kantorowicz, Alfred: Exil in Frankreich, Bremen: Carl Schoenemann Verlag, 1971
Kolb, Anette: Memento, Frankfurt am Main: S. Fischer, 1960
Landau, Edwin M. /Schmitt, Samuel (Hrsg.): Lager in Frankreich. Überlebende und ihre Freunde – Zeugnisse der Emigration, Internierung und Deportation, Mannheim: Verlagsbüro v. Brandt, 1991
Lania, Leo: Welt im Umbruch. Biographie einer Generation, Frankfurt am Main–Wien: Forum Verlag, o. J.. (1954)
[Long, Breckinridge:] The War Diary of Breckinridge Long: Selections from the Years 1939–1944, ed. by Fred L. Israel, Lincoln/Nebraska: University of Nebraska Press, 1966
Losa, Ilse: Sob céus estranhos, Porto: Edições Afrontamento (2 edição, refundida), 1990; deutsch: Unter fremden Himmeln. Roman, Freiburg i. Br.: Beck & Glückler, 1991
Losa, Ilse: O Mundo em que vivi. Romance, Porto: Edições Afrontamento, 1948; deutsch: Die Welt, in der ich lebte. Roman, Freiburg i. Br.: Beck & Glückler, 1990
Losa, Ilse: O barco afundado. Contos, Lisboa: Ed. Marânus, 1956; deutsch: Das versunkene Schiff. Erzählungen, Berlin DDR: Verlag der Nation, 1959
Losa, Ilse: Caminhos sem destino, Porto: Edições Afrontamento, 1991
Losa, Ilse: Rio sem ponte, Lisboa: Publicação Europa-América, 1952
Mahler-Werfel, Alma: Mein Leben, Frankfurt am Main : Fischer Taschenbuch, o. J.
Mann, Heinrich: Ein Zeitalter wird besichtigt, Düsseldorf: Claassen Verlag, 1973
Mehring, Walter: Wir müssen weiter. Fragmente aus dem Exil, Düsseldorf: Claassen Verlag, 1974
Neilson, William (ed.): We Escaped. Twelve Personal Narratives of the Flight to America, New York: The Macmillan Company, 1941

Olden, Balder: Paradiese des Teufels. Biographisches und Autobiographisches. Schriften und Briefe aus dem Exil, Berlin: Rütten & Loening, 1977

Pauli, Hertha: Der Riß der Zeit geht durch mein Herz. Ein Erlebnisbuch, Wien–Hamburg: Zsolnay, 1970

Pickett, Clarence E.: For More than Bread. An Autobiographical Account of Twenty-Two Years' Work with the American Friends' Service Committee, Boston: Little, Brown & Co., 1953

Piétri, François: Mes années d'Espagne 1940–1948, Paris: Plon: 1953

Remarque, Erich Maria: Die Nacht von Lissabon. Roman, Köln–Berlin: Kiepenheuer & Witsch, 1962

Retzlaw, Karl (= Karl Gröhl): Spartakus. Aufstieg und Niedergang. Erinnerungen eines Parteiarbeiters, Frankfurt am Main: Neue Kritik, 1971

Rothe, Hans: Neue Seite: geschrieben nach 11jähriger Emigration, Lauf: Nest Verlag, 1947

Rothe, Hans: Beweise das Gegenteil. Roman, Leipzig–München: P. List, 1948

Sahl, Hans: Memoiren eines Moralisten, Darmstadt–Neuwied: Luchterhand, 1985

Sahl, Hans: Die Wenigen und die Vielen. Roman einer Zeit, Frankfurt am Main: S. Fischer, 1959

Scheer, Maximilian: Begegnungen in Europa und Amerika, Berlin: Alfred Kantorowicz Verlag, 1949

Schellenberg, Walter: Memoiren, Köln: Verlag für Politik und Wirtschaft, 1959

Selby, Sir Walford: Diplomatic Twilight, 1930–1940, London: Murray, 1953

Serrano Suñer, Ramón: Zwischen Hendaye und Gibraltar. Feststellungen und Betrachtungen angesichts einer Legende über unsere Politik während zweier Kriege, Zürich: Thomas-Verlag, 1948

Stampfer, Friedrich: Erfahrungen und Erkenntnisse. Aufzeichnungen aus meinem Leben, Köln: Verlag für Politik und Wirtschaft, 1957

Strasser, Otto: Exil, München: Selbstverlag, 1958

Torberg, Friedrich: Die Erben der Tante Jolesch, München: dtv, 1985

Torberg, Friedrich: Die Tante Jolesch oder Der Untergang des Abendlandes in Anekdoten, München: dtv, 1977

Torberg, Friedrich: Eine tolle, tolle Zeit. Briefe und Dokumente aus den Jahren der Flucht 1938–1941, hrsg. von David Axmann und Marietta Torberg, München–Wien: Langen-Müller, 1989

Zoff, Otto: Tagebücher aus der Emigration (1939–1944). Mit einem Nachwort von Hermann Kesten, Heidelberg: Lambert Schneider, 1968

III. Literaturverzeichnis

1. Handbücher, Verzeichnisse, Bibliographien, Nachschlagewerke

Biographisches Handbuch der deutschsprachigen Emigration nach 1933, hrsg. von Werner Röder und Herbert A. Strauss, 3 Bde., München–New York–London–Paris: K. G. Saur, 1983 ff.

Encyclopaedia Judaica, 16 Bde., Jerusalem: Keter Publishing House Ltd./New York: The Macmillan Company, 1971 ff.

Maas, Lieselotte: Handbuch der deutschen Exilpresse, 3 Bde., München–Wien: Carl Hanser, 1973 ff.

2. Sekundärliteratur, Monographien und Aufsätze

Abendroth, Hans-Henning: Hitler in der spanischen Arena. Die deutsch-spanischen Beziehungen im Spannungsfeld der europäischen Interessenpolitik vom Ausbruch des Bürgerkrieges bis zum Ausbruch des Zweiten Weltkrieges 1936–1939, Paderborn: Schöningh, 1973

Adler-Rudel, Salomon: A Chronicle of Rescue Efforts, in: Leo Baeck Institute Yearbook XI (1966), S. 213–241

Alpert, Michael: Las relaciones anglo-inglesas en el primer semestre de la „guerra caliente". La misión diplomática de sir Samuel Hoare, in: Revista de política internacional no. 160 (1978)

Avni, Haim: La salvación de judíos por España durante la segunda guerra mundial. Actas del Primer Simposio de Estudios Sefardíes, Madrid: Instituto Arias Montano, 1970

Badia, Gilbert et al. (éds.): Les bannis de Hitler. Accueil et luttes des exilés allemands en France (1933–1939), Paris: Editions et Documentation Internationales/Presses universitaires de Vincennes, 1984

Badia, Gilbert et al. (éds.): Les barbelés de l'exil. Etudes sur l'émigration allemande et autrichienne (1938–1940), Grenoble: Presses universitaires de Grenoble, 1979

Bauer, Yehuda: My Brother's Keeper. A History of the American Jewish Joint Distribution Committee, 1929–1939, Philadelphia: The Jewish Publication Society of America, 1974

Bauer, Yehuda: American Jewry and the Holocaust. The American Jewish Joint Distribution Committee, 1939–1945, Detroit: Wayne State University Press, 1981

Berlin, George L.: The Jewish Labor Committee and American Immigration Policy in the 1930s, in: Studies in Jewish Bibliography History and Literature in honor of J. Edward Kiev, ed. by Charles Berlin, New York, N.Y.: Ktav Publishing House Inc., 1971, S. 45–73

Bernecker, Walther L.: Spaniens Geschichte seit dem Bürgerkrieg, München: C. H. Beck, 1984

Betz, Albrecht: Exil und Engagement. Deutsche Schriftsteller im Frankreich der dreißiger Jahre, München: edition text + kritik, 1986

[Biblioteca] Uma biblioteca reencontrada. A Doaçâo Sybille Blei/Sarita Halpern na Biblioteca Nacional. Catálogo, prefácio e organizaçâo Maria Duarte Pinto Correia, Lisboa: Biblioteca Nacional, 1988

Bloch, Michael: Operation Willi, London: Weidenfeld & Nicholson, 1984

Bontë, Florimond: Les antifascistes allemands dans la résistance française, Paris: Editions sociales, 1969

[Camps] Les camps en Provence. Exil, internement, déportation 1933–1944, Aix-en-Provence: ALINEA, 1984

Detwiler, Donald S.: Hitler, Franco und Gibraltar. Die Frage des spanischen Eintritts in den Zweiten Weltkrieg, Wiesbaden: Steiner, 1962

Elfe, Wolfgang D.: Das Emergency Rescue Committee, in: Spalek, John M. & Strelka, Joseph (Hrsg.), S. 290–293

Emigrés français en Allemagne – Emigrés allemands en France. Une exposition réalisée par l'Institut Goethe et le Ministère des Relations Extérieures, Paris 1983

Eychenne, Emilienne: Montagnes de la peur et de l'espérance. Le franchissement de la frontière espagnole pendant la Seconde Guerre mondiale dans le département des Hautes-Pyrénées, Toulouse: Edouard Privat, 1980

Fabian, Ruth/Coulmas, Corinna: Die deutsche Emigration in Frankreich nach 1933, München–New York: K. G. Saur, 1978

Feingold, Henry L.: The Politics of Rescue. The Roosevelt Administration and the Holocaust 1938–1945, New Brunswick N.J.: Rutgers University Press, 1970

Fontaine, André: Le Camp d'étrangers Des Milles 1939–1943, préface d'Alfred Grosser, Aix-en-Provence: Edisud, 1989

Friedman, Saul: No Haven For the Oppressed. United States Policy Towards Jewish Refugees 1938–1945, Detroit: Wayne State University Press, 1973

Frühwald, Wolfgang/Schieder, Wolfgang (Hrsg.): Leben im Exil. Probleme der Integration deutscher Flüchtlinge im Ausland 1933–1945, (Reihe Historische Perspektiven 8) Hamburg: Hoffmann und Campe, 1981

Fryer, Peter/McGowan Pinheiro, Patricia: Oldest Ally. A Portrait of Salazar's Portugal, London: Dennis Dobson, 1961

Fuld, Werner: Walter Benjamin. Zwischen den Stühlen. Eine Biographie, Frankfurt am Main: Fischer Taschenbuch, 1981

de Gaule, Jacques: España y la Segunda Guerra Mundial. El cerco político-diplomático, Madrid: Círculo de Amigos de la Historia, 1973

Gilbert, Martin: Jewish History Atlas, London: Weidenfels & Nicolson, 1969

Grandjonc, Jacques/Werner, Michael (eds.): Exils et migrations d'allemands 1789–1945. Textes et études, (Cahiers d'Etudes Germaniques 13), Aix-en-Provence 1987

Grandjonc, Jacques/Grundtner, Theresia (eds.): Zones d'ombres, 1933–1944. Exil et internement d'Allemands et d'Autrichiens dans le Sud-Est de la France, Aix-en-Provence: ALINEA & ERCA, 1990

Grossmann, Kurt: Emigration. Geschichte der Hitler-Flüchtlinge 1933–1945, Frankfurt am Main: Europäische Verlagsanstalt, 1969

Gutzeit, Angela: „Die Welt, in der ich lebte" – Begegnungen mit einer Emigrantin, in: Anschläge. Magazin für Kunst und Kultur, Osnabrück 1988, H. 19 (Nov./Dez.), S. 12–14

Haftmann, Werner: Verfemte Kunst. Bildende Künstler der inneren und äußeren Emigration in der Zeit des Nationalsozialismus. Mit einem Beitrag von Leopold Reidemeister. Geleitwort von Helmut Kohl. Hrsg. von Berthold Roland, Köln: DuMont, 1986

Hamilton, Thomas J.: Appeasement's Child. The Franco Regime in Spain, London: Victor Gollancz Ltd., 1943

Handlin, Oscar: A Continuing Task. The American Jewish Joint Distribution Committee 1914–1964, New York: Random House, 1964

Haug, Wolfgang: Eine neue Identität. Der weitere Lebensweg von Hanns-Erich Kaminski und Anita Karfunkel, in: Tranvía Nr. 15 (Dezember 1989), S. 72–74

Hermann, Hans-Walter: Beiträge zur Geschichte der saarländischen Emigration, in: Jahrbuch für westdeutsche Landesgeschichte 4 (1978), S. 354–412

Hermsdorf, Klaus/Fettig, Hugo/Schlenstedt, Silvia: Exil in den Niederlanden und in Spanien (Kunst und Literatur im antifaschistischen Exil, 1933–1945, Bd. 6), Leipzig: Reclam, 1989, Frankfurt am Main: Röderberg 1981

Hillgruber, Andreas: Hitlers Strategie. Politik und Kriegführung 1940–1941, Frankfurt am Main: Bernard & Graefe, 1965

Höhne, Heinz: Der Orden unter dem Totenkopf. Die Geschichte der SS, München: Bertelsmann, 1984

Jäckel, Eberhard: Frankreich in Hitlers Europa. Die deutsche Frankreichpolitik im Zweiten Weltkrieg, Stuttgart: Deutsche Verlagsanstalt, 1966

Kay, Hugh: Die Zeit steht still in Portugal. Hintergrund eines politischen Systems, Bergisch Gladbach: Lübbe, 1971

Kerbs, Diethard: Spanisches Tagebuch. Hans Namuth – Georg Reisner, Berlin: Verlag Nishen, 1986

Kranzler, David: The Role in Relief and Rescue During the Holocaust by the Jewish Labor Committee, in: American Jewry During the Holocaust, ed. by Seymour Maxwell Finger, o. O.: American Jewish Commission on the Holocaust, 1984, appendix 4–2

Langkau-Alex, Ursula: Volksfront für Deutschland? Bd. 1: Vorgeschichte und Gründung des „Ausschusses zur Vorbereitung einer deutschen Volksfront", 1933–1936, Frankfurt am Main: Syndikat, 1977

Latour, Annie: La Résistance juive en France (1940–1944), Paris: Stock, 1970

Lehmann, Hans Georg: In Acht und Bann. Politische Emigration, NS-Ausbürgerung und Wiedergutmachung am Beispiel Willy Brandts, München: C. H. Beck, 1976

Leshem, Perez (Lichtenstein, Fritz): Rescue Efforts in the Iberian Pensinsula, in: Leo Baeck Institute Yearbook XIV (1969), S. 231–256

Listopad, Jorge: Ilse Losa em 7 parágrafos, in: Ler – Livros & Leitores (primavera 1989), S. 28–29

Lustiger, Arno: Schalom Libertad! Juden im spanischen Bürgerkrieg, Frankfurt am Main: Athenäum, 1989

Merkes, Manfred: Die deutsche Politik im spanischen Bürgerkrieg 1936–1939, 2. Aufl., Bonn: Röhrscheid, 1969

Monteiro, Nuno Gonçalo: O Anti-Semitismo nazi e os antisemitas portugueses, in: História no. 7 (1979), S. 2–17

von zur Mühlen, Patrik: Fluchtziel Lateinamerika. Die deutsche Emigration 1933–1945: politische Aktivitäten und soziokulturelle Integration, Bonn: Neue Gesellschaft, 1988

von zur Mühlen, Patrik: „Schlagt Hitler an der Saar!" Abstimmungskampf, Emigration und Widerstand im Saargebiet 1933–1935, Bonn: Neue Gesellschaft, 1979

von zur Mühlen, Patrik: Spanien war ihre Hoffnung. Die deutsche Linke im Spanischen Bürgerkrieg 1936–1939, Bonn: Neue Gesellschaft, 1983; Bonn: J. H. W.Dietz Nachf., 1985

Pech, Karlheinz: An der Seite der Résistance. Zum Kampf der Bewegung „Freies Deutschland" für den Westen (1943–1945), Frankfurt am Main: Röderberg, 1974

Pinto Correia/Maria Assunçâo Duarte Aranjo: Eine Bibliothek im Exil. Franz Bleis Büchersammlung in der Nationalbibliothek in Lissabon. Ein Arbeitsbericht (1989, unveröffentlichtes Manuskript)

Ploncard d'Assac, Jacques: Salazar, Paris: La Table Ronde, 1967

Ramonatxo, Hector: Ils ont franchi les Pyrénées, Paris: La plume d'or, o. J. (1954)

Repression. Camps d'internement en France pendant la seconde guerre mondiale. Aspects du phénomène concentrationnaire, St. Etienne 1983

Reuter, Walter: Berlin–Madrid–Mexiko. 60 Jahre Fotografie und Film 1929–1989, Berlin: Argon, 1990

Robinson, Nehemiah: Spain of Franco and Its Policies Towards the Jews, New York: Institute of Jewish Affairs, 1953

Ruhl, Klaus-Jörg: Spanien im Zweiten Weltkrieg. Franco, die Falange und das Dritte Reich, Hamburg: Hoffmann & Campe, 1975

Schafranek, Hans: Österreichische Spanienkämpfer in den Gefängnissen und Konzentrationslagern des Franco-Regimes, in: Dokumentationsarchiv des österreichischen Widerstandes, Jahrbuch 1989, S. 84–104

Scheidges, Rüdiger: Exil – die Qual des langen Wartens, in: Tranvía Nr. 19 (1990), S. 49–53

Schiller, Dieter/Pech, Karlheinz/Hermann, Regine/Hahn, Manfred: Exil in Frankreich (Kunst und Literatur im antifaschistischen Exil, Bd. 7), Leipzig: Reclam, 1981

Schramm, Hanna: Menschen in Gurs. Erinnerungen an ein französisches Internierungslager (1940–1941) mit einem dokumentarischen Beitrag zur französischen Emigrantenpolitik von Barbara Vormeier (Deutsches Exil 1933–45. Eine Schriftenreihe, hrsg. von Georg Heintz, Bd. 13), Worms: Heintz, 1977

Semke, Hein: A coragem de ser rosto. Preâmbulo e coordenaçâo de Teresa Balté, Lisboa: Imprensa Nacional – Casa da Moeda, 1983

Spalek, John M. & Strelka, Joseph P. (Hrsg.): Deutsche Exilliteratur seit 1933, Bd. I: Kalifornien, Bern–München: Francke Verlag, 1976

Strauss, Herbert A.: Jewish Emigration from Germany. Nazi Policies and Jewish Responses, Part I: in: Leo Baeck Institute Yearbook XXV (1980), S. 313–359; Part II: in: Leo Baeck Institute Yearbook XXVI (1981), S. 343–409.

Tartakower, Arieh & Grossmann, Kurt: The Jewish Refugee, New York: Institute of Jewish Affairs, 1944

Telo, António José: Propaganda e Guerra Secreta em Portugal – 1939/1945, Lisboa: Perspectivas & Realidades, 1990

Thomas, Hugh: Der spanische Bürgerkrieg, Berlin–Frankfurt am Main–Wien: Ullstein, 1962
Toynbee, Arnold & Veronica (eds.): The War and the Neutrals, London–New York–Toronto: The Macmillan Company, 1956
Tutas, Herbert E.: Nationalsozialismus und Exil. Die Politik des Dritten Reiches gegenüber der deutschen politischen Emigration 1933–1939, München–Wien: Carl Hanser, 1975
Vintras, Roland Eugene de T.: História secreta da base dos Açores, Lisboa: Ed. Ulissela, 1975
Voigt, Klaus: Zuflucht auf Widerruf. Exil in Italien 1933–1945, Bd. 1, Stuttgart: Klett-Cotta, 1989
Walter, Hans-Albert: Deutsche Exilliteratur 1933–1950, Bd. 1: Bedrohung und Verfolgung bis 1933; Bd. 2: Asylpraxis und Lebensbedingungen in Europa, Darmstadt–Neuwied: Luchterhand, 1972
Walter, Hans-Albert: Deutsche Exilliteratur 1933–1950, Bd. 2: Europäisches Appeasement und überseeische Asylpraxis, Stuttgart: Metzler, 1984
Walter, Hans-Albert: Deutsche Exilliteratur 1933–1950, Bd. 3: Internierung, Flucht und Lebensbedingungen im Zweiten Weltkrieg, Stuttgart: Metzler, 1988
Wasserstein, Bernard: Britain and the Jews of Europe, 1939–1945, London: Institute of Jewish Affairs/Oxford: Clarendon Press, 1979
Weiss, Walter/Westermann, Kurt: „Fluchtpunkt Lissabon", in: Ikarus (Wien), Dez. 1988/Jan. 1989, S. 83–88
Wheeler, Douglas L.: In the Service of Order: the Portuguese Political Police and the British, German and Spanish Intelligence, in: Journal of Contemporary History 18 (1983), S. 1–25
Wilhelm, Axel Eberhard: „17 anos de exílio na Madeira. Um casal alemâo refugiado de Hitler chegou cá há 50 anos", in: Atlântico. Revista de temas culturais No 9 (1987), S. 27–31
Wilhelm, Axel Eberhard: Estrangeiros na Madeira. Joâo Wetzler, industrial de bordados, antiquário e doador duma colecçâo de pratas, in: Revista Islenha. Temas culturais das sociedades insulares atlânticas n° 2 (Jan.–Juni 1988), S. 69–76
Wilhelm, Axel Eberhard: „Judeus na Madeira refugiados dos nazis. No rasto duma família de médicos de Hamburgo", in: Lusorama Nr. 6 (1987), S. 43–50
Wilson, Roger C.: Quaker Relief. An Account on the Relief Work of the Society of Friends 1940–1948, London: Allen & Unwin, 1952
Wischnitzer, Mark: To Dwell in Safety. The Story of Jewish Migration Since 1800, Philadelphia: The Jewish Publication Society of America, 1948
Wischnitzer, Mark: Visas to Freedom: The History of the HIAS, Cleveland–New York: World Publishing Company, 1956
Wyman, David S.: The Abandonment of the Jews. America and the Holocaust, New York: Pantheon Books, 1984
Wyman, David S.: Paper Walls. America and the Refugee Crisis, Boston: The University of Massachusetts Press, 1968
Ysart, Federico: España y los judíos en la segunda guerra mundial, Barcelona: DOPESSA, 1973
Zimmer, Ingeborg Ursula: Guido Zernatto. Leben und dichterisches Werk, Klagenfurt: Carinthia Verlag, 1970

Personenregister

Sofern nicht anders vermerkt, beziehen sich Angaben und Erläuterungen auf den hier behandelten Zeitraum. Vorübergehend verwendete Pseudonyme werden in Anführungsstrichen wiedergegeben.

Abusch, Alexander, Journalist und KPD-Funktionär   82, 89
Adam, Ernst, Journalist, Spanienkämpfer   147
Adler, Arthur, sozialdemokratischer Emigrant in Spanien und Portugal   62, 124
Adler, Hilda, Ehefrau (Schwester?) des Vorigen   62, 124
de Alba y Berwick, Jacobo FitzJames Stuart, Herzog, spanischer Botschafter in London   68, 94
Alexander I., König von Jugoslawien (ermordet 1934)   20
Alexander-Katz, Walter Emanuel, Arzt, Portugal-Emigrant   123, 165
Alexander-Katz, Willy G., Arzt, Vater des Vorigen, Portugal-Emigrant   165
de Almeida, José Correia, PVDE-Offizier   138, 149
Amzalak, Moses B., Professor, Direktor des Instituts für Volkswirtschaftslehre in Lissabon und Ehrenpräsident des Jüdischen Hilfsvereins („Commassis")   125, 162, 187
Antonescu, Ion, General, rumänischer Ministerpräsident   120
Arendt, Erich, Schriftsteller   55, 57
Arnold, Karl, SS-Untersturmführer, Sonderbeauftragter des Reichssicherheitshauptamts für Lateinamerika in Madrid   73
Aufhäuser, Isaak, Spanien-Emigrant   61

Bachner, Rudolph, Spanien-Emigrant   48, 82, 88, 100, 107, 113, 193
Bachner, Senta, Ehefrau des Vorigen   48, 88, 107, 193
Barthou, Louis, französischer Außenminister (1934 ermordet)   20
Bauer, Ignacio, spanischer Bankier   59
„Beamish" s. Hirschmann, Albert
Benarus, Adolfo, Professor für Literatur in Lissabon, Ehrenpräsident des Jüdischen Hilfsvereins („Commassis")   125
Bénédite, Daniel, Mitarbeiter des CAS   49, 50
Benjamin, Walter, Philosoph und Schriftsteller   50, 51, 57, 92
Benninghaus, Walter, Gewerkschafter   78
Benoit, Pierre-Marie, französischer Kapuzinerpater   45
Bergmann, W., Portugal-Emigrant   123
Bernhard, Georg, Publizist   17
Bernstein, James, Vertreter der HICEM in Lissabon   189
Blei, Franz, Schriftsteller, Spanien- und Portugal-Emigrant   57, 168, 169
Blei, Sybille, Tochter des Vorigen, Portugal-Emigrantin   168
Blickenstaff, David, Quäker, Leiter der „Representation in Spain of American Relief Organizations"   104, 195, 196, 197, 198
Blickenstaff, Janine, Ehefrau und Mitarbeiterin des Vorigen   195, 196, 197
Blum, Léon, Sozialist, französischer Ministerpräsident (1936/37 und 1938)   15, 20, 21, 32
Bohn, Frank, Vertreter des amerikanischen Gewerkschaftsverbandes in Marseille   182, 183, 184, 185
Bonné, Walter, Portugal-Emigrant   124
Boronow, Klaus, Miranda-Häftling   106
Brandt, Philipp, sozialdemokratischer Spanien-Emigrant   62
Brauer, Max, sozialdemokratischer Politiker   17
Braumann, Max, Maler, Portugal-Emigrant   167, 170

Braun, Max, Vorsitzender der saarländischen SPD, Leiter des „Office sarrois" in Paris   15, 17
Breitscheid, Rudolf, bis 1933 Vorsitzender der SPD-Reichstagsfraktion   15, 17, 32
Budzislawski, Hermann, Publizist   52, 190

Caetano, Marcelo, Commissário Nacional der „Mocidade Portuguesa"   136
Canaris, Wilhelm, Admiral, Chef der deutschen Abwehr   137
Carlos I., König von Portugal (1889–1908)   117
Carmona, Oscar António de Fragoso, portugiesischer Staatspräsident   118, 119
Catela, José Ernesto, PVDE-Hauptmann, Chef der portugiesischen Fremdenpolizei   140
Cicognani, Gaetano, Monsignore, Apostolischer Nuntius in Madrid   77, 133
Clovis, französischer Welpe   185
Conard, Philipp A., Quäker, Leiter des AFSC-Büros in Lissabon   191, 193
Coudenhove-Kalergi, Richard, Graf, Begründer des Paneuropa-Gedankens   89
Cumano, Paulo, PVDE-Hauptmann, 129, 130, 138, 142

Daladier, Edouard, französischer Außenminister (1938–1940)   21
Dahlem, Franz, KPD-Funktionär   17, 31
Daub, Philipp, KPD-Funktionär   17
Davydoff, Yvette, Sekretärin der Jüdischen Gemeinde in Lissabon   162
Delmer, Sefton, Journalist, Leiter der britischen Kriegspropaganda   148
Dexter, Elizabeth, Leiterin des USC-Büros in Lissabon   188
Dexter, Robert, Ehemann der Vorigen, Leiter des USC-Büros in Lissabon   188
Diamant, Max, SAP-Funktionär, Mitarbeiter des CAS und des USC in Marseille und Lissabon   183, 185, 189
Döblin, Alfred, Schriftsteller   17, 87, 89, 115, 167
Dönitz, Karl, Großadmiral, Reichspräsident (2.–23.5.1945)   132
Dohrn, Klaus, Publizist, österreichischer Legitimist   77, 78, 82, 88, 98
Dornig, Rudolf, Portugal-Emigrant   127

Edward VIII., Ex-König von Großbritannien, Herzog von Windsor   139, 141, 142, 144
Eichmann, Adolf, SS-Obersturmbannführer, seit 1939 Leiter des Judenreferats im Reichssicherheitshauptamt   143
Einbinder, Alexander, Journalist, Spanien-Emigrant   57
Eisen, Moises B., JDC-Vertreter in Madrid   195, 196
Emerson, Sir Herbert, Hoher Kommissar des Völkerbundes für Flüchtlinge   155
d'Esaguy, Augusto, Arzt in Lissabon, Leiter des Jüdischen Hilfsvereins („Commassis")   125, 134, 162, 186

Feuchtwanger, Lion, Schriftsteller   14, 87, 88, 167
Field, Noel, Leiter des USC-Büros in Marseille   183
Fischer, Ruth, Politikerin und Publizistin   35, 39, 89, 147
Fittko, Johannes, Fluchthelfer   46, 50, 52, 79, 87, 92
Fittko, Lisa, Fluchthelferin, Ehefrau des Vorigen   46, 50, 51, 52, 79, 87
Foerster, Friedrich Wilhelm, Professor, christlicher Pazifist   88, 115, 165
Fonseca, Ernesto, Chef der portugiesischen Kriminalpolizei   138, 141
Franco y Bahamonde, Francisco, Generalissimus, Caudillo von Spanien   34, 63, 65, 67, 68, 69, 70, 73, 86, 90, 116, 120, 130, 131, 168, 195
Frei, Bruno, österreichischer KP-Funktionär, Publizist   26
Friedmann, Arzt, Portugal-Emigrant   165
Frölich, Paul, KPO-, später SAP-Funktionär   17
Fry, Varian, amerikanischer Journalist, Beauftragter des ERC und Leiter des CAS in Marseille   48, 49, 50, 51, 53, 74, 79, 87, 92, 147, 148, 182, 183, 184, 188, 189, 192, 196, 198

García Conde, Alfonso, Direktor der Europa-Abteilung im spanischen Außenministerium   100, 101, 102
García Lorca, Federico, spanischer Dichter   58
Gemähling, Jean, Mitarbeiter des CAS in Marseille   49
Gerlier, Kardinal, Erzbischof von Lyon   50
Geyer, Curt, sozialdemokratischer Politiker und Journalist   182, 188
Gide, André, französischer Schriftsteller   184
Giraudoux, Jean, französischer Schriftsteller   184

Glasberg, A., Abbé, Mitarbeiter des Erzbischofs von Lyon   50
Goebbels, Josef, Reichsminister für Volksaufklärung und Propaganda   111, 133
Görgen, Hermann Matthias, Schüler und Mitarbeiter von F. W. Foerster, Brasilien-Emigrant   39
Götze, Ferndinand (Nante), anarchistischer Emigrant in Spanien

Haack, Kriminalsekretär an der deutschen Gesandtschaft in Lissabon   137
Habe, Hans, Schriftsteller   39, 87, 91, 115
von Habsburg, Otto, Erzherzog, Thronprätendent von Österreich   34, 146
Hahn, Josef, Spanien-Emigrant   62
Halpern, Sara, Portugal-Emigrantin   168
Hammes, Ernst, Kriminalkommissar an der deutschen Botschaft in Madrid   74
Hayes, Carlton J.H., Professor, US-Botschafter in Madrid (1942–1945)   69, 107, 113, 194, 195, 197
Heberlein, Erich, bis 1943 Gesandter an der deutschen Botschaft in Madrid   80, 81
Heilbut, Iwan, Schriftsteller und Publizist   88, 146
Heine, Fritz, Vorstandsmitglied der Sopade, Mitarbeiter des CAS in Marseille   49, 182, 183, 185
Hemingway, Ernest, amerikanischer Schriftsteller   55
Henss, Kriminalkommissar an der deutschen Gesandtschaft in Lissabon   137
„*Hermant, Albert*" s. Hirschmann, Albert O.
Herz, Alfred, KPD-Funktionär und Spanien-Emigrant, während des Bürgerkrieges Leiter des „Servicio Alfredo Herz"   62
Hessenthaler, Emil, Spanien-Emigrant
Heydrich, Reinhard,   SS-Gruppenführer, Chef des Reichssicherheitshauptamtes und der Sicherheitspolizei   137
Hilferding, Rudolf, sozialdemokratischer Politiker und Theoretiker   15, 32
Himmler, Heinrich, Reichsführer SS und Chef der deutschen Polizei   72, 73, 90
von Hirsch, Moritz, Baron, Begründer der ICA   176
Hirschmann, Albert O., Emigrant, Mitarbeiter des CAS in Marseille   49, 50
Hitler, Adolf   27, 28, 33, 64, 67, 69, 86, 116, 119, 120, 132, 142, 143, 145, 146, 170, 177
Hoare, Sir Samuel, britischer Botschafter in Madrid   67, 69, 76, 80, 81, 98, 100, 106, 107
von Horthy, Nikolaus, Admiral, Reichsverweser von Ungarn   120
von Hoyningen-Huene, Oswald, Baron, deutscher Gesandter in Lissabon   129, 133, 134, 137, 138, 142
von Huene s. von Hoyningen-Huene, Oswald, Baron

Ihlfeld, Egon, Spanien-Emigrant   61
Israel, Wilfried, Vertreter des Jüdischen Weltkongresses und der Jewish Agency in Spanien   113
Israelsky, Pinchas, Portugal-Emigrant   162

Jacob, Berthold, Publizist   39, 78, 80, 148, 149, 192
Jacobsohn, Kurt, Professor der Chemie und zeitweilig Vizerektor der Universität Lissabon   165
Jahn, Hans, Gewerkschafter   78
John, Otto, Mitarbeiter der Deutschen Lufthansa   80, 91, 149, 150
Joy, Charles R., Acting Director des USC in New York   148, 188
Juan de Borbón, Don, Chef des Hauses Bourbon-Parma   69

Kahn (-Heymann), Roberto   64
Kaminski, Hanns-Erich, Anarchist   39
Karfunkel, Anita, Lebensgefährtin des Vorigen   39
Katz, Rudolf, sozialdemokratischer Emigrant in den USA, Generalsekretär der „German Labor Delegation"
Kessler, Harry, Graf, Verleger und Publizist   57, 169
Kesten, Hermann, Schriftsteller   86
Kirchner, Johanna, sozialdemokratische Emigrantin   31
Kisch, Egon Erwin, deutsch-tschechischer Publizist und Schriftsteller   55
Klepper, Otto, sozialdemokratischer Politiker, bis 1932 preußischer Finanzminister   31
Koenen, Wilhelm, KPD-Funktionär   17
Koestler, Arthur, Schriftsteller   26
Kolb, Annette, Schriftstellerin   91
Kraschutzki, Heinz, Schriftsteller, Spanien-Emigrant   57
Kundt, Ernst, Legationsrat im Auswärtigen Amt, Leiter der „Kundt-Kommission"   29, 30, 33

Lania, Leo, Schriftsteller 92
Laval, Pierre, französischer Politiker, Außenminister (1942–1945) 33
Leo XIII., Papst (1878–1903) 119
Leshem, Perez (Fritz Lichtenstein), Vertreter der Jewish Agency in Lissabon 143, 144
Lewin, Arthur, Anarchosyndikalist, Spanien-Emigrant 60
Lewy, Hermann, Journalist, Portugal-Emigrant
Lichtenberg, René Ponsul, Publizist
Lion, Wilhelm & Stefanie, Portugal-Emigranten 126
zu *Löwenstein, Hubertus, Prinz*, Publizist und Zentrums-Politiker, Initiator der „American Guild for German Cultural Freedom"
Long, Breckinridge, Unterstaatssekretär im amerikanischen Außenministerium 204
Losa, Ilse, Schriftstellerin 169, 170, 171
Lourenço, Agostinho, Chef der PVDE 138
Lussu, Emilio, italienischer Antifaschist, Mitarbeiter des CAS 50, 52, 88, 92

Mahler-Werfel, Alma, Ehefrau Franz Werfels 14, 87, 88, 115
Maillol, Aristide, französischer Bildhauer 184
Malraux, André, französischer Schriftsteller 55
Mann, Erika, Schriftstellerin, Tochter Thomas Manns 55
Mann, Golo, Historiker, Sohn Thomas Manns 52, 87, 88
Mann, Heinrich, Schriftsteller, Bruder Thomas Manns 13, 15, 17, 52, 87, 88, 91, 167
Mann, Klaus, Schriftsteller, Sohn Thomas Manns 14, 17, 55
Mann, Nelly, Ehefrau Heinrich Manns 87, 88
Manuel II., König von Portugal (1908–1910) 117
Marcuse, Ludwig, Schriftsteller und Publizist 14
Markiewicz, Helmut, Journalist 147
Martínez Anido, Severiano, spanischer Minister für öffentliche Ordnung 72
Maslow, Arkadij, deutsch-russischer Parteifunktionär und Publizist 35, 39, 86, 89, 146, 201
Matisse, Henri, französischer Bildhauer und Maler 184
„Maurice" s. *Verzeanu, Marcel*
Mehring, Walter, Schriftsteller 148
Mendes, Aristides Sousa, portugiesischer Konsul in Bordeaux 156, 157
Metaxas, Joannis, General, griechischer Ministerpräsident (1936–1940) 120
Michaelis, Rudolf, Anarchosyndikalist, Spanien-Emigrant 60
Müller, Heinrich, Gestapo-Chef 144, 145
Muñoz Grandes, Agustín, Generalkapitän, Kommandeur der „Blauen Division" 69
Münzenberg, Willi, Publizist, KPD-Funktionär 15, 17
Mussolini, Benito 55, 64, 66, 70, 116, 119, 120, 130

Nassestein, Adolf, SS-Sturmbannführer, SD-Agent an der deutschen Gesandtschaft in Lissabon 137
Natonek, Hans, Schriftsteller 86
Nettlau, Max, anarchistischer Historiker 61
Nohring, Emil, angeblicher SD-Agent in Spanien 75

Oberländer, Fred Max, JDC-Vertreter in Barcelona 194, 195
Olden, Balder, Schriftsteller 91, 115
Ollenhauer, Erich, Vorstandsmitglied der Sopade 77, 89, 115, 146, 161, 198
Oppenheimer, Heinz Ernst, Frankreich-Emigrant, Mitarbeiter im CAS in Marseille 49
Orwell, George, britischer Schriftsteller 55
Oster, Carl, sozialdemokratischer Spanienkämpfer 62
Otten, Karl, Schriftsteller, Spanien-Emigrant 57

Pan de Soraluce y Olmos, Juan Luis, Generaldirektor im spanischen Außenministerium 74, 106
de Pascoais, Joaquim Peireira Teixeira, portugiesischer Dichter 169
Pétain, Philippe, Marschall, französischer Staatschef und Ministerpräsident (1940–1945) 27, 31, 130
Piétri, François, Botschafter des Vichy-Regimes in Madrid 98
Plath, Julius, SS-Hauptsturmführer, Hauptbevollmächtigter für Spanien im Reichssicherheitshauptamt 73

Pulido, Angel, spanischer Senator   59
von Puttkamer, Franz, sozialdemokratischer Publizist, Spanien-Emigrant   57

Rädel, Siegfried, Emigrant, KPD-Funktionär   31
Rau, Heinrich, Emigrant, KPD-Funktionär   31
Regler, Gustav, Schriftsteller   55
Reisner, Georg, Photograph   57
Remarque, Erich Maria, Schriftsteller   39, 41
Renn, Ludwig, Schriftsteller   55
Retzlaw, Karl (= Karl Gröhl), trotzkistischer Emigrant   37
von Ribbentrop, Joachim, Reichsaußenminister   22, 72, 142
Rinner, Erich, sozialdemokratischer Politiker   175
Roche, Alice, Portugal-Emigrantin   121, 122
Roche, Paul C., Ehemann der Vorigen, Geschäftsmann, Portugal-Emigrant   121, 122, 123
„Rollin, Marcel" s. Jacob, Berthold
Roosevelt, Eleanor, Ehefrau von Franklin D. Roosevelt   37
Roosevelt, Franklin D., Präsident der Vereinigten Staaten   68, 197, 205
Rothe, Hans, Übersetzer, Dramaturg und Bühnenautor, Spanien-Emigrant   111, 113
de Rothschild, Robert,Baron, französischer Bankier   23
Rott, Hans, Gewerkschafter, österreichischer legitimistischer Politiker   34
Rubin, Elias, Miranda-Häftling   101, 109
Rüdiger, Helmut, Anarchosyndikalist, Spanien-Emigrant   60
Ruh, Kriminalsekretär an der deutschen Gesandtschaft in Lissabon   137

Salazar, António de Oliveira, portugiesischer Ministerpräsident   88, 115, 116, 118, 120, 125, 131, 132, 133, 136, 137, 148, 149, 192
Saldsieder, Kriminalsekretär an der deutschen Gesandtschaft in Lissabon   137
Salomon, Wolfgang, Bruder Berthold Jacobs   149
de Sampayo, Luis Teixeira, Generalsekretär im portugiesischen Außenministerium   129, 133
Scheer, Maximilian, Schriftsteller und Publizist   85, 89, 115, 116
Schellenberg, Walter, SS-Sturmbannführer, Leiter des Auslandsnachrichtendienstes im Reichssicherheitshauptamt   73, 139, 141, 142, 146
Schellenberg, Walter, Miranda-Häftling   103
Schickele, René, elsässischer Schriftsteller   14, 17
Schiff, Victor, Journalist, Vertrauensmann der Sopade in Paris   17
Schroeder, Erich, SS-Sturmbannführer und Kriminaldirektor, „Polizeiverbindungsführer" an der deutschen Gesandtschaft in Lissabon   137, 138, 139, 141, 149, 150
Schulz, Alfred Otto Wolfgang („Wols"), Maler, Spanien-Emigrant   57, 58
Schwartz, Joseph J., Rabbiner, JDC-Vertreter in Portugal   187
Schwarzschild, Leopold, Publizist   17
Segal, Arthur, Maler, Spanien-Emigrant   57
Seghers, Anna, Schriftstellerin   36
Selby, Sir Walford, britischer Botschafter in Lissabon   136, 146
Semke, Hein, Maler und Bildhauer, Portugal-Emigrant   166, 170
Sequerra, Samuel, JDC-Vertreter in Barcelona   195, 196
Serrano Suñer, Ramón, Schwager Francos, Falange-Führer und spanischer Außenminister (1940–1942)   65, 67, 68, 69, 74, 88, 93
Sevareid, Eric, amerikanischer Korrespondent in Lissabon   151
Silbermann, Gustav, Emigrant, Häftling in Figueras   82
Simões, Alberto da Veiga, portugiesischer Gesandter in Berlin   129
de Solage, Monseigneur, französischer Geistlicher   48
Spanien, Raphael, HICEM-Vertreter in Spanien   189, 196, 197, 206
Spreu, Kriminalsekretär an der deutschen Gesandtschaft in Lissabon   137
Souchy, Augustin, deutscher Anarchosyndikalist und Spanien-Emigrant   58
Stampfer, Friedrich, Journalist, Vorstandsmitglied der Sopade   52, 85, 182, 199
Stavisky, Alexandre, Hochstapler und Spekulant   20
Stefan, Paul, Musikwissenschaftler, Portugal-Emigrant   165

Stephens, Dorsey, Ehefrau des amerikanischen Militärattachés in Madrid   107, 193, 194
Stern, Leo, Rechtsanwalt und Kaufmann, Spanien-Emigrant   64, 108, 193
von Stohrer, Eberhard, General, deutscher Botschafter in Madrid (bis 1943)   67, 70, 142
Strasser, Bernhard, Benediktinerpater   145
Strasser, Gregor, Bruder des Vorigen, NS-Dissident (1934 ermordet)   145
Strasser, Otto, Bruder der Vorigen, Gründer und Führer der „Schwarzen Front"   34, 139, 145, 146

Thelen, Albert Vigoleis, Schriftsteller, Spanien/Portugal-Emigrant   57, 169
Tillinger, Ernst, Journalist   163
Torberg, Friedrich, österreichischer Schriftsteller   34, 146, 151, 159
Troper, Morris C., JDC-Mitarbeiter in Lissabon   186

Uhse, Bodo, Schriftsteller   55

Veilchen, Irmgard, Schriftstellerin, Ehefrau Hans Rothes   114
Verzeanu, Marcel, rumänischer Arzt, Mitarbeiter des CAS in Marseille   49, 50, 51, 52, 53

Wachsmann, Alfred, Arzt, Portugal-Emigrant   123
Walcher, Jacob, Gewerkschafter, SAP-Funktionär   17
Warmbrunn, Hans, Portugal-Emigrant   122
Warmbrunn, Olga, Ehefrau des Vorigen   122
Weddell, Virginia, Ehefrau des US-Botschafters in Madrid, Leiterin von Hilfsaktionen für inhaftierte Flüchtlinge   107, 193, 194
Weissmann, Isaac, „Vertreter der Jewish Agency" und des WJC in Lissabon   206
Wels, Antonie, Witwe von Otto Wels   200
Wels, Otto, Vorsitzender der Sopade (gest. 1938)   200
Werfel, Franz, Schriftsteller   14, 52, 87, 88, 167
Wetzler, Johann (Joâo), Unternehmer, Portugal-Emigrant   164
Winkelmann, Willy, Anarchist, Spanien-Emigrant   61
Winzer, Paul, Kriminalrat und SS-Sturmbannführer, Polizeiattaché an der deutschen Botschaft in Madrid   73, 137, 141, 142, 144
Wise, Jonah, Rabbiner, JDC-Mitarbeiter   177
Wohlwill, F., Arzt, Portugal-Emigrant   123, 165
Wolff, Kurt, Publizist   189, 190
„Wols" s. Alfred Otto Wolfgang Schulz

Zernatto, Guido, österreichischer Schriftsteller und Politiker   144, 145
Zinner, Alfons, Journalist, Häftling in Miranda   107
Zoff, Otto, Schriftsteller   115
Zweig, Stephan, österreichischer Schriftsteller   167

Der Autor

Patrik v. zur Mühlen, geboren 1942, Dr. phil., studierte Geschichte, Politische Wissenschaften und Philosophie in Berlin und Bonn und promovierte 1971, seit 1975 ist er Mitarbeiter des Forschungsinstituts der Friedrich-Ebert-Stiftung in Bonn. Veröffentlichungen: Zwischen Hakenkreuz und Sowjetstern. Der Nationalismus der sowjetischen Orientvölker im Zweiten Weltkrieg, Düsseldorf 1971; Rassenideologien. Geschichte und Hintergründe, Bonn 1977; »Schlagt Hitler an der Saar!« Abstimmungskampf, Emigration und Widerstand im Saargebiet 1933–1935, Bonn 1979; Sozialdemokratie in Europa, München 1980; hg. mit Richard Löwenthal: Widerstand und Verweigerung in Deutschland 1933–1945, Bonn 1982. Spanien war ihre Hoffnung. Die deutsche Linke im Spanischen Bürgerkrieg 1936 bis 1939, Bonn 1985; Fluchtziel Lateinamerika. Die deutsche Emigration 1933–1945: politische Aktivitäten und soziokulturelle Integration, Bonn 1988.